窝阔台汗时代大蒙古国研究

A Study of the Yeke Mongyol Ulus in the Time of Ögedei Khan

陈 希 著

中国社会科学出版社

图书在版编目（CIP）数据

窝阔台汗时代大蒙古国研究／陈希著. -- 北京：中国社会科学出版社，2024.11. -- ISBN 978-7-5227-4411-7

Ⅰ. K281.2

中国国家版本馆 CIP 数据核字第 202432MM07 号

出 版 人		赵剑英
责任编辑		李凯凯
责任校对		李　莉
责任印制		李寡寡

出　　版		中国社会科学出版社
社　　址		北京鼓楼西大街甲 158 号
邮　　编		100720
网　　址		http://www.csspw.cn
发 行 部		010-84083685
门 市 部		010-84029450
经　　销		新华书店及其他书店
印　　刷		北京君升印刷有限公司
装　　订		廊坊市广阳区广增装订厂
版　　次		2024 年 11 月第 1 版
印　　次		2024 年 11 月第 1 次印刷
开　　本		710×1000　1/16
印　　张		26.5
字　　数		370 千字
定　　价		139.00 元

凡购买中国社会科学出版社图书，如有质量问题请与本社营销中心联系调换
电话：010-84083683
版权所有　侵权必究

出 版 说 明

为进一步加大对哲学社会科学领域青年人才扶持力度，促进优秀青年学者更快更好成长，国家社科基金 2019 年起设立博士论文出版项目，重点资助学术基础扎实、具有创新意识和发展潜力的青年学者。每年评选一次。2022 年经组织申报、专家评审、社会公示，评选出第四批博士论文项目。按照"统一标识、统一封面、统一版式、统一标准"的总体要求，现予出版，以飨读者。

全国哲学社会科学工作办公室

2023 年

序 一

窝阔台（Ögödei，1186—1241），成吉思汗第三子，大蒙古国（Yeke Mongghol Ulus）第二任大汗，元朝追奉庙号太宗。在汗位十三年（1229—1241），是大蒙古国由漠北草原游牧政权发展为横跨亚欧世界帝国的关键时期。在以往的学术研究和公众视野中，窝阔台的形象长期被成吉思汗、忽必烈遮蔽，甚至因蒙古汗统更易的原因受到一定矮化。对窝阔台统治下的大蒙古国历史，也一直缺乏全面、系统的研究。长期以来，中外各国出版的成吉思汗传记多达近百部，忽必烈传记也有若干部，但似乎却没有出版过任何一部窝阔台传记，就充分说明上述问题。

窝阔台究竟是怎样一位统治者？他的历史作用和地位当真如此无足轻重吗？蒙元文献中保存着一些对他的评价，主要是称赞他宽厚、慷慨。这大约是相对于前后几位大汗而言，虽有根据，可能也不无溢美。波斯史家拉施特在《史集·窝阔台合罕纪》中，就记载了他曾有过令人惊骇的残暴之举。比较之下，更加具体、明确，也更有参考价值的是《元朝秘史》第281节所载窝阔台的自我鉴定：

> 斡歌歹皇帝说：
>
> 自坐我父亲大位之后，添了四件勾当。一件，平了金国；一件，立了站赤；一件，无水处教穿了井；一件，各城池内立探马赤镇守了。
>
> 差了四件。一件，既嗣大位，沉湎于酒；一件，听信妇人

言语，取斡赤斤叔叔百姓的女子；一件，将有忠义的朵豁勒忽，因私恨阴害了；一件，将天生的野兽，恐走入兄弟之国，筑墙寨围拦住，致有怨言。

现存《元朝秘史》共 282 节，其中第 269—281 共 13 节记载窝阔台统治时期史事。一般认为，这部分内容是在蒙哥汗时期（1251—1259）写成的。此时蒙古汗统已由窝阔台系转至拖雷系，《元朝秘史》在书写和加工过程中出现了贬抑窝阔台的倾向，因此上引这段话不会含有溢美成分。无论它是否为窝阔台原话，都至少能够反映拖雷系统治下蒙元官方历史书写对窝阔台的评价和定位。通过这段话，可以看出以下三方面问题：

一、四项业绩充分说明窝阔台对大蒙古国贡献巨大。灭金战役为祖先报了世仇，是成吉思汗未及完成的既定任务。建立驿站交通系统和探马赤军镇戍体系，有力地维护和巩固了蒙古对广大新占领地区的有效统治。较少被人关注的"无水处教穿了井"，如韩儒林先生所揭示，是扩大牧场面积，发展草原畜牧业的重要举措。这四项业绩中的任何一项，意义都是不容低估的。

二、四项错误中，第一项属于个人品行方面的问题，在当时的蒙古人看来未必严重。后三项都是与蒙古上层统治集团内部矛盾有关的个案事件，造成了不同程度的负面影响，但就重要性而言毕竟不能与四项业绩相比。作为第二任大汗，窝阔台的威望和震慑力远远不及大蒙古国创建者成吉思汗，必须耗费大量精力处理上层统治集团内部关系，特别是与宗亲贵族的关系。换个角度说，在这样的前提下，仍然能够将成吉思汗的事业发扬光大，尤为不易。

三、大约出于贬抑窝阔台的意图，《元朝秘史》对他的业绩和错误各举四项，以显对称（当然也可能原本就是窝阔台自谦之辞）。如果验诸史实，就会知道所举业绩并不完备，至少还可以增加两项：即营建都城哈剌和林和发动第二次西征。就表面而言，这两项业绩被漏掉或许不无理由。哈剌和林作为大蒙古国首都基本是礼仪性和象征性的，包括大汗在内的蒙古人一般并不在城中居住；第二次西征也不像灭金之役那样具有为祖先复仇的特殊性质。但从较长时段来看，作为已经征服并统治着大片农耕地区的大帝国，营建都城是必然要完成的关键性任务。第二次西征则开创了蒙古对外战争的新形态，即发动战争无需具体理由，而是为了完成上天赋予的征服使命，凡属未曾归附的"不庭之国"皆加征讨。因此，应当认为《元朝秘史》忽略的两项业绩，与其列举的四项相比，其重要程度毫不逊色。

总之，相信不会有人否定这样一个结论：窝阔台统治的十三年对于大蒙古国的稳定和发展至关重要。具体来说，成吉思汗的业绩，主要是成功地统一漠北草原，随之对外征服大片农耕地区。而在窝阔台统治下，不仅继续扩大征服范围，而且还对大部分被征服地区实施了有效管理，将其与漠北草原腹地初步捏合成型，从而真正建立起一个空前庞大的帝国。在人类历史上，这样规模庞大帝国的建立和稳定发展，从来都不是一位杰出君主或一代人的事情。许多在军事征服基础上迅速崛起的政权，貌似强大，不可一世，但却昙花倏现，很快走向分裂和覆亡。与它们相比，大蒙古国显然是军事征服政权成功发展的典范，而这至少是成吉思汗和窝阔台两代统治者前后相承努力经营的结果。窝阔台在蒙古诸汗中首次拥有"合罕"尊号，并非偶然。当然也需要指出，以上所谓业绩云云，完全是从大蒙古国视角出发的。对于广大被征服地区的人民而言，蒙古统治者的征服、奴役之类"业绩"通常意味着无妄之灾，这就是另外一方面的问题了。

那么，窝阔台是怎样在个人威望较之其父明显不足、同时宗亲贵族内部隔阂和矛盾渐深的背景下，成功地巩固和发展大蒙古国政权的？陈希《窝阔台汗时代大蒙古国研究》一书，针对这个问题进行了具体、细致的探讨。全书比较充分地搜集了汉文、波斯文史籍中的相关材料，利用波斯语、蒙古语语言学知识比照异同，互相补充，颇有发前人所未发之处，大大推进和深化了我们在这方面的认识。按照学术界的一般理解，与以忽必烈即位为建立标志的元王朝相比较，大蒙古国对汉地的管理十分混乱，"武功迭兴，文治多阙""攻取之计甚切，而修完之功弗逮"。本书的研究则提示我们，对此不可简单地一概而论。就窝阔台统治时期而言，事实上已经开展了初步的"文治"建设，履行了一定的"修完之功"。书中结论部分指出："来自不同地区/族群的军事、经济资源，早在窝阔台汗的主导下已经发生融合。""此时的军事、行政和经济等方面的制度建设都呈现出统一性特征，整体上也不再按照地区分设官制，而是实行同一套管理体制。""所谓忽必烈的'第二次创业'，实质是对大蒙古国时期国家建设既有成果的继承和发展。而他比本书关注的元太宗窝阔台更享有盛誉的原因，正在于他实现了窝阔台曾寄希望于皇子合失的政治愿景。"这些观点或许在表述的分寸感上还可以继续斟酌，但无疑是具有启发性的。类似不乏新意的见解，在书中时有所见，相信会引起学者的关注。

本书是作者在同名博士学位论文的基础上修改完成的。论文于 2021 年 6 月 6 日在北京大学历史学系答辩通过，后被评为北京大学当年的优秀博士论文。陈希 2015 年自南开大学历史学院免试推荐进入北大攻读硕士研究生，2017 年转为博士研究生，均师从于党宝海教授。我曾经参加陈希的硕士生入学面试，后来也参与她的研究生培养各环节。在陈希的第一部学术著作即将出版之际，很荣幸能够在卷首略书数语，祝愿她将来取得更多更大的成就。

张帆
2024 年 9 月

序　二

陈希的博士学位论文《窝阔台汗时代大蒙古国研究》经过修订、补充即将出版。我翻阅这部书稿，想到了一些往事，其中的两件小事发生在多年以前。

1997年，陈高华先生在中国社会科学院历史研究所开设《元典章》读书班。参加读书班的主要是历史研究所的研究人员和陈先生的研究生、日本进修生。张帆老师得到读书班开班的消息，就带我去参加。读书班的形式是参加者逐条研读《元典章》"户部"，句读、陈述条目主旨、解释重点词汇等。一般在大家讨论发言后，陈先生结合自己多年的研究心得，做点拨、引申或总结。读书班的活动一般会选择星期二的下午，因为这天是历史研究所的全体研究人员返所日，读书班参加者能到得最齐。下午四个多小时的研读通常分为两段，中间会有十到十五分钟的休息时间，大家可以站起来活动活动筋骨，喝点儿陈先生带的好茶，边喝茶边闲聊。1999年下半年的一次课间休息，大家和陈先生聊天。我已经忘记是怎样说到如何指导研究生的。陈先生说，到研究生教育阶段，导师不用管太多，但有两个方面要做到：一是指导学生读书，特别是阅读基本史料，让学生为将来的学术工作打下比较牢靠的基础；二是结合学生的兴趣，帮助学生确定一个比较具体的研究方向，在有限的几年内较好地完成学位论文的写作，顺利毕业。对有的学生，甚至要考虑直接给一个学位论文的题目。此后又谈了什么，我都忘记了，但这段话我记得很真切。我的博士学位论文题目《蒙元驿站交通研究》就是后来陈先生给的。

　　第二件事是南开大学李治安教授和我的一次车上闲聊。2004年8月中国元史研究会和南开大学、河北师范大学、北京联合大学共同主办"元代社会文化暨元世祖忽必烈国际学术讨论会",会场设在两所大学,在南开大学举行开幕式和大部分学术讨论,在河北师范大学举行最后的大会发言和闭幕式。由于会场变动和主办方安排的学术考察,大家在车上旅行的时间比较多。有一次我坐在李治安老师旁边,向他请教一些平时关心的元史问题。当时李老师的《忽必烈传》已经完成,即将由人民出版社出版,这是国内很多元史研究者都知道的。我问李老师,13—14世纪的蒙古帝王中影响最大的两位(成吉思汗、忽必烈)都有了学术性的传记,其他帝王的统治时间都比较短,重要性相比这两位是远不可及的,元朝末代皇帝妥欢贴睦尔在位时间虽长,但关于他的直接史料并不多,接下来恐怕不会有大部头的蒙古帝王传记了。李老师说,也不尽然,窝阔台汗就很重要。他承前启后,对初期大蒙古国的巩固与发展有继往开来之功。学界虽然有过一些研究,但缺乏一部学术性的传记。我问李老师会不会做这方面的工作,李老师说他自己不会做,因为刚刚完成《忽必烈传》,还有很多相关的课题需要持续跟进。会议结束后,我和张帆老师提起了这次谈话。张老师说,李老师的意见是对的,窝阔台汗的统治对于蒙古汗国而言非常关键,但是学术传记不好写,因为难度较大。一方面,史料状况比较复杂。当时大蒙古国迅速扩张,关于窝阔台及其时代的史料不仅有汉文、蒙古文,还有数量可观的波斯文史料,如《世界征服者史》《史集》等,这些域外史料的记载对于研究窝阔台汗时期的蒙古史来说相当重要,而对波斯文史料的利用不能停留于汉译本,最好能够直接处理波斯文原文。另一方面,它对研究者的水平有较高的要求。既要有微观考辨史料的能力,又要有宏观把握大蒙古国政治动向和国际形势的能力。由于这两方面的原因,这个题材尽管很有意义,但不好处理。

　　张老师的分析后来得到了验证。2004年后虽然有若干关于窝阔台汗及其统治时期的专题论文，但深刻的整体研究则付之阙如。

2019年，陈希需要确定博士学位论文的选题。我想到了十五年前与李治安老师的谈话。从当时学界对大蒙古国四位大汗的研究来看，学术成果并不均衡：关于成吉思汗的研究历时久，成果多；对蒙哥汗，有美国学者爱尔森（Allsen）的名著 Mongol Imperialism；即使是统治时间甚短的贵由汗，也有韩国金浩东教授的精彩长文加以论述。然而，对窝阔台汗及其治下的大蒙古国却没有全面、深入的整体研究。考虑到陈希学术基础不错，又较好地掌握了13—14世纪波斯文史料的阅读技能，我就和陈希商量，是否考虑以窝阔台汗及其时代为论文的写作方向。

陈希很早就有志于学术研究。她在南开大学历史学院读本科时，参加过李治安老师负责的国家重大项目，撰写的论文获南开大学第九届"史学新秀"二等奖。2015年她保送至北京大学历史学系读研，2017年由硕士研究生转为博士研究生。我一直是她的研究生导师，对她入学后的学习比较了解。她学习勤奋，学风严谨，专业知识全面，能够较熟练地使用英语和波斯语，能借助工具书阅读日文、蒙古文等外文、民族语文专业文献。她在硕士研究生的第一学年选修了北京大学外国语学院西亚系波斯语教研室开设的波斯语课程。从2016年开始，她参加由王一丹教授主持的"波斯文《五族谱》整理与研究"项目，完成了王老师分配的部分世系的译注和初稿修订任务。通过参加《五族谱》科研项目，她对波斯文抄本的识读能力有进一步提高。2017年，陈希旁听了波斯语教研室开设的本科生辅修课程，学习了王一丹等老师开设的波斯文献阅读、波斯语口语与写作等课程。通过对波斯语的学习，陈希不仅掌握了一种语言工具，而且拓展了学术视野。

尽管当时陈希在选题方面有自己的想法，她还是考虑了我的建议，勇敢地接受了这个很有挑战性的题目，接下来就系统地收集资料、思考和写作。她写论文很有计划性。从完成开题到预答辩有一年多的时间，她按照拟定的框架写作，基本上两个月完成一章。每完成一章就拿给我看，我提出意见后她再进行修改或调整，尽量在准确总结前人研究的基础上，力求有所创新。论文写作的过程也是作者不断思考的过程。最后论文的成稿与初始的设想相比发生了较大变化，由最初的窝阔台汗研究变为窝阔台汗统治时期大蒙古国研究，由重点在人调整为重点在国。尽管碰上了新冠疫情，论文进展还算顺利。从预答辩到论文送出进行匿名评审，仅有一个月左右的时间，陈希根据预答辩时老师们提出的意见，尽力做了调整和修改。五位专家的匿名评审意见都对论文做了肯定。论文正式答辩的时候，曾经指导陈希本科学习、科研，对她的学术道路有很大影响的南开大学王晓欣教授作为主席主持了陈希的答辩。莅临专家对陈希多有勉励。

在取得博士学位之后，陈希在王一丹教授指导下，做了两年博士后研究，完成博士后研究项目"编年与谱系：波斯文史料中的元代民族交流"，还在北京大学外国语学院西亚系承担了一定数量的教学任务。2023 年，陈希有机会到中国人民大学国学院任教。在完成科研和教学工作的前提下，她一直对博士学位论文进行增补和修改。现在呈献给读者的，就是增订之后的文本。

关于这部论著的主要内容和学术水平，我想读者在阅读之后会有自己的了解和评判，兹不赘言。我利用这个机会，简述其雏形——博士学位论文——的写作缘起和简单经过。对陈希来说，这部著作的出版既是对过去主要研究工作的总结，也是一个新的起点。我相信她会再接再厉。

党宝海
2024 年 9 月

摘　　要

　　窝阔台是大蒙古国时期的第二任大汗。他前承成吉思汗未竟之业，后启大蒙古国建制之端，具有承前启后的重要地位。学界目前鲜有对该人物及其时代的研究论著，本书将从军事安排、行政体系、经济举措及家族关系等方面，分析窝阔台汗对大蒙古国的统治方式和这一时期的国家变化。

　　成吉思汗在西征前选定窝阔台为继承人。术赤、察合台矛盾难以调和，成吉思汗便采取"以封地换效忠"的策略，令二子出镇他处，避免政权分裂。这也是他对游牧政权固有"离心力"问题的新回应。但在"幼子守灶"观念的影响下，深得父汗偏爱的拖雷又成为窝阔台即位的最大阻力。成吉思汗利用推举制度实现了自己的意愿，窝阔台通过忽里台的一系列程序，并在耶律楚材等人的帮助下即位。

　　窝阔台汗继承其父的制度创设和军事构想，并结合形势进行发展。他以千户制度为纲，扩建探马赤军、整编汉军。原有的蒙古千户长分化为"大根脚"贵族与一般作战指挥官，由蒙古军、探马赤军及汉地诸军组成的地区军团成为新的作战主力。新增军事将领增强了大汗对军队的控制力。窝阔台汗率军亲征，完成了其父的灭金遗愿。拖雷死后，其所率攻金西路军主力被分派给皇子阔端，与继承中路军的皇子阔出对宋开战，窝阔台家族势力扩张。拖雷长子则被派往长子西征战场，获得军功和作战经验都比较有限，显示出大汗削弱拖雷家族军事影响力的意图。

随着辖境的扩大，窝阔台汗将统治重点转移到国家建设上，初步建立行政体系。汗廷重臣必阇赤成为处理政务的主要官员，他们为大蒙古国带来多元文化传统的统治经验。大汗任命的行省级别长官，是沟通汗廷与地方的中介。达鲁花赤与不同地区的官制传统相结合，使统治者实现对地方的直接管理。这一时期，诸王、军队统帅及地方统治者处仍保留行政官员，他们自己也直接参与地区行政事务的管理。这种情况导致行政管理"政出多门"。这一特点在呼罗珊地区尤为突出。

　　窝阔台汗即位之初便订立税制。以阿勒班、忽卜赤儿税为核心，蒙古赋役制度也与辖境内不同地区的原有税目相结合。在地区行政化的基础上，地方财富持续向汗廷集中。大汗也利用斡脱商人、兴建都城等手段促进商贸活动和手工业的发展，跨地区的财富环流形成。和林是窝阔台汗为家族选择的新分地，作为新的权力中心，它也起到切断财富向拖雷家族所在地集中的作用。窝阔台从征发赋税、兵员中注意到金朝故地的经济潜力。他还仿教士之例，给予儒士经济优待。

　　窝阔台汗的指定继承人是合失、失烈门。阔出深受父汗偏爱，后因攻宋需要领兵南下。阔端则控御陕甘，以期与叶密立、畏兀儿地呼应，拱卫和林。哈剌察儿久居和林，地位不显。在打压拖雷家族的同时，大汗支持尤赤家族发展、制约东道诸王活动，使拖雷家族难得外援。直到贵由汗去世，拖雷家族仍受到和林、叶密立等地的兵力威胁。蒙哥不得不以家族宗主之位换取拔都的大力支持，才最终获得汗位。

　　窝阔台汗成功处理了幼子势力带来的威胁，维护了汗权独尊和中央集权。他也构建了大蒙古国的制度框架，大量吸纳外部的人员、制度，推动了大蒙古国的持续发展。窝阔台汗为后继的蒙古大汗处理内外事务提供了丰富经验。

　　关键词：窝阔台汗，军事安排，行政体系，经济举措，家族关系

Abstract

Ögedei was the second khan of the *Yeke Mongɣol Ulus*. He accomplished the unfinished work of Chinggis Khan, and then started setting up management system of the Mongol Empire, playing an important role as a link between past and future. There has been few published research on this figure and his rule so far. From the aspects of military arrangement, administrative system, economic measures and family relationship, this paper will analyze the ruling mode of Ögedei Khan and the changes of the state in this period.

Chinggis Khan had chosen Ögedei as his successor before the first expedition to the west. The conflict between Joči and Čaqadai was difficult to be reconciled, so Chinggis Khan adopted the strategy of "exchanging fiefdom for loyalty" and ordered his two sons to leave Mongol original territory to avoid the regime division. It was also a new response to the inherent problem of "centrifugal force" in nomadic regimes. However, influenced by the concept of "the youngest son kept father's property", Tolui, who favored by Chinggis Khan became the biggest resistance to Ögedei's accession. Chinggis Khan realized his will by using the clan recommended system. With the help of Yelü Chucai and others, Ögedei completed the ceremony of *quriltai* and succeeded the throne.

Ögedei Khan inherited his father's method to build an army and military plan, and combined with the situation to develop. He made use of Chiliarch System to expand *Tamachi* Army and reorganize *Han* Army. Old Mongol generals were divided into great nobilities and troop commanders. The army group composed of Mongol Army, *Tamachi* Army and *Han* Army became the new main fighting force. New generals increased Ögedei's control over the army. Ögedei Khan led his army to fight and realized his father's desire to destroy the Jin Dynasty. After the death of Tolui, the West Route Army had fought with the Jin Dynasty was assigned to prince Köden. He and Prince Köchü, who inherited the Middle Route Army, together went to war against the Song Dynasty, as a result, the force of Ögedei's family expanding. Tolui's eldest son was sent to the western battlefield, only gained small achievement and limited military experience. This arrangement shows Ögedei's intention to weaken the Tolui family's military influences.

With the territory extension, Ögedei Khan adjusted the focus of his rule to national construction, and initially established an administrative system. *Bitikchis* who participated in decision-making became the major officials in central government, and they brought politic experience in multicultural traditions to the Mongol regime. Chief officer at provincial level appointed by Ögedei was an intermediary between khan's court and local authorities. The combination of *Daruqachi* system and tradition official systems of different regions enabled the ruler to realize the direct management to local areas. During this period, kings, army generals and local rulers kept administrative officials, and they also directly participated in region managing affairs. This situation led to administrative affairs were managed by different forces, and this feature was most typical in Khorasan region.

Ögedei Khan established tax system at the beginning of his accession to the throne. With *alban* and *qubchir* as main taxes, the Mongol tax system was also combined with the existing taxes in different regions. On the basis of administrative management, local wealth sustainably concentrated to the khan's court. Ögedei Khan also promoted the development of trade and handicraft by means of *Ortaq* merchants and building a new capital to formed the wealth circulation between different regions. Qara Qorum was the new fiefdom chosen by Ögedei Khan for his family, and as the new power center, it also served to cut off wealth flowing to the location of Tolui's family. Ögedei noticed the economic potential of the North China from levying taxes and soldiers. He gave economic preferential policies to Confucian scholars according to the similar treatment to clergy.

Ögedei Khan's designated successors were Qashi and Shiremün. Köchü was favored by his father, but because of the need to fight with the Song Dynasty, he was appointed as the commander to march southward. Köden controlled Shaanxi and Gansu regions, forming the situation of mutual support with Emil and Uyghur areas, in order to surround and protect Qara Qorum. Qarachar lived a long time in the capital, and he was not influential. While suppressing the power of Tolui's family, Ögedei supported Joči's family to develop force, and restricted the activities of kings whose fiefdom in eastern region to develop force, so as to reduce the possibility they support to Tolui's family. Until after death of Güyük Khan, Tolui's family was still under the threat of military forces in Emil, Qara Qorum and other places. Möngke had to exchange the position of patriarch of the Chinggis Family to Batu for his strong support, and finally got the throne.

Ögedei Khan successfully dealt with the threat to his authority from the youngest sons in the Chinggis Family, and maintained the supremacy of khan's authority and the centralization of power. He also constructed the institutional framework of the *Yeke MongyolUlus*, absorbed a large number of external talents and institutions, and promoted the sustainable development of his country. Ögedei provided subsequent khans with rich experience in handling internal and external affairs.

Key Words: Ögedei Khan, Military Arrangement, Administrative System, Economic Measures, Family Relationship

目 录

绪 论 …………………………………………………………（1）
  一 选题缘起 ……………………………………………（1）
  二 研究综述 ……………………………………………（5）
  三 研究视角与史料利用 ………………………………（39）
  四 篇章安排 ……………………………………………（42）

第一章 窝阔台登上汗位 ……………………………………（45）
  第一节 成吉思汗继承人的确立 ……………………（45）
    一 不同史料对"立储"的记述 …………………（46）
    二 分封术赤、察合台的时间与条件 ……………（52）
    三 成吉思汗选择窝阔台的原因 …………………（59）
  第二节 窝阔台的即位过程 …………………………（64）
    一 即位之前：拖雷监国与耶律楚材的活动 ……（66）
    二 即位的过程和仪式 ……………………………（70）
    三 窝阔台对成吉思汗的继承 ……………………（75）
  小结 …………………………………………………………（78）

第二章 窝阔台汗时期的军事安排 …………………………（80）
  第一节 蒙古千户的发展
           ——以"窝阔台合罕异密"名录为线索 …………（80）

一　《五世系·蒙古世系》的"窝阔台合罕异密"
　　　　名录……………………………………………………（81）
　　二　大汗直接控制的旧有千户……………………………（87）
　　三　新增将领及探马赤军的扩建…………………………（93）
第二节　汉军万户的整编和安排…………………………………（97）
　　一　"七万户"的设立时间及人选 ………………………（97）
　　二　攻蜀"七万户"的构成 ………………………………（103）
　　三　张柔"八万户"及辽东诸万户 ………………………（109）
　　四　窝阔台对汉地万户的安排……………………………（112）
第三节　绰儿马罕西征诸军将领…………………………………（115）
　　一　蒙格秃所部与斡豁秃儿其人…………………………（116）
　　二　答亦儿身份及所率军队………………………………（121）
　　三　随绰儿马罕出征伊朗地区的军队将领………………（129）
　　四　南高加索地区的军事将领……………………………（135）
　　五　军队扩建后的君臣关系………………………………（141）
第四节　窝阔台汗的军事构想……………………………………（144）
　　一　对成吉思汗战略的发展：完成灭金…………………（144）
　　二　窝阔台汗的军事谋划：长子西征与攻打南宋………（153）
小结…………………………………………………………………（159）

第三章　窝阔台汗时期的行政体系……………………………（161）
　第一节　窝阔台时期的中枢官员………………………………（161）
　　一　窝阔台时期的重臣必阇赤……………………………（163）
　　二　窝阔台时期的大断事官………………………………（169）
　　三　重臣必阇赤带来的政治经验…………………………（172）
　第二节　国家行政体系的初建…………………………………（177）
　　一　行省级别长官的设立…………………………………（179）
　　二　达鲁花赤的设置………………………………………（184）

三　行政体系的成因与特点（一） ………………………（188）
　第三节　其他行政主体及官职设置 ………………………（189）
　　一　诸王兀鲁思及食邑投下设官 …………………………（191）
　　二　军队设官与军事行省 …………………………………（197）
　　三　地方政权与其他机构 …………………………………（201）
　　四　行政体系的成因与特点（二） ………………………（203）
　第四节　呼罗珊行政体系的建立
　　　　　——以《世界征服者史》为线索 …………………（205）
　　一　成帖木儿任职时期：从军事经略到行政管理 ………（206）
　　二　阔儿吉思执政时期：地区行政架构基本建立 ………（211）
　　三　阿儿浑接管时期：地方显贵的直接参与 ……………（214）
　小结 ……………………………………………………………（219）

第四章　窝阔台汗时期的经济举措 ………………………………（222）
　第一节　税收与商贸：草原与西域的经济发展 ……………（222）
　　一　定居地区的赋役税目 …………………………………（225）
　　二　斡脱商人、贸易与手工业：统治者支持下的
　　　　新发展 …………………………………………………（234）
　第二节　金朝故地的赋役征收与食邑分封 …………………（241）
　　一　征发赋税、兵员的情况与目的 ………………………（243）
　　二　《元史·食货志》赐户名单再考察 …………………（251）
　第三节　作为财富中心的新都城 ……………………………（260）
　　一　营建万安宫的经济目的 ………………………………（261）
　　二　和林城的财富积累 ……………………………………（265）
　　三　和林城财富的用途 ……………………………………（270）
　第四节　获得经济优待的群体 ………………………………（274）
　　一　教士经济优待政策的制度来源 ………………………（276）
　　二　统治者保护宗教的目的与途径 ………………………（281）

  三　儒士经济待遇的获得 …………………………………（286）
 小结 ……………………………………………………………（290）

第五章　窝阔台汗的家族关系 ……………………………………（293）
 第一节　窝阔台对诸子的安排 ………………………………（293）
  一　汗位继承人的选择 ……………………………………（296）
  二　贵由与阔端的地位 ……………………………………（302）
  三　哈剌察儿的活动 ………………………………………（305）
 第二节　窝阔台与拖雷家族 …………………………………（312）
  一　拖雷之死：汗权最大威胁的解除 ……………………（314）
  二　软硬兼施：灵活处理其他宗亲关系 …………………（321）
  三　余威仍在：对拖雷家族的持续威慑 …………………（325）
 小结 ……………………………………………………………（329）

结　论 ………………………………………………………………（331）

附录　窝阔台家族的女性与姻亲 …………………………………（340）
  一　《五世系》所见窝阔台家族公主姻亲 ………………（342）
  二　窝阔台家族公主姻亲关系的特点 ……………………（354）
  三　传统姻亲部族（家族）的政治作用 …………………（356）

参考文献 ……………………………………………………………（363）

索　引 ………………………………………………………………（387）

后　记 ………………………………………………………………（394）

Contents

Introduction ··· (1)
  1. Causes of This Research ································· (1)
  2. Literature Review ·· (5)
  3. Methodology and Sources ································ (39)
  4. Structure ·· (42)

Chapter 1 Ögedei Ascended the Throne ················ (45)
  Section 1   The Process of Chinggis Khan Chose the Heir ······ (45)
    1. Different Descriptions about Establishing the Heir ········· (46)
    2. Time and Requirement of Giving Fiefdom to Joči and
      Čaqadai ·· (52)
    3. Reasons Why Chinggis Khan Chose Ögedei ················ (59)
  Section 2   The Process of Ögedei's Enthronement ················ (64)
    1. Before Enthronement: Rule of Tolui and Activities
      of Yelü Chucai ··· (66)
    2. The Process and Ceremony of Enthronement ·············· (70)
    3. Ögedei How to Succeed Chinggis Khan's Rule ············· (75)
  Summary ·· (78)

Chapter 2　Military Arrangement during the Reign of Ögedei …………………………………………………（80）

Section 1　The Development of Mongol Military System:
　　　　　Based on *Shuʿab-i Panjgāna* ……………………（80）

　1. The List of Ögedei's Government Official in
　　 Shuʿab-i Panjgāna ………………………………………（81）

　2. Old Armies under the Control of Ögedei ………………（87）

　3. New Generals and the Expansion of *Tamachi* Army ………（93）

Section 2　The Reorganization and Arrangement of *Han*
　　　　　Army …………………………………………………（97）

　1. Formational Time and Persons of "Seven *Wanhu*" ………（97）

　2. "Seven *Wanhu*" in the Attack to Sichuan ………………（103）

　3. "Eight *Wanhu*" Led by Zhangrou and other
　　 Wanhu in Liaodong ………………………………………（109）

　4. Ögedei's Arrangement for Armies in the North China …（112）

Section 3　Generals in Chormaqan's Expedition Force to
　　　　　the West ……………………………………………（115）

　1. The Army Commanded by Mönggetü and Oqotur's
　　 Identity ……………………………………………………（116）

　2. The Identity and Activities of Dayir ……………………（121）

　3. Generals who Followed Chormaqan to Conquer Iran ……（129）

　4. Generals in the South Caucasus Region ………………（135）

　5. The Relationship between Qan and Generals after
　　 Enlarging the Army ………………………………………（141）

Section 4　Ögedei's Military Plan ……………………………（144）

　1. Development of Chinggis Khan's Strategy:
　　 Final Victory in Battle to Jin Dynasty ……………………（144）

　2. Ögedei's Military Project: the Second Expedition to
　　 the West and Attack to the Southern Song Dynasty ……（153）

Summary ……………………………………………………（159）

Chapter 3　Administrative System during the Reign of Ögedei ……………………………………………（161）

Section 1　Central Officers during the Reign of Ögedei ………（161）
  1. *Bitikchis* who Participated in Decision-Making ……………（163）
  2. The Prime Minister *Jarquchi* ………………………………（169）
  3. Political Experiences from *Bitikchis* ………………………（172）
Section 2　Establishment of State Administrative System ……（177）
  1. Appointment of the Chief Officer at Provincial Level ……（179）
  2. Establishment of *Daruqachi* …………………………………（184）
  3. Formation Cause and Features of the Administrative System（1）………………………………………………（188）
Section 3　Other Administrative Organization and Officers ………………………………………………（189）
  1. Officers in King's Ulus and Their Fiefdom ………………（191）
  2. *Jarquchi* in Army and Military Province …………………（197）
  3. Local Regime and Other Organization ……………………（201）
  4. Formation Cause and Features of the Administrative System（2）………………………………………………（203）
Section 4　Establishment of Administrative System in Khorasan: Based on *Tārīkh-i Jahāngushā* ………（205）
  1. During Čing Temür's Period: From Military Conquest to Administration ……………………………（206）
  2. During Kurkiz's Period: Establishment of Administrative Structure ………………………………（211）
  3. During Arqun's Period: Direct Participation of Local Rulers …………………………………………（214）
Summary ……………………………………………………（219）

Chapter 4 Economic Measures during the Reign of Ögedei ………………………………………… (222)

　Section 1　Taxation and Commerce: Economic Development in the North and Central Asia …………… (222)

　　1. Taxation in Settled Regions ……………………… (225)

　　2. *Ortaq*, Trade and Handicraft: New Development with the Support of Ögedei ………………………… (234)

　Section 2　Taxation and Enfeoffment in the North China …… (241)

　　1. The Situation and Purpose of Levying Tax and Soldiers ………………………………………… (243)

　　2. A Restudy of the Reward List in *Shi Huo Zhi* of *Yuan Shi* ……………………………………… (251)

　Section 3　New Capital as A Wealth Center ………………… (260)

　　1. The Economic Purpose of Building the Palace of *Wan An* …………………………………………… (261)

　　2. Wealth Accumulation in the City of Qara Qorum ……… (265)

　　3. Uses of City Wealth from Qara Qorum ……………… (270)

　Section 4　Groups who Acquired Economic Preferential Policies …………………………………………… (274)

　　1. The Institutional Source of Economic Preferential Policy for Clergy ………………………………… (276)

　　2. The Purpose and the Way of Ruler's Protection for Religions …………………………………… (281)

　　3. Confucian Scholars How to Get Economic Rights ……… (286)

　Summary ……………………………………………………… (290)

Chapter 5 Ögedei's Family Relationship ………………… (293)

　Section 1　Ögedei's Arrangement for His Sons …………… (293)

　　1. Ögedei Chose the Successor ……………………… (296)

2. The Status of Güyük and Köden ·················· (302)

   3. Qarachar's Activities ·················· (305)

Section 2   Ögedei and Tolui's Family ·················· (312)

   1. Death of Tolui: Disappearance of Biggest Threat to
      Khan's Authority ·················· (314)

   2. Different Treatment: Handled Flexibly Relationship
      with Other Families ·················· (321)

   3. Long-Term Control: Continuous Deterrence to Tolui's
      Family ·················· (325)

Summary ·················· (329)

Conclusion ·················· (331)

Appendix   Women and Marriage Relation in Ögedei's Family ·················· (340)

   1. Marriage Relation of Princesses in Ögedei's Family
      from *Shuʿab-i Panjgāna* ·················· (342)

   2. The Features of Marriage Relation of Princesses ·················· (354)

   3. Political Function of the Families in Laws ·················· (356)

References ·················· (363)

Index ·················· (387)

Postscript ·················· (394)

绪　　论

一　选题缘起

13世纪初，成吉思汗统一草原诸部，建立以黄金家族为核心、以千户制度为骨干的大蒙古国，开创游牧政权历史发展的新阶段。随着军事活动的大规模展开，从蒙古草原到金朝故地，从华北到中亚，资源、人才源源不断地被大蒙古国吸纳，一个辖境广阔、民族众多、文化多元的统一国家逐渐形成。在这个幅员辽阔的国家中，物资、人员通过便捷的驿站交通进行长距离移动，不同的制度文化发生碰撞与杂糅，游牧传统与定居文明互相影响。从日出到日落之地，前朝痕迹被蒙古铁骑迅速抹去的同时，具有丰富内涵的新朝传统开始滋长。被欧亚草原长期公认的黄金家族血统，为帖木儿赢得了逐鹿群雄的统治合法性；札剌亦儿王朝亦通过昭彰伊利汗国王统的形式巩固政权。在沙皇俄国和明代中国，亦可发现元代旧制的残余因素。

正是基于蒙古统治广阔而长远的影响力，学界早有将元代历史视作世界史的研究导向。如爱尔森（T. T. Allsen）对蒙古时期西亚丝织品流通的研究，[1] 彭晓燕（M. Biran）对察合台汗国外交遣使的考察，[2] 陈春晓对伊利汗国向元朝的遣使活动及玉石、植物等物质西

---

[1] Thomas T. Allsen, *Commodity and Exchange in the Mongol Empire: A Cultural History of Islamic Textiles*, Cambridge: Cambridge University Press, 2002.

[2] ［以色列］彭晓燕：《察合台汗国的外交与遣使实践初探》，邱轶皓译，刘迎胜审校，《西域研究》2014年第2期，第92—115页。

传的系统探讨,① 都勾勒出大蒙古国广阔辖境内通达的交通网络和频繁的人员往来。而早受研究者关注的千户制度、怯薛制度和分封制度,在中外学界均有丰富的研究成果。21世纪以来,国内学者对元、明两代连续与变革的主题探讨,也涉及对相关制度的长时段考察。②

发达的中西交通和丰富的制度文化,都诞生于蒙古时代的特有土壤。在追寻马可·波罗东来的脚步时,研究者不会不回望东西商路的旧日景象;在考察元代官制体系的运行情况时,也自然会述及辽金旧制、草原传统。在向前追溯的过程中,大蒙古国的构成因素被具体地揭示出来,研究者的关注点也逐渐汇集于此:前代经验如何作用于蒙古时代?这一时期的"特有土壤"如何形成?如果我们停住向后考察的脚步,审视大蒙古国的兴起,又会看到什么样的历史面貌?

中外研究者已经给出了一些线索。蒙古兴起之际,草原地区有克烈、乃蛮等强部,华北地区有金朝,中亚地区则有哈剌契丹、花剌子模等政权。这些政权为大蒙古国的国家管理提供了多元文化传统的政治经验。国际学界较早注意到同时期政权对大蒙古国制度建设的影响,如涂逸珊(İ. Togan)对克烈王国的历史考察③、彭晓燕对哈剌契丹的整体研究④、白迈克(M. C. Brose)对畏兀儿人入仕大蒙古国过程的论述⑤等,皆可见对这一议题的相关探讨。

---

① 陈春晓:《伊利汗国的中国文明——移民、使者和物质交流》,社会科学文献出版社2023年版。

② 李治安:《元代及明前期社会变动初探》,《中国史研究》2005年第S1期,第83—98页;李治安:《两个南北朝与中古以来的历史发展线索》,《文史哲》2009年第6期,第5—19页。

③ İsenbike Togan, *Flexibility and Limitation in Steppe Formations: The Kereit Khanate and Ghinggis Khan*, Leiden: Brill, 1998.

④ Michal Biran, *The Empire of the Qara Khitai in Eurasian History: Between China and the Islamic World*, New York: Cambridge University Press, 2005.

⑤ Michael C. Brose, *Subjects and Masters: Uyghurs in the Mongol Empire*, Bellingham: Western Washington University, 2007.

游牧政权在历史发展的过程中，形成了特色鲜明的文化传统，大蒙古国同样保留了如以战立国、权利共享等草原特征。这些传统也对大蒙古国的发展方向产生影响。大汗选任方式是这些传统中的核心内容。旧有的兄终弟及、父死子继习惯，叠加了蒙古部族"幼子守灶"的观念，加剧了大蒙古国汗位继承的不确定性。从彼得·杰克逊（P. Jackson）对大蒙古国分裂原因的经典论述，[1] 到罗新对耶律阿保机之死的细致阐释，[2] 寓于家族关系之中的游牧传统如何对北族政治史产生影响，一直也是历史学家关切的重要方面。

然而，这些提供了丰富认识的研究著述，还不是前述问题的完整答案。它们提供了考察大蒙古国构成因素的具体线索，而这些因素何时开始直接作用于国家建设、对大蒙古国的发展动向产生何种影响，还需要一个时限明晰的考察截面。回溯大蒙古国的发展历程，"地跨欧亚"的国家版图、"设官分职"的行政体系，实际上均出现在第二任大汗窝阔台统治时期。他是促成大蒙古国向跨文化、多族群的统一国家转化、蒙古历史连接世界历史的关键人物。故而本书以该时期作为观察大蒙古国历史进程的时间截面，在这一时段内探讨制度建设的具体情况和大蒙古国的发展动向。

窝阔台是成吉思汗第三子。他前承成吉思汗未竟之业，后启大蒙古国建制之端。在即位之初，他就通过祭祀成吉思汗、尊奉大札撒等举措强调其父至高地位，之后亲征攻金，完成了成吉思汗的灭金遗志。大蒙古国的政治基础得到巩固。但与此同时，窝阔台面临着新的内外压力：成吉思汗选定继承人时没有妥善解决的幼子势力，对新汗行使最高权力造成阻碍；而随着军事活动的规模扩大，军备供应和战利品分配的现实需求也日益凸显。面对集中汗权和发展国家的双重目标，窝阔台实行了一系列管理举措。

---

[1] Peter Jackson, "The Dissolution of the Mongol Empire", *Central Asiatic Journal*, Vol. 22, No. 3/4, 1978, pp. 186–244.

[2] 罗新：《耶律阿保机之死》，载氏著《黑毡上的北魏皇帝》，海豚出版社2014年版，第96—122页。

在国家管理方面，对所辖多族群、多文化地区进行直接管理的首要举措，就是建立从中央到地方的行政体系。通过选任中枢行政官员，曾服务于其他政权的、具有不同文化背景的治国人才被吸纳入大蒙古国，带来丰富的统治经验。通过任命行省级别大断事官，汗廷的重臣必阇赤和地方各级达鲁花赤得以沟通，行政制度的基本框架初步建立。而在经济领域，在支持长途贸易和手工业发展的同时，窝阔台采纳耶律楚材、牙老瓦赤等人的办法，将草原赋役制度与各地制度相结合，更好地利用地方经济资源。

在家族关系方面，妥善处理家族关系是汗权独尊的内在要求。窝阔台一方面给予家族成员建立军功、获得战利品的机会；另一方面持续扩张本家族势力，打压以拖雷家族为代表的幼子势力。通过调整黄金家族内部的权利分配，大汗的至高权威得以凸显，国家具备了稳定的统治核心。在此基础上，窝阔台慎重选定了汗位继承人，并安排其余诸子辅佐储君，为汗位在本家族的继承做好准备。

20世纪末，一些学者提出了以"中央欧亚"为中心的"世界史"研究范式[1]，并出版相关成果。近年来，国内学者从不同角度对这一研究范式和相关观点进行了回应。[2] 诚如罗新所察，在对缔造世界性帝国的贡献方面，普遍观点认为，能与政权奠基人成吉思汗地位比肩者，仍然只有"开创世界体系"的忽必烈汗。[3] 但如前述，大蒙古国对辖境各地建立直接和持续性的统治，是从窝阔台统治时

---

[1] 钟焓：《重写以"中央欧亚"为中心的"世界史"——对日本内亚史学界新近动向的剖析》，《文史哲》2019年第6期，第5—25、163页。

[2] 参见张志强主编《重新讲述蒙元史》，生活·读书·新知三联书店2016年版。罗新《元朝不是中国的王朝吗？》，载《东方早报·上海书评》编辑部编《殊方未远：古代中国的疆域、民族与认同》，中华书局2016年版，第165—174页；黄晓峰、钱冠宇采写《张帆谈元朝对中国历史的影响》，载《殊方未远：古代中国的疆域、民族与认同》，第185—199页；沈卫荣《大元史与新清史——以元代和清代西藏和藏传佛教研究为中心》，上海古籍出版社2019年版。

[3] 罗新：《元朝不是中国的王朝吗？》，《殊方未远：古代中国的疆域、民族与认同》，第166—167页。

期开始的。这一人物及其统治时段却鲜受学界关注,更少有相关专著出版,相关议题仍具有较大的探究空间。本书试图通过对这一时段大蒙古国的整体性研究,回应上述学者关于蒙古时代所谓"世界体系"形成时期和具体构成的相关论述。

二 研究综述

本书涉及窝阔台统治时期若干重要问题的探讨,前辈学者于此已有不少经典研究。近年来,随着研究视角的扩大、可用史料的增加,具有启发意义的新研究不断涌现。这些学术积累,为本书研究的深化和拓展提供了多方面可能性。为便讨论,下文将全面梳理学界对本主题的研究重点,以期展现已有研究的整体样貌和有待推进的方面。关涉具体问题的研究与观点,此处不作详述,留待文中相应部分进行回应。

本书是对窝阔台统治时期的整体性研究,故需了解该时段的历史背景,参考涉及大蒙古国时期的通论性著作。《多桑蒙古史》对窝阔台统治时期记述颇详,并多用目前尚无汉译的阿拉伯文－波斯文史料、亚美尼亚史料之相关记载。[①] 如述绰儿马罕所部在鲁木地区的作战情况,该书保留了《亚美尼亚史》中不见于英译本的内容,为本书利用相关信息带来便利。韩儒林主编《元朝史》、周良霄《元代史》及《中国通史·元代卷》等书均涉及窝阔台时期的军事经略、制度建设及其家族成员的相关史事,[②] 具有较高参考价值。

1. 汗位继承与大汗选立制度

汗位继承人的选择是本书考察的主线索之一,包括成吉思汗选定窝阔台、窝阔台指定汗位继承人两大问题。前贤探讨了成吉思汗选定窝阔台的时间、方式和相关史料记述。余大钧认为,成吉思汗

---

① [瑞典]多桑:《多桑蒙古史》,冯承钧译,中华书局1962年版。
② 白寿彝总主编,陈得芝主编:《中国通史》第8卷《元时期(修订本)》,上海人民出版社2006年版;韩儒林主编:《元朝史》,人民出版社1986年版;周良霄、顾菊英:《元代史》,上海人民出版社1983年版。

选定窝阔台作为继承人是他死前不久的决定，而非《元朝秘史》所记西征之前。《秘史》对窝阔台与成吉思汗关于汗位继承的对话，对窝阔台、贵由等诸王形象的贬低，都与其成书的政治背景有关。[①] 陆峻岭、何高济认为，成吉思汗选择窝阔台，打破了"幼子守产"的传统习俗，而代之以自己意志确定继承人的新方式。但成吉思汗还要遵循旧俗，故给予幼子拖雷更高比例的军队、财富。文章推断，攻打玉龙杰赤时，朮赤与察合台的争端缘由即父亲选定窝阔台为继承人。[②] 周良霄指出，成吉思汗选择窝阔台作为汗位继承人，却把绝大部分军队留给拖雷，是受到原始部落制度中酋长与军事首领分任的观念影响。而正如军事首领往往会取代酋长权力一样，拖雷的后人也取代了窝阔台，军、政大权最终统一于蒙哥汗之手。[③] 由此可见，对成吉思汗选择继承人的探讨，主要围绕窝阔台和拖雷二人展开。

关于窝阔台选定继承人，讨论主要集中在皇子合失。王晓欣根据汉文史料判断，窝阔台第五子合失有皇位继承人的身份。合失的这一身份，为日后其子海都兴起、对抗元朝提供了法理依据。[④] 刘晓补充论证了合失具有汗位继承人的资格，并提出由于阔出先合失而死，合失之后的汗位继承人应当是失烈门，而非阔出本人。[⑤] 刘晓还利用白话懿旨碑推断了合失的卒年，[⑥] 修正了前人"合失卒年在 1233—1234 年"的推断。邱轶皓补充了《贵显世系》中关于

[①] 余大钧：《〈蒙古秘史〉成书年代考》，《中国史研究》1982 年第 1 期，第 144—159 页。

[②] 陆峻岭、何高济：《从窝阔台到蒙哥的蒙古宫廷斗争》，原刊于《元史论丛》第 1 辑，中华书局 1982 年版，后收入何高济、陆峻岭《域外集——元史、中外关系史论丛》，中华书局 2013 年版，第 1—29 页。

[③] 周良霄：《蒙古选汗仪制与元朝皇位继承问题》，原刊于《元史论丛》第 3 辑，中华书局 1986 年版，后收入氏著《知止斋存稿》上册，上海古籍出版社 2022 年版，第 60 页。

[④] 王晓欣：《合失身份及相关问题再考》，《元史论丛》第 10 辑，中国广播影视出版社 2005 年版，第 61—70 页。

[⑤] 刘晓：《也谈合失》，《中国史研究》2006 年第 2 期，第 146 页。

[⑥] 刘晓：《合失卒年小考》，《中国史研究》2007 年第 2 期，第 50 页。

合失为汗位继承人的证据。① 这部分内容还将在本书第五章第一节详论。

与大汗即位密切相关的是忽里台推选制度和即位仪式。萧功秦提出,成吉思汗虽然可以根据自己的意愿选定继承人,但继承人即位仍然要通过忽里台的推举程序。忽里台的作用在于确立盟约关系、凝聚分散份地,保证大蒙古国的稳定。但忽里台对被推戴者的身份限制较少、举办程序不规范的特点又一再导致汗位危机的发生。这种内在矛盾使忽里台制度只能在游牧分封结构中存在,且常有被任意加以利用的可能。② 丹尼斯·塞诺(D. Sinor)关注游牧国家首领的产生和继承方式。作者认为,王朝创建者和其后代取得权力的途径是不同的,前者主要依靠神话或实力获得他人的信任,而后者则由若干拥有继承权的候选人竞争产生。二者的共同点在于都要通过选举的仪式。③

周良霄指出,大汗的即位仪式,也是臣下宣布效忠、而大汗给予恩赐的确立誓约的过程。作者还注意到,窝阔台即位时行跪拜仪,有效提升了大汗的威严。④ 罗新探讨了北族游牧政权君主的即位仪式,分析了汗位继承人即位前的谦逊退让、诸王"举毡立汗"等环节中体现的游牧政治文化。⑤ 本田实信提出,《元朝秘史》中所载宣誓效忠窝阔台的誓词表明,忽里台推举新汗的部族主义做法,

---

① 邱轶皓:《合失生母小考》,《中国史研究》2012 年第 3 期,第 70—72 页。
② 萧功秦:《论元代皇位继承问题——对一种旧传统在新的历史条件下的蜕变过程的考察》,《元史及北方民族史研究集刊》第 7 辑,南京大学历史系元史研究室 1983 年版,第 22—39 页。
③ [美]丹尼斯·塞诺:《大汗的选立》,党宝海译、罗新校,收入北京大学历史系民族史教研室译《丹尼斯·塞诺内亚研究文选》,社会科学文献出版社 2022 年版,第 167—188 页。
④ 周良霄:《蒙古选汗仪制与元朝皇位继承问题》,《知止斋存稿》上册,第 62—63、66 页。
⑤ 罗新:《内亚传统中的可汗即位仪式》《内亚传统作为一个方法》,载氏著《黑毡上的北魏皇帝》,第 24—65 页。

已逐渐让位于遵守成吉思汗遗言的血统主义方法。① 伊丽莎白·韦斯特（E. E. West）指出，太宗六年的忽里台体现出这一活动还具有议定军国大事的功能。② 这些研究重点关注忽里台既有的制度功用和即位仪式的普遍性流程，而成吉思汗如何利用这一制度实现本人意愿，仍有待深究。

巴菲尔德（T. Barfield）从人类学角度研究游牧政权的继承制度，归纳出大蒙古国选定汗位继承人时遵守的原则和影响因素。作者提出，成为大汗候选人的首要条件是出自成吉思汗四子家族。在这一条件下，候选人的父母身份必须明确，再考虑辈分高低、母亲地位尊卑、出生时间先后等因素。兄终弟及和父死子继的游牧传统，在大蒙古国中仍然存在，出生时间就成为这两种法则发生矛盾时的判断标准。但也因为此类原则容易发生矛盾，上述条件只能决定竞争者，不能决定胜出者。突厥－蒙古传统的"幼子守产"观念也在发挥作用，这与上述长幼原则背道而驰。故而大汗为了避免矛盾，常采取指定继承人的方式。此外，摄政、掌握的军队、距离、名誉及忽里台大会都是汗位继承的影响因素。③ 巴菲尔德的研究综合考虑了游牧传统习俗和制度因素对大汗选立的作用，是本书第一章、第五章相关问题讨论的理论参考。

由上可见，既有研究对汗位继承、大汗选立等问题的讨论，基本从政治传统和游牧制度入手分析，而较少关注成吉思汗、窝阔台选定继承人时的具体历史情境。现实条件也是影响统治者决策的重要因素。对成吉思汗选择汗位继承人的讨论，多围绕窝阔台和拖雷展开，朮赤、察合台的活动及成吉思汗对二人的安排，却未得到充

---

① 本田実信：「モンゴルの誓詞」，『モンゴル時代史研究』，東京大学出版会，1991年，66頁.

② Elizabeth Endicott West, "Imperial Governance in Yüan Times", *Harvard Journal of Asiatic Studies*, Vol. 46, No. 2, 1986, p. 536.

③ ［美］巴菲尔德：《危险的边疆：游牧帝国与中国》，袁剑译，江苏人民出版社2011年版，第264—269页。

分注意。对这些未及措意的方面的探索,能够为相关问题提供更完整丰富的解答。

2. 窝阔台统治时期的军事与制度

(1) 军事行动与军队组成

史卫民对窝阔台统治时期的主要战役、将领,及军队扩编等情况有整体性论述。① 在军事行动方面,陈高华梳理了蒙、金三峰山之战的过程,重点分析了拖雷所率右路军的将领构成、行动路线,指出蒙古"借道南宋"的战略早有准备,该战略利用宋、金矛盾,使蒙古攻金之战获得胜利。② 这是对蒙古灭金总体战略的全面性研究。金宝丽将金朝统治时期纳入蒙金关系的考察范围,全面梳理了蒙古灭金的历史过程。该文第三章重点讨论了窝阔台时期的灭金战役及相关军事战略,第四章对灭金战争中的重要汉人世侯进行了事迹考订。③ 党宝海利用波斯文《纳赛里史话》、南宋使臣《使金录》及《金史》等中西史料对勘,梳理了1211—1212年蒙古征金战争的具体过程。④ 这一史料对比的研究思路对考察窝阔台时期的军事行动有借鉴意义。

陈得芝较早分析了南宋联蒙灭金的军事策略。作者指出,南宋没有选择与中原义军联合,又轻信蒙古"以河南归我"之许诺,是错误的战略判断。⑤ 陈高华反驳了"蒙古背盟"说,认为端平入洛的失败并非蒙古许诺南宋给予河南地而不履行,只是南宋官员希图

---

① 史卫民:《元代军事史》,军事科学院主编《中国军事通史》第14卷,军事科学出版社1998年版,第48—58、67—114、126—128页。

② 陈高华:《说蒙古灭金的三峰山战役》,原载《文史哲》1981年第3期,后收入氏著《元史研究论稿》,中华书局1991年版,第186—202页。

③ 金宝丽:《蒙古灭金史事研究》,博士学位论文,中央民族大学,2011年。

④ 党宝海:《外交使节所述早期蒙金战争》,《清华元史》第3辑,商务印书馆2015年版,第159—187页。

⑤ 陈得芝:《金亡前的宋蒙关系》,原刊于《史学论丛》第1辑,南京大学历史系1978年版,后收入氏著《蒙元史与中华多元文化论集》,上海古籍出版社2013年版,第293—302页。

以"恢复"之功谋求高位，提出攻打洛阳的战略但未能实现。① 胡多佳利用蒙古、南宋两方面史料，详细梳理了成吉思汗至窝阔台汗时期的蒙宋关系，指出关键影响因素是金朝的动向。1234 年之前，蒙宋曾有相对和平的接触，但蒙古"借道攻金"战略势在必行，导致双方关系恶化。在分析窝阔台时期两路攻宋的情况时，作者指出，此时蒙古对南宋的进攻还有一定盲目性，并没有形成灭亡南宋的通盘考虑。② 近来，温海清梳理了自窝阔台至蒙哥汗时期，南宋臣僚对蒙古战争策略的推测，指出"斡腹之谋"的提法，并非蒙古攻打南宋的通盘考虑，而是先出现于南宋对蒙古军事战略的讨论之中。③ 胡、温二文对本书把握窝阔台时期对宋作战的总体目标有所帮助。

乌云高娃利用高丽史料，系统论述了大蒙古国与高丽往来的历史过程。在窝阔台统治时期，蒙古与高丽关系的主要影响因素是东夏国的叛蒙活动和高丽迁都江华岛。这导致撒礼塔两次出征高丽。在窝阔台统治末期，高丽王子入质蒙古。通过史料对比，作者考订出窝阔台时期高丽迁江华岛和撒礼塔阵亡的具体时间，纠正了《元史·太宗纪》的记载。④ 该书厘清了窝阔台时期辽东战场的总体情况、重要事件，为本书第二章第二节相关议题提供了讨论基础。

俄国史学家皮库林等人较早就蒙古进攻花剌子模、小亚及俄罗斯地区的西征活动撰写了一系列相关论文。除去作者在特定时代背景下的主观立场，论文在史料运用方面仍有突出优点。在蒙古征服中亚、小亚的论述中，作者参考了大量阿拉伯文史料《札阑丁传》

---

① 陈高华：《早期宋蒙关系和"端平入洛"之役》，原载《宋辽金史论丛》第 1 辑，中华书局 1985 年版，后收入氏著《元史研究论稿》，第 203—230 页。
② 胡多佳：《早期蒙宋关系（一二———一二四一）》，《元史论丛》第 4 辑，中华书局 1992 年版，第 31—58 页。
③ 温海清：《再论蒙古进征大理国之缘起及蒙哥与忽必烈间的争斗问题——以所谓"斡腹"之谋为主线》，《中华文史论丛》2016 年第 1 期，第 293—304 页。
④ 乌云高娃：《元朝与高丽关系研究》，兰州大学出版社 2012 年版。

和亚美尼亚史料，较详细地梳理出蒙古征服当地的战争过程；而涉及蒙古在俄罗斯地区的征服活动时，该文又参考了《诺夫哥罗德编年史》等俄文史料。① 由于语言限制，这些史料在现今学界的利用仍较为有限，故而该书仍有参考价值。1996 年，美国学者梅天穆（T. May）利用亚美尼亚史料，对绰儿马罕经略伊朗、高加索地区的西征过程进行详细考察，为本书第二章第三节的研究提供了线索。

丹尼斯·塞诺系统梳理了蒙古军队攻占俄罗斯及其西部地区的历史过程。作者充分利用欧洲教会史料，对蒙古与教会的往来活动、相互关系有深入阐述；并详细分析金帐汗国的军事活动、对外关系、宗教政策等情况。作者提出，1242 年蒙古军队突然撤离匈牙利的原因，并非是窝阔台汗的去世，而是该地不能满足军队的后勤需要。② 近来，约瑟夫（J. Laszlovszky）等学者提出，1242 年蒙古撤军并非由于气候原因，而应考虑到匈牙利西部地区抵抗入侵的军事力量，以及蒙古进军东部地区时破坏防御工事所遭遇的困难。该文利用教会缴税名单和大量考古资料，指出遭到蒙古入侵的匈牙利中部平原，是战争破坏最为严重的地区，而西部地区，尤其是西南部地区的被破坏程度则十分有限。这些具体情况都阻碍了蒙古战略目标的完全实现。③ 该文分别从长、短时段视角观察历史事件，合理、充分地使用了考古资料，为本书对地区历史的考察提供了思路借鉴。

在军队组成方面，探马赤军和汉人世侯是这一时期的讨论重点。陈高华较早梳理了探马赤军和汉地诸军的兵员来源、签军方式及管

---

① ［俄］皮库林等：《蒙古西征研究》，陈弘法译，内蒙古人民出版社 2014 年版。
② ［美］丹尼斯·塞诺：《蒙古人在西方》，孙瑜译，党宝海校，载《丹尼斯·塞诺内亚研究文选》，第 262—308 页。
③ József Laszlovszky, Stephen Pow, Beatrix F. Romhányi, László Ferenczi and Zsolt Pinke, "Contextualizing the Mongol Invasion of Hungary in 1241－42: Short-and Long-Term Perspectives", *The Hungarian Historical Review*, Vol. 7, No. 3, 2018, pp. 419－450.

理情况。①

　　杨志玖厘清了探马赤军的基本问题。在辨明探马赤军的构成、作用等问题后，作者指出，探马赤制度是蒙古中央集权在军事制度上的一种表现。②王颋认为，由于窝阔台没有继承其父的军事遗产，就需要新建一支隶属大汗的军队，借以保证国家完整、汗权延续，故而探马赤军得到了全面推广。文中还对史料所见河南、山东、陕西、四川以及伊朗、高丽等地的探马赤军将领进行了考订。③瞿大风对史料中的"火失勒"军进行了研究，认为"火失勒"军为探马赤军的前身。④近来，屈文军对探马赤军的形成、兵丁来源及军队将领再做探讨，认为探马赤军主要是由各部族的附属人员、后来扩展至蒙古领属民所构成的。⑤对探马赤军构成的讨论，参见本书第二章第一节。

　　关于中原地区的军队，贾敬颜认为，窝阔台时期的"十投下"，属于七个部族的十一位贵族，其所统兵士可组成探马赤军，各军将领未必出身蒙古五部。⑥黄时鉴分析了木华黎统率的军队构成、人数及将领，并提出当时的探马赤军是由蒙古五部抽调加上汪古部万骑而组成的。⑦松田孝一根据兵员来源，指出塔察儿所率军队为探马赤

---

①　陈高华：《论元代的军户》，原刊于《元史论丛》第1辑，中华书局1982年版，后收入氏著《元史研究论稿》，第127—155页。

②　参见杨志玖《元代的探马赤军》《探马赤军问题再探》及《探马赤军问题三探》，均收入氏著《陋室存稿》，载《杨志玖文集》第五册，中华书局2015年版，第266—319页。

③　王颋：《大蒙古国探马赤军问题管见》，收入南京大学元史研究室编《内陆亚洲历史文化研究——韩儒林先生纪念文集》，南京大学出版社1996年版，第251—267页。

④　瞿大风：《"火失勒"军与探马赤军异同刍议》，《元史论丛》第8辑，江西教育出版社2001年版，第215—218页。

⑤　屈文军：《也论元代的探马赤军》，《文史》2020年第1辑，第189—222页。

⑥　贾敬颜：《探马赤军考》，《元史论丛》第2辑，中华书局1983年版，第23—41页。

⑦　黄时鉴：《木华黎国王麾下诸军考》，原刊于《元史论丛》第1辑，中华书局1982年版，后收入氏著《黄时鉴文集》卷1《大漠孤烟》，中西书局2011年版，第18—36页。

军。文中考察了塔察儿率军攻金后镇戍黄河沿线的情况，认为塔察儿军变为驻屯军，并非出自其本人建议的地方性策略，而是蒙古最高统治者的全局谋划。在灭金之后，汉军也被编入塔察儿的军队之中。① 村冈伦利用石刻史料补充了松田氏的观点。作者利用《忽失歹公神道碑》中的相关记载，证明塔察儿军中还存在由诸王兀鲁思千户选出的士兵。② 由以上研究可见部分汉军被编入探马赤军的情况。瞿大风考订了征战、镇戍山西之探马赤军的将领事迹、军队驻地等情况。③

在辽东战场方面，松田孝一考证了窝阔台时期出征高丽的撒礼塔军队的主要活动和将领构成。作者注意到撒礼塔副将铁哥火儿赤与阔端的联系，并强调契丹军在撒礼塔出征高丽的行动中发挥了重要作用。④ 在伊朗及以西地区，柯立夫（F. W. Cleaves）、波伊勒（J. A. Boyle）及梅天穆较早利用《引弓民族史》等亚美尼亚史料，考订了绰儿马罕西征军中相关将领及其事迹。⑤ 近来，求芝蓉梳理了绰儿马罕西征军中的主要将领，及该军由地区作战部队到被整合并入伊利汗国军队的历史过程。⑥

---

① ［日］松田孝一：《河南淮北蒙古军都万户考》，晓克译，《蒙古学资料与情报》1988年第1期，第1—11页。

② ［日］村冈伦：《从石刻史料探究探马赤军的历史》，《西域历史语言研究集刊》第7辑，科学出版社2014年版，第189页。

③ 参见瞿大风《元朝时期的山西地区：政治·军事·经济篇》，辽宁民族出版社2005年版，第38—40、47—52页。

④ ［日］松田孝一：《蒙古帝国东部国境的探马赤军》，晓克译，《蒙古学信息》2002年第4期，第1—7页。

⑤ 参见 Francis Woodman Cleaves, "The Mongolian Names and Terms in The *History of The Nation of The Archers* by Grigor of Akancʻ", *Harvard Journal of Asiatic Studies*, Vol. 12, No. 3/4, 1949, pp. 400 – 443; John Andrew Boyle, "Some Additional Notes on the Mongolian Names in the *History of the Nation of the Archers*", *Researches in Altaic Languages*, Budapest 1975, pp. 33 – 42, in his *The Mongol World Empire 1206 – 1370*, London: Variorum Reprints, 1977; Timothy May, *Chormaqan Noyan: The First Mongol Military Governor in the Middle East*, A. M. dissertation, Indiana University, 1996, pp. 38 – 47。

⑥ 求芝蓉：《搠力蛮部探马军之变迁：从帝国边军到汗国军阀》，《西域研究》2023年第1期，第82—95、171—172页。

到何之较早对汉人世侯的形成、政治立场、地区分布及归附大蒙古国等问题进行了分析。作者指出，金朝对这些"河朔豪杰"态度犹疑，而蒙古方面却可及时予以招揽利用，从而使其在灭金之战中发挥出重要作用。①

窝阔台统治时期的"七万户"问题与汉人世侯群体紧密相关。唐长孺、李涵考订了窝阔台所设"汉军七万户"具体人选，即先设刘黑马、史天泽、萧也先之子萧札剌三万户，灭金前后增张柔、严实、张荣与李瑭四万户。文中重点分析了李瑭为新增四万户之一的原因，并指出在蒙古统治中原初期，汉人世侯起到了关键的辅助作用。② 黄时鉴认为，汉军万户的设立时间应当与耶律楚材"军民分治"的建议有关。窝阔台设立汉军万户，是以蒙古军制组建汉军的开始，这支军队在攻金乃至攻宋行动中发挥出重要作用，还为不断消耗的契丹军提供了兵员补充。③ 王颋指出，汉军"万户"在成吉思汗时期已经存在，但级别较低。窝阔台汗时期新设"七万户"，是不同于已有"千户制"的军制创建，随着分立军籍，"万户"的设置由汉军扩展到蒙古军。④ 这一观点有启发意义。赵文坦、胡小鹏、李治安等学者也对"七万户"的人选进行了考察。⑤ 对"七万户"设立时间、人选的讨论，详见本书第二章第二节。

---

① 到何之：《关于金末元初的汉人地主武装问题》，《内蒙古大学学报》（哲学社会科学版）1978年第1期，第11—31页。

② 唐长孺、李涵：《金元之际汉地七万户》，原刊于《文史》第11辑，中华书局1981年版，后收入李涵《宋辽金元史论》，四川人民出版社2022年版，第56—111页。

③ 黄时鉴：《关于汉军万户设置的若干问题》，原刊于《元史论丛》第2辑，中华书局1983年版，后收入氏著《黄时鉴文集》卷1《大漠孤烟》，第37—47页。

④ 王颋：《蒙古国汉军万户问题管见》，《元史论丛》第4辑，中华书局1992年版，第59—70页。

⑤ 赵文坦：《〈元史·刘黑马传〉"七万户"蠡测》，《历史研究》2000年第6期，第26—32、190页；胡小鹏：《窝阔台汗己丑年汉军万户萧札剌考辨——兼论金元之际的汉地七万户》，《西北师大学报》（社会科学版）2001年第6期，第36—42页；李治安：《元太宗朝汉军万户整编新探》，《历史研究》2022年第4期，第44—65、220—221页。

萧启庆系统考察了六大汉人世侯家族的家系、仕宦、婚姻等情况：由于较早与拖雷家族建立联系，藁城董氏、真定史氏在元朝建立后最为显赫；而保定张氏（张柔）因攻打南宋之功，亦在世祖时期声名大振。而天成刘氏、东平严氏、济南张氏（张荣）则在入元后仕宦不显。天成刘氏则因较早迁往四川，一直没有再入中央的契机，而逐渐转化为地方将领。① 对于天成刘氏的境遇，或许还应考虑到刘黑马在窝阔台时代居"七万户"之首的显要地位。刘氏家族与窝阔台的关系，可能是拖雷家族夺得汗位后，他们留守四川、难再入朝的隐性原因。

陈高华对东平严氏投附蒙古、管理辖地、扶持儒教及没落原因进行了全面深入的探讨。作者着重考察了严实万户府的文、武职官建置及其下千户府、五翼军的人员身份、事迹。结合窝阔台时期设十路课税所、丙申分封等历史背景，作者梳理了严氏对蒙古汗廷的应尽义务，指出严氏的自主权力已受到种种限制。② 该文对严实经营东平地区的详细分析，为本书第二章第二节、第三章第三节相关内容提供了讨论基础。瞿大风全面考察了蒙元时代山西地区汉人世侯的情况，梳理其治理辖境和对外出征的相关事迹，并指出由于力量分散，此地世侯常出现依附蒙古诸王、公主的情况。③

以汉人世侯个案为研究主题的学位论文也很丰富，如赵一兵《元代巩昌汪氏家族研究》④、罗玮《元代藁城董氏家族研究》⑤、王

---

① 萧启庆：《元代几个汉军世家的仕宦与婚姻》，原刊于"中央研究院"历史语言研究所编《中国近世社会文化史论文集》，台北："中央研究院"历史语言研究所1992年版，第213—277页，后收入氏著《内北国而外中国：蒙元史研究》上册，中华书局2007年版，第276—345页。

② 陈高华：《大蒙古国时期的东平严氏》，原刊于《元史论丛》第6辑，中国社会科学出版社1997年版，后收入氏著《元史研究新论》，上海社会科学院出版社2005年版，第304—336页。

③ 瞿大风：《元朝时期的山西地区：政治·军事·经济篇》，第74—115页。

④ 赵一兵：《元代巩昌汪氏家族研究》，博士学位论文，南京大学，2008年。

⑤ 罗玮：《元代藁城董氏家族研究》，博士学位论文，北京大学，2016年。

健丁《蒙元时期的顺天张氏》① 等。

由上可见，关于窝阔台时期军事活动的研究，较早以征战过程、军事战略及征战目标等传统议题为讨论重点。在此基础上，近年来，研究者更注重多语种史料的对比和新类型史料的挖掘，并观照到研究对象在更长时段内的发展变化。如波斯文史料《纳赛里史话》、亚美尼亚史料《弓手国族史》等已逐渐被国内学者利用，俄国编年史、欧洲教会史料、考古资料等仍是研究相关议题时需要借鉴的方面。对蒙古与金朝早期关系的梳理、对蒙古征伐匈牙利的长期影响，启发后续研究者勾连特定时段的前后线索。关于这一时期军队组成的研究，以探马赤军和汉人世侯为重点。探马赤军的性质和相关军队将领、以"七万户"为核心的汉军整编问题，仍具有继续探讨的空间。

既有研究对窝阔台时期的具体战役、军队将领的考证比较充分，但尚未注意到窝阔台对各场战役的通盘考虑和这一时期军事行动的总体目标，军事活动如何服务于集中汗权，是该议题在具体考证基础上更具研究价值的讨论点。

（2）行政制度与经济建设

窝阔台统治时期是大蒙古国建制立法的发端时期。对于这一时期的行政制度，中央层级主要涉及"中书省"和必阇赤职责等问题。李涵认为，出于征税需要，窝阔台时期必阇赤的职能发生变化，开始从怯薛执事官中分立出来。但由必阇赤组成的"中书省"仍非参决军政大事的中枢机构，与地方机构也没有紧密的隶属关系。② 姚大力指出，大蒙古国时期的行政中枢是由一名或数名大断事官及所属必阇赤组成的，大必阇赤可通过晋升大断事官主持政事。窝阔台时期的"中书省"并非一个机构的专名，而是对必阇赤群体的汉语泛

---

① 王健丁：《蒙元时期的顺天张氏》，硕士学位论文，北京大学，2017年。
② 李涵：《蒙古前期的断事官、必阇赤、中书省和燕京行省》，原刊于《武汉大学学报》1963年第3期，后收入氏著《宋辽金元史论》，第26—27、32—33页。

称。"立中书省"是在大断事官制框架范围内的活动。① 近来,屈文军认为,在大蒙古国时期,札鲁忽赤在政治事务中的地位和作用要超过必阇赤,太宗朝建立的燕京行省是札鲁忽赤群体的分支机构。②

关于汗廷大断事官、必阇赤两种官职,札奇斯钦较早梳理了两种官职的职能、任职人物及机构设置等情况。他将必阇赤分为书记长官、一般僚属和可汗侍从三种类型,认为汗廷大必阇赤具有副宰相的地位。③ 具体到窝阔台时期担任大断事官者,姚大力认为,此时有失吉忽秃忽、额勒只吉歹、镇海、昔里钤部和也速折儿④五人。⑤ 张帆梳理了窝阔台时期有关大断事官和必阇赤的汉文史料,发现这一时期关于大断事官的材料不多,而对必阇赤的记述丰富,证明了后者地位的提升。⑥ 关于窝阔台时期中枢官员任职者及相关情况,详见本书第三章第一节的讨论。

对于这一时期地方层级的行政建制,达鲁花赤和各类行省是研究重点。札奇斯钦较早梳理了蒙元时期达鲁花赤的担任者和具体职能。⑦ 伊丽莎白·韦斯特对蒙元时期的达鲁花赤制度进行了系统研究。她指出大蒙古国时期的达鲁花赤兼管军民,随着军队建制的逐

---

① 姚大力:《从"大断事官"制到中书省——论元初中枢机构的体制演变》,原刊于《历史研究》1993年第1期,后收入氏著《蒙元制度与政治文化》,北京大学出版社2011年版,第213页。

② 屈文军:《元朝前四汗时期的官制演变》,《历史文献与传统文化》第26辑,商务印书馆2022年版,第246—248页。

③ 参见札奇斯钦《说元史中的"札鲁忽赤"并兼论元初的尚书省》《说元史中的"必阇赤"并兼论元初的"中书令"》,载氏著《蒙古史论丛》上册,台北:学海出版社1980年版,第233—463页。

④ 该人名应作"也迷折儿",见后文。

⑤ 姚大力:《从"大断事官"制到中书省——论元初中枢机构的体制演变》,载氏著《蒙元制度与政治文化》,第201页。

⑥ 张帆:《元代宰相制度研究》,北京大学出版社1997年版,第4页。

⑦ 参见札奇斯钦《说元史中的"达鲁花赤"》,载氏著《蒙古史论丛》,第465—631页。

步完善，达鲁花赤的职能才渐趋单一。① 屈文军集中梳理了大蒙古国时期的达鲁花赤，对史料中记述的达鲁花赤、沙赫纳及八思哈三种官职进行了职能区分。②

保罗·布尔勒（P. D. Buell）详细梳理了燕京、河中与呼罗珊三处行尚书省的建制过程。③ 本田实信以人物为主线，探讨了大蒙古国对不花剌和呼罗珊等地区的管理方式。④ 李治安注意到，汗廷与燕京等三大行省在官职设置和办公方式等方面的相似性，提出三大行省是元代行省制的雏形和直接源头之一。⑤ 张帆分析了大蒙古国时期燕京行省的设置及演变过程。⑥ 赵琦对平阳军前行省、江淮军前行省的建立过程和相关职官有详细考证。⑦

此外，关于这一时期华北地区行政区划的相关研究对本书有启发意义。张金铣考订了金亡后蒙古在汉地设立的"十道"区划沿革，认为这是窝阔台整顿中原地方政区的尝试。⑧ 温海清认为，窝阔台时期的"画境之制"兼具重新划分经济行政区划和调整汉人世侯辖地两种性质。作者强调，窝阔台时期奠定了华北地区行政建制的基本面貌，这一格局一直延续到世祖时代。⑨ 这与上文所述华北地区最高

---

① Elizabeth Endicott West, *Regional and Local Government in Yuan China*, Ph. D. dissertation, Princeton University, 1982, pp. 81-82.

② 屈文军：《元太祖朝的达鲁花赤——附：元太宗定宗朝汉地达鲁花赤设置考》，《历史文献与传统文化》第 22 辑，暨南大学出版社 2017 年版，第 93—112 页。

③ Paul David Buell, *Tribe, Qan and Ulus in Early Mongol China: Some Prolegomena to Yüan History*, Ph. D. dissertation, University of Washington, 1977, pp. 121-169.

④ Paul D. Buell, "Sino-Khitan Administration in Mongol Bukhara", *Journal of Asian History*, Vol. 13, No. 2, 1979, pp. 121-151；［日］本田实信：《阿母河等处行尚书省考》，余大钧译，收入［日］内田吟风等著，余大钧译《北方民族史与蒙古史译文集》，云南人民出版社 2003 年版，第 513—539 页。

⑤ 李治安：《元代行省制度》，中华书局 2011 年版，第 13—15 页。

⑥ 张帆：《元代宰相制度研究》，第 7—20 页。

⑦ 赵琦：《金元之际的儒士与汉文化》，人民出版社 2004 年版，第 88—97 页。

⑧ 张金铣：《窝阔台"画境"十道考》，《中国历史地理论丛》2006 年第 3 期，第 136—143 页。

⑨ 温海清：《画境中州——金元之际华北行政建置考》，上海古籍出版社 2012 年版。

行政机构——燕京行省所反映出的变化特点一致,说明窝阔台统治时期在确立中原管理模式方面的重要意义。

由上可见,关于窝阔台时期地方行政建制的研究,主要关注点仍在于具体机构的设置过程和官员选任等方面,而这一时期行政体系的整体框架尚未厘清。除基本行政机构外,这一时期还有哪些政治势力对行政建制产生影响、如何产生影响,也是既有研究尚未充分注意的问题。

关于窝阔台统治时期的经济建设,主要围绕赋役制度和都城建设展开。舒尔曼(H. F. Schurmann)较早对元代的赋役制度进行了全面研究。他将蒙古统治时期分为三阶段,第一、第二阶段以1234年灭金为限,1260年忽必烈即位、1294年合赞汗即位分别标志着中原、伊利汗国进入第三阶段。文章以阿勒班(alban)和忽卜赤儿(qubchir)税为线索,梳理两种税目在华北、中亚和金帐汗国的行用与发展。作者指出,当时华北、中亚的税制虽然融合了当地因素,但主体仍然是蒙古制度。[1] 亦邻真据《元朝秘史》等史料提出,阿勒班指"偏重于那些比较固定的封建义务",忽卜赤儿则"多指随时摊派的杂课"。这两个词构成一个词组,"泛指一切赋徭"[2]。

爱尔森在研究蒙哥汗时期的税收制度时,回溯了窝阔台时期牙老瓦赤在中亚地区建立税制的过程。作者认为,牙老瓦赤采用的税收方式不是完全来自某种之前已有的制度,而是一种蒙古和非蒙古因素为满足当时所需的结合产物。而蒙哥汗时期的税收方式则是对牙老瓦赤征税方式的继承和规范。该文还注意到对商人征收的塔木

---

[1] H. F. Schurmann, "Mongolian Tributary Practices of the Thirteenth Century", *Harvard Journal of Asiatic Studies*, Vol. 19, No. 3/4, 1956, pp. 304–389.

[2] 亦邻真:《读1276年龙门禹王庙八思巴字令旨碑——兼评尼古拉·鲍培的译注》,《内蒙古大学学报》(社会科学版)1963年第1期,后收入亦邻真著,乌云毕力格、乌兰编《般若至宝:亦邻真教授学术论文集》,上海古籍出版社2019年版,第256页。

花（tamgha）、为筹措军需所征收的塔合儿（taghar）等其他税种。[1] 此外，松井太（Matsui Dai）对畏兀儿地区[2]、兰普顿（A. K. S. Lambton）对伊朗地区[3]、达西敦都克（D. Bayarsaikhan）对亚美尼亚地区税收制度的研究[4]均涉及窝阔台统治时期的相关情况。这部分内容参见本书第四章第一节的讨论。

陈高华较早考察了元代北方税粮制度，指出在窝阔台统治时期，税收名目从户税变为丁税，税额也有增加，并注意到河南迁徙到河北的"新户"，在税收方面获得优待。[5] 高树林梳理了大蒙古国时期的税收、科差制度，认为太宗丙申年征税"从高征收"，除了土地买卖的原因外，更重要的是为应对民户、军户间户计变更而带来的赋税收入减少问题。[6] 2015 年，李春圆提出，元代对华北民户的征税存在"定税"原则和"征税"实施两个层面。丙申年规定地税、丁税"从高征收"的原则最初确实得到了执行，但之后由于签军频繁，缴纳地税的人户锐减，余者几乎皆为丁税户。在实际情况中，由于土地买卖等情况的发生，税额逐渐同人户脱钩而与土地挂钩。到至元中期，"丙申税则"在实际执行中已逐渐"地税化"。[7] 以此文分

---

[1] Thomas T. Allsen, *Mongol Imperialism: The Policies of the Grand Qan Möngke in China, Russia, and the Islamic Lands, 1251–1259*, Berkeley and Los Angeles: University of California Press, 1987, pp. 144–188.

[2] Matsui Dai, "Taxation Systems as Seen in the Uigur and Mongol Documents from Turfan: An Overview", *Transactions of the International Conference of Eastern Studies*, No. 50, 2005, pp. 67–82.

[3] Ann K. S. Lambton, *Continuity and Change in Medieval Persia: Aspects of Administrative, Economic and Social History, 11th–14th Century*, Albany: Bibliotheca Persica, 1988.

[4] Dashdondog Bayarsaikhan, *The Mongols and the Armenians (1220–1335)*, Leiden & Boston: Brill, 2011.

[5] 陈高华：《元代税粮制度初探》，原刊于《文史》第 6 辑，中华书局 1979 年版，后收入氏著《元史研究论稿》，第 1—20 页。

[6] 高树林：《元代赋役制度研究》，河北大学出版社 1997 年版，第 222—247 页。

[7] 李春园（李春圆）：《元代华北的民户税粮政策再探》，《清华元史》第 3 辑，商务印书馆 2015 年版，第 241—276 页。

析可见元代民户由丁税至丁、地并重,再至地税的实际缴税变化。陈高华对蒙元时期商税征收的情况作了全面考察,指出窝阔台时期提出的"三十取一",成为元代征收商税的定制。①

除传统税收名目外,由于大蒙古国实行分封制度,华北地区的诸王投下民户还需要上缴"五户丝"。关于分封制度,周良霄、姚大力均指出,对蒙古人而言,汉地分邑与草原投下差别不大。② 李治安对蒙元时代的分封制度进行了系统研究,将投下分为草原兀鲁思、汉地五户丝食邑及私属投下三种类型,并梳理三种投下的职官设置、权限范围、应尽义务等重要问题。此外,作者还对《元史·食货志》分封名单所涉人物、地理等信息进行细致考订。③ 本书第三章第三节、第四章第二节均涉及对华北地区投下相关议题的探讨。

松田孝一利用《大元马政记》对东平各类户数的记载,计算出分封诸王的总民户数,再与《元史》中赐给诸王民户数的总和对比,发现二者相差无几。松田氏据此认为,丙申分封时东平民户被全部分给诸王。④ 这一观点佐证了上述周、姚二人的判断。邱轶皓借由存量丰富的石刻史料,重点讨论黄金家族在山西地区的势力分布及变化,补充论证了村冈伦提出的"窝阔台分地在西京路"的观点。⑤ 可知窝阔台在位期间,山西地区自北向南分属窝阔台、察合台、拔

---

① 陈高华:《元代商税初探》,原刊于《中国社会科学院研究生院学报》1997年第1期,后收入氏著《元史研究新论》,第82—97页。
② 周良霄:《元代投下分封制度初探》,原刊于《元史论丛》第2辑,中华书局1983年版,后收入氏著《知止斋存稿》上册,第83—91页;姚大力:《论蒙古游牧国家的政治制度——蒙元政治制度史研究之一》,博士学位论文,南京大学,1986年,第196—210页。
③ 李治安:《元代分封制度研究(增订本)》,中华书局2007年版。
④ [日]松田孝一:《从〈大元马政记〉看东平府户籍簿》,《西域历史语言研究集刊》第7辑,科学出版社2014年版,第169—185页。
⑤ 邱轶皓:《蒙古帝国视野下的元史与东西文化交流》,上海古籍出版社2019年版,第93—130页。

都三系领有。

　　李桂枝、赵秉坤较早梳理了"五户丝"制度的实行过程，并提出其在维护中央集权和国家统一方面的积极意义。① 该文对窝阔台统治时期丙申、戊戌年两次分封宗亲的分析，对本书考订相关情况提供了基础。陈得芝考证"五户丝"增额征收并非始于中统年间，而是在宪宗五年之前，可能与此时实行包银制有关。②

　　窝阔台统治时期，经济建设的另一重要举措是建立新都城。伯希和（P. Pelliot）较早对哈剌和林的名称来源及兴建过程进行了探讨。③ 由苏联考古学家 C. B. 吉谢列夫率领的考古队对哈剌和林进行了全面的考古工作，其考古报告细致说明了哈剌和林城及街区、窝阔台汗宫殿等遗址情况，及出土的钱币、瓷器、武器等各类文物。④ 不过，由于考古队认同"成吉思汗1220年兴建哈剌和林城"的观点，他们对出土文物的时代断限存在一些错误。陈得芝指出，窝阔台时期才在将和林正式作为都城⑤，并厘清了大蒙古国时期诸汗四季驻跸之地。⑥ 陆峻岭也有相似观点，并考订此城及周边宫殿、驻地等相关情况。⑦

　　邱轶皓从宏观角度分析了大蒙古国权力中心的西移过程。文中

---

　　① 李桂枝、赵秉坤：《五户丝制述略》，《社会科学辑刊》1982年第6期，第92—97页。
　　② 陈得芝：《蒙元史读书札记（二则）》，原刊于《南京大学学报》1991年第2期，后收入氏著《蒙元史研究丛稿》，人民出版社2005年版，第462—464页。
　　③ Paul Pelliot, *Notes on Marco Polo*, Paris: Imprimerie Nationale, Librarie Adrien-Maisonneuve, 1959, Vol. 1, pp. 165 – 169.
　　④ ［苏］C. B. 吉谢列夫等：《古代蒙古城市》，孙危译，商务印书馆2016年版。
　　⑤ 陈得芝：《元岭北行省建置考》（上），原刊于《元史及北方民族史研究集刊》第9辑，南京大学历史系元史研究室1985年版，后收入氏著《蒙元史研究丛稿》，第113—136页。
　　⑥ 陈得芝：《元和林城及其周围》，原刊于《元史及北方民族史研究集刊》第3辑，南京大学历史系元史研究室1978年版，后收入氏著《蒙元史研究丛稿》，第39—43页。
　　⑦ 陆峻岭：《哈剌和林考》，原刊于《燕京学报》新4期，北京大学出版社1998年版，后收入何高济、陆峻岭《域外集——元史、中外关系史论丛》，第104—127页。

提出，成吉思汗时期蒙古人的主要活动范围在蒙古高原东部，至窝阔台时期，在拖雷家族掌握多数政治资源的背景下，经营在蒙古/突厥边界的哈剌和林就成为树立大汗权威的必要之举。不过，哈剌和林真正成为蒙古帝国的中心，则是到其周边地区与拖雷家族分地在蒙哥汗手中获得统一之时。① 此文着意于哈剌和林在时人观念中成为帝国中心的发展过程，提示研究者注意窝阔台经营哈剌和林与大蒙古国发展动向之间的联系。邱轶皓指出，窝阔台利用宗亲集会、祭祀等方式提高哈剌和林的政治地位。梅天穆亦注意到在贸易方面，窝阔台汗对往来于哈剌和林的商人慷慨施予，"窝阔台的过度花费为哈剌和林带来了国际性的商业"②。这为本书具体分析窝阔台营建哈剌和林的经济措施和目的提供了思路。

与和林城市建设密切相关的，是往来汗廷的斡脱商人和通向各地的驿路。翁独健等学者较早对"斡脱"一词的用法、含义及语源进行研究，③ 爱宕松男系统考察了斡脱制度，对窝阔台时期斡脱商人的盈利方式、对社会造成的危害等进行了探讨，并梳理了欧亚大陆东西商路在蒙古统治之前的变化过程，揭示出斡脱商人经济活动的历史背景。④ 宇野伸浩关注斡脱商人与大汗的往来，指出窝阔台鼓励斡脱贸易的原因，是为了获得宫廷生活和赏赐的大量商品。作者还

---

① 邱轶皓：《哈剌和林成立史考》，原刊于《西域历史语言研究集刊》第 5 辑，科学出版社 2012 年版，第 269—323 页，后收入氏著《蒙古帝国视野下的元史与东西文化交流》，第 19—92 页。
② [美]梅天穆：《世界历史上的蒙古征服》，马晓林、求芝蓉译，民主与建设出版社 2017 年版，第 151—152 页。
③ 翁独健：《斡脱杂考》，《燕京学报》第 29 期，1941 年，第 201—218、262—263 页。
④ 爱宕松男：「斡脱錢とその背景——十三世紀モンゴルニ元朝における銀の動向」，『東洋史研究』，32，1973 年，『東洋史学論集』第五巻取録，東京：三一書房，1989 年，133—200 页．[日]爱宕松男：《斡脱钱及其背景——十三世纪蒙古元朝白银的动向》，李治安摘译，《蒙古学信息》1983 年第 2 期，第 15—23 页。

归纳了斡脱商人的贸易方式和出售商品种类。① 近来，温旭考察了斡脱商人围绕大汗斡耳朵展开的商贸活动，强调商贸活动在大汗斡耳朵向定居都城转化中的促进作用，② 这一研究视角值得进一步关注。

陈得芝梳理了大都通向和林的三条驿道、乞里吉思至斡亦剌部封地驿道及和林通向察合台封地驿道。最后一条驿道在成吉思汗时代已有临时驿站的设置，至窝阔台即位后逐步规范化，常德、加宾尼、鲁布鲁克等人都经由此时整修的正规驿道来往于阿力麻里与和林之间。③ 叶新民集中梳理了成吉思汗和窝阔台时期的驿站制度建设，指出成吉思汗时期，为数不多的驿道主要由各千户管理，到窝阔台时期则设置专员管理驿站制度，订立驿站使用的相关规定。④ 党宝海对蒙元时期驿道及驿站管理制度进行了全面研究，分析了窝阔台时期规范驿道、签发站户及订立规则等措施。在成吉思汗初步使用驿站的基础上，窝阔台汗在草原地区全面推广驿站制度，并在乙未籍户中分拨站户，令其承担喂养马匹、维护驿站的劳役，而驿站祗应则由民户共同承担。对于乘驿人员所需凭证、所得待遇，也作出相应规定。⑤ 这一建设成果在贵由汗时期加宾尼、张德辉的行记中得到反映。作者根据这一时期的行记史料，梳理了东西向的三条主要驿道。与上引陈文的南北向三道，基本厘清了大蒙古国时期的主要交通线路。

---

① 宇野伸浩，「オゴデイ・ハンとムスリム商人：オルドにおける交易と西アジア産の商品」，『東洋学報』，70，1989 年，201—234 頁.［日］宇野伸浩：《窝阔台汗与穆斯林商人——斡耳朵内的交易与西亚商品》，完泽译，《民族译丛》1990 年第 3 期，第 43—51 页。

② 温旭：《草原地区移动的商业城市——以蒙古贵族斡耳朵的贸易活动为中心》，《浙江学刊》2019 年第 6 期，第 218—225 页。

③ 陈得芝：《元岭北行省诸驿道考》，原刊于《元史与北方民族史研究集刊》第 1 辑，南京大学历史系元史组 1977 年版，后收入氏著《蒙元史研究丛稿》，第 3—18 页。

④ 叶新民：《成吉思汗和窝阔台时期的驿传制度》，《内蒙古大学学报》（哲学社会科学版）1981 年第 3 期，第 36—42 页。

⑤ 党宝海：《蒙元驿站交通研究》，昆仑出版社 2006 年版。

由上可见，对于窝阔台时期的经济发展情况，既有成果集中于赋役、分封、驿站等相关制度的梳理，以及对都城建设、商贸活动具体情况的讨论。与前述军事主题类似，已有研究更关注具体制度和经济活动本身的发展过程，而较少分析处在这一过程中的统治者管理经济的手段与目的。并且，对经济制度和经济活动的考察多局限于单一议题，缺少对制度与活动的联动分析。如赋役制度与商贸活动、都城建设的内在联系，更能反映出这一时期经济建设的显著特点。此亦本书第四章的讨论重点。

（3）主要臣僚

窝阔台时期的国家建设活动，要依靠当时的军政要员参与决策和执行。对这一时期主要官员的研究，也为本书相关问题的探讨和细节论证提供了基础。

对元代的皇权发展和君臣关系，学界已有不少经典探讨。张帆对金、元两代的政治特征进行了对比分析，认为由于女真政权主要依靠宗室力量建立，金朝初期"宗室共治"的政治特征便比较明显。后来皇权逐步加强，君主为了压制贵族势力而利用唐宋官制，但并未发展出接续前代的君臣关系。杖责大臣、近幸活跃等现象反映出传统臣僚地位的下降，贵族任官的特权却始终得以保留。继而兴起的大蒙古国，则主要依靠异姓贵族而非宗室进行统治，"家臣政治"是这一时期最主要的政治特色。金、元的皇权强化和君臣关系，对明代专制皇权的形成产生了观念上的深远影响。[①]

姚大力对蒙元时期的君臣关系进行了宏观研究。作者认为，蒙古统治者兼具大汗与皇帝"双重身份"，故存在"大汗与那颜""皇帝与臣僚"两组互有交叠的君臣关系。前一种关系以怯薛制度为载体。通过对怯薛参与政事的考察，作者提出，这一蒙古制度成分起

---

① 张帆：《论金元皇权与贵族政治》，原刊于《学人》第 14 辑，江苏文艺出版社 1998 年版，后收入北京师范大学古籍所编《元代文化研究》第 1 辑，北京师范大学出版社 2001 年版，第 170—198 页。

到了制衡汉式官制的重要作用。文章进一步分析了伊朗地区"兀鲁思异密""大异密"等称号的内含，提出前述机制同样适用于这一地区。而在后一种关系中，受到蒙古"主奴"观念影响，前代君主专制和制约君权两方势力共同增长的趋势被改变，君主专制得到了进一步增强，而官僚集团制约君主行为的相关制度和"共治"观念却遭到严重破坏。这一趋势对明清的君臣关系产生了深远影响。[①]

周良霄系统梳理了我国古代皇帝制度和皇权强化的发展过程[②]，有利于研究者把握这一问题的整体脉络。张帆指出，蒙古汗权自诞生时便享有独尊地位，而未没于家族权力之中；且汗权独尊的观念源自草原传统，并非受汉地君主集权的影响。作者注意到蒙古人对成吉思汗政权的认识，与中原"改朝换代"的观念差异明显，认为这反映出成吉思汗家族的"克里斯玛（Charisma）"特质已得到广泛承认。虽然受到不稳定的继承制度影响，大蒙古国时期已出现汗位的争夺，但这种情况并未削弱汗权本身。在强大汗权之下，"主奴观念"进入君臣关系，一般异姓贵族被视为大汗奴仆，代主人管理公产，并非重点防范的篡权对象；而宗室诸王由于皆有上述统治者家族特质，反而要被大汗分封于外，加以防范。[③] 上述诸文对本书考察窝阔台汗与臣僚、诸王的关系有启发意义。

对具体人物的研究，可大致分为军队将领和行政官员两类。余大钧对《元朝秘史》所载"开国功臣"的身份进行了逐一考订，发现成吉思汗的功臣"除少数原为部落首领、贵族外，大多数出自各部落属民、奴婢"[④]。志茂硕敏在《史集》版本研究的基础上，基本

---

① 姚大力：《论蒙元王朝的皇权》，原载《学术集林》卷15，上海远东出版社1999年版，后收入氏著《蒙元制度与政治文化》，第139—194页。

② 周良霄：《皇帝与皇权》，上海古籍出版社1999年版。

③ 张帆：《论蒙元王朝的"家天下"政治特征》，《北大史学》第8辑，北京大学出版社2001年版，第50—75、424页。

④ 余大钧：《一代天骄成吉思汗——传记与研究》，内蒙古人民出版社2002年版，第180页。

厘清了《史集·部族志》中主要部族的人物仕宦与婚姻关系，展现出这些勋贵家族在元代政治架构中的重要作用。① 萧启庆对木华黎、博儿朮、博尔忽、赤老温四大家族进行了整体性研究，对四家族在大蒙古国时期所掌军队、世系传承及封地人户等情况进行了考订。作者梳理、统计四大家族仕宦及通婚情况后发现，赤老温家族在元朝建立后地位下降，剩余三家的相关活动则几乎贯穿整个蒙元时期。作者认为，以四大家族的仕宦情况来看，大蒙古国的官僚制度并未沿袭汉式传统。②

《元朝秘史》将朵豁勒忽之死记为窝阔台"四过"之一。关于朵豁勒忽的死因，学界多有讨论。艾骛德（C. P. Atwood）比对了记述朵豁勒忽相关事迹的多种史料，认为朵豁勒忽之死与他对金作战的败绩有关。③ 求芝蓉梳理了雪泥部中担任"大中军"将领的人物情况，考订了窝阔台时期合丹、帖木迭儿等将领事迹。④

由于耶律楚材涉及窝阔台时期多项制度创设，关于他的研究成果丰富。除罗依果、黄时鉴、刘晓等学者所撰专著外，耶律楚材与蒙古统治者关系、所起作用也受到关注。韩儒林较早提出，对耶律楚材在大蒙古国的实际地位不应评价过高。⑤ 萧启庆注意到耶律楚材对 1238 年戊戌选试的推动作用，认为耶律楚材倡议选试儒士，一是为储备国家官员，二是为救济儒士，使其在经济上获得与佛、道相

---

① 志茂硕敏：『モンゴル帝国史研究　正篇　中央ユーラシア遊牧諸政権の国家構造』，東京大学出版会，2013 年.
② 萧启庆：《元代四大蒙古家族》，原刊于《台湾大学历史系学报》第 9 期，1983 年，后收入氏著《内北国而外中国：蒙元史研究》下册，第 509—578 页。
③ Christopher P. Atwood, "Pu'a's Boast and Doqolqu's Death: Historiography of a Hidden Scandal in the Mongol Conquest of the Jin", *Journal of Song-Yuan Studies*, Vol. 45, 2015, pp. 239 – 278.
④ 求芝蓉：《13 世纪蒙古大中军的雪泥部研究》，《民族研究》2021 年第 5 期，第 89—98、141 页。
⑤ 韩儒林：《耶律楚材在大蒙古国的地位和所起的作用》，原刊于《江海学刊》1963 年第 6 期，后收入氏著《穹庐集——元史及西北民族史研究》，上海人民出版社1982 年版，第 178—194 页。

同的特权,借以抑制二教教团的过度膨胀。① 蔡美彪考证,耶律楚材在脱列哥那摄政时仍受重用,且在脱列哥那死后,耶律家族与乃马真家族仍然保持了良好的关系。② 陈得芝注意到耶律铸《双溪醉隐集》中一诗前序"壬子岁下,圣上在潜,仆受再生之恩"的记载,认为此事指1252年蒙哥汗镇压窝阔台家族及其党羽时,耶律铸亦在其列,但因忽必烈出面说情幸免于难。由此可知中统初年二王相争时,耶律铸坚决投奔忽必烈的渊源。作者认为耶律铸"幼岁侍皇储"所指,乃阔出之子失烈门。③ 王晓欣已揭此"皇储"当为合失。陈得芝对耶律楚材的仕宦经历有精当的评述。作者注意到,耶律楚材在窝阔台时期努力推行的儒治,受到统治者不能全然理解、用事者出身、志趣不同难以协作等因素的阻碍。④ 乌云高娃结合蒙古、高丽关系发展脉络,指出高丽高官李奎报写给耶律楚材两封信件的时间应为1238年、1239年,⑤ 刘晓指出1238年说的若干疑点,并补充了窝阔台统治晚期,高丽方面获知耶律楚材失势后改变通信对象的相关情况。⑥

赵琦全面考察了入仕大蒙古国的华北儒士群体。作者结合官制建设和文教活动,对当时汗廷、地方及汉人世侯和蒙古诸王处任职的官员进行了事迹爬梳,指出蒙古统治者用人重视出身,且当时以

---

① 萧启庆:《元代的儒户:儒士地位演进史上的一章》,原刊于《东方文化》(*Journal of Oriental Studies*)第16卷第1、2期,1978年,后收入氏著《内北国而外中国:蒙元史研究》上册,第380—382页。

② 蔡美彪:《脱列哥那后史事考辨》,《蒙古史研究》第3辑,内蒙古大学出版社1989年版,第12—29页。

③ 陈得芝:《蒙元史读书札记(二则)》,收入氏著《蒙元史研究丛稿》,第464—467页。

④ 陈得芝:《耶律楚材、刘秉忠、李孟合论——蒙元时代制度转变关头的三位政治家》,原刊于《元史论丛》第9辑,中国广播电视出版社2004年版,后收入氏著《蒙元史研究丛稿》,第631—641页。

⑤ 乌云高娃:《元朝与高丽关系研究》,第52—55页。

⑥ 刘晓:《〈送晋卿丞相书〉年代问题再检讨——兼谈蒙丽交往中必阇赤的地位与影响》,《民族研究》2016年第4期,第79—87、124—125页。

金朝故地为敛财之处，而非统治核心，故统治者接受儒士和儒学的程度仍相当有限。① 这一研究成果为本书第三章第三节、第四章第四节的相关探讨提供了基础。

丁国范提出，对镇海族属记载较为可靠的是《长春真人西游记》和《黑鞑事略》等史料，而许有壬的《镇海神道碑》成文年代较晚，他记镇海出自克烈部，或有抬高其后人政治身份的用意。《镇海神道碑》还记镇海"薨于家"而讳言他被宪宗所杀之事。② 陈得芝亦注意此处曲笔。③ 萧启庆结合畏兀儿政权归降蒙古的历史背景，系统考察高昌偰氏家族的仕宦、家系、婚姻及汉化等方面内容，梳理了岳璘、撒吉思归降蒙古后，担任东道诸王王傅等事迹。④ 刘迎胜对必阇赤八剌的事迹进行了考察。此人在忽里台大会上反对蒙哥即位，后被派出联络亦都护起兵反抗蒙哥。⑤ 尚衍斌、白迈克对畏兀儿地区的研究中均涉及当地人入仕大蒙古国的考察。⑥

何高济、陆峻岭较早分析了牙老瓦赤的出身、入仕、经历及子嗣等问题。作者推定牙老瓦赤入仕蒙古的时间当在窝阔台统治初年，根据其孙女"萨法礼氏"之名，牙老瓦赤很可能具有萨法儿王族身份。他奉窝阔台汗之命管理河中，与其子麻速忽在察合台宗王与蒙古大汗之间颇作周旋。宪宗时他来到燕京地区，死于中统初年。除

---

① 赵琦：《金元之际的儒士与汉文化》，第32—146页。
② 丁国范：《镇海族源辨》，《元史及北方民族史研究集刊》第10辑，南京大学历史系元史研究室1986年版，第43—47页。
③ 陈得芝：《蒙元史读书札记（二则）》，载氏著《蒙元史研究丛稿》，第467页。
④ 萧启庆：《蒙元时代高昌偰氏的仕宦与汉化》，原刊于"中央研究院"历史语言研究所编《中国近世家族与社会学术研讨会论文集》，台北："中央研究院"历史语言研究所编1998年版，后收入氏著《内北国而外中国：蒙元史研究》下册，第706—748页。
⑤ 刘迎胜：《察合台汗国史研究》，上海古籍出版社2006年版，第104—105页。
⑥ 尚衍斌：《元代畏兀儿研究》，民族出版社1999年版，第55—68页；Michael C. Brose, *Subjects and Masters: Uyghurs in the Mongol Empire*。

麻速忽外，牙老瓦赤尚有一子阿里别服务于元廷。① 陈得芝提出，牙老瓦赤的卒年并非上文所说中统初年，而是1254年死于任上。作者认为，《苏拉赫词典补编》中对牙老瓦赤卒于汗八里的记载是可信的，而《析津志辑佚》、元人文集中应当出现牙老瓦赤，却未见其人的记载，恰恰暗示了此时牙老瓦赤已卒于任。② 杨志玖详细考订了牙老瓦赤从太祖到宪宗时代的生平事迹。文中提到牙老瓦赤在波斯文史料中屡获赞誉，而在汉文史料中常受批贬的现象，作者认为，这种评价的差异，可能与牙老瓦赤将在西域行之有效的税收制度，不加变通地加诸汉地而造成了不良结果有关。作者对《元史·刘敏传》、同书《赵璧传》中因传主直陈牙老瓦赤之过，而使后者被罢官的记载进行了分析，认为此种不合史实的记载，有为传主提高声誉的目的。③ 刘迎胜考察了察合台侵夺阿母河以北地区之事，认为牙老瓦赤被调往中原与察合台的迁怒有关。④

本田实信较早梳理了窝阔台时期管理呼罗珊地区的成帖木儿、阔儿吉思等人事迹，以人物活动为主线，论述呼罗珊行尚书省辖境、职权扩大的过程，并分析大汗、诸王家族代理人与当地统治者、官员的复杂关系与斗争。⑤ 本田氏的研究为本书第三章第四节的探讨提供了思路启发。梅天穆考察了西征军主将绰儿马罕的身份、事迹等问题，认为雪泥部人绰儿马罕是成吉思汗的近侍怯薛，受到大汗的充分信任，加之他有实战经验、对中亚地区情况熟悉，才被选为西征主帅。作者指出，绰儿马罕进入阿母河以西地区后，不仅在军事

---

① 何高济、陆峻岭：《元代回教人物牙老瓦赤和赛典赤》，原刊于《元史论丛》第2辑，中华书局1983年版，后收入何高济、陆峻岭《域外集——元史、中外关系史论丛》，第53—79页。

② 陈得芝：《牙老瓦赤卒年补证》，原刊于《元史论丛》第4辑，中华书局1992年版，后收入氏著《蒙元史研究丛稿》，第498—501页。

③ 杨志玖：《元代回族史稿》，南开大学出版社2003年版，第168—173页。

④ 刘迎胜：《察合台汗国史研究》，第70—71页。

⑤ [日] 本田实信：《阿母河等处行尚书省考》，余大钧译，载《北方民族史与蒙古史译文集》，第513—539页。

方面实行了有效控制，对行政管理体系的建设也十分重视，为之后呼罗珊行省的建立乃至旭烈兀西征建国打下了基础。①

高建国区分了史料中所见的若干位"额勒只带"同名者。除东道诸王阿勒赤歹外，在窝阔台时期还有两位同名者，其一为札剌亦儿部亦鲁该那颜之弟，担任窝阔台宿卫长，一直在汗廷活动；其二为参加攻金之战和贵由西征的主帅额勒只带，为弘吉剌部人。② 于月利用波斯文《五世系·蒙古世系》的相关记载，考察了窝阔台异密帖速及其家族事迹。帖速随阿儿浑被派往呼罗珊地区，与阿儿浑建立了姻亲关系，其后代成为合赞汗的二皇后。③ 张晓慧围绕拜住事迹，对窝阔台汗、尤赤、拖雷家族在小亚地区的势力角逐进行了考察。文章通过分析拜住与贵由汗代表额只吉带、拔都、旭烈兀的关系，展现出军事将领在地区事务中复杂的政治立场。④

3. 窝阔台家族

窝阔台的家族关系也是本书的重要议题之一。关于窝阔台诸子的相关研究，构成了本书第五章第一节的讨论基础；关于其后妃及家族姻亲的讨论，则为本书附录提供了有益参考。此外，这些研究也为本书第二章第四节、第四章第二、第三节的具体论证提供了支持。

（1）窝阔台诸子及后裔

窝阔台汗共有贵由、阔端、阔出、哈剌察儿、合失、合丹和灭里七子。白拉都格其分析了贵由的即位过程及统治期间黄金家族内

---

① Timothy May, *Chormaqan Noyan: The First Mongol Military Governor in the Middle East*, chapter 1, chapter 4 and chapter 5.
② 高建国：《"额勒只带"史实再辩》，《蒙古史研究》第 11 辑，科学出版社 2013 年版，第 61—70 页。
③ 于月：《蒙元时期燕只吉部帖速家族小考》，《北大史学》第 19 辑，北京大学出版社 2015 年版，第 77—81、376—377 页。
④ 张晓慧：《拜住西征与蒙古派系斗争》，《元史及民族与边疆研究集刊》第 28 辑，上海古籍出版社 2014 年版，第 26—32 页。

部的复杂斗争。① 贵由与拔都关系不睦，学界对贵由西征拔都之事有所探讨。杨志玖提出，《清容居士集》卷三四《拜住元帅出使事实》中"定宗皇帝征把秃王"一事，可印证西文史料中贵由出征拔都的记载。② 刘迎胜利用《史集》《世界征服者史》及乌马里《眼历诸国行记》，进一步证实贵由确有对拔都动武的意图。③ 韩国学者金浩东（H. Kim）对贵由即位的合法性、施政情况及其与拔都的关系等问题提出了新见解。文章分析了《元朝秘史》所记西征途中贵由与拔都的冲突，作者敏锐地指出，拔都在西征中的重大失误才是贵由产生不满、二人关系恶化的根本原因。他认为贵由西征目标在于扩张势力，并非针对拔都。但拔都处在贵由西征的必经之路上，被迫要对贵由此举给予反应。二人关系不睦是拔都行动的主要出发点。该文还详细分析了贵由当政期间的各项举措，指出贵由有效加强了中央集权。④ 这一观点颇具说服力。陈希根据中西史料梳理了贵由汗幼子禾忽及其子孙的相关事迹，分析了元朝中期窝阔台后王与元朝的关系变化。⑤

关于合失的相关讨论参见综述第一部分。合失之子海都长期活跃在中亚地区，是窝阔台后裔中影响力最大的人物。伯希和在《马可·波罗行纪注》中较早分析海都之名的含义及其出生时间，推断海都出生不早于1230年，并梳理了中西史料对海都事迹的记载。⑥

---

① 白拉都格其：《贵由汗即位的前前后后》，《元史论丛》第3辑，中华书局1986年版，第47—55页。

② 杨志玖：《定宗征拔都》，原刊于《中华文史论丛》1979年第2辑，后收入氏著《陋室存稿》下册，第327—329页。

③ 刘迎胜：《读〈定宗征拔都〉》，《内蒙古社会科学》（汉文版）1982年第4期，第63—66页。

④ Hodong Kim, "A Reappraisal of Güyüg Khan", Mongols, Turks and Others: Eurasian Nomads and the Sedentary World, ed. by R. Amitai and M. Biran, Leiden & Bosten: Brill, 2005, pp. 309–338.

⑤ 陈希：《贵由汗之子禾忽家族史事考略——基于波斯文〈五族谱〉的考察》，《西域研究》2019年第3期，第81—90、157—158页。

⑥ Paul Pelliot, Notes on Marco Polo, Vol. 1, pp. 124–129.

陈得芝围绕岭北行省这一地理范围，考订了以海都为首的西北诸王与元朝的战争过程。① 彭晓燕细致梳理了海都的生平活动，对他在中亚地区的有效管理有较高评价。作者认为，海都表现出的坚持蒙古传统的统治思想，是出于实用主义的考虑。在兴起时期，海都已经难以得到应有分地和本系宗王的有力支持，只能凭借审时度势的结盟和自己高超的军事才能扩张势力，是在相当有限的基础上再次振兴了窝阔台汗国。这与其他汗国的发展过程迥然不同。在这一背景下，作者认为，海都与元朝对峙乃至战争的主要目的，并不是为了争夺蒙古大汗的称号，而是希望获得原属窝阔台家族的合法权益；其扩大势力的重点在于有效控制邻近的察合台汗国。② 对海都活动的考察，为本书第四章第三节的相关讨论提供了基础。

窝阔台剩余五子中，经略藏地的阔端最早受到学界关注，研究成果也比较充分。韩儒林、札奇斯钦、沈卫荣等学者的研究均涉及阔端及其家族成员经略西藏地区的情况。陈得芝驳斥了成吉思汗时期蒙古军队已征吐蕃的观点，认为此时成吉思汗仅在西夏同藏僧有接触，大蒙古国与藏传佛教真正建立联系是在窝阔台时期、阔端经略吐蕃之后。③ 张云系统梳理了元朝经营西藏的始末，分析了帝师、白兰王、出镇宗王等势力的互相制约作用，以及藏区同周边行省的关系。文中详细分析了阔端派遣道尔达入藏的过程及藏区的应对态度，探讨了阔端管理藏区的时间，并结合汗位转移的背景，梳理了阔端家族在藏区的权利变化。作者考证，乌思藏十三万户府的初设

---

① 陈得芝：《元岭北行省建制考》（中），原刊于《元史及北方民族史研究集刊》第 11 辑，南京大学历史系元史研究室 1987 年版，后收入氏著《蒙元史研究丛稿》，第 137—169 页；《元岭北行省建制考》（下），原刊于《元史及北方民族史研究集刊》第 12—13 辑，南京大学历史系元史研究室 1989 年版，后收入氏著《蒙元史研究丛稿》，第 170—200 页。

② Michal Biran, *Qaidu and the Rise of the Independent Mongol State in Central Asia*, Richmond: Curzon Press, 1997.

③ 陈得芝：《再论蒙古与吐蕃和吐蕃佛教的初级接触》，原刊于《西北民族研究》2003 年第 2 期，后收入氏著《蒙元史研究丛稿》，第 307—314 页。

时间是在窝阔台时期。① 这一主题的研究为本书讨论阔端在大蒙古国时期的地位提供了背景。

集中于阔端及其家族的人物研究也有一定成果。周清澍、陈得芝探讨了阔端进军吐蕃及卒年问题。② 胡小鹏对阔端家族的人物关系、生平事迹进行了系统考辨。③ 他也对汉文史料中所见"诸王念不烈"的身份和家系进行了考订，厘清此人承袭亦怜真成为蒙哥都系代表的相关情况。④ 刘迎胜以《元朝秘史》提到的蒙古谚语同波斯文史料中的相关记述进行对照，辨明后者在窝阔台系诸王享有汗位继承权、阔端收留被脱列哥那迫害的镇海、牙老瓦赤等问题上的记述真实可靠。⑤

阔出早逝，现有研究主要集中在其子失烈门、小薛大王。周思成考证了失烈门之名来自蒙古语，他与兄弟孛罗赤、小薛均曾为忽必烈效力。作者认为，失烈门的皇储身份，来源于窝阔台对其赞许性质的"许诺"，并不具有绝对效力。且就年龄、实力而言，他也不具备与其他候选人争夺汗位的可能性。文章推测失烈门最初被流放到的"没脱赤"为今马特察地区。他后随忽必烈南征，卒年不晚于 1258 年。⑥

蔡美彪对史料中名为"小薛"的宗王进行事迹比对，断定山西

---

① 张云：《元代吐蕃地方行政体制研究》，博士学位论文，南京大学，1993 年；后经修订出版，参见张云《元代吐蕃地方行政体制研究》，商务印书馆 2017 年版。

② 周清澍：《库腾汗——蒙藏关系最早的沟通者》，原刊于《内蒙古大学学报（蒙古史专号）》1963 年第 1 期，后收入《周清澍文集》上册，广西师范大学出版社 2020 年版，第 345—364 页；陈得芝：《八思巴初会忽必烈年代考》，原刊于《中国史研究》2004 年第 1 期，后收入作者《蒙元史研究丛稿》，第 315—332 页。

③ 胡小鹏：《元代阔端系诸王研究》，《内蒙古社会科学》1998 年第 3 期，第 30—36 页。

④ 胡小鹏：《元诸王念不烈考》，《中国史研究》2001 年第 1 期，第 171—176 页。

⑤ 刘迎胜：《〈元朝秘史〉中两则谚语与相关史料的可靠性问题》，《民族研究》2015 年第 5 期，第 85—91、125 页。

⑥ 周思成：《大蒙古国汗位之争中的皇孙失烈门——〈史集〉中关于失烈门的波斯文史料的若干考订》，《元代文献与文化研究》第 1 辑，中华书局 2012 年版，第 114—129 页。

芮城延祚寺碑所刻令旨为阔出幼子小薛大王发布。小薛封地在睢州,但却颁布令旨给平阳路河中府之地的寺院,作者认为,这与小薛封地连年饥馑、封民移地就食的情况有关。作者指出,诸王小薛似无国邑封号,且八思巴字碑文仅作"se-ˑu-seˀeu-ge"(小薛言语),亦无大王之称。① 瞿大风据此碑刻指出,小薛的权力范围已经在元廷认可之下扩展到平阳路的解州境内。② 萧启庆提及邓文原作《题小薛王画鹿》诗,以邓文原卒年为限,可知此小薛为阔出之子。由诗可知小薛曾陪伴皇帝校猎,还有好儒之举。③ 这一信息值得重视。松田孝一认为,小薛大王在山西潞州一带的游牧地,继承自其父阔出。而阔出在丙申分封后应得到山东益都的权益地,但受之后失烈门之乱影响,此地并未被小薛大王继承。④

受到史料限制,涉及哈剌察儿、合丹与灭里的研究尚不丰富,还有一定的推进空间。对哈剌察儿的研究主要围绕凤翔屈家山新见蒙古纪事砖展开。⑤ 关于合丹、灭里的研究集中于其后裔。陈广恩、陈柳晶考证《黑城出土文书》中 F116:W581 号文书的"忽剌朮大王"即窝阔台之子合丹之孙,⑥ 纠正了以往研究对此文书中人物的错误认识。张岱玉梳理了灭里之子阳翟王秃满一系的王号承袭及相关事迹,该文在其博士论文的基础上,对在元朝封王的窝阔台汗诸

---

① 蔡美彪:《河东延祚寺碑译释》,《蒙古史研究》第 2 辑,内蒙古人民出版社 1986 年版,后收入氏著《八思巴字碑刻文物集释》,中国社会科学出版社 2011 年版,第 106—119 页。

② 瞿大风:《元朝时期的山西地区:政治·军事·经济篇》,第 130 页。

③ 萧启庆:《元代蒙古人的汉学》,载氏著《内北国而外中国:蒙古史研究》下册,第 641—642 页。

④ [日] 松田孝一:《关于小薛大王分地的来源》,《元史论丛》第 8 辑,江西教育出版社 2001 年版,第 133—136 页。

⑤ 杨富学、张海娟:《凤翔屈家山蒙古纪事砖及相关问题》,《青海民族研究》2014 年第 4 期,第 95—102 页;胡小鹏、陈建军:《凤翔屈家山发现的蒙元史料及相关问题考述》,《西北师大学报》(社会科学版)2019 年第 6 期,第 67—77 页。

⑥ 陈广恩、陈柳晶:《窝阔台后王忽剌朮事迹考述——以黑水城出土文书为考察重点》,《民族研究》2017 年第 5 期,第 76—86 页。

子后裔进行了集中梳理和事迹考订。①

（2）窝阔台汗后妃及姻亲

对于窝阔台后妃的研究，主要集中在地位较高或育有子嗣的几位哈敦。对脱列哥那的讨论集中于其位次与摄政时期的事迹。蔡美彪认为脱列哥那在窝阔台汗时代没有也可哈敦的身份，也不受大汗宠爱；②而罗依果（I. de Rachewiltz）认为她或有二皇后的身份，《元史》中称她为"六皇后乃马真氏"，可能是将此人与《贵显世系》中记载的出自乃蛮部之第六哈敦古出古儿混淆。③蔡文还考订脱列那摄政时期诸事，认为在脱列哥那摄政时期，汉臣并未被排斥在汗廷之外，且镇海、牙老瓦赤逃奔阔端各有缘由，并非受到脱列哥那迫害。脱列哥那摄政时间为1242年春到1246年秋，而她的卒年约在1247年冬，距贵由汗去世仅有几个月时间。这说明在贵由汗当政的绝大部分时间里，都不能忽视其母亲的影响。

对孛剌合真、昂灰的讨论则与皇子合失相关。王晓欣据《元史》载二皇后昂灰曾抚养蒙哥事，认为《通鉴续编》所载二皇后昂灰为合失之母符合情理。④刘晓据《河南济源紫微宫懿旨碑》认为，合失去世后由孛剌合真主持东宫事务，故孛剌合真很可能为合失生母。⑤邱轶皓据《贵显世系》确认合失的母亲是《通鉴续编》中的"二皇后孛灰"。⑥

---

① 张岱玉：《元朝窝阔台系诸王爵邑考》，《元史及民族与边疆研究集刊》第28辑，上海古籍出版社2014年版，第13—15页。

② 蔡美彪：《脱列哥那后史事考辨》，《蒙古史研究》第3辑，第12—29页。

③ ［澳］罗依果：《脱列哥那合敦是窝阔台的"六皇后"吗?》，李文君译，《蒙古学信息》2003年第1期，第19—24页。

④ 王晓欣：《合失身份及相关问题再考》，《元史论丛》第10辑，中国广播电视出版社2005年版，第61—70页。

⑤ 刘晓：《合失卒年小考》，《中国史研究》2007年第2期，第50页。

⑥ 邱轶皓：《合失生母小考》，《中国史研究》2012年第3期，第70—72页。检核《贵显世系》巴黎本原文作孛灰（Būghūy）哈敦，与《通鉴续编》所记一致。作者将《贵显世系》所记识读为"昂灰"，或考虑其他版本写形，并从《元史》译法。曹金成亦指出这一问题，参见曹金成《史事与史源：〈通鉴续编〉中的蒙元王朝》，社会科学文献出版社2020年版，第315—316页。

周郢据山东泰山徂徕山新发现的蒙古汗廷懿旨所记"已酉年八月廿五日",认为此旨可证1249年孛剌合真皇后仍然在世。①

邱轶皓利用波斯文《五世系·蒙古世系》和《贵显世系》重新梳理了窝阔台后妃的情况。② 近来,刘迎胜利用波斯文史料考证了窝阔台收继的成吉思汗后妃。③ 布鲁诺(B. de Nicola)立足于游牧政权"哈敦摄政"的政治传统,分析脱列哥那皇后在窝阔台死后力求控制朝局、争取察合台支持、任用法蒂玛等举措,指出哈敦斡耳朵在蒙古政治生活中的重要作用。作者还对唆鲁禾帖尼自窝阔台时期起的政治活动进行了考察。④

根据《五世系·蒙古世系》等史料记载,窝阔台家族公主所嫁部族主要有畏兀儿部、斡亦剌部、汪古部及弘吉剌部等。关于这些部族与黄金家族的通婚情况,前人已有不少研究,如王红梅《元代蒙古王室与畏兀儿亦都护家族联姻考》⑤、白翠琴《斡亦剌贵族与成吉思汗系联姻考述》⑥、周清澍《汪古部与成吉思汗家族世代通婚关系》⑦、宇野伸浩《弘吉剌部与成吉思汗系通婚关系的变迁》⑧ 及冯

---

① 周郢:《蒙古汗廷与全真道关系新证——新发现的蒙古国圣旨(懿旨、令旨)摩崖考述》,《中国史研究》2013年第1期,第138—139页。
② 邱轶皓:《蒙古帝国的权力结构(13—14世纪)——汉文、波斯文史料之对读与研究》,博士学位论文,复旦大学,2011年,第113—129页。
③ 刘迎胜:《元太宗收继元太祖后妃考——以乞里吉忽帖尼皇后与阔里桀担皇后为中心》,《民族研究》2019年第1期,第86—96、141页。
④ Bruno De Nicola, *Women in Mongol Iran: The Khātūns, 1206 - 1335*, Edinburgh: Edinburgh University Press, 2017, pp. 66 - 76.
⑤ 王红梅:《元代蒙古王室与畏兀儿亦都护家族联姻考》,《兰州学刊》2009年第6期,第7—12页。
⑥ 白翠琴:《斡亦剌贵族与成吉思汗系联姻考述》,《民族研究》1984年第1期,第46—59页。
⑦ 周清澍:《汪古部与成吉思汗家族世代通婚关系——汪古部事辑之四》,原刊于《文史》第12辑,中华书局1981年版,后收入氏著《周清澍文集》上册,第146—173页。
⑧ [日]宇野伸浩:《弘吉剌部与成吉思汗系通婚关系的变迁》,孟秋丽译,《蒙古学信息》1997年第2期,第1—7、28页。

鹤昌《蒙元外戚研究——以弘吉剌系外戚为中心》①等。这些研究已在不同程度上注意到姻亲部族在蒙元政权发展过程中的作用和享有的权益，有利于本书在此方面进行深入探究。

（3）黄金家族诸王

刘迎胜在《察合台汗国史研究》中，详细分析了察合台及其后裔在拥立窝阔台、贵由，及蒙哥即位和海都兴起等历史时期的作用。该书第二、三章分析了察合台与窝阔台在阿母河以北地区的势力争夺，及贵由汗时代以来，以拔都为首的尤赤家族的势力扩大等关键问题。②作者对大蒙古国时期察合台系、尤赤系与大汗的关系及发展动向均有深刻见解。赤坂恒明对尤赤兀鲁思进行了整体研究。作者利用《史集》《五世系》及《胜利之书》等波斯文史料，比对、梳理了尤赤家族的诸王世系和王统承袭情况，分析了拔都西征前后尤赤兀鲁思国家结构的变化，并探究海都兴起的背景下尤赤家族诸王与元朝统治者的关系。③

海老泽哲雄较早对合撒儿、哈赤温及斡赤斤三王事迹进行研究。他指出，自窝阔台统治时期开始，东道三王所参与的军事活动基本限制在东方地区，其受封食邑也在山东一带。三王可向此处派遣本家族代理官员。而中亚乃至呼罗珊地区由成吉思汗四子家族进行征伐和管理，三王家族没有干涉权。④这说明此时成吉思汗诸子、诸弟权利已有明显区别。姚大力根据《史集》记载，判定斡赤斤的初始封地在哈尔哈河流域的斡儿山区，后来才扩至哈剌温山以东。⑤叶新

---

① 冯鹤昌：《蒙元外戚研究——以弘吉剌系外戚为中心》，博士学位论文，北京大学，2019年，第78—103页。
② 刘迎胜：《察合台汗国史研究》，第49—134页。
③ 赤坂恒明：『ジュチ裔諸政権史の研究』，東京：風間書房，2005年．
④ ［日］海老泽哲雄：《关于蒙古帝国东方三王家诸问题》，李治安摘译，《蒙古学资料与情报》1987年第2期，第11—17页。
⑤ 姚大力：《乃颜之乱杂考》，原载《元史及北方民族史研究集刊》第7辑，南京大学历史系元史研究室1983年版，后收入氏著《蒙元制度与政治文化》，第404—406页。

民考述了成吉思汗幼弟斡赤斤家族的相关事迹。①

对成吉思汗其余三子和东道诸王的研究，构成本书第五章第二节分析窝阔台处理家族关系的讨论基础。

三 研究视角与史料利用

如前所见，学界对窝阔台统治时期诸问题的探究，在军事活动、行政制度、经济建设等方面都有切实精深的积累，但尚不多见对这一时期大蒙古国全境的整体性考察。新设制度在不同地区的调适、人员物资在各个地区间的流动，仍有待综合诸种史料基础上的梳理与分析。故本书对这一主题的研究，将以哈剌和林为中心，兼顾华北、河中及呼罗珊等地区，以从中央到地方的全局视角，力求在军事、行政和经济等方面，展现窝阔台统治时期大蒙古国的整体面貌。

对这一时期的大蒙古国进行整体性考察，在兼顾各地区具体情况的基础上，还需要综合考虑制度与活动两种研究维度。前一种维度定义明确，后一种维度则需稍作解释。邓小南教授曾将制度的形成和运行两大阶段归入"作为'过程'的制度史"②，本书提及的"活动"维度，就是指制度"过程"和无法归并入制度发展轨道的其余历史情境的总和。如前所述，既有成果多集中于当时某地的某种制度或活动状况，缺少对两种维度的联动分析。而实际上，如适应于地区军事行动的军队组建方式、随呼罗珊长官的政治活动逐步建立的呼罗珊行政制度架构，以及赋役制度与商贸活动并行的经济发展情况等，都反映出制度与活动之间的紧密联系，也构成窝阔台统治时期军事、行政和经济等方面的重要议题。在讨论此类议题时，如果缺少相关制度的梳理，就难见这一时期建制立法的整体框架；而若缺少对相关活动的论述，则难以呈现尚未定制、无法定制的诸

---

① 叶新民：《斡赤斤家族与蒙元朝廷的关系》，《内蒙古大学学报》（哲学社会科学版）1988年第2期，第14—26页。

② 邓小南：《走向"活"的制度史：以宋代官僚政治制度史研究为例的点滴思考》，载氏著《朗润学史丛稿》，中华书局2010年版，第500页。

种复杂情况和制度运行的生动图景。故而,制度与活动是本书缺一不可的研究维度。

造成既有成果缺乏整体性关照的原因,还在于各项研究的重点尚未集中到大蒙古国统治者的身上。具体地说,涉及窝阔台统治时期的制度、人物等研究,受到考察主题或所用史料的限制,并未充分注意到窝阔台在相应领域中的历史作用,遑论由某一具体制度或历史事件,延伸讨论窝阔台对相关领域的整体安排和长远构想。本书即以这一不足处为研究重点,分析窝阔台作为最高统治者的治国战略和施政目标,从而探究大蒙古国在这一时期的建设成果和发展动向。

研究视角转换带来的"再认识",自然也伴随对该议题中"常识""定论"的再审视。[1] 窝阔台为集中汗权而与拖雷家族展开的权力斗争,对大蒙古国的发展动向具有重要影响,故而很早就受到学界关注。既有分析多聚焦于拖雷及其家族在争取汗位的历史过程中所具有的优势条件,似将蒙哥即位视作顺理成章之事。而窝阔台如何处理与拖雷及其家族的关系、采取的措施是否奏效,反而成为这一问题中久被忽视的方面。本书将重点探究窝阔台为集中汗权而对拖雷家族实施的诸项措施及其效果,由此重新审视窝阔台在处理家族关系方面的施政举措与个人特质。对这一问题的再讨论,将会形成对大蒙古国发展动向的新认识和对窝阔台历史形象的完整评价。

关于元代史料的基本情况,前贤已有专书详论,[2] 以下仅就与本书密切相关的史料及处理方式择要说明。

中西史料互证是元史学界传统的治学方法。近年来,有赖于可利用史料种类、版本的日益丰富,在中西史料的对勘方面,研究者

---

[1] 邓小南指出,对既有史学议题的"再认识",核心内容是对材料的再发掘、再解读,思维方式的调整,以及对"常识""定论"的再审视。参见邓小南《宋代政治史研究的"再出发"》,载氏著《朗润学史丛稿》,第520页。

[2] 参见李治安、王晓欣《元史学概说》,天津教育出版社1989年版;陈得芝《蒙元史研究导论》,南京大学出版社2012年版。

进行深入、具体研究的可能性大大增加。邱轶皓认为,"波斯史家长期以来为各种出身游牧部落的统治者效力,所以对游牧社会的文化传统和政治模式较为谙熟……对许多历史事件的描述反较汉文史料更富于细节"[1]。诚如其言,波斯文史料在记述人物关系和历史活动等方面,较汉文史料在语言、情节方面更为丰富。本书亦更强调对研究主题所涉波斯文史料的精细化处理。

就本书的研究时限而言,相比于汉文史料,波斯文史料中保存的各类信息更为丰富。这是本研究更依赖于波斯文史料的根本原因。《世界征服者史》和《史集》是较早被学界利用的史籍,也是本书的基础史料。本书尝试以剖析汉文史料的方式,尽可能多地获取其中信息,并结合学界已有研究给予详细分析。一方面,具有文献继承关系的史料、叙述相似内容的信息,也会因纂修者的立场、成书背景等具体原因产生记述差异,本书将仔细辨析、厘清上述史料中同类纪事的不同细节。另一方面,《世界征服者史》已有质量较好的波斯文刊本、英译本,《史集》更有多种波斯文抄本可供利用,一些仅靠汉译本难以解决的问题,可以依赖波斯文原文和文献学知识,并参考前人观点给出新的解答。

以《史集》为主要史源的波斯文史料《五世系·蒙古世系》,经北京大学"波斯文《五族谱》整理与研究"项目组的多年工作,目前已具备深入利用的条件。《五世系·蒙古世系》为本书的研究提供了两方面宝贵史料:一是"窝阔台合罕异密"名录,其中记述了这一时期军事将领、汗廷必阇赤等重要官员的相关情况,有效补充了汉文史料对其他部族官僚记载的不足。二是"窝阔台合罕诸子世系"图谱,增补了窝阔台家族成员,尤其是其中的女性成员的相关信息,为爬梳窝阔台家族的姻亲关系提供了便利。此外,本书还将使用如《纳赛里史话》《也里史志》《贵显世系》和《昔思田史》等其他相关波斯文史料。

---

[1] 邱轶皓:《蒙古帝国视野下的元史与东西文化交流》,第7页。

汉文史料方面，本书主要以《元朝秘史》《圣武亲征录》和《元史》等"元朝实录"系统史书，与前述波斯文史料进行对勘。由于《史集》利用了元朝颁布的《金册》，"实录"系统的信息也大量进入波斯文史料体系。这种紧密的文献关系使两套史料更具对比价值。此外，本书还主要利用耶律楚材《湛然居士文集》、李庭《寓庵集》等元人文集，《长春真人西游记》《黑鞑事略》等行记，以及山西等地方碑刻材料，补充正史记述的缺漏之处。

本书还将充分利用其他语种的史料。如利用亚美尼亚史料梳理绰儿马罕西征军将领事迹，利用元代回鹘文税收文书考察畏兀儿地区征收赋役情况，以及利用更晚时代的藏地史料、蒙古文史料对窝阔台及其家族成员的相关记载，探究对窝阔台家族传承汗位的"历史书写"，均是本书在史料利用上的新尝试。在进行多语源文本比较的过程中，需要注意不同史料产生的文化环境，充分考虑作者或编纂者的自身经历和撰写目的，才能辨明诸种史料的真假信息，补充正史中晦暗未明的相关情况，对研究主题形成更为全面、可信的认知。

不可否认的是，对本书主题的历史记载大多出于窝阔台统治时代之后。故本书将更加关注不同记述对这一时期及窝阔台家族的"历史书写"。众所周知，元代官方史料多成于拖雷家族当政时代。受到汗位合法性这一关键问题影响，这些史料对窝阔台生平事迹的评述、对其指定继承人的相关记载，及对拖雷家族与窝阔台系统治者之间的关系、活动的描述，存在着不同程度的曲笔或讳言，需要研究者谨慎对待、悉心辨别。这也是本书使用史料时尤需注意的方面。

四 篇章安排

本书共分为五章。第一、第五章将以汗位继承为主线，建立由窝阔台继承汗位，到拖雷家族获得汗位的时间脉络，重点分析窝阔台如何集中和巩固汗权、处理家族内部关系；第二、第三、第四章，则是对窝阔台统治时期军事、行政和经济方面的主题考察，展现他如何实现对多族群、多文化地区的管理，初步建立大蒙古国的制度框架。在主旨线索和篇章结构的限制下，本书对这一时期文化、宗教活动不设专节探讨。

第一章探讨窝阔台即位的过程。这是窝阔台统治时代的发端。第一节重新梳理相关史料，探究成吉思汗考虑、确定汗位继承人的历史过程，并从当时的具体局势及游牧政权固有的"离心力"问题等方面，阐释成吉思汗选定窝阔台的原因。第二节考察拖雷在监国时期的权限、耶律楚材的活动等内容，分析即位忽里台之前窝阔台面临的具体情况。之后，梳理窝阔台即位过程中的重点环节，如即位仪式的主要环节、先后顺序，以及忽里台上的政事安排等内容，探究窝阔台是如何实现平稳即位的。

第二章分析窝阔台统治时期的军事活动。窝阔台在军队建制和战事安排方面继承其父遗志，但又根据具体形势有所发展。本章先以《五世系·蒙古世系》"窝阔台合罕异密"名录为主线索，梳理当时由窝阔台直接控制的蒙古老千户长及新增的军队统帅。继而围绕设立"七万户"的时间，考察增设汉军万户的相关情况，包括汉军万户主要将领、汉军万户的地区分配等问题。梳理绰儿马罕西征军的主要将领及事迹，尤其关注学界以往尚未注意的蒙格秃、答亦儿等镇戍将领的活动。在此基础上，探究军事将领与统治者关系、地区军队构成等方面的新变化。最后，分析这一时期的军事行动哪些体现出成吉思汗的原有构想，哪些又出于窝阔台巩固统治的考量，以及窝阔台的军事安排达到了何种效果、有何长远影响。

第三章梳理窝阔台时期的行政建制。随着这一时期统治疆域的扩大，对地方的行政管理成为窝阔台的施政重点，行政体系开始建立。在汗廷层面，本章仍以《五世系·蒙古世系》"窝阔台合罕异密"名录为线索，重点分析当时重臣必阇赤的出身背景、与窝阔台的私人关系等情况，探究多种文化传统对大蒙古国行政中枢的影响。在地方层面，梳理由大汗指派的行省级别长官和各级达鲁花赤建立的基本行政架构，分析诸王、军队及地方统治者等其他势力对行政事务的参与和影响。本章还以呼罗珊地区行政体系的建设为例，揭示地方行政官员与诸王、军队势力在当地事务中的互动关系。

第四章关注窝阔台时期的经济活动。在行政体系建立的同时，各项经济活动也在逐步开展。以阿勒班税和忽卜赤儿税为核心的赋役制度在不同地区的具体实行方式，和斡脱商人、长途贸易起到何种作用，是本章首先分析的问题。灭金之后，金朝故地征发的兵员、税收，为皇子攻宋提供了军备保障，也为诸王提供了五户丝的战利品。这两方面的内容也是本章的分析重点。以往研究已揭示出窝阔台建都和林的政治目的，本章则将考察重点置于经济领域，探讨营建哈剌和林对窝阔台汇集财富、扩张本家族势力的重要作用。一些人群当时享有免除差役的特权，他们获得经济优待的制度渊源也是本章的关注点。

第五章剖析窝阔台处理家族关系的举措。对窝阔台指定继承人的探讨，将与第一章成吉思汗选定储君的讨论形成对照。窝阔台的指定继承人是谁？对其余诸子，大汗又有何种考虑和安排？这是本章首先探讨的主要问题。本书开篇指出"幼子势力"的威胁，亦为本章的讨论重点。在前述第二、第三、第四章的相关章节，已陆续提及窝阔台限制拖雷家族势力发展的具体措施，本章将对这一问题进行全面论述，并讨论这些限制措施的实施效果。这一问题将以蒙哥登上汗位为讨论结点，这一标志性事件也正好构成本书的时间下限。

第 一 章

窝阔台登上汗位

本章主要探讨窝阔台被选定为汗位继承人的时间、原因及其即位仪式等问题，分析他即位前后所处的历史背景。成吉思汗选择继承人是基于当时诸子关系所作的决定，而他对非继承人的安排，又直接影响了窝阔台统治时代黄金家族的内部关系。窝阔台如何应对拖雷对自己即位和统治的挑战，又通过何种方式巩固他刚刚得到的汗权？对这两个问题的回答，将延伸至本书第二章的相关考察。

第一节　成吉思汗继承人的确立

众所周知，窝阔台在成吉思汗生前已被指定为继任者。但关于成吉思汗何时确立继承人，现存史料说法不一。《元朝秘史》第254—255节记述了西征前夕，成吉思汗在也遂哈敦的建议下与四子商议，确认了窝阔台为继任者；而《世界征服者史》和《史集》则记述迟至攻打西夏时，成吉思汗才宣布令窝阔台继承大位的决定。

学界已关注到这一差异。余大钧考订《元朝秘史》成书年代时，曾对第254—255节纪事进行分析。他敏锐地指出，《秘史》此处记述"成吉思汗的子孙中难道没有一个好的"，是对《史集》所载众人宣誓"只奉窝阔台子孙为汗"的有意篡改，符合蒙哥即位的政治需要。余先生以《世界征服者史》和《史集》记载为是，认为西征前确立继承人之事为后人编造。① 姚大力在研究分封制度时，指出成吉思汗分封给三子阿尔泰山以外地区的时间，应为西征在即的1219年。进而他根据《元朝秘史》，认为"窝阔台在阿尔泰山以外分地划分方面不如他的两个弟兄，可以理解为是他为了继承汗位而付出的某种代价"②。这是认同《秘史》西征前确立继承人的看法。考虑到以上两种记述的史料价值，似难轻以"是此非彼"作出判断，这里不妨循余、姚二位先生的思路，从上述史料的记述可靠性、与"立储"紧密相关的分封诸子之事，来寻找解决问题的线索。

一 不同史料对"立储"的记述

对于《元朝秘史》第254—255节的内容，前人已有不少分析。以既有认识来看，这段记述中察合台和术赤的争吵情节，反映出术赤血统不正、察合台性格暴躁，二人与一心辅佐兄长的拖雷在形象上形成了鲜明对比。而被确定为继承人的窝阔台，也表达出无可奈何、消极应承的态度，颇有能力不足之感。对拖雷形象的过分凸显，和提及镇守汉地的木华黎在场劝架，都增添了这段记事的非真实性。前引余大钧文已经指出，《秘史》有意修改了"只奉窝阔台子孙为汗"的誓言，将汗位继承资格扩大到"成吉思汗的子孙"，使汗位转入拖雷家族变得合法。这些特征似乎可以说明，"《秘史》254、255节所记……预立窝阔台为继位者整个这段事，多半是后来为适应蒙哥争夺大汗之位的政治需要编造出来的"③。

但必须注意的是，这段记事的主干内容是"窝阔台被成吉思汗确立为继任者"，如果编纂者意在昭示拖雷家族的正统地位，为何不

---

① 余大钧：《〈蒙古秘史〉成书年代考》，《中国史研究》1982年第1期，第154—155页。

② 姚大力：《论蒙古游牧国家的政治制度——蒙元政治制度史研究之一》，第200页。

③ 余大钧：《〈蒙古秘史〉成书年代考》，第155页。

直接省去这一关键记述，却要避简就繁，致力于刻画情节、人物形象来暗示意旨？这一信息的保留恰恰提示出，当时刻画情节和人物形象的，并不是这段记载的原始撰写者，而是因蒙哥即位而修订史乘的"加工者"。亦邻真曾提出，《元朝秘史》并非一次修成，太祖纪事的初稿应成于1228年（鼠儿年）。①"窝阔台被成吉思汗确立为继任者"的记述，对窝阔台最为有利，故应撰于他在位之时。后来拖雷家族夺得汗位，即使蒙哥汗想要树立正统地位，但此时仍有知晓成吉思汗立储情况者在世。所以他无法删除原文，只能令人对这段记事的细节进行修改、曲饰，尽量改变原有文貌。

这段记述的修改时间，应在"太祖实录"修成之前。中统年间，王鹗等臣僚便已提议纂修实录，至成宗时"太祖实录"修成，元廷此后便以之为官方正史。《元朝秘史》对统治者的重要性相对降低，且因该书"秘而不宣"的特性，对其文本改动的意义就十分有限了。

而在元廷所修"太祖实录"中，就采取了对"太祖立储"一事避而不谈的方法。"太祖实录"主要内容保存在今《元史·太祖纪》中，亦在当时被译为蒙古文，抄作《金册》颁行其他汗国。《史集》编修即利用了《金册》这一官方史料。而《史集》所载"立储"内容与《世界征服者史》相近，可知《史集》所据宫廷方面的史料来源《金册》无此关键记录。《元史·太祖纪》也对"立储"之事避而不谈，由此可推知"太祖实录"中很可能没有"立储"一事的记载。并且，与"太祖实录"关系紧密的《圣武亲征录》和《通鉴续编》亦未述及此事，或说明《圣武亲征录》所参"脱卜赤颜"的汉译材料也没有相关记录。对于修史经验丰富的汉地史家来说，省去"立储"之论，就是解释汗位转移最为简便而不遭诟病的办法。

更晚时代的蒙古史书对"立储"之事有更为精妙的处理办法。目前所知与《元朝秘史》内容关联最紧密者，是成书于17世纪晚期

---

① 亦邻真：《〈元朝秘史〉及其复原》，收入亦邻真著，乌云毕力格、乌兰编《般若至宝：亦邻真教授学术论文集》，第326页。

的《黄金史》。在太祖事迹部分,该书保留了《秘史》约80%的内容,主要缺失征讨克烈、乃蛮及建国分封等事。而以《秘史》第254—255节核《黄金史》相应位置,发现后者所载为忽必烈之降生及拖雷代父而死等事,与《秘史》"立储"的记载完全不同。那么,《黄金史》编纂者是否未见"立储"相关内容?

从前后文来看,《秘史》第253节记述合撒儿攻下东夏、金之北京,第256节记西夏拒绝派兵跟随成吉思汗西征等事,《黄金史》相应部分与此内容几乎完全一致。时间更前、更后的相关内容,《黄金史》也与《秘史》的记述基本相同。这说明《黄金史》所据异本与《秘史》在这部分内容上保持了较大程度的一致性。[①] 在如此连贯、一致的内容中,突然出现立储情节的缺失,令人生疑。再看《黄金史》中对立储之事的替代内容:一为成吉思汗儿媳打开藏僧所赠金匣,匣中金蚊飞入其体内,之后生出忽必烈;二为成吉思汗与拖雷同时病危,卜者言一人痊愈则对另一人不利,唆鲁禾帖尼便祈祷以拖雷代父而死,后果遂其愿,成吉思汗病愈而拖雷死去。[②] 拖雷代父身死之说,很容易让人联想到《秘史》第272节拖雷代兄而死之事。二者情节相似,只是被代替的人物不同。"拖雷早于父汗先亡"的说法,在同时期成书的《黄史》和《蒙古源流》中已有提及。不过二书又记成吉思汗临终时,大臣吉鲁干有"您的窝阔台、拖雷两个儿子将变得孤苦无恃"[③] 之语,与拖雷早亡说自相矛盾。《黄金史》则在相应位置删去了拖雷之名,作"斡歌歹等儿子已成孤独"[④];且描述拖雷代父而亡后,又删去《元朝秘史》第259节所述拖雷攻打亦

---

① 关于《黄金史》与《秘史》的文献关系,参见乌兰《从新现蒙古文残叶看罗桑丹津〈黄金史〉与〈元朝秘史〉之关系》,《西域历史语言研究集刊》第4辑,科学出版社2011年版,第171—180页。
② 罗桑丹津:《蒙古黄金史》,色道尔吉译,蒙古学出版社1993年版,第250—251页。
③ 乌兰:《〈蒙古源流〉研究》,辽宁民族出版社2000年版,第227页。
④ 罗桑丹津:《蒙古黄金史》,色道尔吉译,第277页。

鲁、亦雪不儿等内容，使文本叙事前后一致。这说明《黄金史》的编纂者已经注意到相关著述中的矛盾之处，并采取方法加以弥合，使得该书对拖雷早亡的记述更为顺畅可信。

从上述分析来看，与其说《黄金史》的编纂者没有见到《秘史》中成吉思汗立储的相关情节，不如认为他们是有意完善拖雷早亡之说，并以之代替《秘史》的"立储"记述。《黄金史》的这段叙事也反映出藏传佛教对蒙古修史活动的深刻影响。17世纪藏传佛教盛行于蒙古草原，在文化上占据主导地位。17世纪早期成书的《黄金史纲》，已将蒙古王统并入佛门谱系，利用佛教正统宣扬蒙古先业。《蒙古源流》和《黄史》等后成者，皆使用这一叙事框架，《黄金史》又增加如前述"忽必烈自金匣飞蚊而生"等情节，进一步巩固蒙古黄金家族和藏传佛教的紧密联系。而一旦关涉忽必烈及蒙古王统，汗位转移就是蒙古史家们不得不面对的难题。在元亡后蒙古汗统动荡的情况下，奉忽必烈一系为正朔的蒙古史家更需强调他们得位合法。采用"拖雷先父而亡"的说法，可以合理解释窝阔台的即位，而回避汗位被拖雷家族夺得的不正当性。

参考《蒙古源流》列出的参考文献，这种说法出自藏传佛教史料的可能性更大。故如前所述，在《蒙古源流》中，"拖雷先父而亡"的说法，与具有明显蒙古口传史风格的吉鲁干诗歌内容产生了矛盾。《黄金史》则在弥合矛盾的基础上，进一步丰富"拖雷代父身亡"的情节，彰显出拖雷的英雄形象和唆鲁禾帖尼的贤德持重，以父母之美德烘托忽必烈的正统形象。至此亦可明见，《黄金史》弥合矛盾的方式，其实是舍弃源自蒙古旧有史料的内容，代之以"加工"过的合理新说；进而更好地为昭示正统、垂范后人的纂史目的服务。接受了藏、汉文化熏陶的蒙古史家，对修史活动的目的、方法理解更为深刻，能够采用更加高超的撰述方式，并对逻辑矛盾处主动进行完善。从这一意义上说，被后来者舍弃的《元朝秘史》相关内容，反而保留了更接近历史真实的信息。

再看《世界征服者史》和《史集》的相关内容。二书皆将成吉思汗选定窝阔台一事记于前者攻打西夏期间。《世界征服者史》记"成吉思汗从西方诸国返回他的东方老营后,他就讨伐唐兀以遂他的宿愿。他……把他们全部征服,这时,他得了由不良气候而引起的不治之症。他召诸子察合台、窝阔台、兀鲁黑那颜、阔列坚、尤赤台、斡儿长去见他,对他们说:……那末,如我近来让你们知道的那样,我的意见是:窝阔台继我登位……"① 可见宣布窝阔台为继承人,是在征讨西夏快要结束时的事情。与这一内容近似的记述见于《史集·成吉思汗纪》:成吉思汗来到"翁浑-答兰-忽都黑地方"后,开始筹谋后事,令移相哥叫来窝阔台、拖雷二子密谈,最终确定了窝阔台为继任者。之后他便令二子回师,一方面,"让他们回去统治国家和兀鲁思"②;另一方面防备当时留守后方的察合台有所异动。这里的立储时间是在西夏国王失都儿忽投降之前。

《史集·部族志》叙述唐兀惕部时,也简要述及此事:成吉思汗听说唐兀惕王再次叛乱,想要亲征西夏,"但因为他年岁已高,知道并断定归天之时已近,所以他将儿子们、众异密和近臣们召到身边,[立下了]有关国家、王位、王冠、宝座、军队以及诸子[封地]分封的遗嘱和训示"。③ 之后他便出征西夏,西夏国王乞降。对比同书前引记述,这里只是对立储一事的概括,情节和结果都已削减;失都儿忽投降之前的战争过程也全被省略,故立储的时间也相应提前。从内容的完整性来看,还是应以《史集·成吉思汗纪》中的记述为准。

对比《世界征服者史》不难发现,在两处相似的情节中,对一个关键性人物的描述却截然不同。《世界征服者史》明言宣布继承人

---

① [波斯]志费尼:《世界征服者史》上册,何高济译,翁独健校订,内蒙古人民出版社1980年版,第212—213页。
② [波斯]拉施特编:《史集》第一卷第二分册,余大钧、周建奇译,商务印书馆1983年版,第319页。
③ [波斯]拉施特编:《史集》第一卷第一分册,余大钧、周建奇译,商务印书馆1983年版,第236页。

时察合台就在当场；而《史集·成吉思汗纪》则记察合台"留在斡耳朵后方二翼军队中"①，且确定继承人后，成吉思汗还担心察合台"在国内引起纷争"，故令窝阔台、拖雷率军返回。这样看来，此时察合台与父亲距离不近。那么，两种说法中哪一种的可信度更高呢？

《永乐大典》中收录了察合台属将按竺迩的神道碑碑文，其中记述了按竺迩参与攻打西夏的相关事迹："丁亥，从上取积石、德顺河、临洮，公斩首百五十级。攻巩昌不下，去至秦州班师。"② 对照《元史·太祖纪》同期纪事，按竺迩的行动路线几乎与主力部队一致，说明他所在军队应距成吉思汗不远，则察合台随父行军的可能性更大，《世界征服者史》的记述也更为准确。

这一情况反映出，即使在"立储"内容上存在一定的史源关系，《世界征服者史》和《史集》的具体记述仍然存在需要重视的差别。实际上，细究《世界征服者史》上述引文，叙述的重点在于成吉思汗"宣布"窝阔台为继承人，与《史集》记父子密谈后"立窝阔台合罕为继位者"③的描述并不一致。且《世界征服者史》引文中有"如我近来让你们知道的那样"之语，说明在宣布窝阔台的储君身份之前，成吉思汗已将这一决定告知了身边诸子，故他真正选定窝阔台的时间要更早一些。在上述引文之前，该书描述了成吉思汗选定窝阔台的过程："成吉思汗从他的举止和言谈中，时时看出他是皇位的适当人选……他经常把这个念头的印象，铭刻在其他诸子的心里，'犹如刻图于石'，逐步把这个意见根植在他们的思想深处。"④ 这里并未给出成吉思汗选定窝阔台的具体时间，只是提及在"选定继任者"和"宣布储君"二环节之间，还有成吉思汗逐步说服其余皇子

---

① ［波斯］拉施特编：《史集》第一卷第二分册，余大钧、周建奇译，第317页。
② 元明善：《元故行大元帅赠推忠佐运功臣太保仪同三司上柱国追封秦国公谥武宣雍古公神道碑铭》，载解缙编《永乐大典》卷一〇八八九，中华书局1986年影印本，第4507页。
③ ［波斯］拉施特编：《史集》第一卷第二分册，余大钧、周建奇译，第319页。
④ ［波斯］志费尼：《世界征服者史》上册，何高济译，翁独健校订，第212页。

的过程。志费尼对此事的记述方式，表明他很可能无从知晓非公开的"选定时间"，却能从蒙古亲贵处得知成吉思汗宣布储君的时间，故对之前的相关情况采取了模糊记述的办法。

二 分封术赤、察合台的时间与条件

如上分析，《世界征服者史》的记述表明，"成吉思汗选定窝阔台"与他"临终宣布继任者"之间尚有时日。那么，是否可以采信《元朝秘史》西征前立储的说法呢？考虑到成吉思汗选定继任者的同时，也要对其余诸子做出安排，不妨从这一角度再来考察他立储的具体时间。

关于成吉思汗分封诸子的时间与范围，学界已有不少探讨。杉山正明较早提出1207—1211年成吉思汗初封诸子的时间，并大致划分出术赤、察合台、窝阔台三子在阿尔泰山一线的"初封地"范围。① 李治安认为，在分封三子的同时，拖雷也获得了自己的封地。他根据《世界征服者史》"拖雷的领地与之临近，这个地区确实是他们帝国的中心"之记载，认为此指拖雷领地与窝阔台封地临近，又据《史集》载拖雷妻与阿里不哥分地在欠欠州和乞儿吉思一带，认为此处即为拖雷的初封地。② 邱轶皓在对哈剌和林相关问题进行考察时，对《世界征服者史》的这段史料进行了原文检核与分析，确定此处所说的、与拖雷领地的相邻之处，并非叶密立一带，而是窝阔台即位后新建的哈剌和林。③ 这说明志费尼所说的拖雷领地，是指他在成吉思汗死后留守大斡耳朵的情况。邱轶皓据布尔勒研究指出，1219年前乞儿吉思一带仍属蒙古统治较薄弱处；且此时该地区属于术赤的征战范围，以之分给拖雷会侵犯术赤家族权益。

---

① [日] 杉山正明：《蒙古帝国的原始形象——关于成吉思汗分封家族的研究》，马冀译，宝音陶克陶呼校，《蒙古学资料与情报》1980年第4期，第6—22页。
② 李治安：《元代分封制度研究（增订本）》，第27页。
③ 邱轶皓：《蒙古帝国视野下的元史与东西文化交流》，第56—59页。

故拖雷家族获得乞儿吉思地区是在窝阔台统治时期。① 这样来看，拖雷在窝阔台即位之前的主要势力范围，应当还是以大斡耳朵地区为中心。

姚大力也基本采信杉山氏观点，并认为成吉思汗将阿尔泰山以外地区分封诸子是在西征前夕。《世界征服者史》记录诸子领地的同时，还记成吉思汗"把契丹境内的土地分给他的兄弟斡赤斤那颜及几个孙子"，这是志费尼对斡赤斤在成吉思汗西征时留守蒙古本土的误解表述。通过这一事件，可判断成吉思汗分封诸子的具体时间。② 不过，如果考虑到这段表述在《世界征服者史》中的位置，这一描述更接近于作者根据自己的所知所见而做出的总结。志费尼记述窝阔台在成吉思汗统治时期，以叶密立和霍博地区的禹儿惕为都城，登基后迁都到契丹和畏兀儿之地之间的本土，并把"自己的其他封地"③ 赐给贵由。这反映出作者记述的地区归属情况，并非成吉思汗分封时的初始状态，而是封地所属权的变化过程。且志费尼记察合台的居住地在忽牙思，亦是成吉思汗死后的情况。故此段记述难以作为确定分封时间的标准。

刘迎胜在考察察合台汗国的建立时，也讨论了成吉思汗诸子的初始封地：术赤在也儿的石河上游，察合台在斡匝儿所属哈剌鲁部居地，窝阔台则在按台山乃蛮旧地及叶密立。④ 这一范围与杉山氏观点的不同处在于，察合台、窝阔台在初始封地中已有原西辽属地。刘先生提出的分封时间为1218年前后。确定这一时间的依据是：第一，因秃马惕部叛乱，术赤率军征服拒绝援兵平叛的乞儿吉思，到达今叶尼塞河、鄂毕河上游一带，这时"术赤才开始与也儿的石河

---

① 邱轶皓：《蒙古帝国视野下的元史与东西文化交流》，第49页。
② 姚大力：《论蒙古游牧国家的政治制度——蒙元政治制度史研究之一》，第198—199页。
③ ［波斯］志费尼：《世界征服者史》上册，何高济译，翁独健校订，第46页。
④ 刘迎胜：《察合台汗国史研究》，第63页。

流域诸部发生了关系"①。第二，叶密立在屈出律死后才归属蒙古。第三，屈出律围攻阿力麻里时遇到的蒙古军队，应是察合台所部，则察合台与阴山、阿力麻里一带产生联系的时间，应早于 1218 年。而由于诸子应同时受封，则分封时间应以上述最晚者计，故取 1218 年为限。

依据一认为，术赤到达也儿的石河一带，是在秃马惕部叛乱之后的事情。这可能是考虑到《元朝秘史》将森林诸部投降和平叛秃马惕系于一处，有时间失实之处，故参照了《圣武亲征录》和《史集》等记述。但《秘史》第 239 节记兔儿年（1207）乞儿吉思归顺术赤、部落首领之名、向成吉思汗献白海青等细节，与《圣武亲征录》同年记录基本对应，且同节还记述术赤之女火雷公主下嫁斡亦剌部之事，似难以否定这时森林诸部已与术赤产生联系。秃马惕部叛后，术赤再征乞儿吉思一带，很可能也与他熟悉此地情况有关。术赤与乞儿吉思乃至也儿的石河地区的接触，应早于 1218 年。依据二史实无误，不过叶密立是否归属蒙古不久即被分给窝阔台，尚缺乏进一步证据。

依据三中屈出律所遇到的蒙古军队，并非察合台所部，而是招降阿尔思兰汗的忽必来军队。《元朝秘史》第 235 节记述成吉思汗令忽必来那颜出征哈剌鲁人，阿尔思兰汗在兵临城下时投降。《元史·太祖纪》记阿尔思兰汗来朝时间为 1211 年春，则忽必来所部到达海押立城的时间应在 1210 年左右。据马晓娟研究，屈出律离开阿力麻里前往可失哈耳的时间不应晚于 1211 年，② 二事时间相合。故可知屈出律在阿力麻里城外遇到的军队，很可能就是奉命征讨哈剌鲁部的忽必来所部。前述刘文中提到《雍古公神道碑铭》记隶属察合台部的按竺迩征"阿里麻里等国"即指此事，③ 亦可斟酌。《雍古公神

---

① 刘迎胜：《察合台汗国史研究》，第 63 页。
② 马晓娟：《成吉思汗时期的哈剌鲁人——以海押立、阿力麻里地区的哈剌鲁人为中心》，《元史论丛》第 14 辑，天津古籍出版社 2013 年版，第 218 页。
③ 刘迎胜：《察合台汗国史研究》，第 64 页。

道碑铭》原文作"甲戌从征西域,下寻思干、阿里麻等城,策勋官之千户"①,甲戌即1214年,距屈出律离开阿力麻里时间较久,而离成吉思汗西征也尚有时日,应有讹误。颇疑此"甲戌"为"甲申"之误,即1224年西征事毕,按竺迩因功擢升千户长。且从"下寻思干、阿里麻"的行文顺序看,将距蒙古西征军更远的撒马尔罕置于阿力麻里的征服之前,撰文者较据实记述更像总结概括,即言按竺迩西征中战功颇多,回师后因功升迁。由此,1218年前察合台与阿力麻里等地是否有具体接触,仍需进一步证明。

这样看来,西征前分封诸子的观点还存在一定问题,那么,是否能根据诸子封地范围,确定分封时间在成吉思汗西征返回之后呢?但西征尚未结束时,朮赤已返回自己驻地,表明他已有稳定的私属游牧地,这与西征后分封存在矛盾。且此后朮赤未再面见成吉思汗,不久即告病亡;则成吉思汗如何在朮赤缺席的情况下,完成立储、分封这样的国家要事?

细究以上诸说,前辈学者多在认同成吉思汗"同时"分封诸子的前提下进行探讨,却难以找到某一确切时间,契合史料中关于诸封地的不同记载。这种矛盾提示研究者,是否应暂时搁置"同时"的条件,从蒙古对相关地区的征服过程中,再次梳理诸王与后来分地建立联系的时间?

1205年,成吉思汗在也儿的石河上游击败屈出律和篾儿乞部脱脱联军,屈出律出逃西辽,脱脱诸子向西逃亡。1207年,乞儿吉思一带诸部首次归降蒙古,斡亦剌部与朮赤结成姻亲。1209年,占据阿力麻里的斡匝儿汗归降。次年,成吉思汗派忽必来率军征伐哈剌鲁部,军至海押立,阿尔思兰汗归降。同时,屈出律进攻阿力麻里未果,杀斡匝儿汗后进军可失哈儿。1211年,阿尔思兰汗、畏兀儿亦都护入朝觐见。此后畏兀儿地区及海押立、阿力麻里一带,基本

---

① 元明善:《元故行大元帅赠推忠佐运功臣太保仪同三司上柱国追封秦国公谥武宣雍古公神道碑铭》,载解缙编《永乐大典》卷一〇八八九,第4507页。

属于蒙古治下。1217 年，秃马惕部叛乱，乞儿吉思拒绝援兵平叛。成吉思汗派尤赤再次征讨森林诸部。同时，西逃的篾儿乞残部集合兵力，准备再次与蒙古作战。成吉思汗派速不台向西追击，在楚河一带消灭了敌军。1218 年，哲别进军可失哈儿地区，杀死了屈出律。至此，位于西征主路的左右两翼地区基本平定，1219 年，成吉思汗自也儿的石河发兵西进。

以上述过程来看，成吉思汗西征之前，诸子中参与蒙古草原西部地区征战的只有尤赤。《史集》记载，速不台消灭篾儿乞残部后，王子篾儿干作为俘虏，被送至尤赤处，尤赤因篾儿干善射想要留他性命，遣使成吉思汗却未得应允。① 献俘一事说明，西征之前，尤赤很可能是黄金家族在蒙古西部地区的主要代表。平定乞儿吉思后，尤赤随军西征，在讹答剌与成吉思汗分兵，后沿锡尔河攻取毡的、养吉干等地。与察合台、窝阔台共取玉龙杰赤后，尤赤便率军返回驻地，此后再未与成吉思汗相见。故他获得成吉思汗指定的某处禹儿惕，应不晚于讹答剌分兵之时。

察合台、窝阔台进入西部地区的活动，最早见于《长春真人西游记》的记载。丘处机去程沿天山北麓西行，过昌八剌城后至赛里木湖，在此处知"二太子扈从西征，始凿石理道，刊木为四十八桥，桥可并车"②。过桥出山后，丘处机到达阿力麻里城。根据四十八桥和阿力麻里城在西行路程中的先后位置，可知察合台是在西征开始后才带兵过赛里木湖，修桥开路，进军至阿力麻里。这时在阿力麻里迎接丘处机的是"铺速满国王暨蒙古塔剌忽只领诸部人"③，即前述斡匝儿汗之子，与蒙古派驻此地的达鲁花赤。而到 1223 年，丘处机返程中再过阿力麻里，城东有"二太子之大匠张公"④ 极力挽留，

---

① ［波斯］拉施特编：《史集》第一卷第二分册，余大钧、周建奇译，第 245 页。
② 李志常：《长春真人西游记》卷上，王国维校注本，载《王国维遗书》第 13 册，上海古籍书店 1983 年版，叶 29b。
③ 李志常：《长春真人西游记》卷上，载《王国维遗书》第 13 册，叶 30a。
④ 李志常：《长春真人西游记》卷下，载《王国维遗书》第 13 册，叶 8a。

则说明迟至此时，阿力麻里地区已有察合台所部驻守。

后来成为窝阔台主要驻地的叶密立，此时却未见于丘处机行程之中。在去程时，他过镇海城后继续西行，"西南约行三日，复东南过大山、经大峡，中秋日，抵金山东北，少驻复南行"，此处山势陡峻，"三太子出军，始辟其路"①。丘处机沿此路过金山后继续南行，穿沙碛至火州，再向西至别失八里，继而沿天山北麓西进。叶密立位于他经行线路的西北方向，丘处机往返行程均未经过。且从窝阔台修路的位置来看，他进军时很可能也未取道叶密立。

这与成吉思汗主力军的行动路线不同。《世界征服者史》载成吉思汗从也儿的石河驻跸地出发，来到海押立，此时亦都护从别失八里、昔格纳黑的斤从阿力麻里带兵前来汇合。继而大军直攻讹答剌。② 说明成吉思汗没有经过别失八里、阿力麻里，而是由金山西北取道，行军至海押立。从地理位置上看，蒙军可能经过水草条件较好的叶密立地区。到西征返回时，《史集》记载忽必烈和旭烈兀在距叶密立-忽真不远的爱蛮-豁亦地方迎接祖父，③ 可知大军确实经行此地。不过，《史集》在这里并未提及叶密立与窝阔台有何关系。

参看耶律楚材的《西游录》，他亦由金山向南，经畏兀儿地区西行至阿力麻里；④ 而检加宾尼、鲁布鲁克及常德的行记，发现其中皆有关于叶密立的相关记述。⑤ 对比来看，似乎在成吉思汗西征时期，叶密立还不是人员往来的必经之处。这反映出此时的叶密立地区自然条件尚可，具备基本行军条件；却难以提供接待使者所需的食宿、马匹等。对照别失八里、阿力麻里的情况，颇疑原属西辽的叶密立

---

① 李志常：《长春真人西游记》卷上，载《王国维遗书》第 13 册，叶 24b。
② ［波斯］志费尼：《世界征服者史》上册，何高济译，翁独健校订，第 96 页。
③ ［波斯］拉施特编：《史集》第一卷第二分册，余大钧、周建奇译，第 315 页。
④ 耶律楚材：《西游录》，向达校注，中华书局 1981 年版，第 1—2 页。
⑤ 参见［法］鲁布鲁乞《鲁不鲁乞东游记》，收入［英］道森编《出使蒙古记》，吕浦译，周良霄注，中国社会科学出版社 1983 年版，第 165 页；［意大利］约翰·普兰诺·加宾尼《蒙古史》，收入《出使蒙古记》，第 20 页；刘郁《西使记》，商务印书馆 1936 年版，第 1 页。

城，在西征前后因战乱已渐残破。据普兰诺·加宾尼记述，在窝阔台"被推戴为皇帝以后，在哈剌契丹人的土地上建立了一座城市，他称之为叶密立"①，可知叶密立城市的再次繁兴，发生在窝阔台即位之后。

至于幼子拖雷，从攻金结束到西征全程，史料中记述他的征战活动，主要集中在呼罗珊地区。在此之前、之后的大部分时间，拖雷都跟随在父亲身边，未见何处专由他的部下率军驻守。

综上可知，西征结束之前，已明确与后来所知封地建立联系的，只有术赤和察合台。若以讹答剌分兵为时间下限，成吉思汗为二子指定封地当为西征前夕之事。这与《元朝秘史》第254—255节的记述基本一致。在术赤和察合台达成妥协、同意推举窝阔台后，成吉思汗说："你二人不必并行。天下地面尽阔，教您各守封国。你二人说的言语各要依着。"② 即以分封疆域换取二子对窝阔台继位的支持。在《秘史》的这段纪事中，成吉思汗共有三次发言。第一次是赞同也遂哈敦的立储提议，决定商议此事。第二次即上述引文。第三次是拖雷表示效忠兄长后，成吉思汗称是。在三次发言中，成吉思汗对"立储"的具体安排，只有第二次发言的内容。也就是说，令术赤、察合台各守封国、遵从誓言，即成吉思汗对非继位者的具体安排。

成书于元末的藏地史料《红史》，也能够佐证《秘史》的这一说法。《红史》保留了对蒙古王统的简要记载，在由蒙古先祖述至忽必烈诸子时，著者特别说明，"以上是从《脱卜赤颜》一书中摘要抄录"③。对成吉思汗诸子，《红史》记载道："成吉思汗在世时，让两个大的儿子不要争夺王位，给以文书封给左右两翼的地方……拖

---

① ［意大利］约翰·普兰诺·加宾尼：《蒙古史》，载《出使蒙古记》，吕浦译，周良霄注，第20页。
② 乌兰校勘：《元朝秘史（校勘本）》，中华书局2012年版，第356页。
③ 蔡巴·贡噶多吉：《红史》，东噶·洛桑赤列校注，陈庆英、周润年译，西藏人民出版社1988年版，第27页。

雷诺颜因先前未给文书,所以对皇位有所争执"①。说明成吉思汗以封土换取二子放弃汗位,并有文书为证。从后文拖雷没有文书,故可争执皇位的表述看,这一分封文书应同时具有要求二子效忠大汗的作用。由此,基本可以确定,成吉思汗在西征前确立了窝阔台的储君身份,并承诺分封朮赤、察合台,以此换取二子对继任者的支持。

三　成吉思汗选择窝阔台的原因

既然《元朝秘史》所记立储时间能够得到印证,同书记窝阔台被选为成吉思汗继任者的过程,也值得再仔细考量。学界较早注意到了朮赤与察合台争吵中反映出的前者血统存疑、后者性情急躁等信息,却尚未考虑到"争吵"这一整体情节对成吉思汗选定继任者的影响。若将关注点放置于此,便可见成吉思汗选定继承人时面临的现实情况。

朮赤与察合台发生争吵,表明二人存在矛盾;争吵发生在成吉思汗面前,说明二人关系不睦已发展至一定程度。则他们交恶要早于成吉思汗选定继任者的时间,换言之,朮赤与察合台不和是成吉思汗立储时面临的既有问题。目前尚不清楚二人发生矛盾的最初原因,但可知的是,立储后朮赤与察合台的关系仍在不断恶化,这种情况一直持续到朮赤去世。

西征开始后,攻打玉龙杰赤成为二人矛盾的又一次爆发点。《元朝秘史》《圣武亲征录》和《史集》都记载了此役听从窝阔台指挥的情况。《史集》描述了因朮赤与察合台不和,军队作战不力,导致数月未能攻下城池。成吉思汗因此大怒,令二人皆听从窝阔台号令。《史集》记窝阔台"有分寸和灵活地每天会见诸兄,与他们相处得

---

① 蔡巴·贡噶多吉:《红史》,第 26 页。周清澍先生已对该书记述成吉思汗世系等内容进行考证,参见周清澍《藏文古史——〈红册〉》,原刊于《中国社会科学》1983 年第 4 期,后收入氏著《周清澍文集》下册,第 314—324 页。

很好，并用极为巧妙的理事才干使他们表面上保持了和睦"①，最终使大军成功占领玉龙杰赤。由此可见窝阔台斡旋各方、平衡局面的能力。此役之后，朮赤便返回营地，不再面见父汗；察合台、窝阔台则回到成吉思汗处会合并献上礼物。这一对比反映出朮赤对成吉思汗极其不满的情绪。

颇疑成吉思汗在派窝阔台统军的同时，还下达了某种损害朮赤权利的命令。《多桑蒙古史》中提到，攻城之前，"朮赤且命人告城民，言其父已以花剌子模封彼，彼愿其都城完全无缺，已下令禁止损害"②。这一信息未在常见史料中出现，或为多桑从某种伊斯兰史料中获得。如他确有所本，则朮赤和察合台的争端很可能源于对攻取方式、是否屠城的不同看法。根据《史集》，攻下玉龙杰赤后，蒙古军队仍旧进行了屠杀，城内工匠也遭到瓜分。察合台与窝阔台带给成吉思汗的礼物，即按照蒙古传统献给大汗的战利品。本应全部属于自己的人户被他人分掠，城市（财富）也损失惨重，朮赤自然愤懑不平。且玉龙杰赤作为花剌子模旧都，物资、人口丰裕，即使分配比例一定，瓜分者得到的实物却较其他地区更多，对朮赤的利益损失越大，后者的不满情绪也就越重。

从这一角度来看，朮赤和察合台由来已久的矛盾，可能与所获人户、土地等实际利益有关。西征之前，在蒙古西部地区活动的皇子只有朮赤，察合台并无机会从这一地区获得战争收益。而西征之后，原来最为富庶的河中地区基本为察合台掌控，朮赤只领有乞儿吉思以西、也儿的石河下游地带，这一地区内没有如阿力麻里、撒麻耳干等较大规模的城市，社会经济总体情况难与河中相比。由此而言，同一时期所得权利不均，导致了朮赤和察合台之间发生矛盾。

从玉龙杰赤愤而出走后，朮赤与察合台的矛盾仍在发展。《纳赛里史话》（*Ṭabaḳāt-i-Nāṣirī*）对朮赤之死这样描述："朮赤是成吉思

---

① ［波斯］拉施特编：《史集》第一卷第二分册，余大钧、周建奇译，第298页。
② ［瑞典］多桑：《多桑蒙古史》，冯承钧译，第113页。

汗最年长的儿子,当他习惯了钦察地区的气候后,认为整个宇宙再无比此处更好之土地、更舒适之气候、更温和之水源、更青葱之草地、更广阔之牧场,而对其父的厌恶开始进入他的脑海。他对密友们说:'成吉思汗已经发疯了,他屠杀了如此之多的人民,使如此多的国家变得荒凉!在某个猎场杀死我的父亲,并与穆罕默德苏丹建立同盟,使这一地区繁荣,并给予穆斯林们帮助和援助,这样做似乎是值得的。'他的兄弟察合台获知了这个主意,而使这个背信弃义的打算和计划为其父所知。成吉思汗知晓后,他派出自己的亲信,他们给术赤下毒,杀死了他。"[①] 考虑到术兹札尼在该书中明显的宗教立场,这一说法可能有作者加工的成分。但由此可见,远在钦察地区的术赤与父汗矛盾颇深,察合台还在其中发挥推波助澜的作用,这些情况在当时已广为人知。另外,这里记术赤打算与花剌子模沙建立同盟,繁荣"这一地区",反映出术赤似仍对河中地区有所企图。后来蒙哥汗时期,术赤之子别儿哥势力进入中亚,并与察合台系后王发生战争,可侧面印证术兹札尼的说法并非全然无据。

由上可见,术赤与察合台难以调和、日益加深的矛盾是成吉思汗晚年面临的一大问题。《元朝秘史》中记他令术赤、察合台"各守封国",表明他已知二人没有冰释前嫌的可能,故欲将他们分置于不同地区,维持基本和平。但如上所述,他利用西征对二子势力范围的调整,使察合台的实力明显增加,而战功颇多的术赤受到压制,从实际结果来看,不仅没有缓和二人的既有矛盾,反而进一步催化了父子、兄弟间的分裂。

在术赤和察合台积怨已久的情况下,成吉思汗即使只是试图平衡局面,也难以避免调整失当、激化矛盾的结果,若他选择二者之一为继任者,政权分裂、内战再起是不难预料之事。为保证本家族

---

① *Ṭabaḳāt-i-Nāṣirī*(《纳赛里史话》): *A General History of the Muhammadan Dynasties of Asia, including Hindūstān, from A. H. 194 (810 A. D.) to A. H. 658 (1260 A. D.) and the Irruption of the Infidel Mughals into Islām*, tr. & ed. by Major H. G. Raverty, London: Gilbert & Rivington, 1881, Vol. 2, p. 1101.

的稳固统治，成吉思汗就只能在剩余二子中选择一位能够斡旋各方的储君。按《元史·太祖纪》的记载，太祖六年（1211），"皇子尤赤、察合台、窝阔台分徇云内、东胜、武、朔等州，下之"①；八年，"是秋，分兵三道：命皇子尤赤、察合台、窝阔台为右军，循太行而南，取保、遂、安肃……武等州而还"。② 可见攻金之时，窝阔台与两位兄长有较多接触机会；而拖雷在同时段则先与赤窟驸马合兵，后跟随其父率领中军南下，基本没有与尤赤、察合台共同作战的经历。前述玉龙杰赤战役也证明了窝阔台能与两位兄长和谐相处，并可令二人听从自己命令，达到预期的军事目的。若成吉思汗选择了齿序居末、又与兄长接触较少的拖雷为储君，尤赤、察合台很可能年长倨傲，不受控制，而选定善于平衡关系的窝阔台为继任者，能够有效避免尤赤、察合台矛盾的负面影响。这一选择是成吉思汗根据现实情况做出的合理判断。

成吉思汗在选定继承人时的考量，也反映出他对游牧政权固有"离心力"问题的觉察。傅礼初（J. F. Fletcher）很早就关注到游牧政权的"统治个人化"现象，彼得·杰克逊则指出了蒙古时代诸王分封、继承制度两大分裂动因。③ 从诸草原王朝的发展历程看，游牧政权的政治结构确实存在着先天的不稳定因素，易使政权在短时间内发生分裂；但是，在这些王朝的更替兴废中，后起者也会对之前政权的覆亡产生具体而现实的思考。如罗新所说，草原建国者也在努力突破旧有的政治传统，尝试建立更为稳固的家族统治。④ 对这些建国者而言，解决现实问题、巩固新生政权的过程，就是他们对

---

① 《元史》卷一《太祖纪》，中华书局1976年版，第15页。
② 《元史》卷一《太祖纪》，第17页。
③ 参见 Joseph F. Fletcher, "The Mongols: Ecological and Social Perspectives", *Harvard Journal of Asiatic Studies* 46, 1986, in J. F. Fletcher, *Studies on Chinese and Islamic Inner Asia*, edited by Beatrice Forbes Manz, Aldershot: Ashgate Publishing Limited Gower House, 1995, pp. 11 – 50; Peter Jackson, "The Dissolution of the Mongol Empire", pp. 186 – 244。
④ 参见罗新《耶律阿保机之死》，载氏著《黑毡上的北魏皇帝》，第117—118页。

"离心力"困局所做的回应。

具体到蒙古时代，成吉思汗为维护政权统一，即令年长二子"各守封国"、拱卫本土。《元朝秘史》第 255 节相应处原文作："撒勒忽 失秃 嫩秃黑 阿兀锡勤 中合舌里 答舌鲁兀仑 撒勒合牙 客额额锡"，按照语法，可译为："使分得的营盘宽广，分出他处让你们去镇守吧。（成吉思汗）说了。"此处需要注意"中合舌里"和"答舌鲁兀仑"二词。"中合舌里"即 qari，蒙古语中有"异、他、外、别、陌生"① 等含义，此处区别于经常表示"国家"之意的 ulus 一词。《秘史》第 123 节中，众人推戴铁木真为汗时立誓，将美丽女子、宫室、房子、"中合舌里"百姓的聪慧女子、臀节好的骟马献给大汗。② 这里的"中合舌里"即异国、异邦之意。故成吉思汗分给二子"中合舌里"，相当于将他们排除出大汗兀鲁思，二人自然成为帝系旁支，不再具有争夺汗位的法理依据。

"答舌鲁兀仑"即 daru'ulun，是动词 daruqu 的连接形式，daruqu 有"镇压"之意。为人熟知的"达鲁花赤"，即由该动词变化而来。"达鲁花赤"职在监临守土，却并无供职之地的所有权，《元朝秘史》此处使用该词，表明成吉思汗对术赤、察合台只有"镇守"之命，而无"立国"之封，故他仍令二子"各依誓言"、效忠窝阔台。《元史·博儿术传》记"皇子察哈歹出镇西域"③，"出镇"一词，也表示为大汗守边，而非另立政权。中西史料中常见成吉思汗教导诸子团结一心，同样反映出他防范政权分裂的考虑。他排除了术赤、察合台的继承资格，又令二子分镇别处、效忠新汗，意在削弱自己思虑所及的不稳定因素，以保证汗权稳固、统治延续。不过如前所述，从结果来看，成吉思汗的这些措施，依然不是草原政权固有问

---

① 内蒙古大学蒙古学研究院蒙古语文研究所编：《蒙汉词典》，内蒙古大学出版社 1999 年版，第 590 页。
② 余大钧译注：《蒙古秘史》，河北人民出版社 2001 年版，第 75 页。
③ 《元史》卷一一九《博儿术传》，第 2946 页。

题的完善解答。

与之前的草原建国者一样，成吉思汗选择继任者时，也面临着游牧传统继承方式的干扰。以往游牧政权常见的兄终弟及制，叠加蒙古旧俗中的"幼子守灶"，使统治家族的幼子具有天然的政治资本和优势地位。即使成吉思汗的崛起并不依靠家族支持，他也要遵循传统，分赐叔父答里台人户、土地，使本家灶火不绝。[①] 在他西征时，他也命令幼弟斡赤斤留守老营、管理国政，其幼子拖雷则常随身边、掌管中军。这些情况都说明蒙古政治传统对成吉思汗的制约和影响。在这一背景下，若再选定拖雷为储君，无疑会加强"幼子"掌握最高权力的合法性。那么，同样具有这一身份而辈分更高的斡赤斤，很可能会在东部地区挑起争端。加上尤赤、察合台的尖锐对立，继任大汗一旦陷入东西夹攻的境地，版图广阔的蒙古兀鲁思又会成为草原上昙花一现的短命政权。

罗新分析耶律阿保机之死时提出，为将最高权力传承限于一人后嗣，辽太祖必须牺牲自我，来完成对旧有政治传统的突破。[②] 几乎不受部族约束的成吉思汗避免了这一悲剧，但在他绝对权威下得以确立的"指定继任者"的立储方式，又对"幼子"势力造成了严重冲击。由于成吉思汗病重时才正式宣布继任者，这一"突破传统的代价"，并未降临在他的身上，而是在窝阔台即位后，"幼子"们的威胁才逐渐展露出来。

第二节　窝阔台的即位过程

被成吉思汗选定为继任者的窝阔台，在其父死后回到了驻地叶密立，两年后才启程东进，前往大斡耳朵地区举行即位忽里台。作

[①] 乌兰校勘：《元朝秘史（校勘本）》，第319页。
[②] 罗新：《耶律阿保机之死》，载氏著《黑毡上的北魏皇帝》，第120页。

为大蒙古国的首位继任者，窝阔台的即位仪式具有定立祖制的重要意义，也标志着他统治时代的正式发端。通过对这一历史过程的梳理与分析，能够更加清晰地理解大蒙古国的政治传统。前辈诸家已有不少涉及这一主题的讨论。在制度传统方面，萧功秦指出，忽里台选汗制度的优势在于确立盟约关系、凝聚分散份地；但劣势在于对被推戴者的身份限制较少、举办程序不规范。① 塞诺则着重于区分王朝创建者及其后代取得权力的途径。前者主要依靠神话或实力获得他人的信任，而后者则由若干拥有继承权的候选人竞争产生。二者的共同点在于都要通过选举的仪式。② 本田实信指出，《元朝秘史》中所记宣誓效忠窝阔台的誓词表明，忽里台推举新汗的部族主义做法，已逐渐让位于遵守成吉思汗遗言的血统主义方法。③

在即位仪式方面，周良霄较早对选汗仪式进行了具体考察。周先生已注意到大汗即位仪式中的萨满教、氏族参与等特色要素，并分析了这些要素与前代游牧政权政治传统的相关性。该文指出，大汗的即位仪式，也是臣下宣布效忠、而大汗给予恩赐的确立誓约的过程。作者还注意到窝阔台即位时采用跪拜仪，有效提升了大汗的威严。④ 罗新探讨了北族游牧政权君主的即位仪式，分析了汗位继承人即位前的谦逊退让、诸王"举毡立汗"等环节中体现的游牧政治文化，⑤ 由此更易理解蒙古大汗即位仪式对游牧政权同类仪式的继承和发展。近来，邱轶皓翻译并注释了《瓦萨夫史》中"海山合罕的登基"章节，并指出该书在语言使用、文学修辞、内容书写等方面

---

① 萧功秦：《论元代皇位继承问题——对一种旧传统在新的历史条件下的蜕变过程的考察》，《元史及北方民族史研究集刊》第7辑，第23—24页。

② ［美］丹尼斯·塞诺：《大汗的选立》，党宝海译、罗新校，收入《丹尼斯·塞诺内亚研究文选》，第185—186页。

③ 本田实信：「モンゴルの誓詞」，『モンゴル時代史研究』，66頁.

④ 周良霄：《蒙古选汗仪制与元朝皇位继承问题》，载氏著《知止斋存稿》上册，第51—73页。

⑤ 罗新：《黑毡上的北魏皇帝》，第24—65页。

的"波斯化"特征。① 该文为对比窝阔台即位仪式的具体程序提供了可靠史料。

在前人研究基础上，本书将结合史料中的具体记述，从拖雷监国时期开始，考察成吉思汗去世到窝阔台登上汗位的整个过程，重点梳理他即位仪式的具体程序，分析他如何利用即位忽里台的时机巩固统治。

一 即位之前：拖雷监国与耶律楚材的活动

关于拖雷监国时期的史料并不多见。《史集·窝阔台合罕纪》记述了在窝阔台即位之前的一次军事行动："留在成吉思汗帐殿中的宗王和异密们"商议派宗王额勒只吉带那颜和贵由去浑罕地区边境作战。他们劫掠之后，派出名为八哈都儿的唐兀惕异密率领探马赤军到该处防守。② 根据文意，这次行动似乎应发生在拖雷监国时期。这里的"浑罕"，苏联集校本波斯文原文作قونقان（Qūnqān），③ 英译者波伊勒采用这一写形，并言难以辨别这一地名。④ 萨克斯顿（W. M. Thackston）则在正文中留下空缺，注释中提到其他抄本的قوریقان（Qūrīqān）和قورتقان（Qūritqān?）两种写形。译者认为，该地可能是文本第 26 页提到的 Quriqan。⑤ 他提到的是汉译本译作"火儿罕"的 qūrqān。该地名所处何处未知。王颋认为"浑罕"是"浑河"之误，所指地区即辽东一带，唐兀台是《史集》之"唐兀惕

---

① 邱轶皓：《〈瓦萨甫史〉"海山合罕的登基"章译注》，《欧亚学刊》新 12 辑，商务印书馆 2023 年版，第 215—244 页。
② ［波斯］拉施特编：《史集》第二卷，余大钧、周建奇译，商务印书馆 1985 年版，第 32 页。
③ Rashīd al-Dīn Fażl Allāh, *Jāmiʿ al-Tavārīkh*（《史集》）, ed. by ʿA. ʿA. ʿAlīzāda, Moscow: Intishārāt-i Dānish, Shuʿba-yi Adabiyyāt-i Khāvar, 1980, Vol. 2, pt. 1, p. 55.
④ *The Successors of Genghis Khan*, translated from the Persian of Rashīd al-Dīn by John Andrew Boyle, New York and London: Columbia University Press, 1971, p. 32.
⑤ Rashiduddin Fazlullah, *Jamiʿuʾt-Tawarikh: Compendium of Chronicles*, translated and annotated by W. M. Thackston, Harvard University, 1998, Vol. 2, p. 313, note 1.

异密"。①

邱轶皓将这段史料与《元史·太宗纪》的记述进行比对，证明此处实际记述的是太宗三年之事，即宗王按只台和皇子贵由平叛东夏国。他认为诸版本中 Quriqan 之写形或为 Quriqai 的讹误形式，后者即《金史》中"上京路"所属的胡里改路。唐古即窝阔台统治时期的东征大将唐兀台，高丽史料中亦作"唐古官人"。② 这一判断是准确的。

彼得·杰克逊也注意到《史集》的这一记述。他认为，窝阔台即位之初颁布的"赦免以往一切罪行"的诏令，其实就是对拖雷监国时未经全部宗王同意而掠夺远征战利品的承认。③ 但他亦未曾详察这段记事发生的真实时间。对此，邱轶皓认为，或许窝阔台汗对东征战场的安排改变了此前拖雷与诸王商议的战利分配方案。④ 那么，即使拖雷监国时并未实行东征，他作为监国者享有固定的战利品份额，在当时是得到黄金家族共同承认的原则。

拖雷监国时期的另一记述来自《元史·耶律楚材传》："燕蓟留后长官石抹咸得卜尤贪暴，杀人盈市。楚材闻之泣下，即入奏，请禁州郡，非奉玺书，不得擅征发，囚当大辟者必待报，违者罪死，于是贪暴之风稍戢。燕多剧贼……时睿宗以皇子监国，事闻，遣中使偕楚材往穷治之。"⑤《耶律楚材传》的这段记述展示出这一时期燕京地区的混乱情况。而耶律楚材为此上奏拖雷，提到"不得擅征发""大辟者待报"等事项，可知此时的拖雷几乎拥有与蒙古大汗等同的经济、行政权力；他亦可以最高统治者的身份派遣耶律楚材治理燕地。

---

① 王颋：《大蒙古国探马赤军问题管见》，载南京大学元史研究室编《内陆亚洲历史文化研究——韩儒林先生纪念文集》，第260—261页。
② 参见邱轶皓《蒙古帝国视野下的元史与东西文化交流》，第97页注3、注4。
③ Peter Jackson, "The Dissolution of the Mongol Empire", p. 197.
④ 邱轶皓：《蒙古帝国视野下的元史与东西文化交流》，第97—98页。
⑤ 《元史》卷一四六《耶律楚材传》，第3456—3457页。

从以上两方面来看，拖雷在监国时的实际权限很大，不仅可以统治者身份，从军事行动中获得可观收益，还对各类国政事务有最高决策权。这就是拖雷对窝阔台即位态度迟疑的原因。而从窝阔台方面来看，他即位越晚，处于大斡耳朵的拖雷地位就越稳固，自然也越不利于他获得汗位、实行统治。

耶律楚材当时同样处在怀才不遇的境地。从上述引文来看，他向拖雷上奏后"贪暴之风稍戢"，而后他被派往燕地，"戮十六人于市，燕民始安"①，似乎受到拖雷的重用。但若参照《湛然居士文集》，作者在这段时间所作诗句皆有壮志未酬的郁结之感。以王国维推定的诸诗所作年代来看②，拖雷监国时，耶律楚材常有"去岁生涯犹说剑，今年活计更捐锥"③ "愁边逐日看周易，梦里随风谒太愚"④ 等语。"捐锥"即刀笔吏，说明作者很可能在燕地仍然以普通必阇赤的身份临时行事，并没有正式的职官权限。"看周易"则言他仍以占卜见知于当权者，难以参与国家的大政机要。故而他又有"直待三年再一鸣"⑤ "伫待河清再出图"⑥ 及"但期圣德泽天下"⑦ 等词句，表达自己期望新汗即位、施展抱负的心绪。

《湛然居士文集》中还透露出作者对忽里台召开的不确定。在同一时段所作诗文中，耶律楚材表达出"威音那畔真消息，试问瞿昙也不知"⑧ 的困惑。此句接续前述"捐锥"事，借论佛事抒发难知新汗何时即位的愁绪。这说明在拖雷监国时期，耶律楚材只能被迫

---

① 《元史》卷一四六《耶律楚材传》，第 3457 页。
② 王国维：《耶律文正公年谱》，载氏著《王国维遗书》第 11 册，上海古籍书店 1983 年版，叶 10b。
③ 耶律楚材：《湛然居士文集》卷四《再用韵寄抟霄二首（其二）》，谢方点校，中华书局 1986 年版，第 74 页。
④ 耶律楚材：《湛然居士文集》卷四《和连国华三首（其三）》，第 77 页。
⑤ 耶律楚材：《湛然居士文集》卷四《和李振之二首（其二）》，第 76 页。
⑥ 耶律楚材：《湛然居士文集》卷四《和连国华三首（其三）》，第 77 页。
⑦ 耶律楚材：《湛然居士文集》卷四《还燕和美德明一首》，第 78 页。
⑧ 耶律楚材：《湛然居士文集》卷四《再用韵寄抟霄二首（其二）》，第 74 页。

等待召开忽里台。更广为人知的"我惭才略非良器,封禅书成不敢言"①,也表达出自己空有辅佐新汗之志,却无促使继承人早登汗位之法的烦闷。这也侧面说明当时耶律楚材不受重用的现实情况。从他由西土东返、继而南下燕地的行动路线来看,亦难知在忽里台之前,他与窝阔台是否已有私人接触。倘若如王博文所撰《神庙碑》之言,成吉思汗西征期间"尝谓太宗曰:'天以此公赐我家,尔后庶政,当悉委之'"②,何以在《文集》中无只言片语说明作者早与新汗有所往来?且若确有此事,耶律楚材也不会选择返回汗廷被动等待,而应随侍窝阔台左右早作谋划。

从已知史料来看,直到窝阔台到来、即位忽里台开始筹备,耶律楚材才得以参与其事。《元史·耶律楚材传》记:"己丑秋,太宗将即位,宗亲咸会,议犹未决。时睿宗为太宗亲弟,故楚材言于睿宗曰:'此宗社大计,宜早定。'睿宗曰:"'事犹未集,别择日可乎?'楚材曰:'过是无吉日矣。'"③ 以《世界征服者史》对即位忽里台过程的描述来看,新汗即位的具体时间是由萨满巫师和占星家决定的。这一程序是在忽里台已经开始、诸王贵戚宴会期间进行的。耶律楚材即凭借占星家身份参与了这一程序。他致力于促使窝阔台早日即位,因而以勿过吉日为由,阻止拖雷迁延时间。《世界征服者史》述即位仪式前,曾有长达四十天的宴饮活动,④ 此即前述"议犹未决"之时。这反映出窝阔台的即位面临着不小阻力,而当政的拖雷很可能得到不少与会者的支持。在这一背景下,耶律楚材劝说拖雷确定即位日期具有关键意义,这也是他受到窝阔台重用的重要契机。

---

① 耶律楚材:《湛然居士文集》卷三《过云中和张伯坚韵》,第60页。
② 王博文:《耶律公楚材神庙碑》,载徐郎斋等《卫辉府志》卷四三,乾隆五十三年刻本,叶31b。
③ 《元史》卷一四六《耶律楚材传》,第3457页。
④ [波斯]志费尼:《世界征服者史》上册,何高济译,翁独健校订,第217页。

二 即位的过程和仪式

窝阔台即位的这次忽里台，可以划分为三个主要环节，即诸王聚会商议、新汗即位仪式及处置军国大事。部落贵族推举大汗，是游牧民族历史悠久的政治制度，但在实行的过程中并非全无弊端。萧功秦就指出，忽里台贵族选君制缺少对被推举者身份资格的固定限制条件，在参与者和程序上也比较随意。①但已经指定儿子作为汗位继承人的成吉思汗，并没有放弃这一弊端突出且丧失了决定性作用的程序，并强调"如果任何人由于骄傲，自行其是，想要当皇帝，而不经过诸王的推选，他就要被处死，绝不宽恕"②。这一表述似乎反映出他尚未脱离草原旧制的束缚。不过，如果结合当时背景来看，成吉思汗颁布这一法令、维持忽里台推举制度有具体切实的考虑。

如本章第一节所述，成吉思汗确定汗位继承人时，面临着尤赤、察合台之间不可调和的矛盾。他采取的办法是"以分封换效忠"，分给二子广阔分地而令其放弃大汗之位。然而还有长期统领中军、威望颇高的拖雷未被分封到他处，如何在幼子具有优势地位的情况下，保证第三子窝阔台顺利即位？成吉思汗就利用了当时在蒙古人观念中仍具约束力的推举选汗制度。固然，成吉思汗建立政权不主要依靠部落、亲族势力，因此一般诸王并不能对政权产生决定性的影响力，但由于成吉思汗颁布了上述法令，推举制度拥有了新的法理依据，通过诸王推举程序即位的窝阔台就具有统治合法性。换言之，此时的推举制度已变为维护成吉思汗遗命的一道程序保障。

具体来说，一方面，窝阔台即位的主要阻力来自拖雷，但因上述法令，拖雷无法获得黄金家族内窝阔台支持者的赞同，就无法自立为汗，只能采取拖延时间的办法。而窝阔台是成吉思汗指定的继

---

① 萧功秦：《论元代皇位的继承问题——对一种旧传统在新的历史条件下的蜕变过程的考察》，《元史及北方民族史研究集刊》第 7 辑，第 23 页。

② ［意大利］约翰·普兰诺·加宾尼：《蒙古史》，载《出使蒙古记》，吕浦译，周良霄注，第 25 页。

承人，拖雷及其支持者即使不情愿，也不能违抗成吉思汗遗命拒绝他即位。这就保证了汗位继承能够依照成吉思汗的意愿进行。另一方面，窝阔台无法仅凭成吉思汗意愿即位，而必须争取拖雷及其支持者的拥戴，通过推举程序，则他也要适当照顾拖雷等家族成员的利益需求。故而如前所述，他刚一即位就颁布法令，赦免忽里台大会召开之前的一切罪行，本质上即承认拖雷监国期间所获全部利益。这样，窝阔台和拖雷就形成了制衡，大蒙古国的最高权力得以较为平稳地移交到第二任大汗的手中。

较《世界征服者史》更晚编纂的《史集》，由于具有伊利汗国的官方立场，对窝阔台即位时的相关细节进行了修饰。如删去即位仪式前的"四十日商议"，只提到"经过恳请和多次劝导"①，避言由于拖雷迟疑造成的时间拖延。出于同样目的，《史集》中窝阔台表示推让的说辞也与《世界征服者史》有微妙差别。《史集》增加了"特别是大弟拖雷汗，比我更配授予大权和担当这件事"②之语，凸显出拖雷的重要地位。而进入即位仪式后，《世界征服者史》记"察合台引着他的右手，斡赤斤引着他的左手，把他拥上宝座"③，《史集》则记"察合台汗拉着窝阔台合罕的右手，拖雷汗拉着左手，他的叔父斡惕赤斤抱住［他的］腰，把他扶上了合罕的大位"④，两处对比来看，《史集》的记述更体现出拖雷在拥戴新汗时的关键作用。

进入新汗即位的程序，遵照蒙古风俗，与会显贵要先摘下帽子、将腰带搭在肩上，待新汗被扶上王座，再行跪拜之礼。按照罗新对蒙古"举毡立汗"仪式的探讨，尤其是所引《瓦萨夫史》对海山即位的记述，这一极具草原政治特色的环节应对应《世界征服者史》和《史集》中察合台、斡赤斤等人将窝阔台扶上王座的记述。《瓦

---

① ［波斯］拉施特编：《史集》第二卷，余大钧、周建奇译，第30页。
② ［波斯］拉施特编：《史集》第二卷，余大钧、周建奇译，第29页。
③ ［波斯］志费尼：《世界征服者史》上册，何高济译，翁独健校订，第217页。
④ ［波斯］拉施特编：《史集》第二卷，余大钧、周建奇译，第30页。

萨夫史》记"依照传统,海山端坐于四方形白毛毡的地毯之上。而在全体诸王中,指定了同辈中位次居前的七人恭迎大汗登基。四人立于毡毯四周,两人则扶持着君王幸福而有力的手臂,让他在喜乐的王座上安坐下来,另一个人则手捧酒杯"①。《世界征服者史》和《史集》都记录了拖雷举杯庆贺的情况,故知他应为七王公中呈酒之人。除察合台、斡赤斤外,"举毡立汗"的环节应还有其他诸王参与。

由于传教士普兰诺·加宾尼曾亲历贵由汗的即位仪式,他的相关记述亦可作为参照。根据他的记述,诸王商议立汗的地点与新汗即位之地并非一处。确定新汗人选后,众人再前往即位仪式之地。新汗即位当天,全体王公先面南而立,跪拜太阳,再回到帐幕中,将新汗扶上宝座。② 这与《世界征服者史》所记的仪式顺序稍有区别。志费尼记述为:新汗入座后,所有王公对新汗行跪拜礼,再出帐外叩拜太阳,之后回到帐殿宴饮。尚无其他史料明确记载拜日礼与新汗入座何者在先,此处只好结合相关材料暂作推测。

其一,罗新梳理"举毡立汗"仪式时,已举出北魏、契丹等前代政权的相关例证。北魏的习惯是"帝于毡上西向拜天"③,契丹的做法则是"行再生仪毕,八部之叟前导后扈,左右扶翼皇帝册殿之东北隅。拜日毕,乘马,选外戚之老者御"④,不难发现,皇帝拜日的程序都在被扶立之后。"八部之叟前导后扈,左右扶翼皇帝册殿之东北隅",应即皇帝"再生"后,皇族亲贵再次推选皇帝之仪式。之后是"新帝"乘马疾驰、裹毡于身的环节,即罗教授比定为《周书》所记问询统治者居位年数的旧俗。⑤ 故从草原传统来看,拜日

---

① 邱轶皓:《〈瓦萨甫史〉"海山合罕的登基"章译注》,《欧亚学刊》新12辑,第235—236页。
② [意大利]约翰·普兰诺·加宾尼:《蒙古史》,载《出使蒙古记》,吕浦译,周良霄注,第62页。
③ 《北史》卷五《魏孝武帝纪》,中华书局1974年版,第170页。
④ 《辽史》卷四九《礼制一》,中华书局1974年版,第836页。
⑤ 罗新:《内亚传统中的可汗即位仪式》,载氏著《黑毡上的北魏皇帝》,第28页。

礼应当在大汗选出（入座）之后实行。

其二，《元朝秘史》第103节记述成吉思汗藏身于不儿罕山，当他避过篾儿乞人追击后，感念该山庇佑，并面对太阳跪拜了九次。[①] 从该节记述的活动来看，成吉思汗拜日是在确认逃过追击、立下后代祭祀不儿罕山的誓言之后，有以日为证的意义。则新汗入座、诸人跪拜后再行拜日礼，也有禀明其事的作用。如果先行拜日礼，再扶新汗入座，则拜日目的何在？

其三，前述《瓦萨夫史》记载举毡、祝酒后，撒蛮为海山上尊号"曲律汗"；而《世界征服者史》记拖雷祝酒后，与会者向新汗行跪拜礼，"他们尊称他为合罕"[②]。二书史源不同、成书年代有别，但对祝酒、上尊号的仪式顺序记述基本一致，可互相参证。故可暂取《世界征服者史》的说法，新汗入座之后，再行拜日礼。归纳而言，窝阔台即位当日的仪式顺序是：众人脱帽解带，诸王入帐殿将新汗扶上宝座，即"举毡立汗"——撒蛮上尊号——帐殿内外人员向新汗行跪拜礼，宣誓效忠——出帐行拜日礼——返回帐殿，落座——宴饮。

跪拜礼即《元史·耶律楚材传》所记由传主建言之仪式："遂定策，立仪制，乃告亲王察合台曰：'王虽兄，位则臣也，礼当拜。王拜，则莫敢不拜。'王深然之。及即位，王率皇族及臣僚拜帐下，既退，王抚楚材曰：'真社稷臣也。'国朝尊属有拜礼自此始。"[③] 联系前文，耶律楚材劝说拖雷确定了新汗即位的时间，此处又建议察合台率众跪拜，帮助窝阔台明确了兄弟之间的君臣关系，树立了大汗权威，故而得到称赞。耶律楚材在这次即位仪式上发挥的推戴作用，也是他在窝阔台及其家族统治者执政时期得到重用的原因。

拜日礼结束后，诸王显贵返回帐殿内落座，开始宴饮庆祝。《世

---

① 乌兰校勘：《元朝秘史（校勘本）》，第66页。
② ［波斯］志费尼：《世界征服者史》上册，何高济译，翁独健校订，第218页。
③ 《元史》卷一四六《耶律楚材传》，第3457页。

界征服者史》记大汗右侧为诸位王公，左侧为后妃公主。① 普兰诺·加宾尼的描述更加具体："在宝座周围，放着若干长凳，贵妃们分成几排，坐在宝座左边；但是没有人坐在宝座右边高起的座位上，首领们坐在放在帐幕中央的较低的长凳上，而其余的人则坐在他们后面。"②《元朝秘史》第213节记成吉思汗命令汪古儿、博尔忽二人分立左右两厢分发食物，并落座所在之处，而"脱栾等人"则面北居中而坐。③ 这也证明帐殿内存在左、右、中央三处落座区。大汗左侧，即东侧是女眷座位，西侧则有诸王显贵、大汗子孙，中央区为其他重要臣僚所坐之处。在每一区域中，落座诸人又依照一定顺序分成几排，以此表明地位尊卑。如《史集》记蒙力克老人"与成吉思汗并排坐，坐在他的右边，高出于一切异密之上"④，可知他应在右侧区域第一排最前之位落座；记失吉忽秃忽"窝阔台合罕称他为兄，他与窝阔台诸子坐在一起，[坐位] 高于蒙哥合罕之上"⑤，可见现任大汗诸子在座次上要较其他同辈诸王更靠前。从这一角度来看，新汗即位仪式上的"帐内落座"，并非宴饮之前无足轻重的准备阶段，而是新朝权利分享者的直观展示。哪些人得以落座、何人坐于何处，直接反映出新汗所制定的权力分配格局。

《世界征服者史》在记述蒙哥汗即位时，也注意到了这一情况。除记大汗诸弟、公主等人所在位置外，志费尼还提及，武将随首领忙哥撒儿"一行行地就位"，而字鲁合率领"必阇赤、大臣和侍臣们"各就其位，剩下的异密则佩带武器，在帐外列队站立。⑥ 这种类于中原王朝文武大臣分班而立的朝会布局，疑也是耶律楚材在窝

---

① [波斯] 志费尼：《世界征服者史》上册，何高济译，翁独健校订，第218页。
② [意大利] 约翰·普兰诺·加宾尼：《蒙古史》，载《出使蒙古记》，吕浦译，周良霄注，第63页。此时诸王尚未落座。
③ 乌兰校勘：《元朝秘史（校勘本）》，第280页。
④ [波斯] 拉施特编：《史集》第一卷第一分册，余大钧、周建奇译，第273页。
⑤ [波斯] 拉施特编：《史集》第一卷第一分册，余大钧、周建奇译，第174页。
⑥ [波斯] 志费尼：《世界征服者史》下册，何高济译，翁独健校订，第678—679页。

阔台即位时"立朝仪"的内容之一。

除宴饮之外,新汗还要向与会者分发赏赐。得到赏赐者不仅有亲族显贵,还有普通百姓、执役奴仆。这反映出两方面特点:一是大汗的权力具有绝对性,其管辖权可以直接延伸到一般民众,而不局限于部落首长层级;[①] 二是由于部落制度打破、远距离征服战争成为获得财富的新手段,所有社会成员都具有了参与财富再分配的机会和权力。[②] 窝阔台汗赏赐百姓、奴仆,说明他对其父的权力手段和政治构想有相当准确的理解。同时,以前文分析的现实背景来看,他广布恩赏也有笼络人心、巩固地位的考虑。

三 窝阔台对成吉思汗的继承

即位仪式完成之后,忽里台进入第三阶段,即新汗安排军国大事。窝阔台首先下令,对其父成吉思汗进行三天的祭祀活动,并以美女、良马为献。以此事作为施政之始,是出于巩固成吉思汗至高地位的目的。窝阔台即位的根本原因,既不是部族推选,也并非神授君权,而是由于其父遗命。成吉思汗是其权力来源和即位的法理依据,故而维护成吉思汗的地位,就等于维护自己的统治合法性。对于此事,《世界征服者史》记窝阔台令人"为成吉思汗在天之灵连续准备三天的祭品"[③],而《史集》则言"为了成吉思汗的英灵散发食物三天"[④],两处记述有些不同。若以上述分析来看,《世界征服者史》的描述应更合实际情况。祭品、美女和良马都"属于"成吉思汗,表明作为大蒙古国的建立者,他永远享有国家财富的固定份额。挑选诸那颜家族之女献祭,也意在提醒他们永为大汗私属家

---

① Joseph F. Fletcher, "The Mongols: Ecological and Social Perspectives", in his *Studies on Chinese and Islamic Inner Asia*, p. 23.

② İsenbike Togan, *Flexibility and Limitation in Steppe Formations: The Kereit Khanate and Chinggis Khan*, p. 146.

③ [波斯]志费尼:《世界征服者史》上册,何高济译,翁独健校订,第220页。

④ [波斯]拉施特编:《史集》第二卷,余大钧、周建奇译,第30页。

臣，大汗随时可行生杀予夺之权。汗权至高无上的原则被进一步强调。

窝阔台颁布的第二条命令，即前文提及的遵守成吉思汗一切札撒，新汗即位前的一切事宜既往不咎。遵守成吉思汗的一切法令，自然包括遵守成吉思汗立窝阔台为继任者的命令，仍然是窝阔台对统治法理依据的强调。在承认拖雷监国时期的一切国事决断后，窝阔台还颁布了此后按新旧法令断罪处罚的规定。这是以承认拖雷监国时期的权利为代价，收回了大汗的司法权。

这两条命令之后，是窝阔台对军事行动的具体安排。《世界征服者史》记述大汗主要派出了以下军队：一是由绰儿马罕率领的西征军，向呼罗珊地区追击花剌子模君主札阑丁；二是由阔阔台和速不台率领的军队，出征钦察及以西地区；三是派军出征土番、肃良合；四是由他和拖雷率领军队出征契丹地区。[1] 对照《元史·太宗纪》可知，出征钦察、与藏地发生接触都是灭金之后的军事行动，这次忽里台确定的征伐事宜，实际上只有绰儿马罕西征、攻打高丽和灭金。这三方面战事实际是成吉思汗时代军事活动的"遗留问题"。绰儿马罕西征、撒礼塔征高丽均属"争而未竟"[2] 之役，灭金则是成吉思汗临终遗志。《黑鞑事略》记述了成吉思汗生前的军事构想："（克鼻稍）非十年工夫，不可了手……不如留茶合鰤镇守，且把残金绝了，然后理会。"[3] 这与窝阔台的安排是一致的。可见窝阔台基本遵循了其父的军事行动设想。

按照《元史·太宗纪》的记述，这次忽里台还确定了耶律楚材和牙老瓦赤分管汉地、河中征税事务，及草原"每百输一"的税制，并开始"置仓廪，立驿传"[4]。《黑鞑事略》的记述可以佐证这一内

---

[1] ［波斯］志费尼：《世界征服者史》上册，何高济译，翁独健校订，第220页。
[2] 彭大雅著，徐霆疏：《黑鞑事略》，王国维校注本，载《王国维遗书》第13册，上海古籍书店1983年版，叶26a。
[3] 彭大雅著，徐霆疏：《黑鞑事略》，载《王国维遗书》第13册，叶26a。
[4] 《元史》卷二《太宗纪》，第29—30页。

容。彭大雅记"其赋敛谓之差发,赖马而乳,须羊而食,皆视民户畜牧之多寡而征之,犹汉法之上供也。置蘸之法,则听诸酋头项自定。"① 王国维同意沈曾植观点,以"蘸"即"站"也。② 1234 年出使蒙古的彭大雅已知牲畜要视数量而征收,而各投下也要自行办理驿站事宜,说明此时征税、设驿站二事已在草原地区实行开来。王国维还提到《大元马政记》太宗皇帝癸巳年(1233)圣旨,令牛羊牲畜"每百抽一"。以此圣旨所列宣谕对象来看,③ 这时"每百抽一"的税制已向受到蒙古统治的定居地区推行。《永乐大典·站赤一》保存了窝阔台即位诏书的部分内容,其中明确记述"使臣不经由铺路往来者,断按答奚罪戾"④,且详细规定了驿站供给使臣的酒食定量,由此亦见统治者对驿站事务的重视。

《元朝秘史》第 279—280 节也记述了立税制、驿站等事,之前的第 278 节则记述了窝阔台对怯薛轮值长官的新安排。结合《元史·太宗纪》的纪事时间,和《秘史》第 269 节记新汗即位、拖雷将怯薛转交给窝阔台的内容,第 278—280 节的正确位置应在第 269 节之后。也就是说,同样是在这次即位忽里台上,窝阔台还对大汗怯薛的长官进行了重新安排。按照《秘史》的描述,成吉思汗时代的四班箭筒士长继续担任原职,侍卫长也从原来任职者的亲族中挑选。⑤ 这说明窝阔台当时未对汗廷核心机构长官做较大调整,仍然维持了其父时期的用人格局。

这样来看,在即位忽里台上,窝阔台几乎完全遵循了其父成吉思汗的各项安排,对曾经监国的幼弟拖雷也持怀柔态度。这为安抚、

---

① 彭大雅著,徐霆疏:《黑鞑事略》,载《王国维遗书》第 13 册,叶 11a。
② 彭大雅著,徐霆疏:《黑鞑事略》,载《王国维遗书》第 13 册,叶 12b。
③ 该圣旨所列宣谕官员有耶律朱哥、石抹咸得不、刘黑马等地方要员,可知此旨并非面向蒙古草原颁行。参见《大元马政记》,台北:广文书局 1972 年版,第 41 页。
④ 《永乐大典》卷一九四一六《站赤一》,太宗元年十一月制,中华书局 1986 年影印本,第 7192 页。
⑤ 乌兰校勘:《元朝秘史(校勘本)》,第 394 页。

拉拢当时的蒙古亲贵创造了条件。以诸王的视角来看，军事行动的总体规划没有改变，自己已取得的战争收益得到承认，证明新汗可以保障黄金家族成员的重要权益。因此，新汗取要牲畜、建立驿站，都获得了诸王支持。至于任命耶律楚材管理汉地、牙老瓦赤管理河中，并非一般诸王留意之事。这样，在基本维持军事旧有格局的前提下，窝阔台得以从经济、行政举措上开始实施自己的治国设想。他在即位忽里台上表现出审慎持重的行事风格，很大程度上避免了游牧政权权力交接时"重建统治"的危机，① 为大蒙古国的继续扩张和制度建设奠定了良好基础。

小　结

窝阔台在成吉思汗西征之前被确立为汗位继承人。成吉思汗选择继承人时，面临着尤赤和察合台不可调和的矛盾，故他采取"以分封换效忠"的方式，令年长二子出镇他处、各自经营，以换取他们对新汗的支持。由于窝阔台与兄长有共同作战的经历，又在玉龙杰赤之役中成功调停双方矛盾，成吉思汗出于稳定统治、顾全大局的现实考虑，最终决定选择他为继承人。成吉思汗试图以二子出镇、不立幼子为储的方式规避他所能预想到的政权分裂因素，但由于他未对拖雷进行妥善安排，幼子势力仍然对窝阔台的即位产生了阻力。

窝阔台即位需通过忽里台的诸王推选制度。由于成吉思汗规定新汗须经诸王推举，在他去世之后，窝阔台不能马上主政，而必须等待召开忽里台，执行这一程序方可即位。这给监国的拖雷留下了培养势力、积累战争收益的时间，进一步增加了幼子势力对新汗的威胁。但是，也正由于成吉思汗赋予推举制度新的合法性，这一程

---

① 参见 Joseph F. Fletcher, "The Mongols: Ecological and Social Perspectives", in his *Studies on Chinese and Islamic Inner Asia*, p. 23。

序的执行自然要体现成吉思汗的意愿。即使拖雷方面能够拖延时间，也不能改变窝阔台即位的最终结果。推举制度维持了窝阔台和拖雷双方的平衡局面，汗位更替得以平稳完成。在即位过程中，耶律楚材帮助窝阔台确立与兄长察合台、幼弟拖雷的君臣名分，从此得到新汗重用。

窝阔台的即位法理依据和唯一权力来源都是其父成吉思汗的遗命。故他即位后，必须首先确立成吉思汗的至高地位。窝阔台汗下令祭祀成吉思汗、维护后者颁布的一切札撒，均旨在巩固自己的统治合法性。对其父的军事规划、人员任用，窝阔台汗也未作变更、基本沿用，维持了即位之初的稳定局势。同时，他敏锐注意到军事活动之外的施政空间，在其父的统治基础上，开启了国家建设的新局面。

第 二 章

窝阔台汗时期的军事安排

　　大蒙古国兴起于四处征伐的军事活动之中，军队是大蒙古国的统治基础和制度建设的源头。成吉思汗创设千户制度组建军队，由蒙古诸部将领统帅的这些军队成为大蒙古国最初的军事力量。如前章所述，窝阔台即位后十分重视对成吉思汗遗志的继承。他如何利用千户制度发展军队、完成其父的灭金遗愿，是本章考察的重点内容。同时，在指挥灭金战役之时，窝阔台是否完全遵循其父的原定计划？他如何安排统治期间的若干重大战役、达到了何种效果？窝阔台利用军事行动实现的政治目的，也是本章要分析的关键问题。

　　军队能够发挥重要作用，与具体的军事将领密切相关。本章将充分利用波斯文史料《五世系·蒙古世系》中的"窝阔台合罕异密"名录，梳理窝阔台统治时期的军事将领，厘清大汗直接控制的原有蒙古千户和新建军队将领的身份、事迹。由分析汉地诸军和绰儿马罕所率军队的兵员构成及作战方式，探究这一时期大蒙古国军队组织的新变化，和此种变化如何影响大汗与军事将领之间的关系。

第一节　蒙古千户的发展

——以"窝阔台合罕异密"名录为线索

　　成吉思汗将蒙古军队以千户形式重新编组，形成了大蒙古国的第一批军事力量,《元朝秘史》和《史集》都记录了成吉思汗所封千户的相关情况。学界已对这些"老千户"的具体数目、千户长身份等问题进行了深入研究。根据姚大力的观点,成吉思汗灭乃蛮后组建六十五千户,建国时扩充至九十五千户,到西征前形成了一百二十九千户。① 这些千户构成了成吉思汗时代的核心军力。在成吉思汗分封军队后,新任大汗窝阔台能够直接控制的老千户有哪些?在这一时期的军事行动中,又任命了哪些新的军事将领?本节将以波斯文《五世系·蒙古世系》的"窝阔台合罕异密"名录为线索,梳理窝阔台时期的军事将领。

一 《五世系·蒙古世系》的"窝阔台合罕异密"名录

波斯文《五世系》(*Shuʿab-i Panjgāna*)是蒙古统治时期编纂的、记录当时世界诸民族君主世系的谱系材料。② 《五世系》中的"蒙古世系",除保留成吉思汗及其后裔的家族成员信息外,还记述了从成吉思汗到合赞汗时期历任大汗的当朝重臣,具有重要的史料价值。是书所录内容虽大部分源自《史集》记述,有时也存在独见于此的珍贵材料,提供了诸汗在位期间的人员任用、管理职责等方面的丰富历史信息。如在成吉思汗异密部分,《五世系》在基本依据《史集》所记一百二十九千户的基础上,还补充了见于《元朝秘史》的朵歹扯儿必、怯薛不乞歹等重要异密的信息,更为完整地罗列出当时的官员情况。在《五世系》"窝阔台合罕异密"名录中,共收录三十四位异密。③ 为方便后文分析,表 2-1 罗列了名录所载内容,并与《史集》相关记述进行比对。

---

① 姚大力:《草原蒙古国的千户百户制度》,载氏著《蒙元制度与政治文化》,第 10 页。
② 关于《五世系》的发现、内容与研究等情况,参见王一丹《波斯拉施特〈史集·中国史〉研究与文本翻译》,昆仑出版社 2006 年版,第 47—49 页;邱轶皓《蒙古帝国视野下的元史与东西文化交流》,第 382—406 页。
③ 表 2-1 中第 2 位异密"孛栾台"与第 21 位异密重出,以一人计。

表 2 - 1　　　　　　　《五世系》"窝阔台合罕异密"名录

	《五世系》①	《史集》②
1	博儿尤那颜出自阿鲁剌部，在成吉思汗时代受人尊敬，他是异密之长和万户长，现今仍担任相同的职务，在他死后，孛栾台袭职。	<u>孛斡儿是阿鲁剌惕部人，是成吉思汗诸异密中地位最高者，最初他是成吉思汗的怯薛长，后来当了万夫长</u>……在窝阔台合罕时代，<u>他死去后，孛栾台袭职</u>。（一，2，365）
2	孛栾台在博儿尤那颜死后，继承他的职位。	
3	孛鲁国王，木华黎国王之子，出自札剌亦儿部。	<u>他的儿子孛鲁国王</u>，在窝阔台合罕时继承父位，而成吉思汗早已称他为孛鲁国王了。（一，1，150）
4	搠力蛮③那颜，出自雪泥部，比起在成吉思汗时期，他在窝阔台合罕时期更受尊重。〔窝阔台〕交给他四万探马军，派他前往伊朗地面并在那里驻守。"探马"的含义就是从各千户、百户军队中抽调〔人员〕出来专门组成军队，派遣各地并在当地驻守。	窝阔台任命绰儿马浑为四万军队的列失格儿-探马④，派赴我方。列失格儿-探马，也就是被指派〔统率〕从各千人队、百人队中抽出人来组成的军队，派赴某地区，让〔他同托付给他的军队〕在那里长期驻扎者。（一，1，160）
5	拜住那颜出自别速部，是万户长，〔合罕〕派遣他和搠力蛮前来此地，在搠力蛮死后，合罕任命他继任搠力蛮的职位。	这支军队里，有个<u>万夫长别速惕部拜住那颜</u>，是哲别的亲属。<u>绰儿马浑死时，合罕任命拜住继任他的职位</u>。（一，1，160）

---

①　*Shu'ab-i Panjgāna*（《五世系》），Istanbul：Topkapı-Sarayı Müzesi Kütüphanesi，MS. Ahmet Ⅲ 2937, f. 123b - 124a. 表 2 - 1 所引汉译文来自北京大学外国语学院"波斯文《五族谱》整理与研究"项目二次修订稿（未刊）相应部分，译文细节有改动。

②　为行文简便，表 2 - 1 所引《史集》内容均在引文末尾采用简略形式标注出处，"一，2，365"即〔波斯〕拉施特编《史集》第一卷第二分册，余大钧、周建奇译，第 365 页；"一，1，150"即《史集》第一卷第一分册，汉译本，第 150 页。以下诸条以此类推。下划线所示内容为《史集》与《五世系》相同（相似）信息，由此可见《五世系》与《史集》的文献关系。

③　根据《五世系·蒙古世系》的翻译原则，此处译名从《圣武亲征录》。

④　集校本原文为：جورماغون را با چهار تومان لشگر تما معین کرده，应译作："把绰儿马浑指派给四万探马赤军。"参见 Rashīd al-Dīn Faẓl Allāh, *Jāmi' al-Tavārīkh*（《史集》），ed. by A. A. Romaskevich, L. A. Khetagurov, and 'A. 'A. 'Alizāde, Moscow：Intishārāt-i Dānish, 1965, Vol. 1, pp. 150 - 151。

第二章　窝阔台汗时期的军事安排　83

续表

	《五世系》	《史集》
6	忽秃忽那颜，出自塔塔儿部，这位异密极受尊重，有关他的故事与声望也被记在了成吉思汗诸异密中，虽然在那个时代他是受尊敬的异密，在窝阔台罕时代他如此受尊敬，以至于他在高于蒙哥合罕等诸王子的位置落座。	窝阔台合罕称他（失乞-忽秃忽）为兄，他与窝阔台诸子坐在一起，［坐位］高于蒙哥合罕之上。（一，1，174）
7	亦鲁该，合丹之子，出自札剌亦儿部，是受尊敬的异密。成吉思汗将他连同军队分给了窝阔台合罕，他是窝阔台合罕的王傅，因此在他的时代，他极受尊重，并且还是军队的异密。	另一个异密札剌亦儿部人合丹，是成吉思汗的侍从，他有个儿子，名叫亦鲁格。［成吉思汗］将这个亦鲁格连同军队一起给了自己的儿子窝阔台合罕，因为他曾作过窝阔台幼年时代的看护人……在窝阔台合罕时，［亦鲁格］受到尊重，并是一位可敬的［长者］和军队异密。（一，1，153）
8	灭里沙，是万户长，他曾随同搠力蛮那颜派遣至此地，其军队一部分是畏兀儿人，一部分是哈剌鲁人、突厥蛮人、可失合儿人和苦叉人。	另一万夫长为灭里沙；当时征集了一支由畏兀儿人、哈剌鲁人、突厥蛮人、可失哈儿人和苦叉人组成的军队，交给他［统率］。（一，1，161）
9	阿必失哈是怀都的兄弟，出自克烈部，是受尊敬的必阇赤，也是陛下近侍异密之一。	而他（辉都）的兄弟阿必失合则曾供职于合罕处，担任受信任的主要的书记官。（一，1，220）
10	必昔里，出自克烈的土别燕部，是受尊敬的异密，他被派来做伊朗地面的长官，比旭烈兀汗更早到来。	在旭烈兀汗来到伊朗之前，窝阔台合罕为了统率军队和掌管行政，派遣一个名叫班昔勒那颜的异密，以统帅之衔［到这里来］，他是客列亦惕一个分支土别亦惕部人。（一，1，232）
11	成帖木儿，出自汪古部，出自受尊敬的部落。在旭烈兀汗前往伊朗地面之前，他和上述的必昔里那颜被派往伊朗地面做长官。	而在前来我国［即伊朗］者之中，有成-帖木儿，他是以前与班昔勒那颜一同前来的。（一，1，232）

续表

	《五世系》	《史集》
12	宽不剌，出自乃蛮部，是大异密，他作为札鲁忽赤，与必昔里那颜一起被派往伊朗地面。	与他（笔者按，指必昔里）一起来的有：也速迭儿宝儿赤之父、乃蛮部人古勒－不剌惕和也速儿札鲁忽赤，① 以及一个担任书记官职务的畏兀儿人阔儿古思。（一，1，232）
13	阔儿古思②，出自畏兀儿部，作为必阇赤，和必昔里那颜一同被派往伊朗地面。当成帖木儿死后，阔儿古思前去为合罕效劳，〔合罕〕给他伊朗地面的八思哈一职，这本是成帖木儿的职位，委付给他了。后来他对察合台的那可儿说了一些粗鲁的话，按照蒙哥合罕的命令，在他口里填土杀死了他。	成－帖木儿死去时……［阔儿古思］到合罕处效劳时，为自己弄到了伊朗地区的八思哈一职。……后来，有一次阔儿古思从一座桥上经过，察合台的妻子的一个侍臣撒儿塔黑－古彻兀来到了那里。他们彼此交谈起来。……阔儿古思说道……并夹杂了一些粗鄙的话，……（察合台之妻）便派人到窝阔台合罕处报告了［此事］。合罕下了一道［特］旨，要把他捉住，用土填［他的］嘴。……他被押走关到牢狱里，用土填嘴而死。（一，1，233－234）
14	斡脱古·帖木儿，成帖木儿之子，出自汪古部，在阔儿古思获得了伊朗地面八思哈之职之后，〔……〕因为这个原因，他们之间发生了争吵。	［阔儿古思］到合罕处效劳时，为自己弄到了伊朗地区的八思哈一职。他一［回］来，成－帖木儿的儿子斡脱古－帖木儿就［和他］争吵起来。（一，1，233）

---

① 集校本原文为：از قوم نایمان که پدر یسودر باورجی و ینسور بوده براه یارغوجی...با هم آمده اند كلبلاد，应译为："宽不剌，出自乃蛮部，是亦速迭儿宝儿赤和也速儿之父，他作为札鲁忽赤……与其一起来到"，与《五世系》的记述基本一致。参见 Rashīd al-Dīn Fażl Allāh, *Jāmiʿ al-Tavārīkh*, Vol. 1, ed. by A. A. Romaskevich et al., p. 315。

② 此人之名在《史集》汉译本中被译为"阔儿古思"，《世界征服者史》汉译本则译作"阔儿吉思"。核两种史料波斯文原文，此人之名作 کورکوز（Kūrkūz），均应译作"阔儿古思"。但是，这一人名的突厥语形式作 Kürkis，"阔儿吉思"的译法与之相合。考虑到此人出自畏兀儿部，本书其他处采用"阔儿吉思"之译名。关于此名，参见马晓林《金元汪古马氏的景教因素新探——显灵故事与人名还原》，《中山大学学报》（社会科学版）2018年第2期，第159页。

续表

	《五世系》	《史集》
15	阿儿浑·阿哈,出自斡亦剌部,伊朗地面的八思哈引起的仇恨与争执,由于成帖木儿之子斡脱古·帖木儿与阔儿古思间为伊朗地面的八思哈一职引发的争执,窝阔台罕免除了这两个人,将职位授予了这个阿儿浑·阿哈。	在伊朗和土兰,过去和现在都有很多斡亦剌惕部人异密……他们之中,有一个异密阿儿浑－阿合;(一,1,197)……他们两人就这样争吵着去到了合罕处,[互相]敌对。……(阿儿浑)对权位渴望在心,[最后,]他们两人的职位被授予了他。(一,1,233)
16	乌察罕那颜,出自唐兀部,在成吉思汗时代是受尊敬的异密,在如今的时代更受尊敬。他是乞台地区全部军队的统帅,被授予管理乞台国之权,凡在那国境内的诸王和异密全都受他管辖。	他统辖成吉思汗的主要千户。……在窝阔台合罕时,窝阔台任命兀察罕那颜统率驻扎在乞台边境上的全部军队,此外还授予管理乞台之权,凡在乞台境内的诸王和异密全都受他管辖。(一,1,237)
17	不劣那颜,出自唐兀部,在成吉思汗时代是御前千户异密,在如今的时代更受尊敬,被授予管理乞台国全境的权力。	他又当了[成吉思汗]直属千户的长官。在窝阔台合罕时,当乞台国被完全征服后,[合罕]将那个地区以及在那个国家里的军队,完全交给了他。(一,1,238)
18	也速不花太师,出自兀良哈部,在成吉思汗时代极受尊敬,在这个时期尽管他已经年老,仍备受尊敬。	他在窝阔台合罕时已十分衰老,坐在车上行动,声音微弱。由于这个原因,窝阔台合罕称他为也速－不花太师,[这]就成了他的名称。(一,1,258)
19	异密帖速,出自燕只吉台部,是受尊敬的异密,窝阔台合罕派他作为阿儿浑·阿哈即伊朗地面八思哈的那可儿一同前往。	以前,异密帖速从合罕处前来,充任阿儿浑－阿合的侍从[那可儿],协助他掌管那直属于合罕之国。(一,1,271)
20	答亦儿,出自晃豁坛部,是受尊敬的异密,他属于和军队一起被成吉思汗分给窝阔台罕的异密之一。	在成吉思汗时,有个异密名叫答亦儿,被他[成吉思汗]连同军队一起,赐给了窝阔台合罕。(一,1,275)
21	孛栾台,博儿尤那颜的侄子,出自晃豁坛部①,是受尊敬的异密,博儿尤统率的一个万户由他继承。	在窝阔台合罕时,他那个万户由他的侄儿孛栾台掌管。(一,1,277-278)

---

① 该处所据《史集》为阿鲁剌部纪事,不明《五世系》为何作"晃豁坛部"。

续表

	《五世系》	《史集》
22	术不古儿·忽必来，博尔忽之子，出自许慎部，是受尊敬的异密。其父死后，父亲的万户之位被委付于他。	窝阔台合罕时，他的儿子术不古儿-忽必来继承了他的地位。（一，1，280）
23	宿敦那颜，赤老温拔都儿之子，出自逊都思部，仍然受尊敬，是右翼千户异密。	赤老罕把阿秃儿的儿子为宿敦那颜，他是成吉思汗时代的右翼异密，极为尊贵。在窝阔台合罕在位时，他还健在。（一，1，285）
24	者台那颜，出自忙兀部，在成吉思汗时代是受尊敬的右翼军队异密，在如今的时代也很受尊敬和尊崇，身份尊贵。	他是右翼的大异密，经常随侍于成吉思汗左右。窝阔台合罕时，他还活着。（一，1，303）
25	木鲁忽儿·罕札，出自忙兀部，是受尊敬的异密，曾随捌力蛮那颜前来伊朗。	曾随绰儿马浑那颜前来［伊朗］的木鲁忽儿-合勒札，出自他们的后裔（笔者按，"他们"指忙惕人忽亦勒答儿薛禅）。（一，1，304）
26	纳牙阿那颜，是出自八邻部的受尊敬的大异密，他从幼年起就跟随成吉思汗。	八邻部落的著名大异密之中，成吉思汗时曾有一个名叫纳牙合那颜的异密，……据说，成吉思汗要第一个妻子的时候，他曾在宴会上吃过［成吉思汗］以女婿身分所敬的饮食，并且记得［这件事］。（一，1，306-307）
27	亦剌黑·秃阿，出自逊都思部分支塔木合里氏族，成吉思汗将他和千户军分给了窝阔台合罕。	分给第三子窝阔台合罕的军队……亦剌黑-秃阿千户。亦剌黑-秃阿是速勒都思部分支塔木合里黑氏族额勒只吉台的哥哥。（一，2，377）
28	塔海·拔都儿，出自逊都思部。	
29	忽必来那颜，出自札剌亦儿部。	
30	忽儿迷失必阇赤，出自札剌亦儿部。	
31	铁干①出自八邻的按坛部。他们直到现在都照看着成吉思汗的女儿，除了这个人的兀鲁黑以及国王的兀鲁黑，别的人都看不到这个女儿。	

---

① 此人无更多史料可资参证，仅在《贵显世系》中被记为必阇赤。

续表

	《五世系》	《史集》
32	镇海必阇赤，出自畏兀儿部，是也里可温。	
33	速罗海必阇赤，出自畏兀儿部，是大汗的儿子哈剌察儿的同乳，一直保存和管理底万的所有文书。	
34	答失蛮哈只卜，他是哈剌鲁人，极为受尊敬，是木速蛮。他是成吉思汗与合罕的御前近臣，曾经共饮班朱尼河之水。	
35	侍郎，出自主儿扯部，他管辖乞台地区。	

由表2-1可见，"窝阔台合罕异密"名录中编号1—27位异密的信息，都能从《史集》中找到对应的内容，且《五世系》对这些异密的排序，基本与《史集·部族志》记述的先后顺序一致。这种情况证明了二者在史源方面的密切关系，也提示研究者，"窝阔台合罕异密"名录的排序，与所记人物在当时的实际地位，可能存在一定差别。这份名录的另一特征，是行政官员的大量出现，包括数位汗廷重臣必阇赤，和呼罗珊地区的行省层级长官成帖木儿、阔儿吉思等人。这反映出在窝阔台统治时期，从中央到地方的行政体系逐步建立。关于国家行政架构的形成和这些行政官员的具体分析，请参见本书第三章的相关内容。

除去行政官员，上述名录中剩余的军队将领还有二十一人。这些将领中，既可见如"四杰"后裔等成吉思汗时代老千户的继承者，也有如灭里沙等因征战需要而新任命的军事统帅，需要进一步分类梳理。且不难发现，《五世系》此名录集中记述的绰儿马罕西征军将领中，缺少了《元朝秘史》提到的蒙格秃等重要人物；在蜀地、江淮及辽东战场的主要蒙古将领也未提及。这二十一人显然不能涵盖窝阔台时期的全部军队将领，仍需利用其他史料加以补充。下面便循此思路详细分述。

二 大汗直接控制的旧有千户

由于成吉思汗曾分封亲贵，大蒙古国建国伊始组建的蒙古千户也就被分为诸王私属和大汗直属两种类型。按照《史集》的记述，窝阔台私属四千户的长官为亦鲁该、带儿、亦刺黑·秃阿和某不知名者，① 前三人即上述名录第 7、20、27 位异密。后一不知名者，很可能是《元朝秘史》所记被赐给窝阔台的迭该。②

亦鲁该担任王傅，颇受窝阔台汗重用。其弟额勒只带亦在大汗身边，与失吉忽秃忽常侍御前。③ 从他携带大汗座椅、在帐中行走等情况不难判断，额勒只带是大汗怯薛。《秘史》第 226 节记亦鲁该亲族阿勒赤歹担任成吉思汗宿卫千户长，第 278 节记他在窝阔台即位后仍掌旧职，可证实这一判断。④ 此人亦即《元史·宪宗纪》中因"坐诱诸王为乱"伏诛的"按只鳏"⑤。由此可知亦鲁该家族与窝阔台关系密切，《史集》记窝阔台汗将亦鲁该兄弟都剌带宝儿赤之千户划拨阔端，或者与此有关。

《史集》此处译为"带儿"（دایر）者，是蒙力克-额赤格的后裔。⑥ 前引表 2-1 同书《部族志》记晃豁坛部的一位异密，"被连同军队一起给了窝阔台合罕。他的名字是答亦儿（دایر），曾效力于察合台"⑦。此"答亦儿"名字的波斯文写形与前述"带儿"的写形一致。可知两处实为一人。此人曾效力于察合台之事，见于波斯文地方史料《也里史志》（*Tārīkhnāma-yi Harāt*）。其中记述他由察合台处派出，与其他将领合兵攻打印度。⑧ 另外，《史集》第三卷也有此人信息："由答亦儿-把阿秃儿率领、被派到客失米儿和印度担任

---

① ［波斯］拉施特编：《史集》第一卷第二分册，余大钧、周建奇译，第 377 页。
② 乌兰校勘：《元朝秘史（校勘本）》，第 319 页。
③ ［波斯］拉施特编：《史集》第一卷第一分册，余大钧、周建奇译，第 154 页。
④ 乌兰校勘：《元朝秘史（校勘本）》，第 294、394 页。
⑤ 《元史》卷三《宪宗纪》，第 45 页。参见高建国《"额勒只带"史实再辩》，《蒙古史研究》第 11 辑，第 63 页。
⑥ ［波斯］拉施特编：《史集》第一卷第二分册，余大钧、周建奇译，第 377 页。
⑦ ［波斯］拉施特编：《史集》第一卷第一分册，余大钧、周建奇译，第 275 页。
⑧ Saif ibn Muhammad ibn Yaʾqūb Haravī, *Tārīkhnāma-yi Harāt*（《也里史志》），ed. by Ghulāmrizā Ṭabāṭabāʾī Majd, Tehrān: Intishārāt-i Asāṭīr, 1383（2004），p. 207.

探马的军队,全部归旭烈兀汗统率。答亦儿(دایر)那颜处的军队,在他去世后由……管辖,继由……管辖,然后转归塔塔儿部人撒里那颜管辖。"① 说明答亦儿还曾活动于怯失迷儿和印度边境地区。关于此人的相关事迹,参见本章第三节第二部分的具体考证。

《史集》记亦剌黑·秃阿是额勒只吉台之兄。疑此"额勒只吉台"即《元朝秘史》第278节所记,在窝阔台即位后总领众官的额勒只吉歹。② 高建国对比了中西史料的相关记载,厘清额勒只吉歹即贵由汗派去西征的总帅野里知吉带。③ 从总领窝阔台时期众官员、受贵由汗委派西征等情况来看,此人应为窝阔台家族心腹。而亦剌黑·秃阿是窝阔台私属千户长,类比前述亦鲁该与其弟阿勒赤歹的情况,其弟也隶属于大汗家族的可能性很大。《史集》此处亦未再介绍亦剌黑·秃阿之弟额勒只吉台的更多信息,说明此人是为人熟知的人物,无须再做详述。且考虑《史集》中几个同名者的氏族情况,只有西征将领野里知吉带出身不明,而前述高建国文提及《黑鞑事略》中记汗廷四相之一的"按只鲟"(即管理众官的额勒只吉歹)是"黑鞑人",正可与《史集》记亦剌黑所出"逊都思部"相合。这兄弟二人,应当也是窝阔台家臣中的核心成员。

按照《秘史》的记述,迭该受命收集无籍百姓组成千户,④ 与亦鲁该一道被委派给窝阔台。两人应地位相近。

除去大汗私属千户,《五世系》上述名录还记载了"四杰"家族和其他勋旧千户的情况。先来看"四杰"家族。名录的第1、2位异密是成吉思汗右翼军统帅博儿朮和孛栾台。从《五世系》所根据的《史集》相应内容来看,这两条记录很可能是上述名录初次编定后增补的内容。因为这两条内容使用了《史集》第一卷第二分册中

---

① [波斯]拉施特编:《史集》第三卷,余大钧译,商务印书馆1986年版,第29页。
② 乌兰校勘:《元朝秘史(校勘本)》,第394页。
③ 高建国:《"额勒只带"史实再辩》,《蒙古史研究》第11辑,第66—68页。
④ 乌兰校勘:《元朝秘史(校勘本)》,第289—290页。

对成吉思汗一百二十九千户的记载，而之后异密引用的相关信息，都来自于《史集·部族志》。第 21 位异密再次出现孛栾台，才是他在根据《史集·部族志》先后顺序编订的名录初稿中的原位置。"窝阔台合罕异密"名录增加的第 1、2 位异密，反映出《五世系》编订者对窝阔台时期官员地位的认识。博儿朮因统领常随成吉思汗的右翼诸军，地位最高，故要将他和孛栾台置于名录之首；这样也能与统领左翼诸军的孛鲁国王，即第 3 位异密位置匹配。

博尔忽之子朮不古儿·忽必来和赤老温之子宿敦的排序，遵循了《史集·部族志》的先后顺序，分列名录的第 22、23 位。这一排序说明，此二家族在窝阔台统治时期保持平稳地位，不至令编订者特意改变排序。博尔忽在成吉思汗西征前已战亡，他的家族势力与前述博儿朮、木华黎自然有所差距；赤老温诸子中，宿敦那颜也并非与窝阔台家族关系紧密者，[①] 尚缺地位跃升的时机。不过，《五世系》此处仍选择他作为赤老温家族的代表人物，显然已考虑到他后来随旭烈兀西征，并成为伊利汗国显赫政要的情况。

除"四杰"家族成员外，名录中还有其他勋旧将领。第 6 位异密忽秃忽、第 16 位异密乌察罕均为成吉思汗养子，第 17 位异密不劣接替乌察罕管理御前千户，第 18 位异密也速不花太师为者勒蔑之子，第 26 位异密纳牙阿曾领成吉思汗中军万户。[②]《元朝秘史》第 243 节记成吉思汗将者台委派给拖雷，但上述名录第 24 位异密即者台，或因编写初稿者见《史集·部族志》述他在窝阔台时代健在，故认为他亦是当时的汗廷要员。者台也出现在《五世系·蒙古世系》"拖雷汗异密"名录中，[③] 且位居首位："在……时候，[④] 他是分给拖

[①] 宿敦及其后裔与拖雷家族关系密切。参见张晓慧《蒙元时代的四怯薛长承袭》，《历史研究》2023 年第 2 期，第 111—112 页。

[②] 乌兰校勘：《元朝秘史（校勘本）》，第 289 页。

[③] *Shuʿab-i Panjgāna*, f. 128b.

[④] 在更晚成书的《贵显世系》中，该句中缺少的部分被补充为"在分配军队时"。

雷汗诸异密之一"，说明该部分的编订者已经注意到与上述《元朝秘史》内容同源的信息。者台在《五世系·蒙古世系》中的这两处记述，反映出蒙古诸汗异密名录的编订者并非同一批人，而可能是分组搜集材料进行编订，最后再以一定体例缀合成书。

由于拖雷长期担任最高军事统帅，不少勋旧将领与其家族保持了较为密切的私人关系。即使原则上应受大汗管理，但在实际情况中，这些将领往往更易受到拖雷家族的影响。如窝阔台汗将雪泥台、逊都思等三千户从拖雷家族划拨给皇子阔端时，失吉忽秃忽、宿敦、者台等勋旧将领一起向唆鲁禾帖尼、蒙哥表达不满，要求面见大汗抗议。① 这三人均在《五世系》窝阔台汗异密名录中，却表现出明显偏向拖雷家族的态度。

根据《元朝秘史》，还可以补充几位在窝阔台时期担任大汗怯薛长官的老千户长。第一位是者勒蔑之子、上述也速不花太师之弟也孙·不花·塔儿孩，他总领窝阔台汗怯薛中的火儿赤，②《史集》记他为右翼千户长。③ 第二位是窝阔台第一班宿卫长合答安，《元朝秘史》和《史集》对他的氏族记载不同，④ 后者记他为右翼千户长。⑤ 第三位是帖木迭儿，是窝阔台时期的散班怯薛长官之一，《五族谱》读书班已将他与雪泥部的帖木迭儿火儿赤勘同，《史集》记他为左翼千户长。⑥ 这三人不见于前述"窝阔台合罕异密"名录中，却可在"拖雷汗异密"名录中找到，《五世系》记述他们均为成吉思汗分给

---

① ［波斯］拉施特编：《史集》第一卷第二分册，余大钧、周建奇译，第 380—381 页。
② 《秘史》记其名为"也孙帖额"，余大钧先生已将他与也孙·不花·塔儿孩勘同，参见余大钧译注《蒙古秘史》，第 186 页。
③ ［波斯］拉施特编：《史集》第一卷第二分册，第 368—369 页。
④ 《秘史》记他为塔儿忽惕部人，《史集》则记他为雪泥部人。关于此人事迹，参见余大钧译注《蒙古秘史》，第 169—170 页注 65。
⑤ ［波斯］拉施特编：《史集》第一卷第二分册，余大钧、周建奇译，第 369 页。
⑥ ［波斯］拉施特编：《史集》第一卷第二分册，余大钧、周建奇译，第 374 页。

拖雷的异密。①

不难发现，也孙·不花·塔儿孩、帖木迭儿在《元朝秘史》和《史集》中的身份并不一致。《秘史》只记述他们为怯薛长官，却未收录于建国功臣的千户长名单中；而《史集》则将二人算入左、右翼千户长。这反映出《秘史》和《史集》在记述成吉思汗所封千户长时，对怯薛长官是否计入其内的差别。《史集》将成吉思汗时期的扯儿必（侍从官）也记入千户长名单，故而总千户数要多于《秘史》所记。由于《史集》为后来者追述，对蒙古建国初期的军事将领的划分和计算难免存在偏差。不过，当上述三人以千户长身份而非大汗怯薛长官出现时，《五世系》正可将他们"顺理成章"地归入继承成吉思汗产业，即中军和左右翼所有军队的拖雷汗名下。这一角度或许能够帮助我们理解，为何《五世系》"窝阔台合罕异密"名录中的军队将领数量颇少，而实际未曾当汗、仅监国两年的拖雷却在同书中拥有数量众多，且与成吉思汗异密名录高度重合的将领名单。

一些老千户长参与了窝阔台时期的军事征服活动。作为绰儿马罕援军、被派往怯失迷儿（今克什米尔地区）的蒙格秃，即《元朝秘史》中的篾格秃千户长。《秘史》成吉思汗功臣名录中还有一位名为"阔阔"的千户长，疑此人即《也里史志》中代表窝阔台、与前述答亦儿共同参与进攻忻都斯坦的将领阔阔（کوکا）。② 速不台参与了平定辽东和拔都西征。失鲁孩之孙麦里、不鲁罕·罕札之子许儿台都曾随贵由西征。③ 华北地区主要是木华黎麾下的五部军将领，

---

① *Shuʿab-i Panjgāna*, f. 129a.

② Saīf ibn Muḥammad ibn Yaʾqūb Haravī, *Tārīkhnāma-yi Harāt*, p. 207. 参照《史集》对为人熟知的异密阔阔–亦勒该（کوکا ایلکای）的写形（Rashīd al-Dīn Fażl Allāh, *Jāmiʿ al-Tavārīkh*, ed. by ʿA. ʿA. ʿAlīzāda, Baku: Farhangistān-i ʿUlūm-i Jumhūr-i Shuravī-yi Sūsīyālistī-yi Āẓarbāyjān, 1957, Vol. 3, p. 39.），可将上述将领译作"阔阔"。

③ 参见余大钧译注《蒙古秘史》，第165页注24、第166页注30；《元史》卷一三二《麦里传》，第3210页。《元史》卷一三五《忽林失传》记许儿台从定宗征钦察，"为千户"（第3282页），他所领应为父不鲁罕·罕札旧部。

包括率领兀鲁部千户的怯台，率领忙兀部千户的蒙古寒札，率领弘吉剌部、亦乞列部的按陈、孛秃驸马，及率领札剌亦儿部的带孙。① 这些蒙古千户长都应补入前述《五世系·蒙古世系》"窝阔台合罕异密"名录中。

前述异密名录中第 28 位异密"塔海拔都儿"，可能是《元史·阿塔海传》中与成吉思汗共饮浑水的塔海拔都儿。他也有千户长身份，② 在窝阔台统治时期可能仍有重要地位。第 29 位异密"忽必来那颜"出自札剌亦儿部，结合名录诸将级别推测，此人或为木华黎家族某一千户长。

由以上分析可见，由于成吉思汗分封和拖雷长期统军的影响，窝阔台即位后，并不能实际掌控所有的蒙古千户。且原有千户长中已有不少人成为汗廷显贵，不再领兵征伐。在这种情况下，窝阔台开展新的军事行动难以再单独依靠旧有千户长的支持，而需要扩大军队规模、任用新的军队将领。新军事将领的任用、探马赤军的扩建，就成为这一时期军队建设的重点内容。

三　新增将领及探马赤军的扩建

《五世系·蒙古世系》"窝阔台合罕异密"名录中，已记述一些新任命的军事将领，如第 4 位异密搠力蛮、第 5 位异密拜住、第 8 位异密灭里沙，及第 10 位异密必昔里。《史集》记载，绰儿马罕（搠力蛮）率领四万探马赤军西征，"探马"即"从各千人队、百人队中抽出人来组成的军队……在那里长期驻扎者"③。探马赤军"各部混合""长期驻扎"的特点，区别于原有的蒙古千户。并且，如绰儿马罕麾下万户长、第 8 位异密灭里沙，所统部队已非由蒙古诸部抽丁而成，而是由臣服大蒙古国的诸地方政权征兵组成。这反映

---

① 黄时鉴：《木华黎国王麾下诸军考》，载氏著《黄时鉴文集》卷 1《大漠孤烟》，第 35 页。
② 《元史》卷一二九《阿塔海传》，第 3149 页。
③ ［波斯］拉施特编：《史集》第一卷第一分册，余大钧、周建奇译，第 160 页。

出此时大蒙古国可调动的军事资源显著增加。

第 10 位异密必昔里的情况也值得留意。《五世系》据《史集·部族志》记他"统率军队和掌管行政",是兼具两方面职责的重要官员。此人即《世界征服者史》中的诺撒耳。① 《世界征服者史》和《史集》对此人与成帖木儿的官职从属关系记述不同。成帖木儿后来争取到代表窝阔台汗的曲勒·孛罗,即前述异密名录中第 12 位异密"宽不剌"的支持。从他派宽不剌率军平叛的事迹②来看,此人也掌管部分军队,具有将领身份。成帖木儿去世后,诺撒耳曾暂时代理呼罗珊的行政事务,后来阔儿吉思任职,诺撒耳的权力则"仅限于指挥军队"③。诺撒耳的情况与进入小亚地区后的绰儿马罕、拜住颇为相似,都曾在较大范围、较高级别同时拥有军、政两方面职权。

王颋对窝阔台统治时期各方战场的探马赤军将领进行了细致梳理,其文将如绰儿马罕等方面军统帅也视作探马赤军将领。④ 通过前文分析不难发现,绰儿马罕所率西征军其实是由蒙古老千户、蒙古诸部抽兵组成的军队,和各归属政权征兵组合的军队等部分构成的。与其说这是一支"探马赤军",倒不如说这是一个若干老千户和探马赤军千户组成的征战军团。

在《元史·帖木儿不花传》中,记述了随塔海绀卜入蜀攻宋的塔塔儿人帖赤的官职,能够佐证前述"征战军团"的说法:"(帖赤)并将蒙古也可明安、和少马赖及砲手诸军。"⑤ 李治安认为,"也可明安"即"大千户",指成吉思汗所封的旧有蒙古千户;"和少马赖"疑为《史集》"豁失忽勒"(hos hul)的误译形式,即"十

---

① 参见 'Alā' al-Dīn 'Aṭa Malik Juwaynī, *The History of the World-Conqueror*, ed. by Mīrzā Muhammad Qazvinī, tr. by J. A. Boyle, Cambridge: Harvard University Press, 1958, Vol. II, p. 488, note 1。
② [波斯]志费尼:《世界征服者史》下册,何高济译,翁独健校订,第 578 页。
③ [波斯]志费尼:《世界征服者史》下册,何高济译,翁独健校订,第 584 页。
④ 王颋:《大蒙古国探马赤军问题管见》,载南京大学元史研究室编《内陆亚洲历史文化研究——韩儒林先生纪念文集》,第 251—261 页。
⑤ 《元史》卷一三二《帖木儿不花传》,第 3219 页。

人抽二"之意。"也可明安"与"和少马赖"之间应无顿号，帖赤所率之军即从蒙古老千户中以十人抽二形式组成的探马赤军。① 若结合引文后半部分"及砲手诸军"来看，帖赤应非专管某种军队的将领，而是统管由老千户（也可明安）和匠军部队等组成的征蜀大军。与前述绰儿马罕西征军的构成类似，这里的"和少马赖"，应与"也可明安"分开，专指军团中的探马赤军。《史集》记"豁失"是"两个、一双"之意②，"马赖"疑为《秘史》之"莽来"，旁译为"头哨"③，"和少马赖"即"十人抽二组建的先锋军"之意。探马赤军混编而成，又常作为战争先锋军，正合该词之意。

近来有观点认为，《史集》对探马赤军"十人抽二"之说法，是拉施特错将出征蒙古正军的组建方式与探马赤军混淆，不能以此解读蒙古的探马军制度。④ 这一观点似将拉施特所说的"千人队、百人队"直接等同于蒙古老千户，认为这些军队所抽兵士皆来自蒙古各部。但如该文中所说，拉施特"这位生活在差不多是元朝中期的波斯官员对早期的蒙古制度理解不够准确"⑤，则他描述探马赤军时自然会结合现实情况。在《史集》的相关内容中，拉施特只描述探马赤军由诸千人队、百人队中抽人组建，即强调这种军队非单一部族组成，而未直言"千人队"就是蒙古老千户。如前文所述，《史集》记绰儿马罕率四万探马赤军，其中一万户即灭里沙所率"由畏兀儿人、哈剌鲁人、突厥蛮人、可失哈儿人和苦叉人"组成的军队。这一万户中的千户并非自蒙古诸部中选出，如果拉施特所说探马赤军即蒙古正军，《史集》不会将这一万户算入探马赤军。

---

① 李治安：《元代四川行省初探》，《元史论丛》第 13 辑，天津古籍出版社 2010 年版，第 140 页。
② ［波斯］拉施特编：《史集》第一卷第二分册，余大钧、周建奇译，第 374 页。
③ 乌兰校勘：《元朝秘史（校勘本）》，第 133 页。该条史料承蒙暨南大学中国文化史籍研究所陈新元博士告知，谨致谢意！
④ 参见屈文军《也论元代的探马赤军》，《文史》2020 年第 1 期，第 210 页。
⑤ 屈文军：《也论元代的探马赤军》，第 210 页。

《史集》的这一记述，实际上与《元史·兵志一》中"探马赤军则诸部族也"①的表述差异不大，都是后来人对探马赤军组成的概括性说明。贾敬颜、杨志玖以往利用《史集》此段描述时，亦主要采用"诸部族"之要旨，而谨慎地未用它说明探马赤军的最初构成情况，是有道理的。

　　扩建由各地兵员构成的探马赤军，是窝阔台利用已征服地区军事资源的第一步措施。这一时期，成吉思汗组建的蒙古千户已不能满足频繁战争的需要，故而大汗或从蒙古各部抽分出兵，或由地方政权提供士兵，或从已统治地区征发兵丁，采取千户制度的组织和管理方式，来补充原有军事力量的不足。这些探马赤军一般由出自蒙古诸部的将领指挥，这些将领受到大汗的直接指派，加强了大汗对军队的控制力。随着探马赤军的扩建，由窝阔台指派的军队将领在军队系统中的占比增加，能够有效降低长期随成吉思汗执掌中军的拖雷在军队系统中的影响力。

　　如王颋已观察到的，高级别的探马赤将领（更确切地说，是统领探马赤千户的中级将领，和绰儿马罕等诸军总帅）有不少出自大汗怯薛。②这一选任原则也增强了大汗与军队之间的直接联系。并且，从怯薛中选派高级军事将领，相当于在一些原有老千户长和大汗之间增加了管理级别，仍参与征战的老千户长实际权限有所下降。随着探马赤军的广泛组建，窝阔台统治时期的军队构成也在发生重要转变。成吉思汗建立的、以蒙古千户为绝对主体的左右翼军队系统，逐渐扩充为由蒙古千户、探马赤军，乃至汉地诸军和各类匠军组成的军团系统。

　　以上利用《五世系·蒙古世系》的"窝阔台合罕异密"名录，对窝阔台统治时期的军事将领进行了具体梳理。这一时期，成吉思

---

　　①　《元史》卷九八《兵志一》，第2508页。
　　②　最近，陈新元注意到，从窝阔台时代起，大汗多派出火儿赤挂帅领兵。他认为这是大蒙古国时期的军事制度之一。这一观点值得重视。参见陈新元《大蒙古国火儿赤领兵制度钩沉》，未刊稿。

汗组建的蒙古千户已发生分化，一些老千户长成为汗廷要员，不再率军出征；另一些千户则被派往不同地区的战场。利用辖境内各地兵员扩建的探马赤军，使蒙古军队的规模显著增加，能够适应这一时期多地区同时作战的需要。蒙古千户和探马赤军组成新的地区军团。在这一基础上，金朝故地各有编制的军队也开始被纳入大蒙古国的军队体系。利用千户制度对这些军队进行改编、整合，是窝阔台整合军队资源的第二步措施。

第二节 汉军万户的整编和安排

窝阔台对汉地诸军的整编，是增强大蒙古国军事实力的关键举措，和开展灭金、攻宋等战事的重要保障。《元史·刘黑马传》记："岁己丑，太宗即位，始立三万户。以黑马为首，重喜、天泽次之"，后"会增立七万户，仍以黑马为首，重喜、天泽、严实等次之"[①]。这"七万户"成为学者探讨窝阔台时期汉军整编问题的突破口。围绕其设立时间和长官人选，唐长孺、李涵、黄时鉴、王颋及赵文坦等学者皆有相关论述。近来，李治安发表《元太宗朝汉军万户整编新探》一文，重点梳理了窝阔台时期刘黑马万户的构成与扩编，进一步指出"七万户"长官获得大汗"宣命"的制度性意义。[②] 本节在前贤研究基础上，探讨"七万户"的最终形成时间，并梳理"七万户"及后续增设万户参与不同地区战事的情况，由此探究窝阔台汗对汉地诸军的总体安排。

一 "七万户"的设立时间及人选

围绕"七万户"的长官人选，唐长孺、李涵认为：己丑年先设

[①] 《元史》卷一四九《刘黑马传》，第3517页。
[②] 李治安：《元太宗朝汉军万户整编新探》，第44—65、220—221页。

刘黑马、史天泽、萧也先之子萧查剌三万户，灭金前后再增张柔、严实、张荣与李璮四万户。作者根据李璮家族在山东地区的军事实力，推断李璮为后增四万户之一。① 黄时鉴不认同这一看法，他认为与严实、张柔、张荣三人同时成为万户者是塔不已儿，而非李璮，且四万户受封时间在壬辰年（1232）。② 王颋考订壬辰年增设的四万户为塔不已儿、郭德山、张进及某万户。③ 赵文坦另立新说，认为上述"七万户"即《元史·耶律秃花传》中耶律朱哥所统"刘黑马等七万户"，具体为与刘黑马一同征蜀的张札古带、奥屯世英等七个万户。因塔不已儿、郭德山、张进并未参与征蜀，作者将他们排除出"七万户"之列。④ 2001 年，胡小鹏利用嘉靖《鲁山县志》中的《石抹公墓志铭》，考证窝阔台己丑年首设"汉军三万户"之一萧查剌非萧也先之子，而是甲戌年投降的乣军将领扎剌儿，其子即《刘黑马传》中的万户"重喜"。作者认为"七万户"为刘黑马、史天泽、严实、张柔汉军四万户，和重喜、塔不已儿、石抹孛迭儿契丹三万户，窝阔台增设四万户的时间是灭金后的甲午年（1234）。⑤

概言之，己丑年确立刘黑马、史天泽、扎剌儿三万户之事基本明确，此三人万户长的身份可得《元史·刘黑马传》、苏天爵《元朝名臣事略》《石抹公墓志铭》等史料相互印证。以三人"统汉地兵"，说明窝阔台新设万户，是要管理原属金朝的，由契丹、女真等部族士兵组成的军队和汉人世侯的武装力量。

至于其余四万户的长官，据前引《元史·刘黑马传》可知必有严实。张柔的官职也可得到其碑传材料和《黑鞑事略》的证明（详

---

① 唐长孺、李涵：《金元之际汉地七万户》，载李涵《宋辽金元史论》，第 56—75 页。
② 黄时鉴：《关于汉军万户设置的若干问题》，载氏著《黄时鉴文集》卷 1《大漠孤烟》，第 40—44 页。
③ 王颋：《蒙古国汉军万户问题管见》，《元史论丛》第 4 辑，第 62—64 页。
④ 赵文坦：《〈元史·刘黑马传〉"七万户"蠡测》，第 26—32、190 页。
⑤ 胡小鹏：《窝阔台汗己丑年汉军万户萧札剌考辨——兼论金元之际的汉地七万户》，第 36—42 页。

见后文)。学者赞同较多者还有塔不已儿。首先提出此人的黄时鉴先生举出两条史料证明，一是《元史·塔不已儿传》记他"太宗时以招讨使将兵出征，破信安、河南，以功授金虎符、征行万户"；二是《元史·兵志一》记太宗八年（1236）令"答不叶儿"到诸路征兵。① 塔不已儿的身份也基本可确定。最后一位万户长说法不一，有张荣、张进、石抹孛迭儿等人选。

唐长孺、李涵先生文中首先提出张荣是四万户之一，证据是：第一，张荣之孙张宏《行状》中提到其父张邦杰、本人皆袭济南路万户。第二，程钜夫《济南公世德碑》提到"天下四诸侯，济南公其一也"，元明善《藁城董氏家传》言中州豪杰起兵灭金，"若真定史氏，东平严氏，满城、济南两张氏也"，此处可对应"四诸侯"说法，其余三人正是可确认身份的万户长史天泽、严实和张柔。②

王颋认为，以上两条材料不能确定张荣受封万户的时间。他认为张进是增设的万户长，证据是《元史·张荣实传》记其父张进"壬辰岁，率所部兵民降，太宗命为征行万户"。③

胡小鹏认为"七万户"中的重喜、塔不已儿和石抹孛迭儿是三个契丹军万户。证据是：第一，《元史·太祖纪》、同书《木华黎传》中记述石抹孛迭儿被封万户；第二，《元史·石抹孛迭儿传》记传主"与北京都元帅吾也儿，分领锦州红罗山、北京东路汉军二万"，知石抹孛迭儿确有掌管万户的军事实力；第三，《元史·兵志二》记中统初年被调派到京师驻防的兵士所在万户，此皆旧有汉军万户，其中就包括石抹孛迭儿之子乣查剌军。④

---

① 黄时鉴：《关于汉军万户设置的若干问题》，载氏著《黄时鉴文集》卷1《大漠孤烟》，第43页。
② 唐长孺、李涵：《金元之际汉地七万户》，载李涵《宋辽金元史论》，第67—69页。
③ 王颋：《蒙古国汉军万户问题管见》，《元史论丛》第4辑，第63页。
④ 胡小鹏：《窝阔台汗己丑年汉军万户萧札剌考辨——兼论金元之际的汉地七万户》，第40页。

李治安从万户所在地出发考虑，提出一种新的可能性：张进原为第七个万户，1234年他被金将所杀后，石抹孛迭儿接替他成为霸州万户。① 这是支持张进、石抹孛迭儿为"七万户"之一的最新观点。

如前文所引既有研究，对"七万户"人选的讨论，也与后续四万户的增设时间紧密相关。这一问题有灭金前（壬辰，1232）、灭金后（甲午，1234）两种说法。

黄时鉴文考订增设时间为壬辰年的主要根据是：第一，《元史·刘黑马传》载"会增立七万户"，是在三峰山战役之后、破南京之前；第二，确定塔不已儿为四万户之一后，以《元史·塔不已儿传》记他征讨信安、河南后"授金虎符、改征行万户"之经历，参照蒙军攻打信安、河南时间，确定为1232年。但作者也承认，这一时间不能得到记述严实、张柔、张荣事迹的相关史料印证，故他只好推测：1232年增立万户时，严实和张柔已列为万户，但正式授命是在1234年。② 不难看出，黄先生的"壬辰"说主要以第二条史料为据，此说成立要以《元史·塔不已儿传》记时准确，行文无简省、含糊之处为前提。但考虑到未见塔不已儿其他碑传材料的佐证，《元史》诸传在细节上的错漏也并不罕见，以此作为判断依据稍显单薄。且如作者所说，严实等人的碑传材料也无法支持这一时间，故此观点尚可斟酌。

持甲午年（1234）说法的是胡小鹏。他认为灭金战争结束前，统将无暇入觐，只有在灭金后的甲午年，窝阔台召开忽里台奖赏功臣，才有时机进行汉军万户的增设。《元朝名臣事略》记严实"甲午，朝于和林城，授东平路行军万户"、张柔"甲午，入觐，上劳之，历数战勋曰……乃论功行赏，升万户，易金虎符"，作者又举元

---

① 李治安：《元太宗朝汉军万户整编新探》，第62页。
② 参见黄时鉴《关于汉军万户设置的若干问题》，载氏著《黄时鉴文集》卷1《大漠孤烟》，第43—44页。

好问撰《严公神道碑》、王磐《蔡国公神道碑》等佐证这一时间。①

这一时间是正确的。此处可补充一条更直接的史料证据：王鹗撰《宣差万户张侯孝思之碑》，明确记述了张柔受封万户长的时间。② 碑文开篇即言："今上皇帝嗣位之六年，率惟救功，平一区宇，凡先朝开国佐命之臣，思有以奖拔其人而报称其功，乃悉召赴阙下"③，据下文"越明年，夏四月，公平徐方回，一日召门下客王鹗谓之曰……"及文尾所记时间"旃蒙协洽"④，可知此文作于乙未年，即太宗七年。按碑文所述，诸将赴阙后，"……以次第赏之。视其人最旧而功最多者，朝议以宣授千户保州等处都元帅张公为称首。皇帝惜虓虎之助，隆下下之恩，敕公坐诸帅上，数以御坊名酝亲致劳来。既而论功封万户侯。万户盖国朝大官，开创以来授汉人才六七，公其一也。陛辞之日，眷谕良久，易金符为虎符，仍赐御衣名马……"⑤ 此处明言汉军万户长"才六七"，可合"七万户"之称。

《黑鞑事略》的记述也可作为佐证。彭大雅出使蒙古时提到："汉地万户四人，如严实之在郓州今东平府是也，则有山东之兵。史天翼即史三之在真定，则有河东、河北之兵。张柔之在满城保州属县，则有燕南之兵。刘黑马伯林之子之在天城西京属县，则有燕蓟山后之兵。"⑥ 此处已有增设四万户中的严实、张柔二人，说明彭大雅到达汗廷时，"七万户"已设置完备。王国维推定彭大雅到达汗廷的时间是1232年，前述引用《黑鞑事略》的文章均采信此说，考订"七万户"成立时间时难免受到影响。然而根据张政烺考证，彭大雅到达

---

① 胡小鹏：《窝阔台汗己丑年汉军万户萧札剌考辨——兼论金元之际的汉地七万户》，第39页。
② 该条关键史料由南开大学历史学院刘晓教授提示笔者，谨致谢忱！
③ 王鹗：《大朝宣差万户张侯孝思之碑》，载杨晨纂《（光绪）定兴县志》卷十七，清光绪十六年刊本，叶16a—16b。
④ 王鹗：《大朝宣差万户张侯孝思之碑》，《（光绪）定兴县志》卷十七，叶19a。
⑤ 王鹗：《大朝宣差万户张侯孝思之碑》，《（光绪）定兴县志》卷十七，叶16b。
⑥ 彭大雅著，徐霆疏：《黑鞑事略》，载《王国维遗书》第13册，叶25a。

汗廷的时间是 1234 年春天。① 可知彭大雅所记万户长严实、张柔，是太宗六年所知情况。

确认太宗六年"七万户"最终形成，即知此事与诸将在灭金战役中的战功直接相关。由这一时间和受封缘由，可判断前述尚有分歧的万户长人选。首先，据《元史·塔不已儿传》中传主"破信安、河南，以功授金虎符、征行万户"的记述，可确认塔不已儿即"七万户"之一。

其次，在张荣、张进和石抹孛迭儿三人中，可排除张进。据《元史·张荣实传》，其父张进被封征行万户后，"甲午，征河南，与金将国用安战徐州，死焉"②。核《金史·国用安传》，可知张进的战亡时间应在天兴元年（1232）六月之后、甲午年之前③："天兴元年六月，……逐元帅徒单益都。安用率兵入徐，执张兴与其党十余人斩之"，"北大将阿术鲁闻安用据徐、宿、邳……遣信安、张进等率兵入徐，欲图安用，夺其军。安用惧，谋于德全，劫杀张进及海州元帅田福等数百人"④。故当年窝阔台分封灭金功臣时，张进已去世一段时间。

关于剩余二人的史料记述，均未明确提及二人在甲午年获"万户长"之职。前贤判断二人官职，多从其战功、经历，及后代有万户长之职等方面论证，亦未见直接证据。李治安已指出，张荣起家先投效按赤台大王，他真正获得大汗"宣命"成为汉军万户的时间可能在蒙哥汗时期。⑤ 根据《元史》，石抹孛迭儿曾在庚寅年"朝太宗于行在所，赐金符"⑥，可知他有千户长身份。元世

---

① 张政烺：《宋四川安抚制置副使知重庆府彭大雅事辑》，载许全胜校注《黑鞑事略校注》，兰州大学出版社 2014 年版，第 245 页。
② 《元史》卷一六六《张荣实传》，第 3904 页。
③ 因该传记传主国用安于甲午年初战死。参见《金史》卷一一七《国用安传》，中华书局 1975 年版，第 2564 页。
④ 《金史》卷一一七《国用安传》，第 2561 页。
⑤ 李治安：《元太宗朝汉军万户整编新探》，第 64 页。
⑥ 《元史》卷一五一《石抹孛迭儿传》，第 3576 页。

祖初年，曾从若干旧有万户中抽调兵士，其中就包括"霸州萧万户"①，可知他的万户得以保留。但石抹孛迭儿究竟何时升任万户长，尚难确知。

不过，在前述诸家论述中，还有一位可能性较大的人选。赵文坦认为张札古带是"七万户"之一。《元史·张万家奴传》记传主之父札古带，"事睿宗于潜邸。从破金有功，赐虎符，授河东南北路船桥随路兵马都总管、万户"②，明言他因灭金战功获金虎符、授万户，与前述张柔、塔不已儿等人情况相合。但此人后来"从西征，下兴元，围嘉定，殁于军"。根据夹谷忙古歹建立兴元行省的时间，札古带应在太宗八年左右战亡。这可能是该万户之后声名不显的原因。

综上，到金亡当年，获得窝阔台任命的汉地万户长共有七个，即己丑年先授的刘黑马、史天泽、扎剌儿三人，及因灭金战功而受封的严实、张柔、塔不已儿、张札古带四人。"七万户"的形成，标志着窝阔台完成了对汉地诸军的初步整编。

二 攻蜀"七万户"的构成

有学者注意到，《元史》记耶律朱哥"仍统刘黑马等七万户"，与塔海绀卜一同征蜀，故认为这"七万户"，就是《刘黑马传》中所说"增立七万户"，即在刘黑马军团中增加了六个万户，而与己丑年三万户无关。③ 上文已厘清，《元史·刘黑马传》之"七万户"，包括了己丑年所设三万户，且设置目的是为奖励灭金战功而非攻蜀，因此不能与耶律朱哥所统七万户勘同。后者的作用，主要体现在窝阔台派皇子阔端领军征战的秦蜀战场。这里可循已有研究，进一步爬梳攻蜀七万户的相关情况。

---

① 《元史》卷九八《兵志一》，第 2510 页。
② 《元史》卷一六五《张万家奴传》，第 3880 页。
③ 赵文坦：《〈元史·刘黑马传〉"七万户"蠡测》，第 32 页。

首先确知的万户是刘黑马万户。赵文坦关注到周清澍对这七万户的考察，赞同周先生将田雄、夹谷忙古歹算入七万户，而不同意他对郝和尚拔都、李毅二万户的判断。笔者以为，周先生将田雄、夹谷忙古歹及郝和尚拔都算作七万户，都是正确的。李毅也在这七万户之中。[1]

郝和尚拔都和李毅在庚子、辛丑年先后觐见太宗，由窝阔台晋升为万户，可知二人在征蜀过程中战绩颇多。郝和尚拔都在庚子年"进拜宣德西京太原平阳延安五路万户"[2]。根据李治安的研究，这个万户实际是由太宗七年五路签军所组成的新军万户[3]，与刘黑马原领"平阳、宣德等路管军万户"[4]并非同一万户。李毅则在辛丑年"朝行在所，授河东道行军万户，兼总管"[5]，知他统领的主要是以李氏家族镇守地平阳士卒组成的万户。从郝、李二人攻瞿塘、夔州等情况可知，他们所率二万户是塔海绀卜在窝阔台统治晚年开拓东川战场的主力部队。

这支军队中还有世侯梁瑛。据《梁瑛神道碑》，他被塔海都元帅奏为"征行万户"[6]，似也是得到大汗承认的万户之一。但碑文将梁瑛受封的原因——攻取瞿塘系于乙未年后、戊戌年前，而核《元史·李毅传》，蒙军攻下瞿塘是己亥年事，故知碑文记年不确。同载梁瑛生平的《评事梁公之碑》，在这一时间上可与《李毅传》相合，记蒙军自兴元出发攻打东川的路线也更为细致、可信。此碑中记：

---

[1] 赵文言周先生认为李毅也是《耶律秃花传》中"七万户"之一，核所引周文《元桓州耶律家族史事汇证与契丹人的南迁》(《周清澍文集》上册，第431页) 未见此判断。
[2] 《元史》卷一五〇《郝和尚拔都传》，第3553页。
[3] 李治安：《元代四川行省初探》，第143页。
[4] 《元史》卷一四九《刘黑马传》，第3517页。
[5] 《元史》卷一五〇《李毅传》，第3548页。
[6] 魏初：《故征行都元帅五路万户梁公神道碑铭》，载胡聘之《山右石刻丛编》卷三一，清光绪二十七年刻本，载国家图书馆善本金石组编《历代石刻史料汇编》第11册，北京图书馆出版社2000年版，第417页。

"辛丑岁，宋人复守瞿塘之江，兵不能进。公乃于是计之以皮航，因得而济之，遂破……是以都元帅知公有深谋远筹，又善于用兵，故授以万户之职。"[1] 可见梁瑛当时的"万户"之衔是都元帅塔海所授，更接近军队统帅有权授予的临时性职务。

田雄和夹谷忙古歹与前述郝、李二人不同，他们所领万户主要承担镇守职责，兼管屯田和民事。田雄在太宗五年"镇抚陕西"，次年受赐金虎符，"以太原、平阳两路军皆隶麾下"[2]。这时攻蜀战事尚未开始，隶属田雄的这两路兵士，主要作镇守之备。田雄副帅史千的《墓碣铭》中记，史千"领平阳太原士卒藩戍关中，俾副京兆尹田雄"[3]，即言此事。李庭撰《田公神道碑》下文载："戊戌，赴阙……俾专意征蜀，拔成都，定五十余城，皆有功"[4]，颇疑言田雄"定五十余城"等语并非实指。一则，周清澍考察耶律朱哥史事时，涉及他在京兆地区的崇道活动。[5] 从庚子年前后朱哥和田雄差官延请于志道、尹志平等人入陇的情况看，二人应当一直留守在相对安定的攻蜀后方，若田雄果真率军攻城，何来闲暇联络全真道士？二则，新出《刘黑马墓志铭》载："庚子岁，入觐授都总管万户，俾专意征蜀，拔成都，定五十余城。"[6] 田雄《神道碑》上引语句与此颇似。但《元史·刘黑马传》中明言，他改授都总管后，"统西京、

---

[1] 张藻：《评事梁公之碑》，载胡聘之《山右石刻丛编》卷二四，《历代石刻史料汇编》第 11 册，第 254 页。

[2] 李庭：《寓庵集》卷六《故宣差京兆府路都总管田公墓志铭》，藕香零拾本，载《元人文集珍本丛刊》第 1 册，台北：新文丰出版公司 1985 年版，第 41 页。

[3] 叚菊轩：《故河津镇西帅史公墓碣铭》，载胡聘之《山右石刻丛编》卷三三，《历代石刻史料汇编》第 11 册，第 460 页。

[4] 李庭：《寓庵集》卷六《故宣差京兆府路都总管田公墓志铭》，载《元人文集珍本丛刊》第 1 册，第 41 页。

[5] 参见周清澍《元桓州耶律家族史事汇证与契丹人的南迁》，载氏著《周清澍文集》上册，第 425—432 页。

[6] 骆天骧：《大元故宣差都总管万户成都路经略使刘公墓志铭》，载陕西省考古研究院编著《元代刘黑马家族墓发掘报告》，文物出版社 2018 年版，第 25 页。

河东、陕西诸军万户，夹谷忙古歹、田雄等并听节制"①，可知刘黑马是当时征蜀汉军的总负责人。所谓"专意征蜀""定五十余城"，用以形容军队统帅筹划战局更为合理。因此笔者以为，自太宗五年受命镇陕起，田雄的活动范围主要限于京兆地区。他在担任镇戍万户的同时，也负责此地的农业恢复、文教振兴等活动。

夹谷忙古歹则是随塔海绀卜攻下兴元后，自请留驻当地屯田，为攻蜀提供军粮保证。"制可，诏都元帅量留汉军，其新至之民及田事，可无时籍数，具效以闻。仍赐虎符。是月制谕，令安抚兴元军民。制又以为安抚使。一月之间，三制并下。"② 可知窝阔台也意识到控制兴元的重要性，故赐忙古歹虎符，又下制表示支持。这样，到太宗八年，蒙古已在陕地建立两处镇戍区，这为后续深入蜀地的军队免去不少后顾之忧。前述郝、李等部，即从兴元南进剑阁，再顺次向东攻取诸地。

赵文坦已考订奥屯世英率军入蜀的相关情况，笔者同意奥屯世英为征蜀七万户之一。据李庭撰《奥屯公神道碑铭》，奥屯世英辛丑年曾遭人诬告，窝阔台汗"夺公虎符"，说明此前奥屯世英已有万户长身份。《奥屯公神道碑铭》继而载蒙哥上书乞赐还虎符事："谓大哥以有功之故，朵火鲁虎奉成吉思皇帝圣旨，赐此虎符，不可夺也。仍授以万户之职"③，可知奥屯世英的万户长身份得到了窝阔台汗的承认。

《奥屯公神道碑铭》中还记述一位名叫"扎古带"④ 的将领，他在窝阔台统治初年，与奥屯世英共同行军到富平。此人应与1245

---

① 《元史》卷一四九《刘黑马传》，第3517页。
② 姚燧：《牧庵集》卷一六《兴元行省瓜尔佳公神道碑》，载查洪德编《姚燧集》，人民文学出版社2011年版，第254—255页。
③ 李庭：《寓庵集》卷七《大元故宣差万户奥屯公神道碑铭》，载《元人文集珍本丛刊》第1册，第45页。
④ 李庭：《寓庵集》卷七《大元故宣差万户奥屯公神道碑铭》，载《元人文集珍本丛刊》第1册，第44页。

年《扎古得请钦公疏》中的"宣差河中府船桥随路军马都总管扎古得"为同一人。此疏记述了河中地区官员延请佛僧之事，时间记为1245年4月，署名为"宣差总管夹谷义、宣差万户奥屯大哥、宣差河中府船桥随路军马都总管扎古得"①。类比其他官员为同件事所作疏文落款排序，②可知"扎古得"职级高于奥屯世英，应对其万户有管辖权。

有学者认为此"扎古带（扎古得）"是前述《元史·张万家奴传》中的传主之父札古带。③后者"事睿宗于潜邸。从破金有功，赐虎符"④，其睿宗潜邸出身，与前述"扎古带（扎古得）"随同为拖雷家臣的奥屯世英行军、同署等情况似乎相合。不过，《元史》中札古带的战亡时间在太宗八年（1236）前后，而《扎古得请钦公疏》落款时间是乙巳年（1245），已晚于这一时间不少。且疏文为请人住持永济栖岩寺所作，署名者均为当地官员。从奥屯世英"以疾卒于河中公廨之正寝"⑤ 来看，他在署名该疏文时，已回到河中地区任职，则"扎古得"也应回到当地。这与《元史》记札古带"殁于军"的说法难以对应。另外，从张万家奴、张宝童等名可见，《元史》提到的札古带，应有姓氏"张"。故"扎古带（扎古得）"与张札古带应为两人，前者与奥屯世英万户有关，后者是"七万户"之一。

最后一个万户应是谢坚。《三晋石刻大全》收录《谢公墓志

---

① 《山右石刻丛编》卷二四《扎古得请钦公疏》，载《历代石刻史料汇编》，第11册，第258页。

② 《山右石刻丛编》收录了乙巳年山西河中地区官员延请钦公的疏文，以"河东县疏""河中府疏""宣差船桥都总管疏"为题头，这三件疏文都是1245年3月所作。第二疏落款为"河中府判官高吉、河中府同知谢天吉、河中府知府陈宝"，可见官职由低往高排列。参见《山右石刻丛编》卷二四《河中请钦公疏》，载《历代石刻史料汇编》第11册，第257页。

③ 赵文坦：《〈元史·刘黑马传〉"七万户"蠡测》，第29页。

④ 《元史》卷一六五《张万家奴传》，第3880页。

⑤ 李庭：《寓庵集》卷七《大元故宣差万户奥屯公神道碑铭》，载《元人文集珍本丛刊》第1册，第45页。

铭》，记载传主谢坚曾在甲午年入觐窝阔台，次年获封万户长："朝于和林城，上大悦，筵饩终日，优加宠异。及还平阳，迁□行中书省事。乙未，天下版籍民数，充河解古城安平等处万户，兼都宣使"①。之后，他"奉旨从大帅塔海绀卜伐蜀，修栈道，系浮筏，□□关，破成都，突碉门，下夔府"，由"修栈道"等事可知，谢坚率领的应该是一个匠军万户，除征战任务外，还承担战事工程的营建。《元史·兵志一》记太宗七年、八年两次签军：七年"签宣德、西京、平阳、太原、陕西五路人匠充军"，八年"真定、河间、邢州、大名、太原等路，除先签军人外，于断事官忽都虎新籍民户三十七万二千九百七十二人数内，每二十丁起军一名"。②谢坚所率兵士应当来源于山西地区的签军活动。

谢坚的万户职衔中的地名颇值得注意。其中"古城"即"鼓城"，丙申分封后隶属尤赤系宗王拔都③，安平则在"太宗七年，复改为县，隶深州。宪宗在潜，隶鼓城等处军民万户府"④，此二县皆在真定路内。而"河解"即河中府和解州，是奥屯世英长期管辖之地，属于拖雷家族的势力范围。也就是说，谢坚所部兵士应来源于尤赤、拖雷家族封地。《奥屯公神道碑铭》记"辛丑岁夏，河中船桥官谢以事诬公"⑤，从官职判断，"诬告"奥屯世英者很可能是谢坚。《山右石刻丛编》收《谢坚请钦公疏》，记他乙巳年职为"宣差

---

① 崔撰：《大蒙古国故征行元帅平阳府同知总管兼河东南北两路兵马船桥事谢公墓志铭》，载刘泽民、李玉明主编，王天然分册主编《三晋石刻大全·临汾市尧都区卷上编·现存石刻》，三晋出版社2011年版，第39页。
② 《元史》卷九八《兵志一》，第2509—2510页。
③ "平阳一道，隶拔都大王，又兼真定、河间道内鼓城等五处"，见郝经《河东罪言》，《郝文忠公陵川文集》卷三二，据明正德二年李瀚刻本影印，载北京图书馆古籍出版编辑组编《北京图书馆古籍珍本丛刊》第91册，书目文献出版社1991年版，第766页。
④ 《元史》卷五八《地理志一》，第1358页。
⑤ 李庭：《寓庵集》卷七《大元故宣差万户奥屯公神道碑铭》，载《元人文集珍本丛刊》第1册，第45页。

河东南北路船桥都总管"①；王恽为谢坚次子谢企石撰写的墓碣铭中，记谢坚"官至河中府船桥总管"②，可资佐证。联系窝阔台因此事夺奥屯世英虎符的情况，疑谢坚所部为窝阔台从朮赤、拖雷属地内抽调人丁而成，谢坚本人为大汗拔擢的万户长。他征蜀后返回河中任职，也起到制衡、监视奥屯部的作用。

综上，耶律朱哥率领的"刘黑马等七万户"，除后来总管战事的刘黑马万户外，还有郝和尚拔都、李㲋两个主力作战万户，田雄、夹谷忙古歹两个镇戍屯田万户，以及来自山西的奥屯世英万户，和谢坚的匠军万户。攻蜀汉军万户中这种兼有作战（征行）、镇戍和匠军的配置方式，与甲午年"七万户"情况类似，是窝阔台整编汉军的突出特点。

三 张柔"八万户"及辽东诸万户

甲午年形成的"七万户"中，刘黑马、张札古带率军入蜀，史天泽、张柔、塔不已儿和严实属将则南下征宋。《元史·太宗纪》及《张柔传》均有令"柔等八万户伐宋"③的记载，这八万户即太宗朝江淮战场上对宋作战的汉军主力。

"七万户"之一的塔不已儿率军参与攻宋。《元史·兵志一》记太宗八年签军事："燕京路保州等处，每二十户签军一名，令答不叶儿统领出军。真定、河间、邢州、大名、太原等路，除先签军人外，于断事官忽都虎新籍民户三十七万二千九百七十二人数内，每二十丁起军一名，亦令属答不叶儿领之"④，可知塔不已儿所率兵士，来自于河北、山西地区的新附籍民户。这部分新兵士，应用于补充塔

---

① 《山右石刻丛编》卷二四《谢坚请钦公疏》，载《历代石刻史料汇编》第 11 册，第 257 页。

② 王恽：《秋涧先生大全文集》卷六〇《大元国故河中府南北道船桥总管谢公墓碣铭》，《四部丛刊》影印江南图书馆藏明弘治刊本，叶 12b。

③ 《元史》卷二《太宗纪》，第 36 页；《元史》卷一四七《张柔传》，第 3475 页。

④ 《元史》卷九八《兵志一》，第 2510 页。

不已儿万户在攻金战役中的人员损耗。

代表严实出征的齐荣显应属"八万户"之一。《元史·齐荣显传》记他"进拔五河口,升权行军万户,守宿州"①。齐荣显率领的是从严实处带来的军队。不过,齐荣显后来因坠马受伤不能行军,便回到东平管理税收事务。但他率领的军队应仍驻守于宿州。②

与他情况相似的还有邸顺。《元史·邸顺传》载:"己亥,佩金符,为行军万户,管领诸路元差军五千人,从大军破归德府,留顺戍之。"③ 可知邸顺在太宗十一年获封万户,他也在攻下归德后成为镇戍万户。另可注意的是,他"管领诸路元差军五千人",知其士兵并非自己原有部将,而来自诸路抽调。这与史天泽、张柔、齐荣显等万户的情况不同。邸顺万户是太宗朝攻宋过程中形成的新万户,在征战和镇戍中逐渐充实兵员,后来也成为固定万户之一。

解诚也是"八万户"之一。他"从伐宋……以功授金符、水军万户"④,主要承担水上作战任务。《元史》后文言他参加焦湖之战,此役发生于戊戌年(1238)⑤,可知他的"水军万户"应在太宗年间受封。此人在《元史·世祖本纪》中作"解成",是中统二年世祖命"以所部兵来会"的"七万户"之一。中统二年十月,"壬寅,命亳州张柔、归德邸浃、睢州王文干、水军解成、张荣实、东平严忠嗣、济南张宏七万户,以所部兵来会"⑥。可知解诚一直管领该万户到世祖朝初年。

剩余两个万户的情况不明。由这"八万户"可见,因连年征伐、

---

① 《元史》卷一五二《齐荣显传》,第3601页。

② 这支军队应即后来的"宿州万户"。刘晓指出,"宿州万户"与东平严氏有密切关系,系由其基干部队发展而来。参见刘晓《元浙东道"沿海万户府"考——兼及"宿州万户府"与"蕲县万户府"》,《清华元史》第3辑,商务印书馆2015年版,第136页。

③ 《元史》卷一五一《邸顺传》,第3570页。

④ 《元史》卷一六五《解诚传》,第3870页。

⑤ 参见《元史》卷一六五《孔元传》,第3875页。

⑥ 《元史》卷四《世祖纪一》,第75页。

兵士损耗，在整编旧有汉军的同时，窝阔台也利用新统治地区的民户充实兵力，逐步建立若干新万户。另外，江淮战场涉及水上作战，故而任命解诚统率"水军万户"，以适应新的作战需要。

除派皇子阔端入蜀、阔出南下外，窝阔台还派出长子贵由经略辽东一带。这一时期在辽东地区的战事，主要是三次攻打高丽和征讨蒲鲜万奴。参与的汉地诸军基本为契丹军，可确知者有四万户。

"七万户"中的扎剌儿之子重喜，应参与辽东地区的战事。《石抹公神道碑》载扎剌儿己丑年"充管把兴州、北京、懿州、临潢府、平滦州、燕京、顺天府等路管军万户"①，知他的管辖范围大致为后来的大宁路、大都路及辽阳路等处，与辽东战地较为接近。扎剌儿庚寅年病故，"其符爵自辛卯年长子重喜，暨孙忙古觯、重孙绍祖、玄孙驴驴奕叶袭受，至今不绝"，作为大都至辽东一带的重要统帅，重喜应承担配合唐古、诸王按赤台等主将作战的相关职责。

石抹查剌率领的黑军也是辽东战场的作战主力："癸巳，从国王塔思，征金帅宣抚万奴于辽东之南京，先登，众军乘之而进，遂克之，王解锦衣以赐。辛丑，太宗嘉其功，授真定、北京两路达鲁花赤。"② 石抹查剌为石抹也先之子，即早先唐长孺、李涵等先生推断的己丑三万户之一。以石抹也先平叛张鲸之乱后，"籍其私养敢死之士万二千人号黑军者"③ 来看，石抹查剌所统兵士应当逾万。

前述被学者们推断为"七万户"之一的石抹孛迭儿也参加了讨伐万奴的战事，"癸巳，从讨万奴于辽东，平之"④。但如前述，石抹孛迭儿此时是否已升任万户长，尚不确知。

在征伐蒲鲜万奴之外，还有至少两个万户跟随撒礼塔出征高丽。其一长官是耶律薛阇，"庚寅，帝命与撒儿台东征，收其父遗民，移

---

① 李源：《石抹公神道碑》，载孙铎纂《（嘉靖）鲁山县志》卷九，明嘉靖刻本，叶 45b。
② 《元史》卷一五〇《石抹也先传》，第 3543 页。
③ 《元史》卷一五〇《石抹也先传》，第 3542 页。
④ 《元史》卷一五一《石抹孛迭儿传》，第 3576 页。

镇广宁府，行广宁路都元帅府事。自庚寅至丁酉，连征高丽、东夏万奴国，复户六千有奇"①。薛阇死于太宗八年，其子收国奴袭爵，"行广宁府路总管军民万户府事"，故知薛阇也应为万户长级别。其二长官是王荣祖，"己丑，授北京等路征行万户，换金虎符。伐高丽，围其王京……进讨万奴，擒之"②。此人为王珣长子，《元史·王珣传》记传主"本姓耶律氏，世为辽大族。金正隆末，契丹窝斡叛，祖成，从母氏避难辽西，更姓王氏"③，可知王荣祖也具有契丹血统。

四 窝阔台对汉地万户的安排

据上文分析，甲午年形成"七万户"后，刘黑马、张札古带率军入蜀，扎剌儿参与辽东作战，史天泽、张柔和塔不已儿则成为南下攻宋的主力，可见诸万户长均继续参战。只有严实派出属将参加攻宋，而自己一直留居东平。

元好问撰《严公神道碑》中提及此事，言："丁酉九月，诏书命公毋出征伐……上亦雅知公不便鞍马，念其功而悯其劳，视之犹家人父子，欲使之坐享康宁寿考之福，故圣意优恤如此。公病风痹久……"④《元史·王玉汝传》也载"实年老艰于从戎"⑤，可知严实身体状况不佳，难以率军远征。这是他不再参与战事的直接原因。再者，太宗"念其功而悯其劳"，也有补偿严实在丙申分封中损失颇多的用意。"初，公之所统，有全魏，有十分齐之三，鲁之九。及是画境之制行，公之地于魏，则别大名、又别为彰德，齐与鲁，则复以德、兖、济、单归于我。"⑥且如王玉汝言，"严实以三十万户归

---

① 《元史》卷一四九《耶律留哥传》，第3514—3515页。
② 《元史》卷一四九《王珣附王荣祖传》，第3536页。
③ 《元史》卷一四九《王珣传》，第3534页。
④ 元好问：《遗山先生文集》卷二六《东平行台严公神道碑》，载姚奠中主编、李正民增订《元好问全集》上册，山西古籍出版社1990年版，第617页。
⑤ 《元史》卷一五三《王玉汝传》，第3616页。
⑥ 元好问：《遗山先生文集》卷二六《东平行台严公神道碑》，第617页。

朝廷，崎岖兵间，三弃其家室，卒无异志"①，严实的归降、效忠对初生的大蒙古国控制山东地区起到了关键作用。② 出于抚慰功臣、稳定军心的考虑，窝阔台也要对严实示以优待。

严实甲午年觐见大汗时，"偏裨赐金符者八人"③，这八人中如从征安庆、定城、信阳等处的张晋亨，"戊戌，征宋，驻兵蕲、黄间"④的赵天锡，都是攻宋的主力军将领。而留守东平的严实则"挈沟壑转徙之民，而置之衽席之上，以勤耕稼，以丰委积"⑤，致力于收集流民、发展农业。故实行籍户后，东平地区所缴税收远超他处。陈高华较早注意到这方面情况，指出丙申分封后，诸王投下所占原属严实的民户数量众多。⑥ 可知严实在恢复经济方面，也为大蒙古国提供了数量可观的赋税和人户。东平既为攻宋提供了将帅兵士，又向汗廷、诸王供给财赋，令严实居于此地、营措诸务，能够更好地满足大蒙古国的发展需要。

此外，从《元史·王玉汝传》中，还可窥见严实留守东平的另一层作用。丙申分封时，王玉汝曾向窝阔台申诉，保全了严实对辖境内投下诸地的总领之权。但"分封之家，以严氏总握其事，颇不自便，定宗即位，皆聚阙下，复欲剖分东平地……玉汝力排群言，事遂已"⑦，可知食邑在严实辖境内的诸王勋旧对这一安排并不满意，试图令贵由汗再行分划，从而获得封地的完整控制权。《耶律公神道碑》记丙申分封时，窝阔台汗本已应允裂土分赐诸王功臣，耶律楚材劝阻说："尾大不掉，易以生隙。不如多与金帛，足以为恩"，

---

① 《元史》卷一五三《王玉汝传》，第3616页。
② 参见陈高华《大蒙古国时期的东平严氏》，载氏著《元史研究新论》，第310页。
③ 《元史》卷一四八《严实传》，第3506页。
④ 《元史》卷一五一《赵天锡传》，第3583页。
⑤ 元好问：《遗山先生文集》卷二六《东平行台严公神道碑》，第617页。
⑥ 陈高华：《大蒙古国时期的东平严氏》，载氏著《元史研究新论》，第322页。
⑦ 《元史》卷一五三《王玉汝传》，第3616—3617页。

又提出"若树置官吏，必自朝命，除恒赋外，不令擅自征敛"① 的限制举措，最终说服了大汗。严实得以总领其地，与耶律楚材"易以生隙"的建言有直接关系。诸王勋旧迟至贵由汗即位才至阙抗言，说明分封之后，窝阔台未有更变之意，反以汉人世侯为控御诸王勋旧的有效手段。

至此，甲午年最终形成的"七万户"后续动向已基本梳理清楚。由此不难看出窝阔台对汉地诸军的总体安排：以刘黑马为首的山西诸军进入川蜀，成为西线作战主力；以札剌儿为首的契丹军向东征进，迫使高丽称臣纳贡；中线则由严实坐镇山东，以史天泽、张柔、塔不已儿为首的河北、山东诸军南下参战。在这一基础上，随着各地战事的展开，又逐渐形成了三方面的"万户军团"。西线、中线有镇戍万户及适应当地作战需要的匠军、水军万户，便于巩固战果、逐步推进；而东线战争主要以迫降、平叛为目的，出征次数多、征战时间长，故基本任用常年经略辽东的契丹将领。从三方面参战的万户数量来看，在基本平衡的前提下，中线战场略占优势。

从甲午七万户到征蜀七万户、张柔"八万户"及辽东四万户，反映出窝阔台整编、扩充汉地诸军的基本过程。将汉地诸军分派到东、中、西三线同时作战，体现出蒙古"中央加两翼"的军事传统。与成吉思汗组建蒙古千户军队体系相比，窝阔台对汉地诸军万户的整编和扩建，体现出由中央到地方、以万户为纲的新特点，更适应同时进行多方面战争的实际需要，也能更充分地利用战争后的新增人户。

在窝阔台统治时期，除了灭金、攻宋和经略辽东外，由绰儿马罕率领的大军也一路西进，经略呼罗珊地区及更远的小亚地区。《史集》在记述这支西征军时，也以"万户"为基本单位。这反映出窝阔台采取千户制度整编其他部族军队后，大蒙古国控制的作战兵员

---

① 宋子贞：《中书令耶律公神道碑》，载苏天爵编《国朝文类》卷五七，《四部丛刊》影印上海涵芬楼藏元刊本，叶 17a。

在人数上显著增加。与军队数量增长、军团式作战方式相匹配，出现了高级别的地区军事长官。如本节统领征蜀大军的耶律朱哥，其实际职权并不限于统率诸军，还可监管所辖区域内的行政事务。绰儿马罕及后继者拜住在波斯及南高加索地区也有类似权力。这些在军事经略过程中出现的地方军政统帅，也深入参与到地区行政管理体系的建设中。

第三节　绰儿马罕西征诸军将领

成吉思汗西征返回蒙古后，花剌子模算端摩诃末之子札阑丁重返故土，试图复兴旧国。故窝阔台在即位之初，就派绰儿马罕率军追击札阑丁，并继续扩张大蒙古国的统治版图。绰儿马罕所率主力部队一路向西征战，直抵南高加索地区的木干草原，并逐渐发展为大蒙古国前期西亚地区最重要的权力中心。学界关于绰儿马罕西征军的探讨已趋充分。较早进行这方面工作的学者有柯立夫、波伊勒、梅天穆等。[1] 近年来，研究者逐渐挖掘出西征军在伊利汗国建国、蒙古探马赤军发展等历史议题中的重要作用。邱轶皓充分利用《五世系·蒙古世系》等波斯文史料，揭示出绰儿马罕所部与伊利汗国建国之军在人员上的紧密联系，并循此分析了伊利汗国前期的军事力量构成。[2] 求芝蓉利用多语种史料，对绰儿马罕西征军的军队构成、主要将领及征战过程等问题作了精到辨析，[3] 推进了对西征军本身，

---

[1] 参见 F. W. Cleaves, "The Mongolian Names and Terms in The *History of The Nation of The Archers* by Grigor of Akancʻ", pp. 400 – 443; J. A. Boyle, "Some Additional Notes on the Mongolian Names in the *History of the Nation of the Archers*", in his *The Mongol World Empire 1206 – 1370*; Timothy May, *Chormaqan Noyan: The First Mongol Military Governor in the Middle East*, pp. 38 – 47。

[2] 邱轶皓：《蒙古帝国视野下的元史与东西文化交流》，第 177—228 页。

[3] 求芝蓉：《搠力蛮西征及其探马军组织》，《文史》待刊稿。

尤其是对军队内部探马赤组织的研究。

而在呼罗珊以东地区，还有一部分与绰儿马罕西征军紧密相关，但尚未引起学界充分注意的军队。《元朝秘史》中记述了支援绰儿马罕的蒙格秃、斡豁秃儿所部，在蒙哥汗即位后，《史集》言该军被撒里那颜接管。同时，撒里那颜还接管了原由答亦儿统帅的军队。前贤或以蒙格秃、答亦儿所率军队为同一支，经答亦儿、蒙格秃、斡豁秃儿三传归撒里所统；[1] 或将答亦儿、撒里皆归入"哥疾宁·怯失迷儿·忻都万户"，未及蒙格秃统军事，[2] 可知该问题仍有进一步探讨的空间。在记述13世纪伊朗地区东部史事的《也里史志》中，保存了尚未被国内学界充分利用的相关记述。本书挖掘出这一地方史料提供的新信息，并比对其他波斯文史料，厘清蒙格秃、答亦儿所率军队等问题，由此梳理大蒙古国时期绰儿马罕西征诸军将领的情况。

一　蒙格秃所部与斡豁秃儿其人

《元朝秘史》第270节记，窝阔台派出蒙格秃和斡豁秃儿增援绰儿马罕军："成吉思皇帝父亲留下未完的百姓，有巴黑塔惕种的王中合里伯，曾命绰儿马中罕征进去了。如今再教斡豁秃儿，同蒙格秃两个，做后援征去。"[3]《史集·部族志》则记述了一支由蒙格都和忽忽秃率领的军队："[蒙哥合罕]派出两万军队到忻都斯坦边境……统帅之权交给了蒙格都。他死后，[蒙哥合罕将统率权]转授给忽忽秃。"[4] 由汉译文本来看，似是蒙哥合罕派出了蒙格都。但核《史

---

[1] 何启龙：《考证征伐女真、高丽的札剌亦儿台与也速迭儿——兼论〈蒙古秘史〉1252年成书之说》，《元史及民族与边疆研究集刊》第34辑，上海古籍出版社2017年版，第222—223页。

[2] 邱轶皓：《蒙古帝国视野下的元史与东西文化交流》，第195页。

[3] 乌兰校勘：《元朝秘史（校勘本）》，第381页。

[4] [波斯]拉施特编：《史集》第一卷第一分册，余大钧、周建奇译，第177—178页。

第二章　窝阔台汗时期的军事安排　117

集》苏联集校本原文为①：

...پیش از وقوع این حال دو تومان لشکر را بر سرحّد هندوستان بود و فرمود در قوندوز بقلان و حدود بدخشان باشد و امیری ایشان بمونکدر نامی داده بود و چون او نمانده بهوقوتو نامی داده و نیز وفات کرده این سالی نویان را بجای وی با میری آن دو تومان لشکر فرستاده و در آن وقت بود کی هولاکو خان را بایران زمین نامزد فرموده بود...

[转写]② ...pīsh as vuqūʻ-i īn hāl, du tūmān lashkar rā bar sarhhad-i Hindūstān būd va farmūd dar Qūndūz Baglān va hudūd-i Badakhshān bāshad, va amīrī-yi īshān ba-Mūnkidur nām-ī dāda būd. Va chūn ū na-mānda, ba-Hūqūtū nām-ī dāda va nīz vafāt karda, īn Sālī Nūyān rā ba-jāy-i vay ba-amīrī-yi ān du tūmān lashkar firistāda, va dar ān vaqt būd kī Hūlākū Khān rā ba-Īrān Zamīn nāmzad farmūda būd...

[译文]……在该事件之前，两万军队位于忻都斯坦边境，并被命令留在浑都思－八黑兰和巴达哈伤境内，他们的异密之职被给了蒙格都。当他去世后，任命了忽忽秃。他也死后，这个撒里那颜据有其位，委付他那两万军队的异密之职，此时正是伊朗地面被委付于旭烈兀汗之时……

在《史集·部族志》的波斯文原文中没有出现主语，故需结合相关史事，判断引文纪事时间。结合下文蒙哥汗对撒里那颜的指示等内容，可知撒里在旭烈兀西征之际接管军队，是出于蒙哥汗的命

---

① Rashīd al-Dīn Fażl Allāh, *Jāmiʻ al-Tavārīkh*, Vol. 1, ed. by A. A. Romaskevich et al., p. 188.
② 本节波斯文转写均使用 IJMES 转写系统。本节波斯文史料翻译完成后，笔者曾就可疑处请教北京大学外国语学院王一丹教授，谨致谢忱！

令。而派出两万军队到忻都斯坦、相继任命蒙格都、忽忽秃为军队统帅者，在此处并未指明是哪位大汗。此处的"蒙格都"，与前述《秘史》的"蒙格秃"实为一名。① 这支军队应当就是《元朝秘史》中被窝阔台派出的后援部队。《秘史》没有提及蒙格秃率军的具体去向，而由《史集·部族志》可知，他并未随绰儿马罕继续西进，而是驻扎在浑都思－八黑兰－巴达哈伤地区，② 镇守西征大军的背后之地。

据《史集》，蒙格都死后，忽忽秃接替了他的职务。波伊勒认为，这个忽忽秃，就是《秘史》中的斡豁秃儿（Oqotur③）。他参考《史集》贝勒津本、伯劳舍本对"忽忽秃"一名的波斯文写形 هوقاتو/هوقتو ，认为此名可转写为 Hoqotur 或 Hoqatur。他以卡尔·雅恩的注释来解释转写中增加的字母 r。④ 卡尔·雅恩（Karl Jahn）提到，在《史集·印度史》中，记述了一位受窝阔台之命前往此地的军事将领 Ukutu，其名在阿拉伯文文本中作 اوكوتو ，而波斯文文本中出现的残损形式即 كتور 。⑤ 此名对应阿文文本 tū（تو）音节的波斯文写形是

---

① 《秘史》中的"蒙格秃"作 Mönggetü，与上引《史集》"蒙格都"（Mūnkidur）的主要区别在于末尾音节。波斯文《五世系》中有一个类似名字，波斯文转写作 Mūnkūdū Qiyān，蒙古文转写作 Mönggetü Qiyan。可见波斯语中的 dū，可以对应蒙古语中的 tü。关于"蒙格都"（Mūnkidur）波斯文写形末尾多出的字母 r，详见下文对忽忽秃之名的相关讨论。参见 Shuʻab-i Panjgāna, f. 102b. 上述人名转写，采用了北京大学外国语学院"波斯文《五族谱》整理与研究"项目二次修订稿（未刊）。

② 彼得·杰克逊指出，蒙格秃所部镇戍之地，是一片相当广大的地区，除了《史集》提到的这几处地名外，还包括塔里寒（Taliqan）、哥疾宁（Ghazna）、喀布尔（Kabul）等地。参见 Peter Jackson, *The Delhi Sultanate: A Political and Military History*, New York: Cambridge University Press, 1999, p. 105。

③ 该蒙古文转写形式亦见于鲍·包力高、齐木德道尔吉、巴图赛恒编《〈元朝秘史〉畏吾体蒙古文再复原及其拉丁转写》，内蒙古出版集团、内蒙古科学技术出版社 2013 年版，第 1135 页。注 1 "蒙格秃"之蒙古文转写形式亦见于此页。

④ J. A. Boyle, "The Mongol Commanders in Afghanistan and India According to the *Ṭābāqāt-i Nāṣirī* of Jūzjānī", *Islamic Studies*, Vol. 2, Karachi 1963, in his *The Mongol World Empire 1206-1370*, pp. 242, 247, note 68.

⑤ Karl Jahn, "A Note on Kashmīr and the Mongols", *Central Asiatic Journal*, Vol. 2, No. 3, 1956, p. 177.

tūr（تور），多出字母 r（ر）。

由于辅音 H 在中古蒙古语中正趋于弱化，波伊勒将波斯文写形هوقاتو/هوقتو的第一音节هو（hū）对应蒙古语 Oqotur 的首元音 O，是可以成立的。美中不足的是，他未找到هوقاتو/هوقتو的最后一个音节تو（tū），与 Oqotur 的 tur 完全对应的直接证据。的确，在上引《史集·部族志》苏联集校本原文及注释所引诸抄本中，"忽忽秃"之名的写形皆以تو结尾①，没有出现رتو的形式。

在以《史集》为主要史源的波斯文《五世系·蒙古世系》中，也记录了一位叫"忽忽秃"的异密②：

هوقتو امير معتبر بود و بعد از وفات مونكدو[مونلدر] جاى او را برو دادند.

［转写］Hūqutū amīr-i muʿtabar būd, va baʿd az vafāt-i Mūnkidū jā-yi ū rā bar-ū dād-and.

［译文］忽忽秃，是受尊敬的异密，在蒙格都死后，继承其位。

从《五世系》记述他接替蒙格都之位来看，此人即上述《史集·部族志》提到的同名者。而在与《五世系·蒙古世系》内容有继承关系的《贵显世系》（Muʿizz al-Ansāb）中，也记述了此人的信息③：

---

① 前引《史集·部族志》苏联集校本注释参照的诸抄本及该名写形为：伊斯坦布尔本（P 本）作هوقتو，萨尔蒂科夫－谢德林公共图书馆所藏抄本（T 本）作هوقاتو，伦敦本（S 本）作هوفتو，贝勒津本（KH 本）作هوقتو。参见 Rashīd al-Dīn Fażl Allāh, Jāmiʿ al-Tavārīkh, ed. by A. A. Romaskevich et al., Vol. 1, p. 188, note. 8。

② Shuʿab-i Panjgāna, f. 130b. 该条录文、转写及汉译文来自北京大学外国语学院"波斯文《五族谱》整理与研究"项目二次修订稿（未刊）。

③ 录文以巴黎本（无页码）为准，参见 Muʿizz al-Ansāb（《贵显世系》），Paris: Bibliothèque Nationale Persan Ancien Fond. Pers. 67；可参考哈萨克斯坦巴黎本整理本 Ḥāfiẓ-i Abrū, Muʿizz al-Ansāb, ed. by Shodmon Vokhidov, Almaty: Daik-Press, 2006, f. 50a。

هوقر نویان امیر معتبر بود و بعد از وفات مونکدو جای او را برو دادند.

［转写］Hūqur Nūyān amīr-i muʿtabar būd, va baʿd az vafāt-i Mūnkidū jāy-i ū rā bar-ū dād-and.

［译文］Hūqur 那颜是受尊敬的异密，在蒙格都死后，职位被给了他。

在《贵显世系》的伦敦本、阿里加尔 2 两种抄本中，这一名字缺少识点，被写作 هوسر。① 对照巴黎本写形，可知此处第二个字母 و 后应为字母 ق，与最后一个字母ر之间还有一个字母。对照《五世系》的同一人物，应将其识读为字母 ت，则此名规范写形为 هوقتر，应读作 Hūqutur，这一写形就与《秘史》的 Oqotur 完全对应。此即《史集·部族志》"忽忽秃" 对应《秘史》"斡豁秃儿" 的直接证据。

前述卡尔·雅恩文中，引述史家甘麻剌失里的记录，言 Ukutu 那颜率军攻占了怯失迷儿的都城，并进行了六个月的抢掠活动。② 卡尔·雅恩已指出，Ukutu 那颜即《史集·部族志》中的忽忽秃那颜。③《史集》第二卷《窝阔台合罕纪》中，也记述了羊年（1235），有位名叫 "忽合秃"（HWQATW）的将军，"奉旨率领军队前往客失米儿和忻都斯坦。他们也夺取并洗劫了一些地区"。波伊勒已将此忽合秃与斡豁秃儿勘同。④ 可知 Ukutu 和忽合秃，也是斡豁秃儿的异写形式。

由此可知，在 1235 年，蒙格秃、斡豁秃儿所部曾进攻怯失迷儿

---

① 参见《贵显世系》伦敦本 *Muʿizz al-Ansāb*，London: British Library，Or. 467，f. 49b；及阿里加尔 2 本 *Muʿizz al-Ansāb*，Aligarh: Aligarh Muslim University Library，Ms. 42，f. 98。

② Karl Jahn,"A Note on Kashmīr and the Mongols", p. 177.

③ Karl Jahn, *Rashīd al-Dīn's History of India: Collected Essays with Facsimiles and Indices*, Hague: Mouton & Co., 1965, p. xc.

④ ［波斯］拉施特编：《史集》第二卷，余大钧、周建奇译，第 60 页并注 7。

地区。值得注意的是,在卡尔·雅恩引用的《史集·印度史》中,仅出现了斡豁秃儿一人之名①,说明他是这次战事的主帅。而在《纳赛里史话》中,还记述了伊历② 643 年(公元 1245 年 5 月至 1246 年 5 月),贵由即位后,蒙格秃由驻地浑都思出发,再次率军进攻忻都斯坦之事。他被当地统治者率军打败,其部兵分三路逃跑。③ 可知蒙古统治者一直十分重视对忻都斯坦的经略。

综上,由窝阔台派出的蒙格秃、斡豁秃儿二人,率领两万军队一直驻守在巴达哈伤等地。1235 年,斡豁秃儿曾率兵攻打怯失迷儿和忻都斯坦;贵由即位后,蒙格秃再次率军攻打忻都斯坦。在斡豁秃儿死后,撒里那颜受蒙哥汗之命接管了这支军队。

二 答亦儿身份及所率军队

《史集》第三卷记述撒里那颜接管了"答亦儿"所部:"而由答亦儿-把阿秃儿(طایر بهادر)率领、被派到客失米儿和印度担任探马的军队,全部归旭烈兀汗统率。答亦儿(دایر)那颜处的军队,在他去世后由……管辖,继由……管辖,然后转归塔塔儿部人撒里那颜管辖。"④ 这段记述中首先有两处问题需要讨论,一是被译作"答亦儿"的人名在波斯文写形中前后不一;二是"被派到客失米儿和印度"之军从何而来,与前述蒙格秃所部是否为同一支军队。

---

① 关于《史集·印度史》中记述窝阔台统治时期蒙古军队对怯失迷儿地区的经略,参见陈希《佛教、传说与战争:蒙古人与怯失迷儿》,《国际汉学研究通讯》第 26 期,北京大学出版社 2023 年版,第 224—234 页。

② 本文使用的"伊历",指伊斯兰教历。

③ 参见 Ṭabaḳāt-i-Nāṣirī(《纳赛里史话》):A General History of the Muhammadan Dynasties of Asia, including Hindūstān, from A. H. 194 (810 A. D.) to A. H. 658 (1260 A. D.) and the Irruption of the Infidel Mughals into Islām, tr. & ed. by Major H. G. Raverty, Vol. 2, p. 809; pp. 1150 – 1154。按照《纳赛里史话》的记述,蒙格秃的这次出征与贵由即位有直接关系,疑为贵由即位后颁布的军事指令。彼得·杰克逊也已注意到这段纪事,参见 Peter Jackson, The Delhi Sultanate: A Political and Military History, p. 106。

④ [波斯] 拉施特编:《史集》第三卷,余大钧译,第 29 页。

1. 不同史料所见答亦儿之名勘同

上述"答亦儿－把阿秃儿率领被派到客失米儿和印度担任探马的军队"一事，能够得到《纳赛里史话》的印证。该书记述了伊历 639 年（1241 年 7 月至 1242 年 6 月），蒙古军队和古耳地方军被命令进军忻都斯坦之事。驻守八吉思和也里的答亦儿拔都儿[①]（طایر بهادر）与古耳、哥疾宁等处的其他那颜、军队，进军至印度河畔。由此可知答亦儿所部出征忻都斯坦的具体时间。在波斯文地方史料《也里史志》中，有一位名叫"طاهربهادر"（Ṭāhir Bahādur）的异密。邱轶皓认为此人即前述《史集》第三卷中的"答亦儿－把阿秃儿（طایر بهادر）"，亦即被分配给窝阔台的答亦儿（دایر）[②]。

由于这一观点出现在注释中，作者未作详细论述，但提及《也里史志》记由察合台处派出 Ṭāhir Bahādur 和不者那颜攻打忻都斯坦的情况以资证明。核《也里史志》[③]：

…در آن وقت که پادشاه اوکتای از طرف خود کوکا نویین را و از جانب شاهزاده باتو قورلجین نویین و نکودر را و از طرف شاهزاده جغتای طاهر بهادر و بوجای نویین را به طرف هندوستان فرستاد، فرمان فرمود که از هر ولایتی مردی خردمندی با این امرا از آب آمویه بگذرند.

［转写］…Dar ān vaqt ka pādshāh Ūkatāy az taraf-i khud Kūkā Nūyīn rā va az jānib-i shāhzāda Bātū Qūrlajīn Nūyīn va Nikūdar rā va az taraf-i shāhzāda Jaghatāy Ṭāhir Bahādur va Būjāy Nūyīn rā ba taraf-i Hindūstān firistād, farmān farmūd ka az har vilāyat-ī mard-ī

---

① 该名波斯文写形参见 Abū ʿUmar Minhāj al-Dīn ʿUthmān ibn Sirāj al-Dīn al-Jawzjānī, *Ṭabaqāt-i Nāṣirī*, ed. by Captain W. Nassau Lees, L. L. D. & Mawlawis Khadim Hosain & ʿAbd al-Hai, printed at the College Press, Calcutta, 1864, f. 392。
② 邱轶皓：《蒙古帝国视野下的元史与东西文化交流》，第 195 页注 2。
③ Saīf ibn Muhammad ibn Yaʾqūb Haravī, *Tārīkhnāma-yi Harāt*, p. 207.

khiradmand-ī bā īn umarā az Āb-i Āmūya ba-guẕar-and.

［译文］那时，君主窝阔台从自己处把阔阔（کوکا）那颜，从诸王拔都方面把火鲁剌斤（قورلجین）那颜和捏古迭儿（نکودر）那颜，从诸王察合台处把塔亦儿拔都儿（طاهر بهادر）和不者（بوجای）那颜派往忻都斯坦方面，下了命令说来自各地的贤者和这些异密们〔一起〕渡过阿母河。

由该"塔亦儿拔都儿"从察合台处出发，可知他效力于察合台。从他参与的事件来看，《也里史志》的描述与《史集》第三卷、《纳赛里史话》相合，可以判断"塔亦儿拔都儿"即前述答亦儿-把阿秃儿。不过，此人名作"طاهر"（Ṭāhir），与《史集》第三卷"طایر（Ṭāyir）"的写形稍有区别。

答亦儿"效力于察合台"的这一信息，在《史集·部族志》中也有类似记述。《史集·部族志》记"晃豁坛部"有一位异密[①]：

در عهد جینککیز خان امیری بوده است. او را باوکتای قاآن داد با لشکر بهم نام او دایر و ملازم جغتای بوده.

［转写］Dar ʿahd-i Jīnkkīz Khān amīr-ī būda ast. Ū rā ba-Ūkatāy Qāān dād bā lashkar baham. Nām-i ū Dāyir va mulāzim-i Jaghatāy būda.

［译文］在成吉思汗时代，有一位异密。他被连同军队一起给了窝阔台合罕。他的名字是答亦儿，曾效力于察合台。

在《史集》第一卷第二分册中，被分给窝阔台的四千户中，有一

---

① Rashīd al-Dīn Fażl Allāh, *Jāmiʿ al-Tavārīkh*, ed. by A. A. Romaskevich et al., Vol. 1, pp. 423 - 424. ［波斯］拉施特编：《史集》第一卷第一分册，余大钧、周建奇译，第 275 页。

"带儿（داير）① 千户，带儿是晃豁坛部蒙力克-额赤格的后裔"②。从名字写形和出身部族不难判断，带儿即上引《部族志》的答亦儿。这两处"答亦儿"的名字写形不同于《纳赛里史话》和《也里史志》。

《元朝秘史》第202节记述成吉思汗封赏功臣时，提到一人"答亦儿"，复原回鹘体蒙古文的拉丁文转写作Dayir。③ 余大钧先生认为，《秘史》中的这个答亦儿，最可能是《史集》中被分配给窝阔台的带儿，因后者也有千户长的身份。④ 从名字和身份来看，这一判断是合理的。这样，《秘史》和《史集》第一卷（包括《部族志》和第二分册）的相关记述可串联起来，即：出身于晃豁坛部的、成吉思汗时代获封千户长的答亦儿（داير），后来被分给窝阔台，他还曾效力于察合台。

而据《也里史志》和《纳赛里史话》，这个效力于察合台的答亦儿（داير），即率兵从也里出征忻都斯坦的答亦儿拔都儿（طاير بهادر）。故可判定，前引《史集》第三卷中同时出现的"答亦儿（داير）"和"答亦儿-把阿秃儿（طاير بهادر）"，并非不同人物的信息混合，而是同一人物出现了名字的不同写形。

那么，为何《史集》同一处的上下文，对一人之名有两种写形？由前文梳理，已可大致推测原因。和《元朝秘史》写形保持一致的داير（Dāyir）及其信息，史源应是元朝颁赐伊利汗国的《金册》；而与《纳赛里史话》写形相同的طاير بهادر（Ṭāyir Bahādur），其信息则很可能来自伊利汗国当地史料。经过突厥语使用人群的中介作用，

---

① Rashīd al-Dīn Fażl Allāh, *Jāmiʿ al-Tavārīkh*, Tashkent: Abu Rayhon Biruni Institute of Oriental Studies of the Academy of Sciences of the Republic of Uzbekistan, MS. 1620, f. 103a.
② ［波斯］拉施特编：《史集》第一卷第二分册，余大钧、周建奇译，第377页。
③ 参见鲍·包力高、齐木德道尔吉、巴图赛恒编《〈元朝秘史〉畏吾体蒙古文再复原及其拉丁转写》下册，第763页。据《蒙汉词典》，该词有"雄鹿"之意。参见内蒙古大学蒙古学研究院蒙古语文研究所编《蒙汉词典》，第1125页。
④ 余大钧译注：《蒙古秘史》，第167页注38。

蒙古语 dayir 的首辅音很可能变化为 ṭ，故طایر这一写形，是当地人对答亦儿之名的读法。而《也里史志》出现"طاهربهادر"（Ṭāhir Bahādur）的写形，则是由于طایر与طاهر在波斯文手写体中易发生误写，طاهر又是当地人熟悉的词汇①，也容易与读音相近者产生混淆。

2. 答亦儿的事迹与卒年

"طایر بهادر（Ṭāyir Bahādur）"的写形，还出现在《世界征服者史》中，汉译本译作"塔亦儿把阿秃儿"。志费尼叙述成吉思汗西征至不花剌，派此人招降临近的讷儿城。② 在绰儿马罕向西进军后，算端札阑丁的部将在你沙不儿一带频繁活动，窝阔台便命令驻扎在八吉思的塔亦儿把阿秃儿率军平乱。③ 塔亦儿在八吉思的记述，与前文提及的《纳赛里史话》中"驻守八吉思和也里的塔亦儿拔都儿"的描述相合，故可判断此人即前述答亦儿。④

《也里史志》记述了窝阔台即位后对答亦儿的任命⑤：

چون پادشاه چنگیز خان بمرد و پادشاهی به قاآن رسید، پادشاه قاآن، طاهر بهادر و قرانوین را به دارالملک غزنین فرستاد.

［转写］Chūn pādshāh Chingīz Khān bi-murd va pādshāhī ba Qāān risīd, pādshāh Qāān, Ṭāhir Bahādur va Qarā Nūyin rā ba dār

---

① 也里地区是塔希尔王朝（Ṭāhirid）统治者的发家地。

② ［波斯］志费尼：《世界征服者史》上册，何高济译，翁独健校订，第118—119页。

③ ［波斯］志费尼：《世界征服者史》下册，何高济译，翁独健校订，第578—579页。

④ 波伊勒将招降讷儿城的该将领直接与《秘史》第202节答亦儿、《史集·部族志》被分给窝阔台的晃豁坛部答亦儿勘同，但无论证说明。参见［波斯］志费尼《世界征服者史》上册，何高济译，翁独健校订，第125页注7。余大钧先生认为招降讷儿城者与分给窝阔台的千户长是两人，后者可与《秘史》的答亦儿勘同。参见余大钧译注《蒙古秘史》，第167页注38。由前文梳理，可知招降讷儿城者即后来分给窝阔台的千户长。

⑤ Saif ibn Muhammad ibn Yaʾqūb Haravī, *Tārīkhnāma-yi Harāt*, p. 185.

al-mulk Ghaznīn firistād.

［译文］当成吉思汗去世，汗位被给了〔窝阔台〕合罕，君主合罕将答亦儿拔都儿（طاهر بهادر）和哈剌那颜（قرانوین）派往首府哥疾宁。

此处明言答亦儿是被窝阔台直接派出统管哥疾宁地区的。据《伊朗历史地图册》（Aṭlas-i Tārīkh-ī Īrān）①，也里和哥疾宁同属古耳斯坦，且分别位于该地西、东两端，可知答亦儿的管辖范围即对应这一区域。

答亦儿在也里地位重要。地方统治者箴力鲁克努丁去世后，其继任者苦速丁曾与答亦儿会面②：

طاهر بهادر او را از لباس سوگ به در آورد و خلعت خاص پوشانید و گفت «ای مَلِکزادهٔ مَلِک خصال همچنان که خال بزرگوار مرحوم مغفور مبرور تو به حکم یرلیغ جهانگشای پادشاه چنگیز خان مَلِک این مُلک و شهریار این دیار بود، تو نیز بر آن موجب حاکم این دیار و والی این بلاد باش.»

［转写］Ṭāhir Bahādur ū rā az libās-i sūg ba dar āvard va khilʿat-i khāṣṣ pūshānīd va gūft: "Ay malikzāda-yi malik-khiṣāl hamchinān ka khāl-i buzurgvār-i marḥūm-i maghfūr-i mabrūr-i tu ba ḥukm-i yarlīgh-i jahāngushā-yi pādshāh Chingīz Khān malik-i īn mulk va shahryār-i īn diyār būd, tu nīz bar ān mawjib-i ḥākim īn diyar va vālī-yi īn bilād bāsh."

［译文］答亦儿拔都儿为他（指苦速丁）脱下丧服，穿上特制赐袍，说："拥有君主品格的箴力之子，就如你虔诚的、已

---

① Aṭlas-i Tārīkh-ī Īrān, ed. by Seyyed Hossein Nasr, Ahmad Mostofi and Abbas Zaryab, Tehran University, 1971, Plate No. 17.

② Saif ibn Muhammad ibn Yaʾqūb Haravī, Tārīkhnāma-yi Harāt, p. 190.

故的、伟大的舅舅（指前任统治者鲁克努丁），凭借着世界征服者、君主成吉思汗的札撒命令，做了该国的君主那样，你仍应据此统治此国，做该城之总督。"

从答亦儿为苦速丁穿上赐袍①、令其继任等言语来看，答亦儿是蒙古大汗在也里地区的全权代理人，地方统治者的继任需要得到他的认可。由答亦儿在此事中的表现，亦可推知上文提到一同被派往哥疾宁的哈剌那颜，应是他的副将。

如前所述，《世界征服者史》记述的你沙不儿叛乱，发生在成帖木儿担任呼罗珊长官后不久。波伊勒将此事系于1232—1233年。② 可知从窝阔台即位（1229）到此时，答亦儿率军驻守在也里一带。由于你沙不儿叛乱被成帖木儿派军平定，答亦儿便转而南下攻打昔思田。按《世界征服者史》记述，他花费两年时间攻克此地，之后向成帖木儿要求呼罗珊和祃拶答而的管理权未果。绰儿马罕要求成帖木儿随军从征，而把呼罗珊的统治权留给答亦儿。③ 这段记事说明，虽然当时答亦儿地位重要，但实际权限仍低于西征军主帅绰儿马罕。

《纳赛里史话》的记述与《世界征服者史》稍有区别。《纳赛里史话》记答亦儿所在军队奉命攻打昔思田，军队主将在攻打兀克（Ūk）要塞时战死。窝阔台因而命令答亦儿代替其位，成为该

---

① 君主为臣下颁发赐袍（خلعت）以示宠遇，是波斯王朝政治传统。故由答亦儿为苦速丁穿赐袍之举，足见他当时在也里地区的重要地位。这一传统可追溯至阿拔斯哈里发王朝时期，当时称赐袍为جشن（jashn），后来也使用阿拉伯语词خلعت。叶奕良先生认为，元代的质孙服即波斯语 jashn 的音译，取宴会服、节日礼服之意。参见叶奕良《关于〈元史〉中"质孙服"等的探讨》，载北京大学伊朗文化研究所编《伊朗学在中国》第四辑，中西书局2021年版，第122—125页。
② ［波斯］志费尼：《世界征服者史》上册，何高济译，翁独健校订，英译者序，第15页。
③ ［波斯］志费尼：《世界征服者史》下册，何高济译，翁独健校订，第579—580页。

军统帅。① 或当时还有其他参加攻打昔思田的蒙古军队。

答亦儿攻打忻都斯坦之役前文已述。按《纳赛里史话》，伊历639年（1241年7月至1242年6月），蒙古军队和古耳地方军被命令进军忻都斯坦的拉合尔，驻守八吉思和也里的答亦儿与古耳、哥疾宁等处的其他那颜、军队，进军至印度河畔。蒙古军队攻占拉合尔城时伤亡惨重，答亦儿也在此役中战亡。② 由此可知答亦儿战亡应为伊历639年前后事。前引《史集》记撒里那颜接管答亦儿所部，是在他去世后的第三次将领交接。③ 撒里那颜到伊朗地区为蒙哥汗初年事（1252—1253），与伊历639年相去若干年。这一记载可侧面佐证《纳赛里史话》关于答亦儿去世时间的记述。

《也里史志》还记述了一位与答亦儿紧密相关的人物：舍剌甫丁必闍赤（شرف الدّين بيتكجى）。此人得到答亦儿的重用，在攻打忻都斯坦期间被派到察合台处。他处理军需事务，甚得察合台信任。从察合台斡耳朵返回后，舍剌甫丁在答亦儿身边做了七个月的随从，在古耳等地大加勒索，直到答亦儿去世。④ 由舍剌甫丁被答亦儿派往察

---

① *Ṭabaḳāt-i-Nāṣirī*: *A General History of the Muhammadan Dynasties of Asia, including Hindūstān, from A. H. 194 (810 A. D.) to A. H. 658 (1260 A. D.) and the Irruption of the Infidel Mughals into Islām*, tr. & ed. by Major H. G. Raverty, Vol. 2, p. 1126. 按英译者拉维儿第的考订，昔思田被攻下不早于伊历629年（1231年10月至1232年10月）。

② *Ṭabaḳāt-i-Nāṣirī*: *A General History of the Muhammadan Dynasties of Asia, including Hindūstān, from A. H. 194 (810 A. D.) to A. H. 658 (1260 A. D.) and the Irruption of the Infidel Mughals into Islām*, tr. & ed. by Major H. G. Raverty, Vol. 2, pp. 1132, 1135 – 1136.

③ 如前引文，《史集》此处还提到，"由答亦儿－把阿秃儿率领被派到客失米儿和印度担任探马的军队，全部归旭烈兀汗统率。"《纳赛里史话》英译者据此认为，答亦儿到旭烈兀西征时仍然在世。彼得·杰克逊已指出这种解读的错误。参见 Peter Jackson, *The Delhi Sultanate: A Political and Military History*, pp. 105 – 106 note 12。在《五世系·蒙古世系》"旭烈兀汗异密"名录中，也出现同样的理解错误："答亦儿，他和军队一道被派往怯失迷儿。当旭烈兀汗被派往伊朗之地时，他受命和军队一起归他〔旭烈兀〕统辖。"参见 *Shuʿab-i Panjgāna*, f. 139a。

④ Saif ibn Muhammad ibnYaʾqūb Haravī, *Tārīkhnāma-yi Harāt*, pp. 207 – 208.

合台兀鲁思处理军需，可知答亦儿所率军队直接受到察合台的支持，亦证其人"曾效力于察合台"。

《也里史志》后文记舍剌甫丁先被阿儿浑任命为迪牙别克儿的税官，后因拔都新任命的代理人到也里而被免职，他贿赂阔儿吉思，从而再次被派往也里收税。可见他的活动时间应是阿儿浑、阔儿吉思均在呼罗珊的时段。按照《世界征服者史》的记载，阔儿吉思得到窝阔台任命，回到呼罗珊是伊历637年（1239年8月至1240年7月）初，之后他一直管理呼罗珊地区。阿儿浑作为阔儿吉思的那可儿，在呼罗珊停驻过一段时间。他返回汗廷时行至察合台斡耳朵，接到押送阔儿吉思赴朝的命令。这时恰逢窝阔台去世，即伊历639年初。则阔儿吉思、阿儿浑均在呼罗珊的时间约为伊历637—638年，舍剌甫丁得到阿儿浑任命最晚应在伊历638年，这与前文《纳赛尔史话》所述答亦儿战亡时间相近。

综上，答亦儿在窝阔台即位之初被派往哥疾宁地区驻守，长期控制也里及周边地区。约1233—1235年，他曾率兵攻打昔思田。1241—1242年，亦即窝阔台统治末期，答亦儿率兵参加攻打忻都斯坦的战役。本节开头所引《史集》第三卷中"被派到客失米儿和印度担任探马的军队"，主要即长期驻扎也里地区、隶属于答亦儿的人马。由以上梳理亦知，该军与蒙格秃所部分驻两地，并非一支军队。

三　随绰儿马罕出征伊朗地区的军队将领

《史集·部族志》记述绰儿马罕率领四万探马赤军进入伊朗地区，并载其麾下万户长、千户长相关信息。[①] 这些将领后裔大多成为伊利汗国的异密，生平事迹相对清楚，故可先根据这一线索，梳理《部族志》所记西征军将领的情况。近来，求芝蓉系统梳理了绰儿马

---

① 绰儿马罕所部被集中记述于"雪泥部"中，见［波斯］拉施特编《史集》第一卷第一分册，余大钧、周建奇译，第160—163页。下文引自此处史料，如无必要，不再出注。

罕所率西征军的发展过程，也涉及相关将领的讨论。①

西征军万户长有拜住、也可·也速儿和灭里沙。拜住是绰儿马罕的继任者，在绰儿马罕死后成为蒙古西征军的总帅。除统御全军外，拜住还自领一万户，由其子额兀克承袭万户长之职。

《史集·部族志》"别速惕部"记，拜住因夸耀己功而被旭烈兀汗处死，蒙哥汗下旨令绰儿马罕之子失列门接管其职，拜住之子额失克为千户长。② 这一记述不同于前述《史集·部族志》"雪泥部"的说法，需作辨正。第一，按照《史集》第三卷行文，拜住那颜随旭烈兀攻打报达，之后又率右翼军攻打叙利亚边地。③ 他参与的这两次战事，都有其他史料可资参证。④ 则到旭烈兀1259年9月下令出兵叙利亚边地时，拜住那颜应尚在人世。而这时蒙哥汗已经去世，不可能再下令让失列门接替拜住之职。第二，旭烈兀之后与别儿哥发生争端，派遣失列门作为先锋进军设里汪⑤一带对战敌军，说明失列门驻军地点应距此地不远。这与前述拜住向南行军的方向正好相反，且从额兀克之子速剌迷失后来在叙利亚起兵反叛来看，⑥ 该万户应在拜住南征后一直活动于靠近小亚半岛的地区。从失列门、额兀克二军的活动区域来看，拜住自领万户确由其子继承，而非由失列门接管。

可能受到《史集》上述记述的影响，有观点认为，拜住死后，他掌管的万户先被交给失列门，阿八哈汗即位后也没有改变这一任命。而拜住之子额兀克统领该万户的时间不长。⑦ 在《五世系·蒙

---

① 求芝蓉：《搠力蛮部探马军之变迁：从帝国边军到汗国军阀》，第82—95、171—172页。
② ［波斯］拉施特编：《史集》第一卷第一分册，余大钧、周建奇译，第320页。
③ ［波斯］拉施特编：《史集》第三卷，余大钧译，第61—62、75页。
④ 在志费尼《报达事件始末》一文中，明确记述拜住参与此役；《亚美尼亚史》记怯不花攻打叙利亚之事。怯不花即《史集》第三卷中所记拜住跟随的主将。
⑤ 据《史集》汉译本，设里汪为里海沿岸苦剌河北面的地区名。参见［波斯］拉施特编《史集》第一卷第二分册，余大钧、周建奇译，第314页注2。
⑥ ［波斯］拉施特编：《史集》第三卷，余大钧译，第307—308页。
⑦ 求芝蓉：《搠力蛮部探马军之变迁：从帝国边军到汗国军阀》，第90、92页。

古世系》"阿八哈汗异密"名录中，记述额兀克是"万户异密"①，"阿鲁浑汗异密"名录中又提到"他在阿八哈汗时期就是万户长，在阿鲁浑汗时期仍掌万户，当他去世后，其万户被分给了其他异密们"②，可知他任职时间较长。而失列门在"阿八哈汗异密"名录中的记述是"受尊敬的大异密，谷儿只的长官一职被委付于他"③，未提及他担任万户长。这一信息与前述失列门从设里汪带兵出征相联系，可知他一直驻守伊利汗国的北部边境。

在额兀克死后，拜住万户一度由其他将领统治。旭烈兀之孙阿鲁浑汗将该万户分给忽巴台·不剌勒吉和额失克·秃黑里兄长合赞统管。合赞的兄弟亦捏伯在乞合都汗时获得了这一万户的统帅权。合赞汗时，亦捏伯因叛乱被处死，该万户重由拜住之孙、额兀克之子速剌迷失统领。但速剌迷失后来也被合赞汗处死，拜住万户再次被解散，由包括不合察儿④千户长在内的诸异密分领。从驻地判断，随绰儿马罕西征的鲁木千户长合剌·也速迭儿·撒里只之父，应该就在这一万户中。

也可·也速儿出自弘吉剌部分支，⑤ 与成吉思汗有舅甥关系。⑥

---

① *Shuʿab-i Panjgāna*, f. 142b. 汉译文来自北京大学外国语学院"波斯文《五族谱》整理与研究"项目二次修订稿（未刊）相应部分。

② *Shuʿab-i Panjgāna*, f. 146b. 汉译文来自北京大学外国语学院"波斯文《五族谱》整理与研究"项目二次修订稿（未刊）相应部分。

③ *Shuʿab-i Panjgāna*, f. 143a. 汉译文来自北京大学外国语学院"波斯文《五族谱》整理与研究"项目二次修订稿（未刊）相应部分。

④ 此人在《史集》汉译本中作不花－马撒儿（第一卷第一分册，第161页）。若结合汉译本注释中其他版本写形［būqaǰar、b（？）qāǰār 及 tūqāǰār］，及《五世系》中对此人之名的写法（Būqāǰār），将其名译为"不合察儿"更为合适。

⑤ 《史集》第一卷第一分册记他为豁罗剌思部人（第161页），第三卷则言他为斡勒忽讷惕部人（第283页）。

⑥ 《史集》汉译本此处作"［成吉思汗］经常和他来往"，对应苏联集校本原文为 باوی راه بقاجویی داشته (Rashīd al-Dīn Fażl Allāh, *Jāmiʿ al-Tavārīkh*, ed. by A. A. Romaskevich et al., Vol. 1, p. 153.)。根据《五族谱》读书班的讨论意见，此处 بقاجویی 应为 نقاجویی 之讹，即蒙古语的 naqaču，舅舅之意。故此句应译作"成吉思汗与他有甥舅关系"。

其子火者承袭其位,孙秃纳、木剌合儿为千户长。《史集·部族志》记秃纳之子为秃剌秃驸马、牙鲁剌和忽儿迷失,三人均参与了阿鲁浑死后的叛乱。"牙鲁剌"在集校本原文中作یارولا(yārūlā)[1],但在列宁格勒本和贝勒津集校本中作bārūlād、德黑兰博物馆本作bārulā,首字母皆为b,而伊斯坦布尔本中首字母无识点。[2] 这说明此名也可能为"巴鲁剌"。《史集》第三卷记"也速儿那颜的儿子忽察之子万夫长巴鲁来",此名在集校本中即作بارولا(bārūlā)。[3] 忽察即前述火者,巴鲁来即《部族志》之牙鲁剌。这说明也速儿的万户长之位一直在其家族内保留,后由巴鲁来继承。不过,《部族志》言他为火者之孙,而第三卷记他为火者之子。此人在合赞汗时与迭该密谋叛乱。从他由阿儿兰[4]向呼罗珊行军可知,该万户原驻地在阿塞拜疆北部,或与前述绰儿马罕之子失列门驻军地相差不远。《史集》第三卷记合赞汗派人将"巴鲁来的兄弟忽鲁迷失抓起来"[5],此忽鲁迷失即《史集·部族志》上文的忽儿迷失。既然巴鲁来和忽儿迷失是同辈人,前者应为火者之孙。从《部族志》记述来看,巴鲁来兄弟三人都卷入了这次叛乱,在合赞汗平叛、巴鲁来被杀后,也速儿万户很可能也不复存在。

灭里沙则统帅一支"由畏兀儿人、哈剌鲁人、突厥蛮人、可失哈儿人和苦叉人组成的军队"[6],知该军士兵皆由归附蒙古的诸地方政权提供。灭里沙之子罕都察黑先继承其父职位,后因他杀死忽木领主而被阿儿浑依蒙哥汗诏书处死,其弟撒剌儿伯承袭了该军的统

---

[1] Rashīd al-Dīn Faẓl Allāh, *Jāmiʿ al-Tavārīkh*, Vol. 1, p. 153.
[2] [波斯]拉施特编:《史集》第一卷第一分册,余大钧、周建奇译,第161页。
[3] Rashīd al-Dīn Faẓl Allāh, *Jāmiʿ al-Tavārīkh*, ed. by ʿA. ʿA. ʿAlīzāda, Vol. 3, p. 304.
[4] 据《史集》汉译本,此为库拉河和阿拉斯河之间的地区名,在今阿塞拜疆北部。参见[波斯]拉施特编《史集》第一卷第二分册,余大钧、周建奇译,第313页注3。
[5] [波斯]拉施特编:《史集》第三卷,余大钧译,第285页。
[6] [波斯]拉施特编:《史集》第一卷第一分册,余大钧、周建奇译,第161页。

帅权。从罕都察黑与忽木领主发生冲突来看，该万户驻地应在今德黑兰南部的库姆一带。撒剌儿伯因在对埃及作战时逃跑而被旭烈兀汗处死。旭烈兀汗"将那些千人队授予其他异密"①，说明灭里沙万户当时已被解散。与绰儿马罕同行的千户长中，有名为明-亦客忒迷失者，其子阿里·巴黑失"曾掌管一千畏兀儿人"②，可知此千户原为灭里沙部属。

博儿朮亲属察合台是绰儿马罕军中的千户长。他是火儿赤长，随绰儿马罕进军阿儿兰地区，被亦思马因派教徒所杀。《史集·部族志》记察合台有四子：都剌带在阿八哈汗时期担任札鲁忽赤，曾在鲁木地区参与对叙利亚人的作战。③ 根据《五世系·蒙古世系》的记载，都剌带在阿合马统治时期仍担任札鲁忽赤。④ 阿合马与阿鲁浑对战时期，此人作为使者被派往阿鲁浑处。⑤ 而从阿鲁浑被大异密不花搭救、反击阿合马后，曾派出都剌带率四百骑追击阿合马来看，⑥ 都剌带在阿合马统治末期已转而支持阿鲁浑汗。阿鲁浑即位后，都剌带又被派去审问苦思丁，可见他得到了新汗信任。其子名为阿失黑·帖木儿。都剌带兄弟合剌·不勒罕曾任千夫长，《世界征服者史》记在旭烈兀汗攻打亦思马因人时，不勒罕处死鲁坤丁家族成员为其父报仇。⑦ 据《史集·部族志》，他也担任过札鲁忽赤之职。察合台还有一子拜-帖木儿，一子撒儿塔黑台，后者被埃及人俘虏。撒儿塔黑台参与的战役，是阿八哈汗时期在鲁木地区对叙利亚鲁克纳丁·奔都黑答儿的反击战争。⑧ 由此可知，察合台所部迟至阿八哈时期主要驻扎在鲁木一带，其子都剌带、合剌-不勒罕及撒儿塔黑

---

① ［波斯］拉施特编：《史集》第一卷第一分册，余大钧、周建奇译，第162页。
② ［波斯］拉施特编：《史集》第一卷第一分册，余大钧、周建奇译，第162页。
③ ［波斯］拉施特编：《史集》第三卷，余大钧译，第157页。
④ *Shu'ab-i Panjgāna*, f. 141a.
⑤ ［波斯］拉施特编：《史集》第三卷，余大钧译，第176页。
⑥ ［波斯］拉施特编：《史集》第三卷，余大钧译，第181页。
⑦ ［波斯］志费尼：《世界征服者史》下册，何高济译，翁独健校订，第860页。
⑧ ［波斯］拉施特编：《史集》第三卷，余大钧译，第140—141页。

台，都曾在该军中任职。

被《史集》称为"小察合台"的千户长雪泥台，原为成吉思汗分封给察合台的异密，① 后来随绰儿马罕出征小亚地区。他原名察合台，因成吉思汗之子察合台亡故，需要避讳其名，故改以部族为名。《史集》为区分他与前述阿鲁剌部察合台，称他为"小察合台"。此人亦即《史集》第三卷的"孙台那颜"。旭烈兀汗指派他与宗王玉疏木忒出征迪牙别克儿，② 可知雪泥台已归入旭烈兀汗麾下。之后他接管随旭烈兀汗西征、后因对战别儿哥阵亡的忽秃不花之万户。至阿八哈汗攻打八剌时，雪泥台已返回呼罗珊地区。他担任左翼军将领，时年九十岁。③ 在他去世后，阿八哈汗将忽秃不花万户交给出自忙兀部的忽鲁忽都④管理，至阿鲁浑汗时期，该万户重被交由忽秃不花之子秃合察儿。

雪泥台有子额篾克臣，《史集》第三卷译作"额木格臣"，他带领一万人的军队，在祸㧬答而迎接从报达返回呼罗珊的阿鲁浑汗。⑤ 这说明雪泥台后裔成为伊利汗国驻守里海南端的重要将领。《史集》还记述了阿鲁浑对阿合马战败后，额木格臣从德黑兰一带返回驻地，不久投降阿合马等情况。⑥ 此人一直追随阿合马，直至阿合马被阿鲁浑逮捕前夕。⑦ 由此可见额木格臣作为拥有重兵的边地守将，对伊利

---

① 此人出现在《五世系·蒙古世系》"察合台汗异密"名录中，参见 Shuʿab-i Panjgāna, f. 117b。

② ［波斯］拉施特编：《史集》第三卷，余大钧译，第83页。

③ ［波斯］拉施特编：《史集》第三卷，余大钧译，第126—128页。

④ 此人在《五世系·蒙古世系》"阿八哈汗异密"名录中两次出现，第二次信息为"忽鲁忽都火儿赤，出自忙兀部。最初是千户长，最后成为哈剌兀纳思人之万户异密"（Shuʿab-i Panjgāna, f. 143a.）。邱轶皓判断他是本节前述答亦儿之子，或由于《也里史志》所记答亦儿之子名同此人。但从部族来看，此忽鲁忽都为忙兀部人，即使邱文将答亦儿视作晃豁坛部人，其子与此人也难以勘同。参见邱轶皓《蒙古帝国视野下的元史与东西文化交流》，第190页。

⑤ ［波斯］拉施特编：《史集》第三卷，余大钧译，第169页。

⑥ ［波斯］拉施特编：《史集》第三卷，余大钧译，第174、177页。

⑦ ［波斯］拉施特编：《史集》第三卷，余大钧译，第181页。

汗国诸王的效忠具有一定的自主权。《史集·部族志》还记额箴克臣有兄弟塔海，二子不剌勒吉、泰·不花，二孙者卜列亦勒、米合亦勒。

由以上梳理不难发现，原属绰儿马罕西征军的万户、千户，主要驻地分布在南高加索地区及该地通向呼罗珊的中间地带。这些军队成为伊利汗国西境的重要兵力，在旭烈兀攻打报达、阿八哈反击埃及，乃至阿鲁浑自西向东与阿合马争夺汗位等军事斗争的过程中发挥了重要作用。亦因此故，伊利汗的更替也往往直接影响这些军队的统帅任命。

四　南高加索地区的军事将领

亚美尼亚史料中保存了随绰儿马罕进军南高加索地区的将领信息，下面以《引弓民族史》第四章的内容为线索进行梳理。该书所记将领有：曾为可汗那可儿的阿速秃那颜（Asut'u noyin）、被称作汗的察合台（Ch'aghatay）、雪泥台（Sanit'ay）、另一个小察合台（little Ch'aghatay）、被任命为全部军队首领的拜住那颜（Bach'u noyin）、阿撒儿那颜（Asar noyin）、忽秃秃那颜（Xut't'u noyin）、秃秃那颜（Tut'tu noyin）、斡歌歹那颜（Awgawt'ay noyin）、火者那颜（Xojay noyin）、忽鲁迷失那颜（Xur'umch'i noyin）、忽难那颜（Xunan noyin）、泰纳勒那颜（T'enal noyin）、昂古列格那颜（Angurag noyin）。①

这些将领中的大部分已经前辈学者比对、考订。拜住即前述绰儿马罕的继任者。柯立夫将上述第一个察合台理解为成吉思汗之子察合台，与将领雪泥台、同名的小察合台共三人；② 波伊勒则认为，

---

① Grigor Aknerts'i, *History of the Nation of Archers*, tr. by Robert Bedrosian, Long Branch, 2003, chapter 4. 此处汉译名翻译参考了柯立夫对原名的蒙古文还原，参见 F. W. Cleaves, "The Mongolian Names and Terms in The *History of The Nation of The Archers* by Grigor of Akanc'", pp. 400–443；及札奇斯钦对《引弓民族史》的汉译，参见札奇斯钦译《弓手国族（蒙古）史》（上），《大陆杂志史学丛书》第二辑第三册《辽金元史研究论集》，台北：大陆杂志社1970年版，第289—290页。

② F. W. Cleaves, "The Mongolian Names and Terms in The *History of The Nation of The Archers* by Grigor of Akanc'", p. 417.

在绰儿马罕军中出现宗王察合台的记述令人费解,原文意思应为"察合台(Ch'aghatay),被以汗(按,宗王察合台)的名字称呼,后称雪泥台(Sanit'ay)"。此人即"小察合台","另一个"察合台则是出自阿鲁剌部的大察合台。亚美尼亚史家混淆了这两人。① 波伊勒的观点是正确的。不过即使格里哥尔发生混淆,也说明作者已知西征军中有两位名叫察合台的将领。

阿鲁剌部大察合台的事迹,在乞可剌思所著《亚美尼亚史》中记载不少。《多桑蒙古史》、美国学者梅天穆均梳理过此人事迹。② 1238 年,蒙古军队进攻阿儿兰地区的洛里(Lorhe)城,由此察合台担任主帅,另一位名叫秃塔(Toghta)的蒙古将领为副将。该城属于谷儿只大将伊万涅之侄沙罕沙(Shahanshan),当时伊万涅之子阿瓦克(Awag)也在此地。秃塔率军围困阿瓦克所在的伽延堡。阿瓦克为减轻城中百姓困苦主动投降。他被送往绰儿马罕处,后来又觐见了窝阔台汗。阿瓦克与大察合台关系友好,应得到后者一定程度的庇护。因大察合台被亦思马因教派所杀后,阿瓦克属地需向蒙古军队提供补给的负担更为沉重,阿瓦克本人也一度遭到蒙古将领术不花(Joj-Bugha)的刁难。③ 史料中记术不花并非高级别将领,疑他为蒙古方面指派给阿瓦克的监临官。

柯立夫认为,前述阿撒儿那颜之名的正确形式应为合撒儿(Qasar),而波伊勒根据该名在《亚美尼亚史》中 Israr 的写形,将它还原为牙撒兀儿(Yasa'ur),并与本节前述也可·也速儿进行了勘

---

① J. A. Boyle, "Some Additional Notes on the Mongolian Names in the *History of the Nation of the Archers*", in his *The Mongol World Empire 1206–1307*, pp. 36–37.

② 由于《亚美尼亚史》目前所见英译本译文有缺失,引述该史料内容的《多桑蒙古史》、梅天穆论文等仍具有参考价值。如英译本中并未出现副将秃塔那颜,而多桑、梅天穆均有述及。参见[瑞典]多桑《多桑蒙古史》下册,冯承钧译,第 29—30 页; Timothy May, *Chormaqan Noyan: The First Mongol Military Governor in the Middle East*, p. 40。

③ Kirakos Gandzakets'i, *History of the Armenians*, tr. by Robert Bedrosian, New York, 1986, chapter 26, chapter 29.

同。他补充了也可·也速儿随拜住那颜进攻亦思法杭（今伊朗伊斯法罕）、叙利亚等地，后听从旭烈兀汗命令，从阿剌模忒①撤军的情况。② 不过，也可·也速儿之名，在《史集·部族志》苏联集校本原文中作 یاکا ییسور（Yākā-Yīsūr），③ 与 Yasa'ur 并不一致。在《五世系·蒙古世系》和《贵显世系》相关抄本中，也未见此人有"牙撒兀儿"之名的写形。波伊勒同时指出，《引弓民族史》中的火者那颜，即也可·也速儿之子火者（忽察）。④

除去前文涉及的这些将领，还有一些能够比定身份的人物。《引弓民族史》中首先提到的阿速秃那颜（Asut'u noyin），波伊勒认为即旭烈兀征服报达后任命的监临官，在其他史料中也被称为"阿里把阿秃儿"⑤。在征服报达一役中，拜住、雪泥台等绰儿马罕旧部皆参与攻城，作为首入报达城的阿里，很可能也是其中一员。《引弓民族史》言阿里为"可汗伴当"，知他应有怯薛出身。波伊勒补充了此人后来控告阿塔·灭里·志费尼之事。

泰纳勒那颜（T'enal noyin），波伊勒认为即《札阑丁传》和《世界征服者史》中成吉思汗末年派出追击札阑丁的将领。⑥ 成吉思汗逝世当年，曾派出一支大军⑦攻打从印度返回的札阑丁算端，双方

---

① 据《史集》汉译本，阿剌模忒（"鹰巢"）在可疾云城北面的鲁式巴儿。参见拉施特编《史集》第一卷第二分册，余大钧、周建奇译，第 189 页注 5。今属伊朗吉兰省，在厄尔布尔士山脉高峰上。

② J. A. Boyle, "Some Additional Notes on the Mongolian Names in the History of the Nation of the Archers", in his *The Mongol World Empire 1206 – 1370*, pp. 34 – 35.

③ Rashīd al-Dīn Faẓl Allāh, *Jāmi' al-Tavārīkh*, ed. by A. A. Romaskevich et al., Vol. 1, p. 153. 集校本该页所注其他版本写形亦与 Yasa'ur 不同。

④ J. A. Boyle, "Some Additional Notes on the Mongolian Names in the *History of the Nation of the Archers*", in his *The Mongol World Empire 1206 – 1370*, pp. 41 – 42.

⑤ J. A. Boyle, "Some Additional Notes on the Mongolian Names in the *History of the Nation of the Archers*", in his *The Mongol World Empire 1206 – 1370*, pp. 35 – 36.

⑥ J. A. Boyle, "Some Additional Notes on the Mongolian Names in the *History of the Nation of the Archers*", in his *The Mongol World Empire 1206 – 1370*, p. 41.

⑦ 《史集》记载该军队的统将有巴只、纳忽、也先-秃罕、乃马思和泰纳勒。

在亦思法杭进行大战。留驻当地的札阑丁之弟鲁克纳丁算端逃入非鲁思忽黑堡，泰纳勒、乃马思那颜率军攻克该堡，并将算端杀死。① 从此将领活动的地区、时间来看，他很可能在绰儿马罕到来后归入其部。

另外，在《亚美尼亚史》中，还记述了古屯那颜（Ghutun noyin），他的女儿嫁给了绰儿马罕与阿勒塔尼哈敦之子孛剌，② 可知此人在绰儿马罕军中地位显要。昂古列格那颜（Anagurak noyin），其夏营地邻近圣徒达太墓（the tomb of the blessed Apostle Thaddeus）。他在该地修筑道路，施行仁政，对景教的活动、传播采取保护态度，使蒙古军队和景教徒各安其事，关系和谐。③

《引弓民族史》还记载了绰儿马罕的副将拜纳勒（Bainal）和木鲁尔（Molur）。④ 木鲁尔（Molur）即忙兀惕部的"木鲁忽儿－合勒札"⑤，即本章第一节所引《五世系·蒙古世系》"窝阔台合罕异密"名录的第25位异密。《史集》记他随绰儿马罕前来伊朗。同书记成吉思汗西征时，曾派失乞忽秃忽、木勒合儿等人率三万人攻打哥疾宁、哈儿赤等地区，⑥ 疑此木勒合儿即木鲁忽儿。由《引弓民族史》可知此人随绰儿马罕继续西行至南高加索地区，但不久即暴毙身亡。拜纳勒（Bainal）身份不明。《史集》载朮赤之子昔班有子名拜纳里，其名在《五世系·蒙古世系》中的波斯文写形为باينال（Bāynāl），蒙古文转写作 Baynal，⑦ 与上述拜纳勒同名。疑此朮赤系宗王即上述拜纳勒。

---

① ［波斯］拉施特编：《史集》第一卷第二分册，余大钧、周建奇译，第334—336页。

② Kirakos Gandzakets'i, *History of the Armenians*, tr. by Robert Bedrosian, chapter 39.

③ Kirakos Gandzakets'i, *History of the Armenians*, tr. by Robert Bedrosian, chapter 43.

④ Grigor Aknerts'i, *History of the Nation of Archers*, tr. by Robert Bedrosian, chapter 3.

⑤ J. A. Boyle, "Some Additional Notes on the Mongolian Names in the *History of the Nation of the Archers*", in his *The Mongol World Empire 1206 – 1370*, pp. 37 – 38.

⑥ ［波斯］拉施特编：《史集》第一卷第二分册，余大钧、周建奇译，第303—304页。据第303页注1，哈儿赤即阿富汗西北部木尔加布河上游山区。

⑦ *Shu'ab-i Panjgāna*, f. 114a.

彼得·杰克逊已经论明，拜住是拔都亲信，令他担任绰儿马罕副将，是拔都出于在高加索地区扩张己方势力的举措。① 在窝阔台统治时期，控制呼罗珊及祃拶答而的成帖木儿、阔儿吉思及必阇赤长舍里甫丁，都是从拔都处派出的行政官员。由此可见拔都在绰儿马罕西征时期、地理范围内的强势地位。至旭烈兀西征时，尤赤家族派出昔班之子八剌海（《史集》第二卷译为"巴剌罕"②）、斡儿答之子忽里、不哇勒之孙秃塔儿（《史集》第二卷译为"讷合儿"③）随同征战。④ 在攻打报达战役中，八剌海与前述雪泥台共领一军，直接参与攻城作战。⑤《世界征服者史》和《史集》等史料中，并未对他们的宗王身份特别强调。《史集》还记述"不勒合、秃塔儿"因未登上城墙而遭到旭烈兀汗指责之事。⑥ 可见这些支系宗王在军队中的级别是低于主帅的，在作战中需要服从后者命令。那么，如若亚美尼亚史家对蒙古将领的出身不甚了解，将八剌海等宗王视为一般军官，是不难理解的。拜纳勒或属于此类情况。

与此相关，彼得·杰克逊认为，前述忽难那颜（Xunan noyin）即《元朝秘史》中成吉思汗赐给尤赤的千户长忽难。⑦ 不过，《史集》中记载此人一直在斡儿答之孙宽阔的兀鲁思中。⑧ 斡儿答是尤赤长子，拔都西征后，斡儿答的封地在咸海东北部一带。宽阔之名

---

① 参见 Peter Jackson, "The Dissolution of the Mongol Empire", pp. 216–219.
② ［波斯］拉施特编：《史集》第二卷，余大钧、周建奇译，第132页。
③ ［波斯］拉施特编：《史集》第二卷，余大钧、周建奇译，第135页。
④ ［波斯］拉施特编：《史集》第三卷，余大钧译，第46页。
⑤ 曾代表旭烈兀入见哈里发的纳昔鲁丁·徒昔详细记述了旭烈兀攻打报达的经过，这一记述被收录入《世界征服者史》穆罕默德·加兹温尼校注本中，题名《报达事件始末》。北京大学外国语学院王一丹教授已将这一内容全文译出，并作详细注释。《报达事件始末》可补充《史集》对报达之役的相关记载。参见王一丹《〈世界征服者史〉附录〈报达事件始末〉译注》，载李治安主编《庆祝蔡美彪教授九十华诞元史论文集》，中国社会科学出版社2019年版，第566—567页。
⑥ ［波斯］拉施特编：《史集》第三卷，余大钧译，第63页。
⑦ Peter Jackson, "The Dissolution of the Mongol Empire", p. 219, note 146.
⑧ ［波斯］拉施特编：《史集》第一卷第一分册，余大钧、周建奇译，第291页。

在《史集》第二卷中又被译为"火你赤"，是斡儿答之孙，长期担任兀鲁思君主。① 赤坂恒明推测，成吉思汗赐予尤赤的四千户长构成了斡儿答兀鲁思的核心军事力量。② 则知忽难应一直留居斡儿答系君主左右，似未参与南高加索地区的战事。故此处暂不取前人意见，仅以《引弓民族史》所记忽难那颜为同名将领。

《引弓民族史》记绰儿马罕面见成吉思汗，得到大汗嘉奖，并赐予他阿勒塔尼（Aylt'ana）哈敦为妻。③《亚美尼亚史》提到由于绰儿马罕失聪，拜住接任军队总帅之职，④ 此后阿勒塔尼哈敦逐渐成为绰儿马罕家族的代表。亚美尼亚国王海屯见蒙古人击败算端，便派出使者携带礼物表示投降，这些使者分往拜住、阿勒塔尼哈敦和其他显贵处。⑤ 这说明拜住掌权后，绰儿马罕家族在当地仍然享有较高的政治地位。阿勒塔尼哈敦有两子，长子即前述继承绰儿马罕万户的失列门，次子孛剌，娶前述古屯那颜之女，后被旭烈兀汗所杀。阿勒塔尼哈敦还有一女，嫁给乌速夫那颜（Usuf noyin）。《亚美尼亚史》还记载了阿勒塔尼的两个兄弟，撒的合合（Sadeghagha）与古儿古克（Gorgogh），他们是景教徒，深受阿勒塔尼哈敦信任。⑥ 同书还提到绰儿马罕兄弟术剌（Jola）率军攻喀真堡（Khatchen）之事。⑦ 绰儿马罕家族在南高加索地区成员众多，又与所属将领结为姻亲，以此保全自身的显要地位。

从能够确定身份的人物来看，随绰儿马罕来到南高加索地区的将领基本出自蒙古诸部，这与同一时期窝阔台任用汉地世侯攻宋、契丹女真诸将经略辽东的情况颇为不同。绰儿马罕所率西征军是窝

---

① ［波斯］拉施特编：《史集》第二卷，余大钧、周建奇译，第116页。
② 赤坂恒明：『ジュチ裔諸政権史の研究』，143頁.
③ Grigor Aknerts'i, *History of the Nation of Archers*, tr. by Robert Bedrosian, chapter 4.
④ Kirakos Gandzakets'i, *History of the Armenians*, tr. by Robert Bedrosian, chapter 34.
⑤ Kirakos Gandzakets'i, *History of the Armenians*, tr. by Robert Bedrosian, chapter 36.
⑥ Kirakos Gandzakets'i, *History of the Armenians*, tr. by Robert Bedrosian, chapter 39.
⑦ ［瑞典］多桑：《多桑蒙古史》下册，冯承钧译，第29页。

阔台即位后最早派出的远征部队，故可用者仍以蒙古老千户居多。而这些军队善于骑马长途作战，也能适应进攻中亚、西亚广阔地域的需要。由于与汗廷距离较远，这些蒙古将领攻取地方后，逐渐也兼有大汗代理人的行政职能，尤其如绰儿马罕、拜住等高级别将领，成为地方统治者与汗廷沟通的重要中介。

与成吉思汗首次西征相比，窝阔台统治时期的绰儿马罕西征，不再限于单一军事目的。在自东向西的行军过程中，大蒙古国对呼罗珊乃至南高加索地区的行政管理也逐渐建立起来。如本节前述，长期驻守也里地区的答亦儿，作为大汗代表为继任的地方统治者赐袍，甚至可以处理对地方统治者的诬告案件。绰儿马罕指派将领到呼罗珊各地进行管理，① 小亚地区统治者投效蒙古，也要向其家族派出使者、赠送礼物。大察合台等千户长与谷儿只地区的将领、官员保持友好关系。从这些例子可见，此时蒙古将领与中西亚地方统治者已有直接、密切的往来，这为呼罗珊行省级别长官的设立、地区行政体系的全面建立准备了条件。

同时，由于成吉思汗四子均曾参与西征，到窝阔台统治时期，呼罗珊地区的军事行动仍需遵循四子家族"权利共享"原则。这就使得西征军中既有代表大汗的蒙格秃等将领，也有来自拔都兀鲁思的拜住，还有后来服务于察合台的答亦儿。诸王势力的加入，使呼罗珊地区的整体形势更加复杂。值得注意的是，在这一时期绰儿马罕西征军的活动中，术赤系、察合台系都表现强势，拖雷家族所派将领的相关信息却鲜少见于史端。这与当时的政治形势密切相关。本章第四节将具体探讨这一问题。

五　军队扩建后的君臣关系

以本章前三节梳理来看，窝阔台在继承其父所创千户制度的基

---

①　[波斯]志费尼：《世界征服者史》下册，何高济译，翁独健校订，第597—598页。

础上，根据军事扩张的实际需要，对原有蒙古军队进行了扩建。通过增设探马赤军、整编汉地诸军，逐步建立起更为复杂的地区军团体系。在这一过程中，原有将领，即蒙古千户长发生分化，一部分老千户长成为汗廷勋贵，"大根脚"家族逐渐形成；另一部分千户长则仍率军征伐，进入军团统帅的管辖范围，与大汗的直接联系逐渐弱化。蒙古千户在作战军队中所占比重的缩减、由大汗指派的新将领的增加，改变了原有军队深受成吉思汗及拖雷影响的情况，窝阔台得以集中军权、巩固统治。同时，如前贤诸家已注意到的，以血缘、部族维系的军事组织被进一步拆解，最高统治者对军队的控制得到加强。

但是，这样的短期成效孕育着新的隐患。涂逸珊已注意到，进入蒙古时代，草原社会的"自由意志"转变为对大汗的"服从"态度。[①] 结合前文讨论，这种"服从"态度还可进一步区分：老千户长因具有草原"那可儿"的身份特性，对大汗的"服从"仍然保存部分自主意识，含有"效忠"的意味；而探马赤军、汉军将领或由低级军官提拔，或由大汗怯薛充任，乃至由归降者自领军队，对大汗的"服从"从一开始就更加彻底。对比来看，"效忠"是自发性的，效忠的对象多半是具有"克里斯玛（Charisma）"特质的政权领袖；而"服从"是强制性的，服从的对象更可能是某个能够实行强制的政权。

故而，即使大蒙古国的统治者不是窝阔台汗，乃至不是窝阔台家族，也不会影响，或者说较少影响这些"服从"型军队将领在该政权内的活动。刘黑马、张柔等部及绰儿马罕所率西征将领的后续情况都证明了这一点：以刘黑马为代表的征蜀部队，后来随蒙哥汗继续征伐；包括张柔在内的若干万户，成为忽必烈建元中统、继续攻宋的主力部队；绰儿马罕所部将领则归属于旭烈兀汗，成为伊利汗国的显贵异密。由此可见，黄金家族的内部斗争、汗位的转移和

---

① İsenbike Togan, *Flexibility and Limitation in Steppe Formations: The Kereit Khanate and Ghinggis Khan*, pp. 139 – 140.

更替，甚至会为这些将领带来新的发展机会；而窝阔台汗的子孙却未必能利用他们来捍卫本家族对最高权力的承袭。正如涂逸珊所指出的，部族组织的瓦解使军队以往对部落组织和亲属关系的忠诚，转变为对大蒙古国和整个王朝的忠诚。① 在这一变化中，军事将领与大汗的私人关系也日益淡化，不再成为某一支系家族的固定同盟。这些情况并不符合窝阔台维系权力继承的要求。

适应更大征战范围的军团系统的形成，也使高级别军事统帅具有较大权力，可能对中央集权形成新的威胁。如前所述，在距离汗廷较远的呼罗珊地区，绰儿马罕派出将领管理各地，西征军中不少将领都与地方统治者保持紧密联系。绰儿马罕家族及其继任者拜住，更是小亚地区统治者投效蒙古时拜见的首要目标。本书第三章第四节将要述及，获得窝阔台支持的呼罗珊行省级别长官阔儿吉思，在管理地方事务时，与绰儿马罕所部将领产生了直接冲突。这些情况都反映出高级别军事统帅对大汗权力不同程度的侵夺。也正因如此，蒙哥汗即位后，迅速派出其弟旭烈兀接管拜住所部。《史集》记述旭烈兀曾训斥拜住征战不力，② 这一冲突的实质是大汗对军事统帅长期控御地方的严重警告。

随着窝阔台对军队的整编，军事将领进一步取代部族首领，成为蒙古政权构建国家的主要依靠力量。但需强调的是，成吉思汗创立千户制度时，并未脱离草原原有的社会基础，故以军队体系为核心的国家架构，与部族社会的关系也非替代式的改变，后者的精神内核仍然保留在新的社会结构之中。③ 故而到窝阔台时期，即使"服从"型军事将领增加、高级别军团统帅出现，影响汗权继承和中央集权的新隐患开始孕育，但由于部族社会的文化观念仍然存在，

---

① İsenbike Togan, *Flexibility and Limitation in Steppe Formations: The Kerait Khanate and Ghinggis Khan*, p. 138.
② ［波斯］拉施特编：《史集》第三卷，余大钧译，第45—46页。
③ İsenbike Togan, *Flexibility and Limitation in Steppe Formations: The Kerait Khanate and Ghinggis Khan*, p. 136.

这些隐患并未马上集中爆发，而是延迟到汗位转移、蒙哥即位之后，才逐渐显露出来。

第四节　窝阔台汗的军事构想

本章前三节梳理了窝阔台时期蒙古千户、探马赤军和汉地诸军的主要将领，围绕攻宋、征战辽东等战役，已涉及大汗对汉地诸军的地区调配。对绰儿马罕西征军构成与发展的考察，则反映出蒙古军队控制呼罗珊及以东地区的整体情况。本节将在此基础上，继续考察这一时期的两场重要战役：灭金之战和长子西征。如本书第一章所述，前者体现出窝阔台对成吉思汗遗志的继承，后者则是黄金家族第二代宗王主要参与的战役。窝阔台对这两场战争的军事安排，暗含他对家族关系的深远谋划。这是本节的讨论重点。

一　对成吉思汗战略的发展：完成灭金

本书第一章已述，窝阔台即位后基本遵照其父的既有构想进行军事部署，继续攻打呼罗珊和高丽，并作出亲征灭金的决定。

窝阔台在即位之初首先派出绰儿马罕西征，除得知札阑丁去而复返的消息之外，还因他曾在哥疾宁地区作战，对该地情况熟悉。《史集》记成吉思汗在西征末期，曾派遣窝阔台再次攻打哥疾宁，但由于暑热，窝阔台继续进军昔思田的计划被其父阻止。[①]《纳赛里史话》对这一事件有更具体的描述。成吉思汗派窝阔台率军前往古耳和呼罗珊地区，窝阔台在古耳和哥疾宁中间地区驻跸，派出撒迪（Sa'dī）扯儿必、蒙格秃扯儿必等将领，率军奔赴昔思田；派额不客（Abkah）那颜率领一万匠军攻打阿失牙儿（Ashiyār）堡；派额勒只

---

① ［波斯］拉施特编：《史集》第一卷第二分册，余大钧、周建奇译，第309—310页。

（Iljī）进入古耳和也里的山区。① 可知窝阔台此时总领上述地区战事，有直接了解古耳、哥疾宁及昔思田情况的机会。《昔思田史》（Tārīkh-i Sīstān）提及伊历619年（公历1222年2月至1223年2月），蒙古军队首次劫掠了昔思田。② 如本章第三节所述，绰儿马罕西征开始后，答亦儿再次进攻昔思田，蒙格秃则率军留驻怯失迷儿地区，这与成吉思汗时代对这些地区的作战活动密切相关。正是由于熟知该地情况，在派出绰儿马罕后，窝阔台还安排了同样熟悉当地情况的蒙格秃、答亦儿作为后援，完善西征战场的人员部署。

灭金是窝阔台汗统治前期最为重要的战事。在成吉思汗西征时，木华黎已试探性地进攻延安、凤翔等处，不过并未达到预期成效。木华黎死后，孛鲁、塔思先后袭职，在山西地区继续推进对金战事。但金朝抓住武仙投降、蒙军主力攻打西夏的有利时机，收复了这一地区不少重要据点。窝阔台即位不久，陕西境内的蒙古军队又遭遇大昌原战败，③ 攻金形势相当严峻。在即位忽里台上，窝阔台宣告由拖雷配合自己亲征金朝，具体行动于即位次年七月展开。

据《元史·太祖纪》，成吉思汗临终前曾留下"假宋取汴"的灭金策略。④ 从窝阔台、拖雷攻金的整体过程来看，这一战略得到了有效利用，灭金的既定目标也得以实现。表面上看，这一战役似是窝阔台完全按照其父已有计划执行的结果。但若仔细考察战争进程，在采取"假宋取汴"的办法之前，窝阔台应还尝试了另一种战略。

太宗二年（1230）七月，"帝自将南伐，皇弟拖雷、皇侄蒙哥

---

① *Ṭabaḳāt-i-Nāṣirī: A General History of the Muhammadan Dynasties of Asia, including Hindūstān, from A. H. 194（810 A. D.）to A. H. 658（1260 A. D.）and the Irruption of the Infidel Mughals into Islām*, tr. & ed. by Major H. G. Raveity, Vol. 2, pp. 1047 – 1048.

② *Tārīkh-i Sīstān*（《昔思田史》），ed. by Muḥammad Taqī Bahār, Tehrān: Intishārāt-i Ma-īn, 1381（2002），p. 365.

③ 史卫民：《元代军事史》，第48页。

④ 《元史》卷一《太祖纪》，第25页。

率师从，拔天成等堡，遂渡河攻凤翔"。① 窝阔台率军自山西北部南下，经西京至石州，渡过黄河与陕西境内的蒙古军队合兵，向凤翔进发。按《金史》，蒙军围凤翔是在正大八年（1231），即太宗三年正月，当年四月"大元兵平凤翔府"②。南宋方面的记述更为详细，蒙军在绍定三年（1230）十一月曾从宝鸡趋凤翔，但停留未久；次年正月再与宋军秘密联络，宋方派官员"诣凤翔虏酋所"③，说明当时蒙军主将正驻扎在凤翔附近。在蒙军第一次进攻凤翔时，曾向宋方致"嫚书"。兴元知府郭正孙就此事向制置使上言："数年以来，虏尝得志于我。今无故请成，意未可知。万有一如谍报假途捣汴，且他有难塞之请，将何以应？"④ 由此可知嫚书的内容主要是"请成"，以示蒙方沟通之意。郭正孙推测蒙方后续可能有"假道"之请，建议制置使早做回应。这说明宋方对成吉思汗的灭金战略已有所了解。那么，此时蒙军致书，的确意在实施攻取凤翔、"假道"取汴的既定战略吗？

要回答这一问题，先需说明当时大蒙古国与金朝的作战情况。在蒙古军队首次进攻凤翔的当月，"师攻潼关、蓝关，不克"⑤，速不台率军进攻潼关失败。《元史·速不台传》记述了传主因此事遭到窝阔台汗责备的情况："从攻潼关，军失利，帝责之。睿宗时在藩邸，言兵家胜负不常，请令立功自效。"⑥ 如果蒙军当时确按成吉思汗生前规划行事，认为潼关之兵"难以遽破"⑦，为何还要令速不台先攻打此处，而不集合兵力直接围攻凤翔？

---

① 《元史》卷二《太宗纪》，第30页。
② 《金史》卷一七《哀宗纪上》，第383页。
③ 魏了翁：《鹤山先生大全文集》卷八二《故太府寺丞兼知兴元府利州路安抚郭公墓志铭》，《四部丛刊》影印乌程刘氏嘉业堂藏宋刊本，叶3b。
④ 魏了翁：《鹤山先生大全文集》卷八二《故太府寺丞兼知兴元府利州路安抚郭公墓志铭》，叶3a。
⑤ 《元史》卷二《太宗纪》，第30页。
⑥ 《元史》卷一二一《速不台传》，第2977页。
⑦ 《元史》卷一《太祖纪》，第25页。

木华黎率军攻打凤翔时,也曾令"按赤将兵三千断潼关"①,意在阻止驻扎在潼关的金兵来援凤翔。而据前述,窝阔台首次攻凤翔时停留未久,故很难认为速不台进军潼关是对窝阔台的配合行动。且因他攻潼关未成,"帝责之",可知窝阔台对此战失利颇为不满;甚至拖雷劝解"请令立功自效",可知大汗原有处罚速不台之意。这说明此战对窝阔台汗意义重大。

在攻打潼关之前,史料中已可见窝阔台重用速不台的相关记述。其一,《元史·速不台传》记"太宗即位,以秃灭干公主妻之"②,赐妻公主非寻常赏赐可比,体现出窝阔台汗对速不台的宠信。类似的例子还见于西征军主帅绰儿马罕。如前节所说,《引弓民族史》中记述阿勒塔尼哈敦被成吉思汗③赐给绰儿马罕为妻。据此推测,窝阔台很可能也期望速不台如绰儿马罕一般,承担主持某方面战局的重任。其二,《圣武亲征录》记"庚寅(1230)春,遣军将攻守京兆,金主以步骑五万来援,败还,其城寻拔"④,可对应《元史·太宗纪》载同年"朵忽鲁及金兵战,败绩,命速不台援之"⑤。核《金史·哀宗纪》,知正大六年(1229)十月,"大元兵驻庆阳界",次年春正月,移剌蒲阿等率军"解庆阳之围",八月"赐陕西死事之孤盐引及绢,仍量材任使"⑥,可佐证蒙古方面的记载。金朝派出五万步骑、令枢密副使移剌蒲阿率军来援,说明庆阳具有重要地位。则窝阔台选择速不台增援,也应经过慎重考虑。夺回庆阳为窝阔台率军入陕、南进凤翔提供了接应处,此役之胜或是大汗再派速不台

---

① 《元史》卷一一九《木华黎传》,第2935页。
② 《元史》卷一二一《速不台传》,第2977页。
③ 对比《引弓民族史》前文与其他史料对绰儿马罕事迹的相关记述,推测赐绰儿马罕公主的大汗并非成吉思汗,而是窝阔台。
④ 王国维校注:《圣武亲征录》,载氏著《王国维遗书》第13册,上海古籍书店1983年版,叶80b。贾敬颜校注,陈晓伟整理:《圣武亲征录(新校本)》,中华书局2020年版,第314页。
⑤ 《元史》卷二《太宗纪》,第30页。
⑥ 《金史》卷一七《哀宗纪上》,第382页。

进攻潼关的重要参考。以重要将领率军攻打潼关，说明窝阔台对潼关之役的重视。

在窝阔台向西进军的同时，驻扎在山西、河北地区的军队也有所行动。按照《元史·塔思传》及同书《史天泽传》的记述，重归金朝的武仙在太宗二年九月围攻潞州，塔思率军解围，但遭到移剌蒲阿夜袭，金朝重得潞州。十月，窝阔台派因只吉台支援塔思，复取潞州，武仙夜遁。"庚寅冬，武仙复屯兵于卫，天泽合诸军围之。金将完颜合达以众十万来援，战不利，诸将皆北。"① 以此视之，当地蒙古军队的行动围绕武仙袭击潞州展开，作战重点在于潞州。

但如参照《金史·哀宗纪》，正大七年八月，"大元兵围武仙于旧卫州"，十月，"平章合达、副枢蒲阿引兵救卫州。卫州围解"②，卫州才是此时蒙、金对战的主战场。《金史·完颜合达传》记："至是，河朔诸军围卫，内外不通已连月，但见塔上时举火而已。合达等既至，先以亲卫兵三千尝之，北兵小退，翼日围解。"③ "内外不通已连月"，可证同书本纪述卫州八月被围事，则"河朔诸军围卫"的时间早于武仙攻潞州。《元史·按扎儿传》也记述此事："岁庚寅，孛鲁由云中围卫州，金将武仙恐，退保潞东十余里原上，孛鲁驰至沁南，未立鼓，乞石烈引兵袭其后，孛鲁战失利，辎重人口皆陷没。"④《元史》点校本已经指出，此时孛鲁已死，率军围困卫州者应当为塔思。由此可知，所谓"武仙攻潞州"、塔思救援而遭夜袭，并非此次蒙、金交战的开端，而是由蒙军"围卫州"引发的战争过程。

根据以上史料，这次的战争经过应为：太宗二年八月，塔思率军围卫州，武仙退向潞州。塔思追击时遭遇夜袭，潞州陷于金方。十月，窝阔台所派援军赶到，与塔思复取潞州。武仙再次逃往卫州，金朝派出完颜合达、移剌蒲阿收复卫州。由史天泽率领的河北诸军

---

① 《元史》卷一五五《史天泽传》，第 3658 页。
② 《金史》卷一七《哀宗纪上》，第 382 页。
③ 《金史》卷一一二《完颜合达传》，第 2467 页。
④ 《元史》卷一二二《按扎儿传》，第 3006 页。

则主要承担围攻卫州的任务，至此为金兵所败，"诸军皆北"。那么，为何在窝阔台汗亲征西进的同时，由塔思、史天泽率领的"河朔诸军"要围攻卫州呢？

卫州临黄河，是汴梁西北方向的重要屏障。如夺取卫州，渡过黄河、直入汴梁指日可待。同理，潼关扼守山隘河口，若破此关，亦可顺黄河而下，东进取汴。窝阔台亲征陕西，同时令塔思南下围卫，即意在两路配合，不经假道，直取南京。也就是说，窝阔台此时没有采取成吉思汗的既定战略，而选择了由潼关、卫州两路取汴的攻金路线。《金史·纥石烈牙吾塔传》记窝阔台至应州时，曾行"九日拜天"①之礼。正如艾骛德所说，"九日拜天"是蒙古准备进行至关重要、极高风险的战争时祈祷胜利的仪式，② 窝阔台行此重礼，表明他对两路取汴计划的郑重态度。

窝阔台的这一决定，与两方面因素相关。一是蒙古军队曾有突破潼关的成功经验。早在太祖十一年（1216），"撒里知兀觯三摸合拔都鲁率师由西夏趋关中，遂越潼关"③。蒙军的这次突袭对金朝造成了很大震动。《金史·李革传》记传主贞祐四年（1216）拜参知政事，"是岁，大元兵破潼关，革自以执政失备御之策，上表请罪。不许，罢为绛阳军节度使"④；驻守潼关的宗室永锡被下狱，"久不决"，后经完颜从坦及宗室四百余人上书搭救，才得"杖一百，除名"⑤，亦见潼关之败对金宣宗的打击。或经此之故，金朝更加重视潼关防守。

二是节省战争成本的实际考虑。以后来拖雷率军南下借道的情况来看，南宋方面并非全无抵抗，这无疑增加了行军阻力。而从兵

---

① 《金史》卷一一一《纥石烈牙吾塔传》，第2459页。
② Christopher P. Atwood, "Pu'a's Boast and Doqolqu's Death: Historiography of a Hidden Scandal in the Mongol Conquest of the Jin", p. 265.
③ 《元史》卷一《太祖纪》，第19页。
④ 《金史》卷九九《李革传》，第2197—2198页。
⑤ 《金史》卷一二二《完颜从坦传》，第2662页。

力和军需方面来说，蒙古军队也遇到了不小的困难。兵分三路后，拖雷所率兵士不足四万，却要承担直面金军精锐的作战任务；且按《史集》所述，这支军队长期处于食物匮乏的状态："他们饿坏了，身体消瘦，以致吃人肉、吃一切动物和干草。"① 这些阻碍都在增加蒙军的途中消耗，减损军队的作战实力。如能不经借道、直接灭金，行军损耗也会大大降低。

但是，卫州、潼关之战的相继失败，证明这一计划难以成功。卫州战败发生于十月，十一月有速不台攻潼关不克之事，则或在卫州败后，窝阔台并未立即彻底放弃两路灭金的计划，仍寄希望于速不台攻取潼关。同时，上文提及此时宋方收到"嫚书"，说明蒙方已有沟通意愿，将借道方案纳入考虑范畴，但尚未正式提出这一要求。《元史·塔思传》提到，"十一月，帝攻凤翔，命塔思守潼关以备金兵"②；同书《李守贤传》也记当时"蒲津南济潼关"③，即言传主率军南下援助潼关。窝阔台令河东诸军集兵潼关，实际意图在于阻止潼关以东的金兵西出；而自己率军攻打凤翔，也可分散潼关以西的一部分金兵，更有利于速不台攻下潼关。不过，这两方面的配合措施也并未帮助速不台获得胜利。

以此视之，不难理解速不台战败后"帝责之"的深层原因。这次战败意味着窝阔台攻金的原定计划彻底失败，不得不采取更大代价的借道于宋战略，故而他对速不台严加斥责乃至生出断罪之意。而速不台后来随拖雷绕道南宋，在灭金战役中功劳卓著，自然也是出于他"立功自效"的意愿。潼关战败后，蒙古军队于次年春攻下凤翔府，继而大汗与主要将领北返度夏，正式制订了假道于宋、三路灭金的新计划。

---

① ［波斯］拉施特编：《史集》第二卷，余大钧、周建奇译，第 34 页。
② 《元史》卷一一九《木华黎附塔思传》，第 2938 页。
③ 《元史》卷一五〇《李守贤传》，第 3547 页。点校本有校勘记："'蒲津南济潼关'，此句不文。蒙史于'蒲津'上增'自'字。"按《元史·太宗纪》，蒙军攻下蒲城是当年十二月事，此时蒲城尚为金据，故加"自"更合史实。

兵分三路后，拖雷卓越的军事领导才能得到充分发挥，率军按时抵达钧州一带；而窝阔台率军亲征河中，除掉了与潼关互为应援的金军重地。围攻汴梁的时机已经成熟。三峰山之战后，蒙古灭金的胜局基本确定，窝阔台、拖雷便率先北还。《元史》《圣武亲征录》记速不台成为围攻汴梁的总负责人，他派出博尔忽之孙塔察儿追击金主，攻破蔡州。但《史集》却记领导这两场关键战役、最终完成灭金任务的主帅为朵豁勒忽。在两方面史料的主要情节和多处细节都能对应的情况下，出现这一明显差异，是由于《史集》编纂者不熟悉将领身份，而发生了事迹混淆、张冠李戴的错误吗？

如果参照《史集》对窝阔台时代战事的整体记述，朵豁勒忽在灭金之役中的战功卓著并非偶然。《史集》第二卷以灭金为限，将窝阔台统治时期分为两部分。在第一部分的灭金战争中，拖雷率军出征、夺取潼关和其部将朵豁勒忽完成灭金的情节占据主要部分，对于窝阔台及他所率中路军的动向则记述甚少，甚至攻打河中都归功于拖雷所部。[①] 在第二部分的长子西征中，又详细描述了蒙哥杀死八赤蛮的战绩，并记述他在西征过程中的主要动向。此时的窝阔台则醉心于营建宫舍，且"一直都在享福作乐"[②]。此种对比之下，不难让人产生这样的印象：正是由于拖雷和蒙哥勤于征伐、忠心辅弼，才能使大汗窝阔台高枕无忧、尽享安乐。拖雷家族的重要作用、正面形象跃然纸上。

从这一角度来看，《史集》对朵豁勒忽的战绩的夸大，暗示出此人与拖雷家族关系密切。同书记朵豁勒忽出身阿鲁剌部，是博儿忧的弟弟；[③] 而从博儿忧处却难觅他与拖雷家族交好的线索。但若按《元朝秘史》所记，朵豁勒忽为者台之弟，[④] 情况就变得容易理解

---

① ［波斯］拉施特编：《史集》第二卷，余大钧、周建奇译，第34页。
② ［波斯］拉施特编：《史集》第二卷，余大钧、周建奇译，第68页。
③ ［波斯］拉施特编：《史集》第一卷第二分册，余大钧、周建奇译，第373页。
④ 乌兰校勘：《元朝秘史（校勘本）》，第100页。

了。者台是忙兀部人，被母族抚养长大后带给成吉思汗，"在窝阔台合罕时，他还活着，是唆儿忽黑塔尼别吉和拖雷汗诸子的近臣"①。窝阔台汗未经商议，擅自将原属拖雷家族的三千户划分给阔端时，者台也在向唆鲁禾帖尼及蒙哥申诉的诸臣之中。在《五世系·蒙古世系》"拖雷汗异密"名录中，者台居于首位，且《五世系》记他是成吉思汗分配给拖雷的诸千户之一。② 这些记载都能反映出者台与拖雷家族的亲近。《元朝秘史》记窝阔台即位后，对大汗怯薛进行了人事安排。朵豁勒忽原为成吉思汗的散班长官之一，③ 而者台担任了窝阔台的散班长官，④ 当时的新长官基本从原任此职者亲族中择用，这一原则亦可佐证二人的亲属关系。

正是由于朵豁勒忽与拖雷家族的密切关系，他没有获罪，却被大汗秘密处死。《元朝秘史》记窝阔台汗自述"四过"，其一即因私仇暗害朵豁勒忽。⑤ 原文使用 kegesülegü/öyisüledükse，旁译作"阴害的/阴害了的"⑥。这两个词均另见于同书记述成吉思汗之父也速该被塔塔儿人暗害之事。类比也速该被害事，可知朵豁勒忽不是因正当理由被公开处死的。另据奥屯世英《神道碑》记，"辛丑岁夏"窝阔台欲夺奥屯世英金符，唆鲁禾帖尼向大汗抗辩后，又委托蒙哥撰写懿旨，称"朵火鲁虎奉成吉思皇帝圣旨，赐此虎符，不可夺也"⑦。辛丑年即太宗去世当年，此时懿旨中仍可直书朵豁勒忽之名，并提及他奉命赐符，也说明此人名誉清白、没有获罪。再比较《元朝秘史》中窝阔台自述的其他"三过"，即酗

---

① ［波斯］拉施特编：《史集》第一卷第一分册，余大钧、周建奇译，第 303 页。
② *Shuʿab-i Panjgāna*, f. 128b.
③ 乌兰校勘：《元朝秘史（校勘本）》，第 295 页。
④ 乌兰校勘：《元朝秘史（校勘本）》，第 394 页。
⑤ 乌兰校勘：《元朝秘史（校勘本）》，第 401 页。
⑥ 鲍·包力高、齐木德道尔吉、巴图赛恒编：《〈元朝秘史〉畏吾体蒙古文再复原及其拉丁转写》下册，第 1219 页。
⑦ 李庭：《寓庵集》卷七《大元故宣差万户奥屯公神道碑铭》，载《元人文集珍本丛刊》第 1 册，第 45 页。

酒、夺斡赤斤部女子和围阻猎物进入兄弟之国,内容多与处理家族矛盾有关,可知朵豁勒忽之死,也很可能是窝阔台打压拖雷家族的重要举措。

二 窝阔台汗的军事谋划:长子西征与攻打南宋

金朝灭亡后,窝阔台确定了对外扩张的后续安排:一是以拔都为长,各宗亲家族派出长子参加西征,攻打钦察及以西地区;二是向南分两路攻打南宋。

这两方面战争地位重要,中西史料均记载窝阔台曾有亲征打算。《元史·太宗纪》载窝阔台"议自将伐宋,国王查老温请行,遂遣之"[1];同书《塔思传》记"时诸王大会,帝顾塔思曰:'先皇帝肇开大业,垂四十年。今中原、西夏、高丽、回鹘诸国皆已臣附,惟东南一隅,尚阻声教。朕欲躬行天讨,卿等以为何如?'群臣未对,塔思对曰:'臣家累世受恩,图报万一,正在今日。臣虽驽钝,愿仗天威,扫清淮、浙,何劳大驾亲临不测之地哉!'"[2]《世界征服者史》记窝阔台打算亲征,《史集》更具体言大汗"想亲自前往钦察草原"[3],而被蒙哥出面劝阻。有研究者以此认为,窝阔台汗在灭金之后,仍有御驾亲征、建立军功的意愿,不过遭到劝阻,未能成行。[4] 那么,窝阔台此时确有亲征的强烈愿望吗?

答案恐怕是否定的。第一,此时窝阔台已经获得灭金之功,统治基本稳定。《元朝秘史》第271节记窝阔台即位不久,与兄长察合台商议亲征灭金之事,说"皇帝父亲的见成大位子我坐了。有甚技能。今有金国未平。我欲自去征他"[5]。旁译有"怎生技能依着"之

---

[1] 《元史》卷二《太宗纪》,第34页。
[2] 《元史》卷一一九《木华黎附塔思传》,第2939页。
[3] [波斯]拉施特编:《史集》第二卷,余大钧、周建奇译,第59页。
[4] 温海清:《再论蒙古进征大理国之缘起及蒙哥与忽必烈间的争斗问题——以所谓"斡腹"之谋为主线》,第279—280页。
[5] 乌兰校勘:《元朝秘史(校勘本)》,第382页。

语,故此处可解读为"凭借什么能力坐上大位",即窝阔台担忧没有战功、难以服众,故提出亲征伐金。"难以服众"的隐忧还在于拖雷。但拖雷去世后,汗权的最大威胁消失,窝阔台也得到灭金之功作为汗位依凭,并无必要再自劳心力、远途征伐。

第二,从灭金后的国事安排来看,窝阔台的施政重点已经发生转移。灭金次年,新都城哈剌和林建成。除供大汗驻跸的宫殿外,窝阔台还下令"兄弟、儿子以及在他身边的其他宗王们,各在宫的四周建立华丽的住宅"①,并大肆赏赐民众,使"百姓从四方奔赴那里,在一个短时期内它成为一座城市"②。窝阔台致力于营建新的权力中心,传播慷慨美名,从而吸纳更多的有识之士和物质财富,促进国家发展。如本章前述,此时的军事建制更为完善,故征伐不必再依靠大汗亲力亲为。窝阔台已经有意识地将统治重点由外出征伐转向国家建设。

不过,仍然应该相信,窝阔台确实在忽里台大会上提出了亲征。这一做法类似于他在即位前的谦让之举,更具有观念上的重要意义。"大汗亲征"首先体现出战争的重要性,再者,也表示窝阔台不忘父志、未弃国本的鲜明态度。曾出使汗廷的欧洲传教士普兰诺·加宾尼记述道:"另一条法令是,只要他们自己还没有遭到屠杀,他们就要使全世界降服于他们。"③成吉思汗的大札撒规定了对外扩张的任务,作为继任者的窝阔台自然要坚决执行。对外战争是大蒙古国发展的根本动力,大汗理应表示足够的重视。

亲征提议被劝阻后,窝阔台要对两场战争进行具体安排。西征方面,将领中以作战经验丰富的速不台为首,诸王则听从拔都命令,中路军由贵由指挥;攻宋方面,皇子阔端、宗王穆直兵分两路入蜀,皇子阔出和将领塔思率军南下渡淮。

---

① [波斯]拉施特编:《史集》第二卷,余大钧、周建奇译,第69页。
② [波斯]志费尼:《世界征服者史》上册,何高济译,翁独健校订,第277页。
③ [意大利]约翰·普兰诺·加宾尼:《蒙古史》,载《出使蒙古记》,吕浦译,周良霄注,第25页。

长子西征以拔都为首，反映出大汗对尤赤家族在北方地区应有权利的承认。并且，这次西征所得所有土地，都归尤赤家族所有。这与成吉思汗时代经略呼罗珊地区的情况不同。成吉思汗东返之后，呼罗珊及以南地区仍有代表其四子家族的将领留驻，表明诸子家族在此地均可占有一定利益份额；而长子西征后，也儿的石河以西直至多瑙河之地，都被尤赤家族占有，其他家族只能获得一定份额的战利品。既然如此，此战为何还要令各家族派出长子参加？

从实际情况来看，当时战役较多、兵员不足，令各家族宗王率军参战，能够充实西征兵力，减轻战争资源的供给压力。此外，宗王们还能在此役中获得游牧社会颇为看重的军功。中西史料都记述了蒙哥在西征中杀死钦察首领八赤蛮的战绩，这也成为日后蒙哥夺取汗位的重要依凭。作为黄金家族的宗主，窝阔台有责任为第二代宗王积累战争经验提供机会。

同时，联系灭金之战和两路攻宋，窝阔台汗对长子西征的安排，还有更深层的用意。尤赤曾受父命向西攻战，因他去世，故由其子拔都主持西征；那么，拖雷曾由散关南下、攻入宋境，此时蒙古攻打南宋，为何不由其子蒙哥沿袭其路、领兵攻宋呢？

皇子阔端率军入蜀，在征宋路线和所率将领方面，都直接得益于拖雷入宋借道的战争经验。太宗七年，阔端经巩昌招降汪世显。继而沿大散关南下，攻打凤州、兴元等地，再向西南方向前进，与宗王穆直军合兵攻成都。阔端由陕入川的最初路径，与拖雷灭金时的入宋路线一致。他所率军队中，也不乏曾随拖雷假道的骁勇将领。蒙古老千户中如完泽祖父土薛，"太宗伐金，命太弟睿宗由陕右进师……土薛为先锋"，在阔端征蜀时"从攻兴元、阆、利诸州，拜都元帅"[①]；汉军中如刘黑马、奥屯世英、夹古忙古歹、梁瑛、按竺迩

[①] 《元史》卷一三〇《完泽传》，第3173页。

等万户，① 皆曾随拖雷入宋。以此观之，拖雷攻金右路军的主力基本被阔端继承。另外，《史集》记窝阔台未经与宗亲商议，将属于拖雷家族的三千逊都思、雪泥部军队交给阔端。② 这部分军队很可能也用于征蜀作战。

阔端在太宗八年冬北还，在凉州建立了自己的兀鲁思。胡小鹏指出，阔端开府是窝阔台有意扶持，以便他与畏兀儿亦都护、叶密立诸王互相呼应，增强本家族的实力。③ 此外，阔端留驻凉州，还可监控征蜀大军。曾随拖雷攻金的主力部队，由于征蜀战事和皇子统辖，有效地减少了与拖雷家族的直接联系。

而拖雷的长子蒙哥，则被窝阔台派往长子西征的战场。如前所述，长子西征所得土地皆归尤赤家族所有，意味着蒙哥并无像阔端那样留驻开府的机会，自然无法形成新的势力范围。同时，率军南下的皇子阔出，有塔思、口温不花等原攻金中路军将领配合，而据目前所见史料，西征军中只有老将速不台久经沙场。故在军队将领的配置上，蒙哥所在的西征军也存在一定劣势。

《元史·速不台传》记西征军攻打马札儿部时，曾发生漷宁河之战。速不台设计诱敌至漷宁河，欲令诸王自上游渡河，自己率军自下游绕道敌后。但诸王不仅没有完成指定计划，还"没甲士三十人，并亡其麾下将八哈秃"，甚至萌生退意，"欲要速不台还，徐图

---

① 参见《元史·刘黑马传》"庚寅，睿宗入自大散关，假道于宋以伐金，命黑马先由兴元、金、房东下"（第 3517 页）、李庭《奥屯公神道碑铭》"再入宋境，从皇考大王大军由兴元历金洋州……"（《元人文集珍本丛刊》第 1 册，第 44 页）、姚燧《兴元行省瓜尔佳公神道碑》"庚寅，睿宗拔凤翔，明年从破宋大散关……"（查洪德编《姚燧集》，第 254 页）、魏初《故征行都元帅五路万户梁公神道碑铭》"俾西徇宋地，西和、兴元十数城俱下"（《历代石刻史料汇编》第 11 册，第 417 页）、《元史·按竺迩传》"睿宗分兵由山南入金境，按竺迩为先锋，趋散关"（第 2893 页）等记述。

② 参见［波斯］拉施特编《史集》第一卷第二分册，余大钧、周建奇译，第 381 页。

③ 胡小鹏：《元代阔端系诸王研究》，第 31 页。

之"①，反映出诸王配合作战尚力有不逮。金浩东也注意到这段记述，他指出，拔都后来责怪"速不台救迟，杀我八哈秃"，速不台解释了下游绕道的战争策略，回答"今但言我迟，当思其故"，暗示出拔都在此役中的重大失误。这也是《元朝秘史》记述拔都与贵由不合的真实原因。② 可见西征军主要将领间亦有嫌隙。从此例来看，似难过高估计蒙哥在长子西征中获得的军事经验——中西史料都对蒙哥击杀八赤蛮一役大书特书③，也侧面证明他即位前的战功比较有限。

蒙哥即位后，对诸王阔端态度友善，除了"阔端和拖雷汗诸子十分友好"④ 的表面原因外，自然也要考虑到阔端在陕甘乃至藏地的影响力。阔端兀鲁思积累雄厚实力的前提，就是窝阔台令他分领精锐，借拖雷旧部开疆拓土。征蜀军队战斗力强，处于作战后方的凉州局势稳定，为阔端经营地方、联络藏地提供了保障；他也可由战事获得更多战利品，进一步充实本兀鲁思实力。以阔端兀鲁思后来的重要地位，不难推知征蜀大军若由蒙哥率领的结果。

若将观察视角扩展到拖雷诸子，更可知窝阔台利用战事安排削弱拖雷家族的深沉谋划。《元史·世祖纪一》记忽必烈生于太祖十年，⑤ 又据《史集》，旭烈兀比忽必烈小两岁，⑥ 则到金朝灭亡时，忽必烈已十九岁、旭烈兀十七岁，具备了参战的年龄条件。而此后时段内，拖雷嫡子中只有蒙哥参加了长子西征，年轻的忽必烈、旭烈兀并无获得战功的机会。对比窝阔台之子贵由先后参加辽东平叛、长子西征，阔出、阔端分领大军攻宋，拖雷家族在重大战事中的参与度十分有限，遑论掌握军权了。他们对大汗的威胁也就自然下

---

① 《元史》卷一二一《速不台传》，第 2978 页。
② Hodong Kim, "A Reappraisal of Güyüg Khan", *Mongols, Turks and Others: Eurasian Nomads and the Sedentary World*, ed. by R. Amitai and M. Biran, pp. 317–320.
③ 参见《元史》卷三《宪宗纪》，第 43 页；［波斯］志费尼《世界征服者史》下册，何高济译，翁独健校订，第 659—660 页。
④ ［波斯］拉施特编：《史集》第一卷第二分册，余大钧、周建奇译，第 381 页。
⑤ 《元史》卷四《世祖纪一》，第 57 页。
⑥ ［波斯］拉施特编：《史集》第一卷第二分册，余大钧、周建奇译，第 315 页。

降了。

　　本书第一章提到，窝阔台即位之初，通过巩固成吉思汗的至高地位来凸显自己统治的合法性。从军事方面来看，灭金之战体现出窝阔台汗对其父既有构想的继承，辽东、呼罗珊地区的军事征服亦旨在解决成吉思汗时代的遗留问题。窝阔台统治时期的多数军事行动，实际都是成吉思汗既有军事计划的延续，也反映出军事活动在大蒙古国发展过程中的重要地位。

　　在这一前提下，窝阔台也根据自身经验对战争路线、将领任用等方面作出调整。如灭金之战中，窝阔台并未直接选择向宋假道的战略，而是先尝试主攻潼关、卫州两地的进攻路线。这一计划有合理性。但不可忽视的是，自石天应死后，金朝一直占据河中要地，南与潼关互为声援；河东东部的潞州等地也处在金、蒙双方的反复攻取中，蒙军由潼关、卫州进攻汴梁的阻力颇大。故而两路攻金的计划难以实现。调整战略后，窝阔台亲率的中路军即以攻取河中府为首要目标；而拖雷则绕过难攻的潼关，从宋境迂回北上。假道于宋虽然风险较大，但对善于长途奔袭的蒙古军队而言，还是增加了险中求胜的可能。

　　借道战略的成功实现，特别是三峰山之战的胜利，使拖雷的战功与声望达到顶点，对窝阔台的大汗权威形成直接冲击。窝阔台不得不尽快处理这一问题。因与拖雷家族关系密切，如朵豁勒忽、奥屯世英等军事将领，在大汗实行的政治打压中受到牵连。拖雷去世后，汗权威胁基本解除，大汗独享灭金首功，巩固了自身的统治基础。在之后的军事行动中，窝阔台也得以享有完整指挥权。

　　作为黄金家族宗主，窝阔台汗利用长子西征、两路攻宋，为家族内第二代宗王积累军功提供机会。但是，在这种看似机会均等、鼓励立功的表象下，由于辅佐宗王的将领配置有别，不同战场的军队战斗力实际相差较大。原随窝阔台、拖雷灭金的骁将基本被安排在皇子阔出、阔端军中。有赖于此，阔端建立了自己的兀鲁思，窝阔台家族的实力进一步壮大；而随拔都西征的拖雷长子蒙哥则收获有限，杀死八赤蛮几乎是他即位前的唯一军功。相比于不止一次担任战事统帅的前任诸汗，蒙哥汗在军事方面的短板显而易见。这或许也是他即位后，执意亲征攻蜀的深层原因。

小　结

军事扩张是大蒙古国发展的根本动力，也是窝阔台汗继承其父遗志的主要方面。在成吉思汗千户制度的基础上，窝阔台汗通过扩建探马赤军、整编汉地诸军，获得了已统治地区的更多兵力，增强了大蒙古国的军事实力。他实现了成吉思汗的灭金谋划，拓展了呼罗珊乃至高加索地区的统治疆域，发起了对钦察草原的远征和对宋作战，大蒙古国的统治版图继续扩大。

在这一时期的军事活动中，原有的蒙古老千户长发生分化：一些地位显要者不再率军出征，而成为汗廷显贵；另一些人则仍担任地区军团中的作战部队将领，与大汗的关系日益疏远。探马赤军规模扩大，新增将领多由大汗任命，增强了大汗对军队的控制力。以千户制度整编的汉地诸军，由甲午年最终形成的"七万户"为基本组织，再根据各地战场实际情况，以作战万户、镇戍万户、匠军或水军万户等部分组合起来，形成不同规模的汉军集团。在此基础上，蒙古千户、探马赤军及汉军部队组成地区军团。军团统帅取代深受成吉思汗及拖雷影响的蒙古老千户长，成为这一时期的实权人物。

灭金之后，窝阔台的统治重点转向国家建设，军事征战的任务被交给黄金家族的第二代宗王。他们在长子西征和攻宋战役中主持战事、积累军功。窝阔台安排皇子阔出、阔端两路攻宋，积极扩大本家族的军事实力。阔端继承了拖雷攻金时所率的西路军，军中将领皆有丰富的作战经验，这为他驻守战地后方、建立自己的势力范围提供了条件。而拖雷长子蒙哥被派往长子西征战场，所获战功和军事经验十分有限，忽必烈、旭烈兀甚至没有得到上阵杀敌的机会。拖雷家族对大蒙古国的军事影响力被进一步削弱。

这一时期，非蒙古部族出身的将领增加、高级别军团统帅出现，客观上削弱了军事将领与最高统治者的私人联系。私人关系的弱化反映出大蒙古国军队建制的不断完善，更适应国家发展的客观需要；但在汗位继承尚无定制的情况下，军队将领效忠政权为黄金家族其他成员争夺汗位提供了隐性的便利条件。集军政大权于一身的军团统帅，也会成为诸王之外新的分权力量。大蒙古国的"离心力"正在形成之中。

成吉思汗虽已按照千户制度重新构建社会结构，但游牧社会传统的部族精神内核仍然保留。军队将领的效忠对象虽然由个人变为政权，但效忠程度并未因此而下降。这种情况使蒙古军队的持续征战较少受到黄金家族内部斗争的影响，大蒙古国也未因汗位转移而立刻分裂。窝阔台汗派往各方战场的军队将领，后来陆续被统治当地的黄金家族成员委以重任，甚至成为他们分邦建国的中坚力量。

第 三 章

窝阔台汗时期的行政体系

前章提到，持续性的军事扩张需要充足军备，故窝阔台汗必须重视国家建设，从已统治地区获得所需资源。实现这一目的的首要举措就是建立管理地方的行政体系。本章即循自汗廷到地方的视角，分析大蒙古国行政体系的建立过程，主要探讨三方面的问题：第一，窝阔台汗可利用哪些人员充任行政官员，他们为大蒙古国带来了何种政治经验？第二，行政体系的框架如何建立，除汗廷派出官员外，还有哪些势力能够参决地方行政事务？本章还将结合呼罗珊地区行政化的过程对这一问题作具体阐释。第三，这一时期的行政建制体现出何种特点，反映出蒙古统治者对国家建设的何种考虑？人员构成、官制建设和体系特色，构成本书对窝阔台汗时期行政建制的分析重点。

第一节 窝阔台时期的中枢官员

大蒙古国肇起朔方，典章制度颇为简朴。成吉思汗建国后，任命别里古台、失吉忽秃忽为大断事官，处置偷盗审判、人户分配等事务。这是大蒙古国时期中央行政建制的开端。成吉思汗之子窝阔台即位后,"始立中书省,改侍从官名"①,大蒙古国的行政中枢出现新变化。

前贤对此已有充分讨论。李涵认为,"侍从"是指怯薛执事官必阇赤。这表明当时中书省已开始从怯薛执事官中分立出来。但它仍非参决军政大事的中枢机构,与地方机构也没有紧密的隶属关系。② 姚大力指出,大蒙古国时期的行政中枢是由一名或数名大断事官及所属必阇赤组成的。窝阔台时期的"中书省"并非一个机构的专名,而是对必阇赤群体的汉语泛称。"立中书省"是在大断事官制框架范围内的活动。③ 张帆梳理了窝阔台时期有关大断事官和必阇赤的汉文史料,发现这一时期大断事官材料不多,而关于必阇赤的记述丰富,证明了后者地位的提升。④ 概言之,窝阔台时期行政中枢的变化,一是出现了主要由必阇赤组成的行政组织"中书省";二是掌管文书事务的必阇赤作用日益突出,其中的若干任职者与大断事官共同构成了中枢官员。

对这一时期担任中枢官员的具体人物,学界亦有不少考证。姚大力认为,窝阔台时期担任大断事官者,有失吉忽秃忽、额勒只吉歹、镇海、昔里钤部和也速折儿⑤五人。⑥ 张帆则认为,此时的大断事官只有失吉忽秃忽和按只鲔二人。另有耶律楚材、粘合重山和镇海三位必阇赤协同负责行政事务。⑦ 札奇斯钦对元代的必阇赤群体有集中研究,他将曷思麦里之子密里吉和野里尤归类为窝阔台时期的

---

① 《元史》卷二《太宗纪》,第 31 页。
② 李涵:《蒙古前期的断事官、必阇赤、中书省和燕京行省》,载氏著《宋辽金元史论》,第 26—27、32—33 页。
③ 姚大力:《从"大断事官"制到中书省——论元初中枢机构的体制演变》,载氏著《蒙元制度与政治文化》,第 213 页。
④ 张帆:《元代宰相制度研究》,第 4 页。
⑤ 该人名应作"也迷折儿",见后文。
⑥ 姚大力:《从"大断事官"制到中书省——论元初中枢机构的体制演变》,载氏著《蒙元制度与政治文化》,第 201 页。
⑦ 张帆:《元代宰相制度研究》,第 3—5 页。

"汗廷重臣"。① 由此可见，前贤对窝阔台时期大断事官和重臣必阇赤的考订有所差别，本书即由此入手，首先考订这一时期两种官职的担任者。

一 窝阔台时期的重臣必阇赤

如前所述，窝阔台时期行政中枢发生的新变化，都与必阇赤有关。故本节在既有研究基础上，先对这一时期参决国政的重臣必阇赤进行梳理。

从汉文史料的记述来看，窝阔台时期的重臣必阇赤有耶律楚材、粘合重山和镇海三人。《元史·太宗纪》明言：太宗三年（1231），"始立中书省，改侍从官名。以耶律楚材为中书令，粘合重山为左丞相，镇海为右丞相"②。《黑鞑事略》的记述更为具体："其相四人……曰移剌楚材，曰粘合重山，共理汉事。曰镇海，专理回回国事。……鞑人无相之称，即只称之曰必徹徹。"③ 由此可知三人具体分工及职衔。同书又记"行于回回者，则用回回字，镇海主之，……行于汉人、契丹、女真诸亡国者，只用汉字，移剌楚材主之，却又于后面年月之前，镇海亲写回回字云'付与某人'，此盖专防楚材"④，是知耶律楚材虽与镇海共理政事，但镇海对他有牵制之权。

这里需对镇海的官职稍作辨明。一种观点认为，镇海在窝阔台时期是参决政事的重臣必阇赤，另一种观点则认为他当时已升任

---

① 参见札奇斯钦《说元史中的"必阇赤"并兼论元初的"中书令"》，载氏著《蒙古史论丛》上册，第 377—378 页。这一观点似可商榷。按《元史·曷思麦里传》，曷思麦里常年镇戍地方，仅凭"必阇赤"之衔难以判断其人是否长期处理文书、参决政事，则亦难明确其次子密里吉的具体执掌。野里尤随失吉忽秃忽前往燕京行省籍户，应属行省级别的必阇赤。这两人的官职与作者定义的"写发宣诏"之"汗廷重臣"似有出入。

② 《元史》卷二《太宗纪》，第 31 页。

③ 彭大雅著，徐霆疏：《黑鞑事略》，载《王国维遗书》第 13 册，叶 2a。

④ 彭大雅著，徐霆疏：《黑鞑事略》，载《王国维遗书》第 13 册，叶 8b。

大断事官。① 后一种观点的主要证据是,②《世界征服者史》中记窝阔台"命镇海、台纳尔及札儿忽的其他一些首脑"③,鞠问争夺呼罗珊管理权之案。既令镇海牵头主持札鲁忽,④ 可说明他已"位至相当于丞相的大断事官"⑤。查《世界征服者史》的波斯文刊本对应处,原文作:

قآان فرمود تا جینقای و بازنال و جمعی دیگر از امرای یارغو به تفحّص احوال ایشان بنشستند.

[转写] Qāān farmūd tā Jīnqāī va Bāznāl va jamʿī dīgar az umarā-yi yārghū ba tafahhus-i ahvāl-i īshān ba-nishast-and.

[译文] 罕命令把对他们情况的调查委付于镇海和巴纳儿,以及另外/其他一群出自札鲁忽异密中的人。⑥

---

① 前一种观点参见唐长孺《蒙元前期汉文人进用之途径及其中枢组织》,载氏著《山居存稿》,武汉大学出版社 2013 年版,第 470—471 页。前引李涵、张帆文皆引用这一观点。后一种观点参见姚大力《从"大断事官"制到中书省——论元初中枢机构的体制演变》,载氏著《蒙元制度与政治文化》,第 200 页。

② 此处作者还举出《史集》称镇海为窝阔台的"大瓦即儿",及《镇海神道碑》称碑主曾为"札鲁花赤"两条证据。前者可参照察合台近臣维即儿,从他记录察合台每日言行来看,其官职实为必阇赤。《史集》记其名"维即儿"是窝阔台所赐,因后者认为"他是察合台的近臣"(参见[波斯]拉施特编《史集》第二卷,余大钧、周建奇译,第 185—186 页)。可见《史集》文本语境中的"瓦即儿/维即儿"可指必阇赤。后者已经作者指出存疑处,参见姚大力《从"大断事官"制到中书省——论元初中枢机构的体制演变》,载氏著《蒙元制度与政治文化》,第 200 页注 3。

③ [波斯]志费尼:《世界征服者史》下册,何高济译,翁独健校订,第 592 页。

④ 关于蒙古传统的札鲁忽审判,参见周思成《究竟是 yārghū 还是"钩考"?——阿蓝答儿钩考的制度渊源探微》,《北京师范大学学报》(社会科学版)2021 年第 1 期,第 80—87 页。

⑤ 姚大力:《从"大断事官"制到中书省——论元初中枢机构的体制演变》,载氏著《蒙元制度与政治文化》,第 200 页。作者已利用哈兹维尼波斯文刊本对此句进行汉译,但未对其中的波斯语词另加讨论。

⑥ ʿAlāʾal-Dīn ʿAṭa Malik Juwaynī, *Tārīkh-i Jahāngushā*(《世界征服者史》), ed. by Ḥabīb Allāh ʿAbbāsī & Īraj Mihrakī, Tehrān: Intishārāt-i Zavvār, 1385 (2006 – 2007), Vol. 2, p. 166.

该句中دیگر有"另外"（表示与已知者不同类别）、"其他"（表示与已知者同类别）两种含义，则镇海、台纳儿（巴纳儿①）与汉译文中"札儿忽的其他一些首脑"（出自札鲁忽异密中的人）可能有官职区别，似难直接说明镇海是大断事官（大札鲁忽赤）。而对比同书后文，提到"镇海和必阇赤们"把案件供述上呈大汗时，波斯文原文为"جینقای و بیتکچیان"（Jīnqāī va Bītikchiyān）。②此处并未使用دیگر，说明应将上引文中的镇海和"出自札鲁忽异密中的人"理解为两种类别（官职），前者的官职即必阇赤。

另一条佐证来自波斯文谱系史料《五世系·蒙古世系》。在"窝阔台合罕异密"名录中，有六条必阇赤的记录，其一即"镇海必阇赤，出自畏兀儿部，是也里可温"③。此处仅提到镇海的必阇赤官职。考虑到《五世系》以《史集》为主要史源，其记述应与伊利汗国官方史书的说法相符。故谨慎而言，镇海在窝阔台时期的官职仍应是必阇赤。不过，从此处窝阔台派镇海与断事官合作审案，及前引《黑鞑事略》记"镇海亲写回回字云'付与某人'，此盖专防楚材"等语，不难看出此时镇海在诸必阇赤中的优势地位。

《五世系》所记其余五位必阇赤，也是编纂者眼中的当朝重臣。其身份需逐一说明。兹引文如表3-1。

表3-1　　　　　《五世系》所见窝阔台时期必阇赤④

| 9 | 阿必失哈是怀都的兄弟，出自克烈部，是受尊敬的必阇赤，也是陛下近侍异密之一。 |

---

① 该汉译名出现差异的原因是两处译文所据波斯文写形的首字母识点不同。
② ［波斯］志费尼：《世界征服者史》下册，何高济译，翁独健校订，第593页；'Alā' al-Dīn 'Aṭā Malik Juwaynī, *Tārīkh-i Jahāngushā*, p. 167.
③ *Shuʿab-i Panjgāna*, f. 124a. 此处及以下汉译文引自北京大学外国语学院"波斯文《五族谱》整理与研究"项目二次修订稿（未刊）相应部分。
④ 此处共列包括镇海在内的6条必阇赤信息，序号为《五世系》原名录排序。该名录第31位异密铁干，在《贵显世系》中被记为必阇赤。未知《贵显世系》何据，故此处暂未计入此人。

续表

30	忽儿迷失必阇赤，出自札剌亦儿部。
32	镇海必阇赤，出自畏兀儿部，是也里可温。
33	速罗海必阇赤，出自畏兀儿部，是大汗的儿子哈剌察儿的同乳，一直保存和管理底万的所有文书。
34	答失蛮哈只卜，他是哈剌鲁人，极为受尊敬，是木速蛮。他是成吉思汗与合罕的御前近臣，曾经共饮班朱尼河之水。
35	侍郎，出自主儿扯部，他管辖乞台地区。

这里的第 34、35 两位异密，在《五世系》文本中并无"必阇赤"的职衔，但可从相关事迹判断其官职。第 35 位异密侍郎即前述耶律楚材。① 前引《黑鞑事略》记耶律楚材，注文有"字晋卿，契丹人，或称中书侍郎"之语，并明言他担任必阇赤。耶律楚材所作《西游录》末尾有"燕京中书侍郎宅刊行"字样，② 可知他曾以"中书侍郎"自称。

第 34 位异密答失蛮哈只卜的事迹见于《史集》。第一，如《五世系》所记，他是成吉思汗和窝阔台的御前近臣。《史集》记述了他作为使者劝降咱儿讷黑城、受窝阔台汗之命去集市买枣、向水中掷币借以搭救木速蛮等事。③ 能够担任使者，说明他有一定的文化素养；而参与大汗的日常生活，说明他应具有怯薛身份。第二，蒙哥汗即位后处置政敌，由大断事官忙哥撒儿审理贵由之妻和失烈门之母，而镇海则"由哈只卜答失蛮审理解决"④。由被审理对象来看，统治者家族成员的地位显然高于镇海，大断事官忙哥撒儿审理前者，

---

① 《五族谱》读书班讨论时提到，耶律楚材自称"香山老侍郎"。参见耶律楚材《湛然居士文集》卷九《和张敏之诗七十韵三首（其一）》，第 201 页。
② 刘晓教授研究耶律楚材著述时注意到这条记述，参见刘晓《耶律楚材评传》，第 161 页。
③ ［波斯］拉施特编：《史集》第一卷第二分册，余大钧、周建奇译，第 280—281 页；［波斯］拉施特编：《史集》第二卷，余大钧、周建奇译，第 86、97 页。
④ ［波斯］拉施特编：《史集》第二卷，余大钧、周建奇译，第 255 页。

可知答失蛮哈只卜官位低于大断事官；而他又能审理必阇赤镇海，推测他应与镇海官职相近，也是重臣必阇赤。答失蛮哈只卜在蒙哥即位后受重用，或与他抚养窝阔台第七子灭里有关。①

第33位异密速罗海的身份需要考订。《五族谱》读书班原将此人识读作孛剌海（بولاغای），并根据"一直保存和管理底万的所有文书"的信息，将他与蒙哥汗时期必阇赤长、克烈部人孛鲁合勘同。②但细察《五世系》原文，此人名应录写作سولاغای，③波斯文写形首字母为辅音 s（س）而非缺少识点的 b（ب，缺少识点且在词首写作ﺑ），转写应作 Sūlāghāy，与"孛鲁合"之名不能勘同。

按《五世系》所给信息，此 Sūlāghāy 出身畏兀儿部，是窝阔台之子哈剌察儿的同乳兄弟，可知其母为哈剌察儿乳母。而《元史·塔塔统阿传》记："（太宗）命其妻吾和利氏为皇子哈剌察儿乳母"④，则此 Sūlāghāy 应为塔塔统阿与吾和利氏之子。《元史》记塔塔统阿四子中，第三子"速罗海"即可对应 Sūlāghāy 之名。《五世系》记速罗海是必阇赤，且"一直保存和管理底万的所有文书"。"底万"是波斯史家对国家行政中枢的称谓，可知速罗海在窝阔台时期负责汗廷文书事务。这与其父塔塔统阿创制文字关系密切。而《塔塔统阿传》又记他"袭父职，仍命司内府玉玺金帛"⑤，知他在文书工作外，还管理大汗印玺和金帛财物。

值得注意的是，速罗海与前述答失蛮哈只卜有相似之处。二者担任必阇赤的同时，本人或其家族还承担了抚育皇子的职责，与大

---

① ［波斯］拉施特编：《史集》第二卷，余大钧、周建奇译，第22页。灭里亲赴蒙哥即位的忽里台表示支持，其家臣答失蛮哈只卜自然由此受益。参见［波斯］志费尼《世界征服者史》下册，何高济译，翁独健校订，第679页。《世界征服者史》将灭里记为合丹之侄，实际应为其弟，汉译本已指出这一错误。

② "波斯文《五族谱》整理与研究"项目 124a 二次修订稿（未刊），第12页注7。

③ *Shuʿab-i Panjgāna*, f. 124a.

④ 《元史》卷一二四《塔塔统阿传》，第3048页。

⑤ 《元史》卷一二四《塔塔统阿传》，第3049页。

汗建立了密切的私人关系。这反映出必阇赤的怯薛属性，即需要履行服务大汗的基本职责，证明此时这一官职仍未完全脱离怯薛组织。

第 9 位异密阿必失哈是克烈部大异密怀都的兄弟。《史集》记怀都长子秃古儿、秃古儿之子阿里纳黑时，均附必阇赤之衔，① 这说明该家族的怯薛世职即必阇赤。《五世系》记阿必失哈为大汗的近侍异密，可推测他亦有参决政务的资格和较高的政治地位。第 30 位异密忽儿迷失必阇赤，由于未见其他材料，仅知他出身札剌亦儿部。

对比汉文史料和波斯文《五世系》，不难发现二者均记述了必阇赤镇海和耶律楚材。但二人在《五世系》中的排序，并不符合汉文史料对其地位的描述，耶律楚材甚至位居六位必阇赤之末。排在镇海之前的必阇赤，是材料不多的阿必失哈和忽儿迷失。而排在耶律楚材之前的两人，在波斯文材料中的记述更为丰富。

这一情况与《五世系》"窝阔台合罕异密"名录的排序规则有关。如本书第二章第一节所见，该名录中收录的大部分臣僚信息，都能从《史集》中找到信息来源，且臣僚排序基本与《史集》对草原诸部族的叙述顺序一致。尽管除阿必失哈必阇赤外，上引表 3-1 中其余五人身份信息的确切史源尚不清楚，但不难发现，他们的排序也以其出身部族为标准，基本遵循先蒙古、后色目部族的规则。故这一排序与诸必阇赤的实际地位可能存在差别。

不过，《五世系》中提到的答失蛮哈只卜和速罗海的情况值得重视。从《史集》对答失蛮哈只卜外出买枣的记述，和《元史》记速罗海"司内府玉玺金帛"，可知二人主要负责内廷财物相关事宜，而非地方行政事务。这体现出当时重臣必阇赤具有的草原政权官员特征。姚燧为宪宗时期必阇赤长孛鲁合所撰《神道碑》中，提到他掌"帑藏与祠祀、医卜诸臣"②，可见内府财物、祭祀医卜等事务也归

---

① [波斯] 拉施特编：《史集》第一卷第一分册，余大钧、周建奇译，第 220 页。
② 姚燧：《牧庵集》卷一三《皇元高昌忠惠王神道碑铭并序》，载查洪德编《姚燧集》，第 185 页。

必阇赤长统管。《元史·宪宗纪》中也有类似记述：宪宗二年（1252）十二月，"以帖哥紬、阔阔尢等掌帑藏；孛阑合剌孙掌斡脱；阿忽察掌祭祀、医巫、卜筮，阿剌不花副之。……以只儿斡带掌传驿所需，孛鲁合掌必阇赤写发宣诏及诸色目官职"。① 由此可知，上引碑中记述由孛鲁合所掌诸事，其实还设有专人分管。疑答失蛮哈只卜和速罗海即窝阔台时期分管商人、帑藏等事务的重臣必阇赤。进一步说，此二人的情况或提示出，窝阔台时期的重臣必阇赤中，已出现更细致的职权分工。

二 窝阔台时期的大断事官

对这一时期大断事官的担任者，学者有不同观点，共提到失吉忽秃忽、额勒只吉歹、镇海、昔里钤部和也迷折儿五人。本章前节已讨论过镇海的情况。他在窝阔台时期应当仍为重臣必阇赤，并没有担任大断事官。

昔里钤部和也迷折儿也可排除。此二人担任大断事官的说法，见于程钜夫所作《魏国公先世述》："军还，太宗皇帝命公（即昔里钤部——笔者按）与也迷折儿为也可扎鲁火赤。"② 从文意看，似是窝阔台任命了昔里钤部、也迷折儿为大断事官。但早于《先世述》成文的、记述昔里钤部事迹的其他碑传材料③有不同说法。在王恽为昔里钤部所作《神道碑》中，记成吉思汗攻下沙州，"既而命贰业陌赤，行其部断事官"④。可知昔里钤部和也迷折儿（业陌赤）担任的是部族断事官，且昔里钤部为也迷折儿的副手。支持这一说

---

① 《元史》卷三《宪宗纪》，第 46 页。
② 程钜夫：《程雪楼文集》卷二五《魏国公先世述》，收入台湾"中央"图书馆编《元代珍本文集汇刊》，台北："中央"图书馆 1970 年版，下册，第 972 页。
③ 关于昔里钤部家族诸碑传材料的介绍，参见修晓波《〈元史〉昔里钤部、爱鲁列传探源及其补正》，《中国史研究》2022 年第 1 期，第 133—135 页。
④ 王恽：《秋涧先生大全文集》卷五一《大元故大名路宣差李公神道碑铭并序》，叶 6b。

法的还有20世纪90年代出土的《李爱鲁墓志》，其中提到其父昔里钤部"天兵次燉煌，与国同归我太祖皇帝，帝异其材，俾充其部断事官"①。

《先世述》出现窝阔台任命昔里钤部为"也可扎鲁火赤"的记述，应受到姚燧撰李爱鲁《神道碑》的影响。② 此碑与《先世述》同年成文，其中记昔里钤部随军参与长子西征，班师后"又俾同伊玛齐为断事官于朝"③。《先世述》进一步改写此事，将任命昔里钤部和也迷折儿（伊玛齐）之事系于太宗窝阔台。但窝阔台在长子西征大军东还之前已经去世，《先世述》所谓昔里钤部"军还"后才得太宗任命，不合史实。由此可判断《先世述》记述错误，昔里钤部、也迷折儿亦非窝阔台时期的大断事官。

剩余二人中，额勒只吉歹（按只鯠）的执掌可得《元朝秘史》和《黑鞑事略》证实。《元朝秘史》第278节记窝阔台任命额勒只吉歹为"众官人每"④ 之长；《黑鞑事略》记按只鯠为当时"四相"之首，"有谋而能断"⑤，明指此人官职与地位。不过，前述《五世系》"窝阔台合罕异密"名录中未见此人信息。这可能与他后来卷入统治者家族的内部斗争有关。在贵由汗统治时期，额勒只吉歹被任命为西征军主帅，本应接管由拜住统率的大军。但适逢汗位转移，蒙哥下令将他逮捕，并送往拔都处处死。⑥ 或波斯史家因此人与拖雷

---

① 朱建路、刘佳：《元代唐兀人李爱鲁墓志考释》，《民族研究》2012年第3期，第76—77页。

② 这一观点及下述"军还"不合史实处，为北京大学历史学系张帆教授观点，尚未成文，仅以《昔里钤部的任职经历及其碑传书写》为题，口头发表于"元代国家与多元文化"国际学术研讨会暨2023年中国元史研究会年会，天津，2023年8月。笔者旁听2022年秋季学期《元代典志研读》课程时，曾向张帆师请教关于昔里钤部诸种史料记述的准确性问题，此为老师示教，谨致谢忱！

③ 姚燧：《牧庵集》卷一九《资德大夫云南行中书省右丞赠秉忠执德威远功臣开府仪同三司太师上柱国魏国公谥忠节李公神道碑》，载查洪德编《姚燧集》，第302页。

④ 乌兰校勘：《元朝秘史（校勘本）》，第394页。

⑤ 彭大雅著，徐霆疏：《黑鞑事略》，载《王国维遗书》第13册，叶2a。

⑥ ［波斯］拉施特编：《史集》第二卷，余大钧、周建奇译，第251页。

后裔的关系不睦,讳言其事迹。

失吉忽秃忽是否曾在窝阔台时期担任大断事官,稍有疑问。前贤判断他此时任职的依据,一是《秘史》中成吉思汗对他担任大断事官的任命;二是柯绍忞称他为"两朝断事官"①。此外似未见指明窝阔台令他担任大断事官的直接记述。《五世系》记述此人时,也没有提到他大断事官的头衔,只说"在窝阔台罕时代他如此受尊敬,以至于他在高于蒙哥合罕等诸王子的位置落座"②。明确记忽秃忽有"断事官"衔者,仅《元史·太宗纪》言他出任"中州断事官"③,即燕京行省最高长官。在太宗六年的这次任命前,忽秃忽的具体情况在汉文史料中亦无明证。

有两条相关材料或能推断忽秃忽当时在汗廷的处境。一是前述《秘史》第 278 节,窝阔台任命额勒只吉歹为众官人之长。此节主要记述窝阔台任命新的怯薛长官,从内容关联性来看,此事发生时间应在同书记窝阔台即位、拖雷将万人怯薛交还给他的第 269 节之后。也就是说,窝阔台即位不久,就任命了额勒只吉歹为大断事官。二是《史集》记述,拖雷旧部曾因窝阔台将拖雷私属三千户拨给皇子阔端不满,意欲上诉大汗,失吉忽秃忽即参与此事的代表人物。④ 由此可见他明显偏向拖雷家族的立场。故综合来看,在窝阔台统治前期,失吉忽秃忽虽然在汗廷享有较高地位,却未必深得大汗信任,他是否曾获窝阔台任命出任大断事官、任期多久,仍有可讨论的空间。

《五世系》没有记述这一时期的大断事官,除了担任者的具体原

---

① 参见姚大力《从"大断事官"制到中书省——论元初中枢机构的体制演变》,载氏著《蒙元制度与政治文化》,第 198 页;张帆《元代宰相制度研究》,第 2—3 页。
② *Shuʿab-i Panjgāna*, f. 123b. 汉译文引自北京大学外国语学院"波斯文《五族谱》整理与研究"项目二次修订稿(未刊)相应部分。
③ 《元史》卷二《太宗纪》,第 34 页。
④ [波斯]拉施特编:《史集》第一卷第二分册,余大钧、周建奇译,第 380—381 页。

因外，也反映出在窝阔台时期，汗廷内处理庶务的主要官员似非大断事官，而是重臣必阇赤。这与汉文史料反映的情况是一致的。① 这些必阇赤地位的提升有两方面原因：

第一是处理繁多公文和行政事务的实际需要。窝阔台即位后，大蒙古国统治疆域继续扩大，较早被征服的地区也逐步进入日常管理阶段，汗廷需要处理的行政事务日益增加，仅凭大断事官难以应对繁多纷杂的新情况。处理往来公文、处置地区事务都需要任用行政管理经验丰富的官员。如镇海、耶律楚材等治国人才，对自己曾经任职政权的典章制度和当地的风土民情有充分了解，能够恰当处理大蒙古国辖境内不同政治传统、文化环境中的各类事务。统治者给予他们必阇赤的官职，能够充分发挥他们在行政事务上的专长，解决国家发展中出现的实际问题。

第二是窝阔台支持重臣必阇赤处理政事。从《元史·耶律楚材传》对传主屡次建言政事、《史集》对镇海出席政治活动的记述，可见他们参政深受窝阔台的支持。除"立中书省，改侍从官名"外，窝阔台还下令"今后凡事先白中书，然后闻奏"②，专意强调这些必阇赤的重要地位，亦见他对建立行政中枢的积极态度。再结合分派牙老瓦赤管理河中地区、任命燕京行省和课税所官员等举措，可知他对建立国家行政管理制度有总体构想。同时，通过赐予必阇赤之职，更多非蒙古部族出身者得以进入汗廷、施展才干，也有利于窝阔台巩固最高统治，弱化黄金家族成员对他行使权力的干扰。

三 重臣必阇赤带来的政治经验

前述讨论已涉及《五世系》中必阇赤的部族出身。来自各地的重臣必阇赤在处理行政事务的同时，也将不同地区、以往政权的政治统治经验带给大蒙古国的统治者，促进了中央行政制度的建设。

---

① 参见前引张帆《元代宰相制度研究》，第4—6页。
② 宋子贞：《中书令耶律公神道碑》，载苏天爵编《国朝文类》卷五七，叶14a。

这些必阇赤由出身部族或曾经效力处获得行政管理经验，为大蒙古国的制度建设提供了多种可能性。

畏兀儿人在窝阔台时期表现突出。必阇赤镇海、速罗海都出自畏兀儿部。速罗海之父塔塔统阿曾受成吉思汗之命"教太子诸王以畏兀字书国言"①，颇受蒙古统治者信任。窝阔台之子贵由即位后重用的必阇赤八剌也是畏兀儿人。② 如将考虑范围扩大，窝阔台时期的呼罗珊地区长官阔儿吉思、斡赤斤王傅岳璘帖穆尔，及拖雷家族封地内任职的孟速思、布鲁海牙等人，均出身于畏兀儿部，③ 足见窝阔台家族统治时期，黄金家族对畏兀儿人的重用。

由于畏兀儿政权归降蒙古较早，亦都护获得了成吉思汗第五子的政治待遇，为其部贵族入仕大蒙古国创造了条件。得益于语言、文化的相似性，畏兀儿人与蒙古显贵具有更多的接触机会。而塔塔统阿创制回鹘体蒙古字后，具备书写能力也成为畏兀儿人的明显优势。畏兀字成为大蒙古国的官方文字，意味着大汗颁布诏令、拟写对外文书，都需要任用熟悉文字的畏兀儿人。他们由此成为大蒙古国早期最突出的文官群体。

正如白迈克已注意到的，畏兀儿人长期居于东西往来的必经地区，学习外来语言的能力相当出色，且有接纳、吸收多样文化的历史传统。④ 回鹘人的行政管理模式也受到突厥、粟特和唐朝的共同影响。⑤ 这反映出不同政治文化传统对该族群的深远影响。畏兀儿人具

---

① 《元史》卷一二四《塔塔统阿传》，第 3048 页。

② ［波斯］志费尼：《世界征服者史》上册，何高济译，翁独健校订，第 55 页。此处记蒙哥即位前，窝阔台家族派出"一个畏吾儿的偶像教徒，国之大臣，八剌必阇赤去找亦都护"，此人显然是加宾尼《蒙古史》中记述的"丞相八剌"。《蒙古史》汉译本注释中已将二者勘同。参见［意大利］约翰·普兰诺·加宾尼《蒙古史》，《出使蒙古记》，吕浦译，周良霄注，第 65 页及注 137。

③ 上述人物很早获得学界关注。参见尚衍斌《元代畏兀儿研究》；Michael C. Brose, *Subjects and Masters: Uyghurs in the Mongol Empire*。

④ Michael C. Brose, *Subjects and Masters: Uyghurs in the Mongol Empire*, p. 73.

⑤ Michael C. Brose, *Subjects and Masters: Uyghurs in the Mongol Empire*, p. 63.

有的复杂政治文化传统，能够满足大蒙古国统治多语言、多文化地区的迫切需要，这也是窝阔台至贵由汗时期，畏兀儿人在汗廷常掌权柄的重要原因。

亦都护政权作为回鹘帝国的余脉，还保留了以往草原统治者的治国经验。回鹘时代尤为明显的政权建设特征是建立都城和任用粟特商人，窝阔台建立的哈剌和林城邻近回鹘故都遗址，斡脱商人则成为大蒙古国新的合作者。更为重要的是，如粟特商人能够入仕漠北汗国一样，斡脱商人在大蒙古国也可以直接参决政事。据王国维的考证，镇海即《蒙鞑备录》所记回鹘田姓富商，[①] 其人"饶于财，商贩钜万，往来于山东河北"[②]，显然自商贾起家。由他举荐的奥都剌合蛮，[③] 在窝阔台统治末期以商人身份"充提领诸路课税所官"[④]，取代耶律楚材的原有官职。由耶律楚材的情况类比，奥都剌合蛮对蒙古统治者而言，也类似于重臣必阇赤。这一传统与中原王朝科举选官的做法有很大差异，商人入仕中枢，反映出草原政权对商贸活动的高度依赖。

克烈部作为成吉思汗兴起之前的草原霸主，在游牧部族中具有相当发达的政权架构，也是大蒙古国的效法对象。前引《五世系》记述了出身克烈部的必阇赤阿必失哈，他很可能在窝阔台时期也参与政事处理。拖雷之子蒙哥夺取汗位后，任命的必阇赤长孛鲁合也是克烈人。涂逸珊指出，克烈部通过姻亲方式获得乃蛮部的长期支持，且在政权内部具有"双首领统治"的明显特征。[⑤] 成吉思汗早年奉王罕为父，实际上是为取得"第二辕"的

---

　　① 彭大雅著，徐霆疏：《黑鞑事略》，载《王国维遗书》第13册，叶2b。
　　② 赵珙：《蒙鞑备录》，王国维校注本，收入《王国维遗书》第13册，上海古籍书店1983年版，叶14a—14b。
　　③ 《元史》卷一四六《耶律楚材传》，第3463页。
　　④ 《元史》卷二《太宗纪》，第36页。
　　⑤ İsenbike Togan, *Flexibility and Limitation in Steppe Formations: The Kerait Khanate and Ghinggis Khan*, p. 66, 105.

政治地位。① 黄金家族与克烈部的札阿绀卜家族也建立了姻亲关系。周良霄先生很早提出，成吉思汗将汗位留给窝阔台、而将军队留给拖雷的做法，是受到原始部落制度中酋长与军事首领分任的观念影响。② 这种"双首领"的观念，可能也受到克烈部等草原强部的直接影响。

除了从出身部族获得的政治经验，不少重臣必阇赤还曾效力于其他政权，能够提供更丰富的管理经验。如畏兀儿人镇海，在许有壬所作《神道碑》中被记为克烈部人。前贤认为，此举通过将镇海出身由色目阶层抬升至蒙古阶层，提高了他的政治地位。③ 若考虑到镇海的富商身份，碑中记他"至朔方始氏怯烈"④，或指他以行商专长效力于克烈部。⑤ 再如畏兀儿人塔塔统阿，在归降蒙古前也担任过乃蛮部的王傅和掌印官。此类中最典型的例子即出身契丹贵族的耶律楚材。他的父兄皆入仕金朝，故他谙熟金代典章制度，充分利用定朝仪、主赋税等时机向窝阔台介绍传统典制。他的事迹前贤已多探讨，⑥ 本书不再赘述。

蒙古统治者吸收的统治经验，不只来源于相近的草原部族和金朝，还获益于更遥远的中亚地区。按《五世系》，出身哈剌鲁部的答

---

① İsenbike Togan, *Flexibility and Limitation in Steppe Formations: The Kereit Khanate and Ghinggis Khan*, p. 104. 这一说法源于《元朝秘史》第 177 节的内容，即铁木真派人向王汗传话，其中有"我与你如车的两辕、车的两轮……我岂不比一条辕、一个轮"的比喻。参见乌兰校勘《元朝秘史（校勘本）》，第 200 页。

② 周良霄：《蒙古选汗仪制与元朝皇位继承问题》，载氏著《知止斋存稿》上册，第 60 页。

③ 丁国范：《镇海族源辨》，《元史及北方民族史研究集刊》第 10 辑，第 45 页。

④ 许有壬：《圭塘小稿》卷一〇《元故右丞相怯烈公神道碑铭》，载张凤台辑《三怡堂丛书》第 12 册，中国书店 1990 年版，叶 5b。

⑤ 彭晓燕曾举出类似例子：波斯文史料记载成帖木儿和丞相孛罗为哈剌契丹人，这并非表明他们的真正族属，而是反映出他们与哈剌契丹政权之间存在着某种联系。参见 Michal Biran, *The Empire of the Qara Khitai in Eurasian History: Between China and the Islamic World*, p. 145。

⑥ 参见刘晓《耶律楚材评传》。

失蛮哈只卜曾参加班朱尼河盟誓,[①] 可见他在成吉思汗被克烈部汪罕击败时就已投效蒙古。哈剌鲁人分布在海押立、阿力麻里和普剌等地,这些地区原属于阿尔思兰汗家族统治。阿尔思兰汗和后来统治阿力麻里一带的斡匝儿汗降蒙,是1211年前后之事,[②] 此时克烈已灭,故答失蛮哈只卜并非随哈剌鲁统治者一起归降的王族或近臣。而从他带有波斯王朝典型官职"哈只卜"(侍卫官)[③] 之衔,可推测他曾供职于某个继承波斯传统官制体系的中亚政权。成吉思汗曾派此人进入咱儿讷黑城招降。该城处在花剌子模旧都玉龙杰赤与不花剌之间,或他曾是花剌子模王朝旧臣,对当地情况比较熟悉。窝阔台重用此人,除了攻打花剌子模残余势力的现实考虑外,还有对统治呼罗珊及更广大波斯地区的长远需要。从被他抚养的皇子灭里之名来源于阿拉伯语来看,[④] 具有波斯-伊斯兰文化背景的答失蛮哈只卜对大汗家族确实产生了一定影响。

由前引《五世系》"窝阔台合罕异密"名录可见,这一时期具

[①] 杨志玖先生在《蒙古初期饮浑水功臣十九人考》中言,巴托尔德在为《伊斯兰百科全书》撰写的《成吉思汗》条目中提及,有一位穆斯林答失蛮·哈只卜也参加了班朱尼河誓约。但此说未知出处,柯立夫于此说法也十分谨慎。故杨先生亦未轻信此说。现有《五世系》明言答失蛮·哈只卜参加班朱尼河盟誓,可知巴托尔德所言有据。参见杨志玖《蒙古初期饮浑水功臣十九人考》,原载南京大学元史研究室编《内陆亚洲历史文化研究——韩儒林先生纪念文集》,南京大学出版社1996年版,后收入氏著《陋室存稿》,第346页。
[②] 参见马晓娟《成吉思汗时期的哈剌鲁人——以海押立、阿力麻里地区的哈剌鲁人为中心》,《元史论丛》第14辑,第218页。
[③] 巴托尔德指出,萨曼王朝时期,内廷最高的官职及首席哈吉卜(Ḥājib-i-buzurg)或"哈吉卜的哈吉卜"(Ḥājib al-hujjāb),是王国头等尊贵的官职之一。参见〔俄〕巴托尔德《蒙古入侵时期的突厥斯坦》上册,张锡彤、张广达译,上海古籍出版社2017年版,第263页。萨曼王朝的行政制度被后来的突厥人建立的伽色尼王朝基本继承,后来如塞尔柱王朝、花剌子模王朝等同类政权,都基本承袭了伽色尼王朝的管理体制。
[④] 参见刘迎胜《关于马薛里吉思》,《元史论丛》第8辑,江西教育出版社2001年版,第22页注7。

有参决要务资格的重臣必阇赤，或为大汗近侍，或为皇子保傅，均与蒙古统治者保持直接、密切的私人关系。这一特点证明了此时必阇赤仍未完全脱离怯薛组织，需要履行服务大汗的基本职责。这也是他们获得大汗信任的有效途径。同时，同一时段存在数位重臣必阇赤，也反映出游牧政权中多长官共同负责制的文化背景。这是必阇赤作为汗廷官职保持传统的一面。

而在同一时期，因行政组织和担任者的变化，必阇赤也开始具有中枢行政官的属性。随着大蒙古国辖境扩大，行政事务日益繁重，处理政务的实际需要和窝阔台发展中央行政体系的积极态度促成了必阇赤的分化。太宗三年立中书省，标志着参决政务的必阇赤在怯薛序列外有了新的行政组织。同时，更多来自不同地区的治国人才出任必阇赤，带来了以往草原帝国及同时期其他政权的统治经验，也在客观上推动了必阇赤由"内廷"走向"外朝"。

作为成吉思汗的继承人，窝阔台即位时面临着国家发展和加强汗权的双重任务。他通过重用有必阇赤职衔的专业文官，实现了对宫廷内部和行政事务的有效管理，初步建立起大蒙古国的中枢行政结构，加强了汗廷与辖境内不同地区之间的纵向沟通。由大断事官和重臣必阇赤构成的这一行政结构为后来统治者所继承。同时，窝阔台支持镇海、耶律楚材等非蒙古部族出身者参政，也意在对本家族或显贵部族内偏向拖雷的势力形成制约，尽量削减拖雷因卓越军功和监国经历形成的政治影响力，从而达到集中汗权、巩固最高统治的政治目的。

第二节　国家行政体系的初建

成吉思汗建立大蒙古国后，蒙古军队四处征伐，国家疆域不断扩大。其子窝阔台即位后，面临着如何管理既有辖境的现实问题。成吉思汗设立的、以怯薛制度为核心的简单官制，已无法满足管理多语言、多文化地区的需要。故如前节所述，太宗三年，"立中书省，改侍从官名"①，以大断事官与重臣必阇赤为核心的行政中枢初步建立。在地方层级，则逐渐形成以行省级别大断事官、达鲁花赤为主要架构的行政体系。

学界很早就关注到大蒙古国时期的行省建制。保罗·布尔勒在他的博士论文中详细梳理了燕京、河中与呼罗珊三处行尚书省的建制过程，② 本田实信也以人物为主线，探讨了蒙古对不花剌和呼罗珊等地区的管理方式。③ 二人对基本史料的分析有不少精到之处，但也受到史料叙述的影响，此二文更关注重点人物，模糊了行政活动和机构建设之间的界限，重于梳理地区管理的发展过程，而轻于展现行政体系的制度架构。

李治安注意到汗廷与燕京等三大行省在官职设置和办公方式等方面的相似性，提出三大行省是元代行省制的雏形和直接源头之一。④ 姚大力提出，窝阔台设中州断事官，标志着大蒙古国的政治统治体系开始被有意识地整合为一体，"汗廷大断事官—地方行署"的统治格局开始形成。⑤ 张帆认为，设立中州断事官后，燕京行省由管理燕京及周边地区的小行省正式成为管理中原地区的总机构。⑥ 由他对燕京行省的梳理来看，从窝阔台设中州断事官到忽必烈开平设官期间，燕京行省的建置没有大的变化。

达鲁花赤是大蒙古国时期最主要的地方行政官职。札奇斯钦较

---

① 《元史》卷二《太宗纪》，第31页。
② Paul David Buell, *Tribe, Qan and Ulus in Early Mongol China: Some Prolegomena to Yüan History*, pp. 121 – 169.
③ Paul D. Buell, "Sino-Khitan Administration in Mongol Bukhara", pp. 121 – 151；[日] 本田实信：《阿母河等处行尚书省考》，余大钧译，载《北方民族史与蒙古史译文集》，第513—539页。
④ 李治安：《元代行省制度》，第13—15页。
⑤ 姚大力：《从"大断事官"制到中书省——论元初中枢机构的体制演变》，载氏著《蒙元制度与政治文化》，第202—204页。
⑥ 张帆：《元代宰相制度研究》，第8页。

早对蒙元时期的达鲁花赤进行了人物梳理和初步研究。[①] 彭晓燕指出，常见于阿拉伯和波斯文史料中的"沙赫纳"，在塞尔柱王朝时期主要指地方军事总督，职责是维持地方秩序和税收征缴。到哈剌契丹王朝时期，征税变为沙赫纳最重要的职责。正是在这一时期，这一官职由地方军事长官变为中央政府的派出官员。在蒙古时代波斯文史料中，这一官称有时采用哈剌契丹统治时代的含义，有时则用塞尔柱王朝时期的含义。[②] 近来，屈文军集中梳理了大蒙古国时期的达鲁花赤，对史料中记述的达鲁花赤、沙赫纳及八思哈三种官职进行了职能区分。[③]

由上可见，关于窝阔台时期地方行政建制的研究，在金朝故地，研究者更关注"行省"机构与前代旧制、后期制度的关联性，而在呼罗珊地区，既有成果多从当地官员的管理活动入手分析汗廷对当地的管理模式。造成东方重"制度"、西方重"人事"的原因，是中西史料记述侧重的差异。本书将在前人研究的基础上，着重考察行省长官（及官署）的设置特点、行省层级与汗廷如何联系、达鲁花赤与不同地区旧有官制如何结合，从官制建设的角度梳理窝阔台时期地方行政体系的建立过程。

一 行省级别长官的设立

窝阔台任命了燕京、河中和呼罗珊的行省级别长官，标志着三大行政区的建立，此即蒙哥汗时期三大行尚书省的雏形。太宗六年，失吉忽秃忽被任命为中州断事官。这是燕京行省创建之始。前贤已指出，大蒙古国时期的行省官署设置，与汗廷类似，也基本由大断

[①] 参见札奇斯钦《说元史中的"达鲁花赤"》，载氏著《蒙古史论丛》上册，第465—631页。

[②] Michal Biran, *The Empire of the Qara Khitai in Eurasian History: Between China and the Islamic World*, pp. 120 – 121.

[③] 屈文军：《元太祖朝的达鲁花赤——附：元太宗定宗朝汉地达鲁花赤设置考》，《历史文献与传统文化》第22辑，第93—112页。

事官和数位必阇赤构成。① 如失吉忽秃忽有一位属官，史料中被称作"丞相厦里"，张帆推测他可能是《元史》中"兼掌四环卫之必阇赤""副忽都虎籍汉户口"的畏兀儿人野里术。② 通过在失吉忽秃忽和僧人海云之间作传话人等情况来看，他应兼通蒙古语和汉语。结合《元史》所述其执掌，此畏兀儿人应是燕京行省的重要必阇赤。除了大断事官、必阇赤外，燕京行省在官制设置上还借鉴了金朝旧制，有郎中、员外郎、都事、省掾等沿袭金制的僚属设置。③ 这些官职主要以儒士或金朝故吏充任，辅助长官处理汉地事务。

《元史·太宗纪》记窝阔台即位之初，便"命河北汉民以户计，出赋调，耶律楚材主之；西域人以丁计，出赋调，麻合没的滑剌西迷主之"④。此麻合没的滑剌西迷即牙老瓦赤，⑤ 可知此时他已管理河中地区。由《元史》所述，牙老瓦赤与耶律楚材似乎各统一方，二人官职相近。但若考虑到窝阔台后来调牙老瓦赤主管华北地区，蒙哥即位后也以他"充燕京等处行尚书省事"⑥，且《元史·赵璧传》称他为"断事官"⑦，可知他的官职应为行省级别大断事官，地位与中州断事官相近，⑧ 而非耶律楚材担任的必阇赤。

河中地区有不花剌、撒麻耳干等要城。《元史·耶律阿海传》载

---

① 姚大力：《从"大断事官"制到中书省——论元初中枢机构的体制演变》，载氏著《蒙元制度与政治文化》，第 196—197 页。
② 张帆：《元代宰相制度研究》，第 9—10 页。
③ 张帆：《元代宰相制度研究》，第 13—14 页。
④ 《元史》卷二《太宗纪》，第 29—30 页。
⑤ 何高济、陆峻岭：《元代回教人物牙老瓦赤和赛典赤》，载《域外集——元史、中外关系史论丛》，第 55 页。
⑥ 《元史》卷三《宪宗纪》，第 45 页。
⑦ 《元史》卷一五九《赵璧传》，第 3747 页。
⑧ 札奇斯钦也有类似观点。他将岳璘帖穆尔和赛典赤赡思丁比照牙老瓦赤，认为二人与牙老瓦赤皆"料汉民公事"，也有断事官的地位。本节后述，岳璘帖穆尔是斡赤斤投下断事官，而赛典赤赡思丁由达鲁花赤升任燕京行省一般断事官，与牙老瓦赤的情况、地位并不相同。参见札奇斯钦《说元史中的"札鲁忽赤"并兼论元初的尚书省》，载氏著《蒙古史论丛》上册，第 333 页。

"阿海从帝攻西域，俘其酋长只阑秃，下蒲华、寻斯干等城，留监寻斯干，专任抚绥之责"①。可知耶律阿海曾管理以不花剌、撒麻耳干为中心的地区。布尔勒根据1225年地方钱币上"撒麻耳干及其辖境"的铭文内容分析，当时整个不花剌地区都听命于撒麻耳干的管理者。②则耶律阿海在成吉思汗西征晚期任河中地区总长官。布尔勒还留意到《长春真人西游记》中的记述。丘处机至撒麻耳干城时，"太师移剌国公及蒙古、回纥帅首载酒郊迎"，布尔勒认为，"帅首"中包括隶属于耶律阿海的达鲁花赤。③也就是说，当时河中地区已形成以耶律阿海为首的简单行政管理架构。

撒麻耳干监临官的地位在窝阔台统治时期发生变化。《世界征服者史》记述，在塔剌必叛乱发生后，"在不花剌的异密和八思哈相互商量，用什么手段来扑灭这逆火，并遣使到忽毡去见丞相牙老瓦赤，向他报告情况"。④这说明此时统管河中诸城官员者已是居于忽毡城的牙老瓦赤，而非撒麻耳干的监临官。《元史·耶律阿海传》记其次子绵思哥袭父职后，"久之，请还内郡，守中都路也可达鲁花赤"⑤，布尔勒推测绵思哥调动官职与他处置塔剌必叛乱不当有关。⑥不过，《析津志》所记蛇儿年（1233）圣旨中，已经出现"绵思哥"之名。萧启庆据此指出布尔勒推测之误，认为绵思哥调职早于塔剌必叛乱。⑦故而绵思哥担任中都路达鲁花赤至少为平级调动，而非降职处理。由此可推知，到绵思哥离职时，撒麻耳监临官的职级更近于路级达鲁花赤，而不再具有地方行政总长官的地位。亦知到1233年，

---

① 《元史》卷一五〇《耶律阿海传》，第3549页。
② Paul D. Buell, "Sino-Khitan Administration in Mongol Bukhara", pp. 122 – 123, note 5.
③ Paul D. Buell, "Sino-Khitan Administration in Mongol Bukhara", p. 136.
④ ［波斯］志费尼：《世界征服者史》上册，何高济译，翁独健校订，第129页。
⑤ 《元史》卷一五〇《耶律阿海传》，第3550页。
⑥ Paul D. Buell, "Sino-Khitan Administration in Mongol Bukhara", p. 140.
⑦ 萧启庆：《大蒙古国的国子学：兼论蒙汉菁英涵化的滥觞与儒道势力的消长》，载氏著《内北国而外中国：蒙元史研究》上册，第104页注2。

河中地区的最高管辖权已移交给牙老瓦赤。

呼罗珊地区的情况稍显复杂。窝阔台即位之初，就派成帖木儿管理呼罗珊及祃拶答而地区。同时，西征军主帅绰儿马罕进军该地，也有权在已征服地区设立监临官。在处理你沙不儿叛乱后，将领塔亦儿曾向绰儿马罕提出索要呼罗珊地区管辖权。绰儿马罕便要求成帖木儿随军出征，而把呼罗珊交给答亦儿管理。[①] 这一命令说明，成帖木儿此时的实际地位低于绰儿马罕，呼罗珊仍处在西征军的控制之下。并且，在成帖木儿之下，当时还有代表成吉思汗四子家族的四位蒙古将领，反映出呼罗珊仍处在战时管理的状态中。

直到成帖木儿觐见大汗，他才获得对该地区事务的独立处置权。由与他同来呼罗珊的书记官阔儿吉思可知，成帖木儿属下也有一定数量的必阇赤。另外，你沙不儿发生叛乱时，志费尼之父及其他花剌子模王朝显贵来投效成帖木儿避难。[②] 志费尼祖父曾在花剌子模王朝担任财政大臣，也是统管政事的行政总长官，其家族有"撒希卜底万"的世职。进入成帖木儿官署后，志费尼之父不再统管政事，而专门负责征税。随着当地故旧官员的加入，呼罗珊行政官署增加了波斯传统官制的因素。

不过，由于绰儿马罕还留有不少官员在地方收税，直到1238年，阔儿吉思管理"绰儿马罕军征服的乌浒水〔以西〕的所有州邑"[③]，并负责征收赋税、建立驿站等事务，呼罗珊地区长官的管辖范围、管理权限才接近于燕京、河中两地行省级别长官。

由大汗直接任命的行省级别长官，在辖区内行使最高权力。在权限方面，他们与汗廷大断事官的职掌基本一致，不仅管理行政事务，还在必要时参与相关军事活动。这一官职的设立，将汗廷与地方直接联系起来。

---

① ［波斯］志费尼：《世界征服者史》下册，何高济译，翁独健校订，第579—580页。
② ［波斯］志费尼：《世界征服者史》下册，何高济译，翁独健校订，第578页。
③ ［波斯］志费尼：《世界征服者史》下册，何高济译，翁独健校订，第594页。

如本章第一节所述，此时汗廷主管行政事务的是重臣必阇赤，行省级别长官在处理日常事务时常与他们往来。《元史·耶律楚材传》记："甲午，议籍中原民，大臣忽都虎等议，以丁为户。楚材曰：'不可。丁逃，则赋无所出，当以户定之。'争之再三，卒以户定。"① 按同书《太宗纪》，失吉忽秃忽在当年七月被任命为中州断事官，议论籍户事与此任命紧密相关，忽秃忽当以行省长官身份参与这一讨论的。以此事可知，行省大断事官不可对重大地方事务行独断之权，而要与重臣必阇赤进行商议，并听从大汗裁决。

由于重臣必阇赤在汗廷内执掌权柄，地方长官换任时，也会借由与他们的私人关系，为自己谋求权力。如成帖木儿死后，其子额觯古帖木儿与阔儿吉思二人为争夺呼罗珊管辖权来到汗廷。阔儿吉思由于与重臣必阇赤镇海同族，获得了后者的支持；而"答失蛮哈只不及别的一些人，却希望把权柄交给成帖木儿之子"②。如本章第一节所述，答失蛮哈只卜也是当时的重臣必阇赤。本田实信敏锐地指出，成帖木儿之子与阔儿吉思的争斗背后，还有花剌子模旧朝官员与呼罗珊本地官僚的对立。③ 答失蛮哈只卜很可能曾任职于花剌子模王朝，故支持花剌子模旧官势力拥护的成帖木儿之子。

重臣必阇赤能够影响呼罗珊长官的选任，也与此地同大汗的联系最为薄弱有关。同时期担任河中大断事官的牙老瓦赤、中州断事官的失吉忽秃忽，都与大汗有直接来往。窝阔台即位之初，已命令牙老瓦赤主持西域人户、赋税事宜，说明对此人才干颇为熟悉。且从《元史·赵璧传》"断事官牙老瓦赤持其印，请于帝曰"④ 的记述来看，牙老瓦赤能与蒙古统治者直接交流，这决定了他报告事务、申辩陈白皆可直达天听，不需借助必阇赤的转译。

---

① 《元史》卷一四六《耶律楚材传》，第 3459—3460 页。
② ［波斯］志费尼：《世界征服者史》下册，何高济译，翁独健校订，第 588 页。
③ ［日］本田实信：《阿母河等处行尚书省考》，余大钧译，载《北方民族史与蒙古史译文集》，第 535 页。
④ 《元史》卷一五九《赵璧传》，第 3747 页。

而窝阔台审理成帖木儿之子和阔儿吉思的案子时,《世界征服者史》记述道:"他审他们的案子,发现额驸古帖木儿及其部属有罪。他对额驸古帖木儿本人说……不过,镇海尽管对额驸古帖木儿的案子毫不同情,他仍不得不对他表示点厚道。在提醒后者该怎样说后,他把他的供词上奏合罕……"① 对于大汗的判决,成帖木儿之子没有口头回答,而需通过镇海转交供词。这或与他生于中亚,尚未入仕而没有熟练掌握蒙古语有关;或者也说明此时他的地位较低,按照审判程序和官职级别,他不能越过镇海直接答话。无论原因为何,成帖木儿之子通过支持敌方的镇海沟通大汗,陈告的结果可想而知。

二 达鲁花赤的设置

在行省级别长官以下,各地还陆续设立了不同级别的达鲁花赤。这一官职与不同地区的制度传统相结合,呈现出纷杂多样的特点。

在华北地区,胡祗遹撰《蒙古公神道碑》中记碑主担任彰德路达鲁花赤,太宗十一年(1239)因饥荒"诉告于执政大臣呼图克,分军储粮五千石以起饥者"②,呼图克即失吉忽秃忽,表明路级达鲁花赤与行省大断事官已具有行政隶属关系。1242年《姑射山神居洞续立圣像记》后附功德主署名,"功德主权平阳路都达鲁花赤宋辛……功德主河东南路平阳府宣差都达鲁花赤薛□"③,可知路、府两级已设达鲁花赤。同年乡宁县《后土庙重修记》后署名有"县令张渐,副达鲁花赤齐爱伯,宣差达鲁花赤孟昌时"④,可推知在太宗

---

① [波斯]志费尼:《世界征服者史》下册,何高济译,翁独健校订,第593页。
② 胡祗遹:《紫山大全集》卷一五《大元故怀远大将军怀孟路达噜噶齐兼诸军鄂勒蒙古公神道碑》,民国河南官书局刻三怡堂丛书本,叶15b。
③ 李志修:《姑射山神居洞续立圣像记》,收入刘泽民、李玉明主编,王天然分册主编《三晋石刻大全·临汾市尧都区卷(上编)·现存石刻》,第35页。
④ 张安石:《后土庙重修记》,收入李玉明、王雅安主编,杜银安分册主编《三晋石刻大全·临汾市乡宁县卷(上编)·现存石刻》,三晋出版社2014年版,第25页。

朝末年，县级也应已设立达鲁花赤。这表明华北地区达鲁花赤的级别，已与金朝路、府、州、县四级行政区划相结合。

《元史·赛典赤赡思丁传》记录了传主在太宗朝的升迁情况，为分析这一时期的地方行政官制体系提供了实例："太宗即位，授丰净①云内三州都达鲁花赤；改太原、平阳二路达鲁花赤；入为燕京断事官"②。按金制，丰州、净州、云内州皆为西京路治下，③故赡思丁的"三州都达鲁花赤"之职仍属州级达鲁花赤。他由此职改任"二路达鲁花赤"，再"入为"燕京断事官的升迁过程，证明了各级达鲁花赤与行省级别断事官的隶属关系。且由此可知，达鲁花赤的管辖范围有时并不限于一路或一州。

达鲁花赤与金朝行政区划的结合，反映出草原制度进入华北地区后的调适。且这一行政制度可与军事方面的千户制度相互配合。温海清分析了自太宗朝开始，华北地区出现由万户级别军官担任路级长官、千户级别军官担任州级长官的普遍现象。④当时军民事务尚为一体，军官可直接兼管民政，或充任达鲁花赤行使权力。如万户吾也而之子雪礼出任"北京等路达鲁花赤"⑤，曾担任哲别军中先锋的曷思麦里，于太宗四年"授怀孟州达鲁花赤"⑥，依靠行政区划的标识作用，达鲁花赤的官职级别得以与担任者本人或其父的军官级别保持一致。

而以前述对不花剌、撒麻耳干的讨论来看，河中地区在此时也应已形成"行省级别大断事官—诸城达鲁花赤"的行政管理层级。由耶律绵思哥调动后担任路级达鲁花赤的情况，可知他以往任职的撒麻耳干等要城有达鲁花赤。此外，河中地区还应设有与华北地区

---

① 《元史》点校本改"靖州"为"净州"。
② 《元史》卷一二五《赛典赤赡思丁传》，第3063页。
③ 《金史》卷二四《地理志上》，第565、566、569页。
④ 温海清：《画境中州——金元之际华北行政建置考》，第153—184页。
⑤ 《元史》卷一二○《吾也而传》，第2969页。
⑥ 《元史》卷一二○《曷思麦里传》，第2970页。

州县级别相似的、管辖范围更小的达鲁花赤。

呼罗珊地区行政体系的建立，则要迟至阔儿吉思被任命为行省长官之后。他"把他的儿子和底万中的那些书记，派到伊剌克、阿兰和阿哲儿拜占去。……他们到达那些地区，跟绰儿马罕的将官发生多次摩擦，最后从他们那里接管这些土地，规定赋税，因为［迄至当时］，诸省都由那颜掌管，各城都由异密治理，他们仅愿意替底万征收一小笔赋税，而习惯把其余的攫为己有。现在向他们征索赋税，因此［大量的］钱财从他们身上取得"①。

在此次征税之前，阔儿吉思下属所到之处，尚未与他建立隶属关系。这些地区原有奉绰儿马罕之命留驻的将领，其中有些人即担任达鲁花赤。《世界征服者史》记绰儿马罕"攻占一些地方，置八思哈镇守"② 即可为证。另有仅向汗廷缴纳小部分赋税的"那颜""异密"等人，从官称上判断，应属于两部分势力。一部分是代表成吉思汗四子家族的蒙古官员，由随绰儿马罕西征进入该地任职；另一部分是归降蒙古的当地显贵，仍在原辖地区行使职权。将官听命于绰儿马罕，那颜、异密各自为政，则大汗难以直接管理呼罗珊地区。

直到阔儿吉思令其子及"底万中的书记"接管这些地区，呼罗珊的地方行政架构才开始形成。参照华北、河中的情况，阔儿吉思派出者应在当地担任达鲁花赤，并与他形成明确的隶属关系。不难发现，受命接管诸地事务的官员，是阔儿吉思手下的"书记"，亦即必阇赤。阔儿吉思本人早年在尤赤处也曾担任此职。呼罗珊也由必阇赤主管行政事务，这一特点与当时汗廷的情况相似；不同的是，这里的必阇赤不再以怯薛身份直接参政，而是到下级地区出任达鲁花赤，行使行政职权。

---

① ［波斯］志费尼：《世界征服者史》下册，何高济译，翁独健校订，第597—598页。
② ［波斯］志费尼：《世界征服者史》下册，何高济译，翁独健校订，第577页。

值得一提的是，在窝阔台时期，河中、呼罗珊地区仍以沙赫纳（shaḥna）、八思哈（basqaq）两种官名称呼地方长官。沙赫纳是阿拉伯-波斯语的官称，在塞尔柱王朝时代已广泛使用。兰普顿认为，当时此职已有与地方总督一职相结合的趋势。沙赫纳主要承担惩治犯罪、维护道路安全等职责。① 如前所述，彭晓燕推断，沙赫纳转变为中央政府的派出官员是在哈剌契丹统治时期。她认为志费尼使用该官称时，有时表示地方长官，有时表示中央派出官员。② 八思哈是突厥语的官称，据普兰诺·加宾尼记述，蒙古人将八思哈派往已经臣服、被准许回国的地方统治者处，③ 说明至他到蒙古时，"八思哈"这一称呼还在使用。且他记述的这一职能，又与志费尼所记、被哈剌契丹统治者派往亦都护处作监临官的"沙赫纳"相同。④ 在记述塔剌必叛乱时，志费尼也以"八思哈"称不花剌长官，下文又称同一人为"大沙赫纳"⑤。可知到蒙古统治时期，这两种官称在具体职能方面的差别逐渐缩小，成为达鲁花赤的波斯语、突厥语式称呼。

联系前文可见，此时原属金朝的县级寺院刻石上已出现达鲁花赤之称；而在河中、呼罗珊等地，时代更晚的波斯史家在著述中仍兼用"沙赫纳""八思哈"等旧称指代行政长官。这反映出由于华北地区与汗廷距离更近，更容易受到大汗的直接管理，蒙古制度得以更快深入当地；而距离汗廷更远的河中、呼罗珊等地，在建立行政体系的过程中，仍然受到以往历史文化环境、当地王朝统治带来的深远影响。

---

① Ann K. S. Lambton, "The Administration of Sanjar's Empire as Illustrated in the 'Atabat Al-Kataba", *Bulletin of the School of Oriental and African Studies*, Vol. 20, No. 1, 1957, p. 381.

② Michal Biran, *The Empire of the Qara Khitai in Eurasian History: Between China and the Islamic World*, p. 121.

③ ［意大利］约翰·普兰诺·加宾尼：《蒙古史》，载《出使蒙古记》，吕浦译，周良霄注，第39页。

④ ［波斯］志费尼：《世界征服者史》上册，何高济译，翁独健校订，第49页。

⑤ ［波斯］志费尼：《世界征服者史》上册，何高济译，翁独健校订，第129页。

三　行政体系的成因与特点（一）

在窝阔台统治时期，大断事官和重臣必阇赤组成行政中枢，大断事官为文武百官之长，重臣必阇赤主要负责处理政务。大汗任命的行省级别长官，则作为汗廷代理人统管地方政事。行省级别长官下设一般断事官和必阇赤，并按当地原有官制配备相关僚属。因重要政务、官职选任等，行省长官与重臣必阇赤有所往来。行省层级将中央与地方联系起来，大蒙古国的统治开始向地方延伸。达鲁花赤在各地广泛设立，地方层面形成"行省长官—各级达鲁花赤"的基本行政体系。

由于大蒙古国辖境广大，各地政治制度、文化传统差异明显，国家行政体系难以全盘依照某一旧有模式建立；又因此时仍处于军事扩张阶段，军备需求的急迫性决定了行政架构要以快速而非规整为首要构建准则。故而这一时期的行政体系呈现出新旧共存、枝蔓多样的整体面貌。也由于这两方面原因，统治者通过设立统管地方政事的高级别行省长官，将各地纷杂的行政建制迅速归入同一管理体系，从而达到最大程度利用地方政治资源的目的。

但是，也正由于大蒙古国初期的行政建设依赖于军事活动，即使设置了行省长官，地方官员的隶属关系也并未完全统一。某些达鲁花赤设立早于行省长官，甚至由大汗亲自任命，仅从所见史料来看，很难确认他们是否听令于行省长官。如成吉思汗"赐月朵失野讷都督印章，兼独山城达鲁花赤。月朵失野讷卒，子乞赤宋忽儿，在太宗时袭爵，赐号答剌罕"[①]，月朵失野讷得赐都督印章，表明他对独山城及周边地区皆有管辖职权。其子在太宗朝袭爵，又有答剌罕之号，不知是否隶属于河中行省长官。且达鲁花赤与各地原有官制结合后，也呈现出名目繁杂的面貌。这些情况都反映出，此时的行政体系只是初具架构，在官职层级和机构设置方面仍待归整。这也是当时处理政务常出

---

① 《元史》卷一二四《哈剌亦哈赤北鲁传》，第3047页。

现"因人任事"（即大汗直接指派熟悉的臣僚处理事务），而难以"因职任事"（即按照设官职责选官理事）的重要原因。

"行省大断事官—各地达鲁花赤"的两级行政架构，与华北地区的行政区划难以准确契合，却与河中、呼罗珊等地的行政层级匹配较好。这种情况与蒙古统治者对行政体系的认识有关。成吉思汗是在西征过程中，开始在地方设官理政的。他所征服的地区原属哈剌契丹、花剌子模王朝统治，这些王朝采用的国家行政体系均为"中央—地方（城市）"两级结构。甚至率先归降蒙古的亦都护政权，也使用这种行政结构。这种两级架构具有广泛的制度传统，是跨文化政权控制地方的有效措施，也因其层级简单，更容易被同类型新生政权所采用。且在成吉思汗、窝阔台统治时期，如本章第一节所述，汗廷有不少来自这些政权的旧臣任职，蒙古统治者对地方行政体系的认识和构想，也很可能受到了他们的影响。

必阇赤是窝阔台统治时期行政官员的主要来源。统治者广泛吸纳各地原有政权的治国人才，以他们充任重臣必阇赤之职，在中央主持大蒙古国的行政建设。一些汗廷必阇赤出任地方断事官或达鲁花赤，加强了地方与大汗的联系。必阇赤具有的怯薛属性，是他们得到大汗信任并加以重用的前提。正如探马赤军扩建、汉军整编植根于千户制度一样，窝阔台时期行政体系的初建，也以怯薛制度为内在线索。

第三节 其他行政主体及官职设置

因大蒙古国时期战事频仍，诸王、军队统帅成为行政事务的主要参与者。李治安教授对元代分封制度的研究论述精到，为本节讨论提供了诸多启发。作者将分封投下分为三类，一是诸王兀鲁思，二是汉地食邑投下，三是私属投下。[1] 前两类投下所设职官，与国家

---

[1] 李治安：《元代分封制度研究（增订本）》，第11—12页。

行政体系存在直接联系，是本节要重点讨论的对象。如作者探讨的诸王王傅、断事官、食邑投下达鲁花赤等职，在窝阔台时期已经出现，需要对相关记载进行梳理和分辨。本节也将对诸王属官与重臣必阇赤、行省官员之间的级别、关系等问题进行探究。

　　李教授指出，元代行省制度的两大直接来源分别是金代的行尚书省，和大蒙古国时期的三处行省大断事官。① 本章前两节已论及行省级别长官的设置，本节将重点关注金代各类行尚书省对大蒙古国初期地方行政体系建设的具体影响。张帆、赵琦对窝阔台时期所设平阳行省、"军前行中书省"的官员进行了相关考订，并分析这些机构的设立原因，② 本书将结合当时的战事背景，分析此类机构对金朝尚书省旧制的借鉴。

　　除诸王、将帅外，地方政权和新设机构也是大蒙古国时期重要的行政主体。尚衍斌对亦都护政权的职官设置、相关职能有细致分析。③ 陈高华对东平严氏的研究中，考察了严实属下文职官员和所辖地区的行政区划等相关情况。④ 赵琦认为，十路课税所主要承担的是课税职能，在纠察官吏、振兴文教方面的作用还比较有限。课税所原隶属于中央，在窝阔台汗死后，转隶由奥都剌合蛮掌管的燕京行省，变成了地方机构。这种转变除了受到扑买之风影响，还与中央控制力下降、地方势力增强有关。⑤ 吴志坚指出，课税所职能仅限于申报征税额度、监督地方定额和对中书省的建议权。课税所"地方化"程度应分情况讨论，若某地世侯与汗廷关系疏远，又无诸王庇护，燕京行省会规定较高的课程额度令当地完成，则该处课税所更

---

　　① 李治安：《元代行省制度》，第12—15页。
　　② 张帆：《元代宰相制度研究》，第18—19页；赵琦：《金元之际的儒士与汉文化》，第88—97页。
　　③ 尚衍斌：《元代畏兀儿研究》，第55—68页。
　　④ 陈高华：《大蒙古国时期的东平严氏》，载氏著《元史研究新论》，第311—312、316—317页。
　　⑤ 赵琦：《大蒙古国时期十路征收课税所考》，《蒙古史研究》第6辑，内蒙古大学出版社2000年版，第40—42页。

会体现出地方化的趋势。① 刘晓探讨了大蒙古国初期廉访使、监察使的设置、人选和职能。② 这些研究为本节梳理窝阔台时期的相关建制提供了基础。

一 诸王兀鲁思及食邑投下设官

由于成吉思汗的分封,大蒙古国辖境内出现诸王兀鲁思。窝阔台在灭金后又分赐食邑,在金朝故地形成了新投下。诸王在本兀鲁思和金朝故地食邑投下有权设置官员,代表自己管理相关事宜。

(一) 诸王兀鲁思

在窝阔台统治时期,势力最大的宗王是察合台。察合台的斡耳朵在阿力麻里附近的忽牙思。《元朝秘史》记成吉思汗曾将哈剌察儿等三位那颜委付给察合台,又说"察阿歹性刚,仔细教阔客搠思早晚根前说话者"③,即令阔客搠思担任察合台的王傅。王傅是出镇宗王斡耳朵中地位最高的官员。阔客搠思与剩余三人即成吉思汗赐予察合台的四千户长。④ 阔客搠思在成吉思汗时期就常伴大汗左右,随察合台出镇后,地位应近似于汗廷大断事官。

《史集》记述了察合台斡耳朵中的两位重要臣僚,汉译本将其名译作"维即儿"和"哈巴失－阿米忒"。⑤ 同书在记述忽必烈臣僚时,将"丞相"一职也译为"维即儿"。⑥ 核对《史集》塔什干抄本⑦两

---

① 吴志坚:《大蒙古国时期诸路课税所的职能及其"地方化"问题》,《内蒙古社会科学》(汉文版) 2002 年第 1 期,第 65—68 页。
② 刘晓:《大蒙古国与元朝初年的廉访使》,《元史论丛》第 8 辑,江西教育出版社 2001 年版,第 118—122 页。
③ 乌兰校勘:《元朝秘史(校勘本)》,第 319 页。
④ 《史集》中缺失阔客搠思和亦多忽歹之名,而将哈剌察儿记为成吉思汗分给察合台的第一千户。
⑤ [波斯] 拉施特编:《史集》第二卷,余大钧、周建奇译,第 184 页。
⑥ [波斯] 拉施特编:《史集》第二卷,余大钧、周建奇译,第 327 页。
⑦ 《史集》波斯文苏联集校本第二卷只有"窝阔台合罕纪"部分,质量较好的伊斯坦布尔抄本在第二处需引词汇处被污渍浸染,无法使用。故这里使用了两处写形均较清晰的塔什干抄本。

处原文，察合台臣僚之名作وزیر或ووزیر，① 表示丞相的官称作وزار，②二者在辅音ز后的元音有明显差别，似不适宜使用同一汉译名。且汉译本在同页注释中已提到，此"维即儿"之名与阿拉伯-波斯语 vazir 相似，是一种巧合；③ 则此臣僚并非以 vazir 为名，将二者译作同一词汇容易让人误解。实际上，汉译者已经考虑到此名与蒙古语中 ochir 一词的关联。《五世系·蒙古世系》的"察合台汗异密"名录中也有此人，其名波斯文写形为ورسر。根据《五族谱》读书班讨论意见，在蒙古语中，Včir 为"金刚杵"之意，该词在口语中读作"Očir"。又因中古蒙古语中č和 z 辅音可以互换，该蒙古文词与《史集》中ووزیر写形的读音可以对应。故《五族谱》读书班将此人之名的波斯文写形校正为وزیر，汉译名译作"斡只儿"。④ 本书采用这一汉译名。

前贤以此斡只儿为察合台王傅，⑤ 似可商榷。《史集》述此人为记录君主之言的近臣，说明其身份应为必阇赤。他跟随察合台到汗廷参加宴会，窝阔台问察合台此人与镇海孰优，可知其地位类似于重臣必阇赤镇海。《史集》后文所记与他共事的哈巴失阿米忒是察合台的必阇赤，亦可佐证斡只儿的身份。扎马勒·哈儿昔到达阿力麻里时，正逢哈巴失阿米忒执政。作者记他是"察合台君王的大臣"，首领、君王皆顺从其威势，⑥ 可见此人当时地位重要。这种以必阇赤主管政务的做法与汗廷颇为相似，斡只儿、哈把失阿米忒应皆为察

---

① Rashīd al-Dīn Fażl Allāh, *Jāmiʿ al-Tavārīkh*, MS. 1620, f. 145a. 该节标题中此名作ووزیر，正文中作وزیر。
② Rashīd al-Dīn Fażl Allāh, *Jāmiʿ al-Tavārīkh*, MS. 1620, f. 176a.
③ ［波斯］拉施特编：《史集》第二卷，余大钧、周建奇译，第184页注6。
④ *Shuʿab-i Panjgāna*, f. 117b. 汉译名来自北京大学外国语学院"波斯文《五族谱》整理与研究"项目二次修订稿（未刊），第5—6页，第6页注1。
⑤ 参见刘迎胜《察合台汗国史研究》，第77—79页。
⑥ 华涛：《贾玛尔·喀尔施和他的〈苏拉赫词典补编〉》（下），《元史及北方民族史研究集刊》第11辑，南京大学历史系元史研究室1987年版，第95—96页。作者在《西域历史研究（八至十世纪）》（上海古籍出版社2000年版）一书中，已将贾玛尔·喀尔施之名更改为扎马勒·哈儿昔。

合台兀鲁思的重臣必阇赤。

王傅和重臣必阇赤的重要地位，是由出镇宗王兀鲁思的设立背景决定的。察合台兀鲁思设立于成吉思汗晚年，彼时尚未形成国家基本行政体系，察合台具有相当大的辖境管理权。由其父指派的王傅地位尊崇，自然成为统管庶务的最高长官。又因其兀鲁思地处河中，当地的文化环境与草原迥异，察合台难以熟知当地治事方式，故如窝阔台汗任用耶律楚材处理中原事务、镇海处置西域事务一样，察合台也要任用当地官员进行行政管理。同时，由于此时大蒙古国已采行畏兀字，与汗廷距离遥远的出镇宗王必须任用熟习文字、通晓文意者，才能保持与汗廷的信息往来，加之察合台兀鲁思所在之地沟通东西，外交事务也需要通晓其他文字的官员。地方管理和信息沟通的两方面需求决定了出镇宗王斡耳朵中重臣必阇赤的突出地位。同为出镇宗王的朮赤兀鲁思，也应有类似官职设置。

不过，至窝阔台统治时期，出镇宗王及其臣僚也开始受到大汗的严格管理。《史集》记察合台因擅自将阿母河以北诸地赐予他人，受到了大汗降旨责备。将此事上报窝阔台的牙老瓦赤遭到察合台怨恨，故他私下逼迫斡只儿向察合台说情。牙老瓦赤威胁说自己是大汗辅弼，察合台不能不与大汗商议而处死自己，但大汗却可直接杀掉斡只儿。斡只儿无奈应允他的请求。[①] 这反映出因大汗权力凌驾诸王之上，直属大汗的臣僚地位也自然较诸王臣僚更高。若从官制角度看，牙老瓦赤当时是行省级别大断事官，其地位与汗廷大断事官级别相近，而斡只儿只是宗王兀鲁思的重臣必阇赤，官职级别低于牙老瓦赤，故他只得听从后者要求。

汉文史料中有关于诸王断事官升迁、必阇赤长履职的例子。《元史·忙哥撒儿传》记"定宗升为断事官……宪宗由是益重之，使治藩邸之分民"[②]，知传主在贵由汗时期成为蒙哥潜邸的断事官。由于

[①] ［波斯］拉施特编：《史集》第二卷，余大钧、周建奇译，第187页。
[②] 《元史》卷一二四《忙哥撒儿传》，第3054—3055页。

他执法严明,蒙哥"乃以为断事官之长"①,令他担任潜邸大断事官。待蒙哥即位时,忙哥撒儿又由诸王大断事官升任汗廷大断事官。《益都金石记》中收《元兀林答碑》,记述兀林答僖"充塔察国王位下为头必阇赤长,于同列府事及文墨语言、一切应酬无所不统"②,可见必阇赤长有协助处理王府文书、内务及应酬往来之责。

(二) 食邑投下

灭金之后,窝阔台对诸王勋臣进行分封,形成了华北地区的食邑投下。《元史·博罗欢传》记"时诸侯王及十功臣各有断事官"③,由"十功臣"为分封后所设,可知此指诸王在食邑投下设置断事官。如小云石脱忽怜,"事睿宗于潜邸。真定,睿宗分地,以为本路断事官"。④ 岳璘帖穆尔在窝阔台统治时期"以中原多盗,选充大断事官。从斡真出镇顺天等路"⑤。此人曾任斡赤斤的王傅,"选充大断事官"与他的这一身份有关。他随斡赤斤出镇顺天等地,仍应视为诸王属官。布鲁海牙任廉访使"未几,授断事官,使职如故"⑥。其人在窝阔台即位时就被唆鲁禾帖尼求入本府,他此时担任的断事官应属诸王断事官。若此职亦为汗廷所授的燕京行省断事官,何须再言"使职如故"?参照他所任燕南诸路廉访使⑦的管辖范围,此"断事官"应为拖雷家族真定分地的投下官。前贤判断此时岳璘帖穆尔、布鲁海牙已为燕京行省断事官⑧,似可斟酌。

---

① 《元史》卷一二四《忙哥撒儿传》,第 3055 页。
② 方回:《潍州防御使□兀林答公神道碑》,载段松苓《益都金石记》卷四,清光绪九年刻本,收入国家图书馆善本金石组编《历代石刻史料汇编》第 13 册,北京图书馆出版社 2000 年版,第 24 页。
③ 《元史》卷一二一《博罗欢传》,第 2988 页。
④ 《元史》卷一三四《小云石脱忽怜传》,第 3262 页。
⑤ 《元史》卷一二四《岳璘帖穆尔传》,第 3050 页。
⑥ 《元史》卷一二五《布鲁海牙传》,第 3070 页。
⑦ 刘晓:《大蒙古国与元朝初年的廉访使》,《元史论丛》第 8 辑,第 119 页。
⑧ 姚大力:《从"大断事官"制到中书省——论元初中枢机构的体制演变》,载氏著《蒙元制度与政治文化》,第 206 页。

诸王投下还可设置达鲁花赤。丙申分封后,《元史》记窝阔台"命各位止设达鲁花赤"①,即允许诸王向投下派出达鲁花赤,作为自己的正式代表监管地方。如本章第一节曾提到的昔里钤部,《魏国公先世述》记他"丁未年……又以大名隶御前,俾兼大名路达鲁花赤"②。即言他担任达鲁花赤,代表贵由汗管理其投下大名路。③

在窝阔台统治时期,诸王在各自食邑仍有较大权限。除委任达鲁花赤对当地进行监管外,投下一般官员的任命,地方长官也需要与达鲁花赤商议并告知诸王。《三晋石刻大全》所收《程荣碑记》可提供一个实例。该碑记刊于太宗九年,碑记前有拔都大王令旨:"长生天之力中,皇帝福荫里,拔独大王令旨,扎鲁火赤那延塔剌忽歹劄付:行中书省胡丞相、宣差平阳路都达鲁花赤薛阇官人,一同商量了呵,交程荣充霍州长官,复立城池,起盖公廨,通管霍邑、赵城、灵石、汾西、岳阳五县署事勾当。"④ "劄付"是元代二品以上官府发给下级官府的文书名,可推知塔剌忽歹那颜是汗廷断事官。行中书省胡丞相是平阳行中书省官胡天禄,薛阇应为代表拔都的最高级别投下官员,二人商议其事,表明汗廷方面对诸王权力的尊重。同时,如党宝海对《东仙洞记》的研究所见,察合台没有改变其食邑太原府的统治秩序,并认可已掌握行政权力的大家族对当地的治理权。⑤ 由《程荣碑记》来看,拔都食邑的情况与之类似,平阳行省对当地的治理权也得到了拔都的承认。

---

① 《元史》卷二《太宗纪》,第 35 页。
② 程钜夫:《程雪楼文集》卷二五《魏国公先世述》,载《元代珍本文集汇刊》下册,第 972 页。
③ 昔里钤部担任燕京行省断事官和大名路达鲁花赤的准确时间应为丙午年(1246)。参见张帆《昔里钤部的任职经历及其碑传书写》,"元代国家与多元文化"国际学术研讨会暨 2023 年中国元史研究会年会,天津,2023 年 8 月。
④ 李玉明、王雅安主编,段新莲分册主编:《三晋石刻大全·临汾市霍州市卷》上编《现存石刻·元·程荣碑记》,三晋出版社 2014 年版,第 17 页。标点有改动。
⑤ 党宝海:《察合台史事四题——卒年、驻地、汉民与投下》,《西域研究》2019年第 3 期,第 70 页。

除通过达鲁花赤直接参与投下行政管理，诸王代表还常与行省级别官员发生接触。刘敏中撰《牛氏先德碑铭》记"会丞相祃祃、平章赵公、右丞张公奉旨检括前省乙卯至己未凡五岁内外金谷出入之数，仍选诸王府属各二人共其事。而济南为亲王哈丹分邑，王以公（指牛益——笔者注）应选，禄秩视左右司郎中"①。此事可合《元史·世祖纪一》中统元年七月"以燕京路宣慰使祃祃行中书省事，燕京路宣慰使赵璧平章政事，张启元参知政事"②之载。由《元史》可知，所谓"前省"，指的是蒙哥时期的燕京行尚书省，检括燕京行省需"选诸王府属各二人共其事"，说明此前燕京行省的"金谷出入"关涉诸王食邑投下。哈丹为合赤温系宗王，他派出了投下官牛益作为自己的代表参与其事。这一程序说明，直到中统初年，诸王代表参与行省事务的政治传统依然存在。

前引《程荣碑记》反映出的另一情况，是程荣兼受代表拔都的达鲁花赤和平阳行省的管理，即被任命者同时具有诸王投下官和国家官员两种身份。前述布鲁海牙，在担任投下断事官的同时，还有燕南诸路廉访使之衔，也属兼具两种身份之官。本章第二节引乡宁县《后土庙重修记》后署名有"县令张渐，副达鲁花赤齐爱伯，宣差达鲁花赤孟昌时"，或副达鲁花赤齐爱伯也是拔都代表。他居于代表汗廷的宣差达鲁花赤之下，与后者共同参与地方事务，表明他亦听命于汗廷。

诸王斡耳朵内设王傅/断事官、重臣必阇赤等职，食邑投下设断事官、达鲁花赤，与前节所述国家行政体系的架构相似，体现出当时大蒙古国仍有诸王"联盟"的结构特色。但是，在实际情况中，一方面，行省层级大断事官的设置，对诸王兀鲁思形成了制约，在窝阔台的支持下，诸王属官的实际地位已低于汗廷任命的行省级别

---

① 刘敏中：《中庵先生刘文简公文集》卷五《牛氏先德碑铭》，据清抄本影印，载北京图书馆古籍出版编辑组编《北京图书馆古籍珍本丛刊》第92册，书目文献出版社1991年版，第310页。

② 《元史》卷四《世祖纪一》，第67页。

长官；另一方面，诸王需要尊重行省层级官署对新食邑投下的管理权限，对投下一般官员的任命也要经汗廷批准。从官制角度看，较他们在本兀鲁思的权限来说，诸王对新封地的控制力还是下降了。

二　军队设官与军事行省

大蒙古国兴起于军事征伐活动之中，窝阔台统治时期战事未休，故军队中仍然保留处理相关事务的官职和组织设置。

出于通报军情、判理军务的需要，诸军之中也设有断事官。如《元史·石天麟传》记"宗王征西域，以天麟为断事官"[1]，传主即长子西征军中的断事官。《元朝秘史》第 275 节记拔都向窝阔台诉告，贵由与额勒只吉歹之子哈儿哈孙辱骂自己之事。此节内容固多虚构，细节刻画却非全然无据。[2] 这里的哈儿哈孙，是当时汗廷大断事官按只鲗之子。贵由为中军统将，疑哈儿哈孙也担任军中高级别断事官。石天麟在随军出征前，是重臣必阇赤耶律楚材的僚佐；哈儿哈孙也出自汗廷，他们的出身反映出窝阔台汗对军事活动的重视。从汗廷选拔军队断事官，便于大汗及时掌握军队动向。另外，如胡祗遹撰《蒙古公神道碑》记"元戎察罕知公廉明宽仁，每遇诸路解送死囚，即委公审问，推情据法，冤伸罪减，前后不可计"[3]，可见军队统帅也有权按需设置官员。

成吉思汗时期已设立不少配合军事征伐的行省，如木华黎"建行省于云、燕"[4]，总管华北地区征伐事务。其幕下应有行政僚属。《山右石刻丛编》收《大元国乡宁县赵侯墓志》中，记墓主赵仲

---

[1]　《元史》卷一五三《石天麟传》，第 3619 页。

[2]　如金浩东提出，《秘史》第 275 节中贵由讽刺拔都，与后者在西征中不能胜任统军之职、军队屡有失利相关。参见 Hodong Kim, "A Reappraisal of Güyüg Khan", *Mongols, Turks and Others: Eurasian Nomads and the Sedentary World*, ed. by R. Amitai and M. Biran, pp. 315-320。

[3]　胡祗遹：《紫山大全集》卷一五《大元故怀远大将军怀孟路达噜噶齐兼诸军鄂勒蒙古公神道碑》，叶 16a—16b。

[4]　《元史》卷一一九《木华黎传》，第 2932 页。

"侯在金之季年为本县簿书吏……太师国王郎中马公即用侯为记室"①，由"郎中"之衔，可知木华黎麾下与后来燕京行省类似，均按金制设立僚佐。由此亦可推测，丙申分封后，木华黎家族驻军处或仍有此类官吏供职。

到窝阔台汗时期，木华黎后人仍然具有行省长官类职衔。"岁己亥，塔思薨，速浑察袭爵……总中都行省蒙古、汉军。凡他行省监镇事，必先白之，定其可否，而后上闻。"②"他行省监镇事"，自然不只是战报，还包括当地的管理事务，速浑察先闻其事，说明他仍有权管理地方事务。《元史·抹兀答儿传》记传主"岁戊戌，从国王忽林赤行省于襄阳，略地两淮"③，可知忽林池（忽林赤）也有类似职权。另外，如本书第二章第二节所述，夹谷忙古歹建立兴元行省，行镇戍屯田事；《元史·纯只海传》记传主由益都"迁京兆行省都达鲁花赤"④。此京兆行省，即田雄奉命镇抚陕西所建。这两处行省处在川蜀战场后方，是前线军需的重要来源。

淮河地区的对宋战场，则设有"军前行中书省"。此行省由重臣必阇赤粘合重山主事，杨惟中随同协理，性质类于金代将尚书省宰执派往某地"便宜从事"的临时性机构。⑤ 畏兀儿人塔本"俾镇抚白霫诸郡，号行省都元帅……庚寅，诏益中山、平定、平原隶行省"⑥，也属此类情况。按《塔本世系状》，他未及冠便以聪颖闻名，"遂俾从事行宫，付人二十领之"，除随军出征，他"主才出纳，获息亦加"⑦。后得成吉思汗重用，令他建立行省、管理民事。从塔本

---

① 宋景祁：《大元国乡宁县赵侯墓志》，载胡聘之《山右石刻丛编》卷二八，《历代石刻史料汇编》第 11 册，第 353 页。
② 《元史》卷一一九《速浑察传》，第 2940 页。
③ 《元史》卷一二〇《肖乃台附抹兀答儿传》，第 2966 页。
④ 《元史》卷一二三《纯只海传》，第 3030 页。
⑤ 李治安：《元代行省制度》，第 12 页。
⑥ 《元史》卷一二四《塔本传》，第 3043—3044 页。
⑦ 廉惇：《塔本世系状》，载《永乐大典》卷一三九九三，中华书局 1986 年影印本，第 6084 页。

任职汗廷、管理财务的情况看，他应具有汗廷必阇赤的身份。

属此类者还有平阳行省。《李庭秀新阡表》记"中书胡氏由侍从行相府河东"①，可知胡天禄也具有汗廷必阇赤出身。赵琦认为此行省很可能"是为了协助当地帅府处理政务"②，因在耶律朱哥统陕西事后，胡天禄亦随之前往。本书第二章已经指出，在窝阔台统治时期，由皇子阔出、阔端率领的攻宋军队主力，直接继承自攻金部队，作战经验最为丰富。设立"军前行中书省"、平阳行省，进一步加强了窝阔台对这两处战场的控制，可见他对攻宋战事的重视程度。

金代的另一种行省，是授予地方官此衔，以激励其守土保境。③ 在大蒙古国时期，授予汉地世侯的行省头衔，与这种情况最为类似。丙申分封后，严实仍保留了不小的军事实力，因木华黎封"行尚书省"而设的东平行台也有相当完备的官制设置。据《元史·王玉汝传》，传主在严忠济袭职后，"授左右司郎中，遂总行台之政"④，可知左右司郎中之职为东平行台最高级别属官。在左右司郎中以下，还有左右司员外郎、行台都事、掾史等名目设置，基本沿袭了金代官制。⑤ 这些官吏或常伴严实左右，或处理行台相关事务。如担任行台都事的李昶"凡入觐出征，不令去（严实）左右"⑥，担任令史的王玉汝"以事至京师，游楚材门"⑦，负责行台与汗廷方面的沟通。

《元史·宋子贞传》载："七年，太宗命子贞为行台右司郎中。中原略定，事多草创，行台所统五十余城，州县之官或擢自将校，

---

① 同恕：《榘庵集》卷五《中书左右司郎中李公新阡表》，清文渊阁四库全书补配清文津阁四库全书本，叶 13a。
② 赵琦：《金元之际的儒士与汉文化》，第 88 页。
③ 李治安：《元代行省制度》，第 12 页。
④ 《元史》卷一五三《王玉汝传》，第 3616 页。
⑤ 参见陈高华《大蒙古国时期的东平严氏》，载氏著《元史研究新论》，第 312 页。
⑥ 苏天爵辑撰：《元朝名臣事略》卷一二《尚书李公》，姚景安点校，中华书局 2019 年版，第 258 页。
⑦ 《元史》卷一五三《王玉汝传》，第 3616 页。

或起由民伍，率昧于从政。……子贞仿前代观察采访之制，命官分三道纠察官吏……"① 由太宗任命可知，行台最高级别官员需上报汗廷，获得大汗的任官许可。而宋子贞"命官分三道纠察官吏"，可见行台长官在辖境内有一定程度的自治权，能够根据地区情况设置官员、维持秩序。另外，由州县官"或擢自将校，或起由民伍"来看，世侯辖境内也存在军事将领兼领政务的情况。

按陈高华的梳理，东平行台下设路、府、州、县，也沿用了金代地方行政区划。② 前述宋子贞以"道"为单位设纠察官吏，也是遵循金朝故制。《元史》记齐荣显曾"提领本路课税，又改本路诸军镇抚，兼提控经历司。值断事官钩校诸路积逋，官吏往往遭诟辱，荣显从容办理，悉为蠲贷"③，这里的断事官应当是燕京行省断事官，可知行台路级属官要配合他们征收赋税。严忠济奏授张晋亨"权知东平府事"，"东平贡赋率倍他道，迎送供亿，簿书狱讼，日不暇给，历七年，吏畏而民安之"。④ 可见行台的府级长官也要就税收等具体事务与汗廷方面官员接触。

值得注意的是，由于汉地世侯具有诸王家臣身份，一些世侯属官也同时具有诸王属臣的身份。比如前述牛益，"早以从事辟济南张侯幕"，后来又成为宗王哈丹的代表官员。又如《元史·王守道传》记"庄圣太后以真定为汤沐邑，守道在镇，以幕僚频岁致觐，敷对称旨，得赐金符、锦衣、金钱"⑤。王守道为真定史家幕僚，而又承唆鲁禾帖尼之命镇守真定。李治安指出，汉地世侯成为诸王"守土臣"的同时，也与汗廷保持了隶属关系。⑥ 那么其属臣同时隶属于世侯、诸王和汗廷三方势力。结合前述齐荣显的情况来看，窝阔台

---

① 《元史》卷一五九《宋子贞传》，第3736页。
② 陈高华：《大蒙古国时期的东平严氏》，载氏著《元史研究新论》，第316页。
③ 《元史》卷一五二《齐荣显传》，第3601页。
④ 《元史》卷一五二《张晋亨传》，第3590页。
⑤ 《元史》卷一五三《王守道传》，第3613—3614页。
⑥ 李治安：《元代分封制度研究（增订本）》，第72页。

统治时期，汉人世侯及其官署在行政事务中的实际地位，应低于燕京行省和诸王投下。

三　地方政权与其他机构

在窝阔台统治时期，河中及以西地区还存在不少地方政权。这些地方政权臣服大蒙古国后，由汗廷指派达鲁花赤加以监管。但在其辖境内，地方统治者还保留一定的管理权力。畏兀儿地区的亦都护政权就是典型代表之一。据尚衍斌的研究，畏兀儿首领亦都护可以处理当地的纠纷和日常事务，① 下设阿大（aday）、劼于迦思（il ügäsi/el ügäsi）、阿乌只（ayɣuči）等行政官员和主管赋税征派的也里只（ilči）、主管财政的与难支（ïnäči）等职官。② 扎马勒·哈儿昔记述了统治阿力麻里地区的斡只儿汗家族。他曾在宫廷中任"枢机府代理"。③ 这说明河中地方政权也保留了一些管理机构，地方统治者可利用这些机构行使权力。

本书第二章第三节提到，奉窝阔台之命驻守也里地区的答亦儿与当地统治者有所往来。苫速丁作为地方政权的继任者面见答亦儿时，由后者为他脱下丧服、穿上赐袍，代表大汗承认了他对地方的统治权。后来苫速丁跟随撒里那颜作战，遭到诬告，答亦儿还命人将他带到所在地并为其平反。④ 这反映出，有些地方统治者并不直接与大汗沟通，而是受到驻守当地的蒙古将领的直接管理。

成帖木儿入朝觐见窝阔台汗时，将亦思法剌因城⑤以北的速鲁克堡篯力克宝合丁、祸拶答而的亦思法合八忒奴思剌惕丁一并送至汗

---

① 尚衍斌：《元代畏兀儿研究》，第 52 页。
② 尚衍斌：《元代畏兀儿研究》，第 60—65 页。
③ 华涛：《贾玛尔·喀尔施和他的〈苏拉赫词典补编〉》（下），《元史及北方民族史研究集刊》第 11 辑，第 97 页。
④ Saif ibn Muhammad ibn Ya'qūb Haravī, *Tārīkhnāma-yi Harāt*, pp. 190, 192 – 195.
⑤ 据《世界征服者史》汉译本，亦思法剌因的遗址，今称沙里比尔吉斯。参见［波斯］志费尼《世界征服者史》上册，何高济译，翁独健校订，第 175 页注 14。

廷。志费尼称，这两人是河中以西诸国首次入朝者。① 窝阔台汗因此颇为高兴。他授予二人簸力克之衔，并给予他们金牌及敕令，使其成为获得蒙古大汗承认的地方统治者。成帖木儿也因这一贡献，从绰儿马罕手中夺得了呼罗珊和祃拶答而的管理权。

绰儿马罕进入小亚地区后，谷儿只王阿瓦克带领其妹檀姆塔远赴汗廷朝见窝阔台。大汗随即下令，使绰儿马罕交还阿瓦克谷儿只之地，并在原定赋税外不加苛敛。② 阿瓦克为谷儿只大将伊瓦涅之子，因娶谷儿只公主鲁竹丹成为当地统治者。二人之子即贵由汗时期觐见的大卫，后受汗命掌管谷儿只西部地区。阿瓦克之妹檀姆塔原嫁给艾育伯朝亲王阿思剌夫，以起剌特城为领地。③ 故蒙古军队攻下此城所在地区后，檀姆塔因蒙古统治者的命令复得此城，保留了统治该城的权力。④ 由此可见，虽然绰儿马罕已在小亚地区建立了稳定统治，其管辖范围内仍有得到大汗任命的地方统治者。

金朝故地没有此类地方政权，但因征收赋税等要务设立了如十路课税所等机构。课税所主要负责税粮数额的确定与征收、五户丝和酒、醋、盐、商等专项税收的征缴。⑤《元史·耶律楚材传》记课税所"凡长贰悉用士人，如陈时可、赵昉等皆宽厚长者，极天下之选，参佐皆用省部旧人"⑥，可知该机构初设时已有比较完备的官职设置，既有长、贰官员，又有富于经验的僚属。课税所管理的十路，具体范围与金代有所差异，是根据当时汉地功臣、世侯的辖地确定的。⑦

---

① ［波斯］志费尼：《世界征服者史》下册，何高济译，翁独健校订，第580页。
② Kirakos Gandzakets'i, *History of the Armenians*, tr. by Robert Bedrosian, chapter 29；［瑞典］多桑：《多桑蒙古史》下册，冯承钧译，第30页。《亚美尼亚史》英译本中没有提到阿瓦克之妹与其同行。
③ ［瑞典］多桑：《多桑蒙古史》下册，冯承钧译，第9页。
④ ［瑞典］多桑：《多桑蒙古史》下册，冯承钧译，第33页。多桑记1245年窝阔台汗将也里城授檀姆塔，当时窝阔台汗已逝，授城者应为脱列哥那。
⑤ 赵琦：《大蒙古国时期十路征收课税所考》，第38—39页。
⑥ 《元史》卷一四六《耶律楚材传》，第3458页。
⑦ 赵琦：《大蒙古国时期十路征收课税所考》，《蒙古史研究》第6辑，第33页。

前述具有军事镇戍性质的行省所在地,汗廷也可派出课税使负责税收事务,如令杨简、高廷英使平阳;张瑜、王锐使东平;夹谷永、程泰使平州等。

由"长贰悉用士人""参佐皆用省部旧人",可见耶律楚材对课税所职能的长远设想。课税使和参佐的出身背景决定了他们对官吏品行、地方文教的关注,加上耶律楚材的支持,到地方行使职权时,他们可能会介入地方监察、文教等事务。这一时期还有廉访使、监察使等官职设置,有些课税使兼有廉访使之衔。① 如果能够维持课税使的正常任用,这一机构在监控地方、规范吏治和恢复文化等方面将持续发挥作用,金朝故地的社会秩序会得到更快恢复。

但从蒙古统治者的角度来看,管理金朝故地的主要目的仍在于收缴财赋。课税使如不能"岁有增羡"②,就无法满足大汗的需要,更枉论推进吏治和文教了。窝阔台汗在统治晚期,令斡脱商人奥都剌合蛮领诸路课税所事,就反映出他仍将课税所视为单一税收机构,急于从金朝故地获得财赋的意图。且如本书第二章所述,灭金之后,窝阔台又发起长子西征、两路攻宋等军事行动,对军备的需求迅速增长,这在客观上增加了汗廷对金朝故地的经济需求。在战事频仍的背景之下,统治者缺乏了解中原地区治理方式的强烈动力,课税所的职能发挥也就受到一定限制。

四 行政体系的成因与特点(二)

诸王和将帅拥有行政权力,是大蒙古国建制时期的显著特色,反映出当时"军政不分"的现实情况。行政事务最初是军事行动的衍生事项,故而指挥军队的诸王和统帅身边需要配备文职官员。除日常事务的处理外,他们还承担着沟通地方与汗廷的重要职责。由于诸王、统帅直接受到大汗管理,围绕他们设立的文职僚属、机构

---

① 刘晓:《大蒙古国与元朝初年的廉访使》,《元史论丛》第 8 辑,第 119 页。
② 《元史》卷一四六《耶律楚材传》,第 3463 页。

也独立于汗廷直属的行政系统之外，使当时的行政体系呈现出"枝蔓繁多"的整体样貌。

也正由于诸王、将帅的存在，窝阔台时期新设立的行省大断事官在实际情况中不能独揽其事。在金朝故地，燕京行省之外尚有诸王投下、镇戍行省，投下官员的任命也要得到汗廷与诸王两方面的认可。在河中地区，牙老瓦赤因上报察合台私赐封地之事而遭怨恨，不得不前往燕京行省任职。在呼罗珊地区，如下节所述，从成帖木儿到阔儿吉思，地方长官的权力是从绰儿马罕手中逐步获得的。当时，行省长官的主要职责在于征收赋税，对辖境内的军队管辖权有限；而诸王和统帅在指挥军队的同时，却能根据需要，对经行之处的地方事务设官治理。这造成了当时"政出多门"的行政管理特点，行省长官的权威性尚缺乏制度性的保障。

不过，如本章第二节所述，此时设立具有中央派出机构性质的"行省"，是蒙古统治者直接管理地方、构建行政体系的重要一步。从本节内容来看，行省长官固然无法独断专事，但毕竟已对诸王、将帅势力形成了一定制约，客观上加强了大汗对地方的控制。从这两方面来看，"行省"可以视作窝阔台时期沟通上下、制约左右的"行政枢纽"。

本章第二节指出，"行省"设置级别较高，故能囊括不同地区的各类旧有制度。而"行省"能迅速发挥枢纽作用，也与各地已有的制度基础有关。如前所述，两级行政架构在河中及以西地区的诸政权中广泛存在，具有中央派出机构性质的"行省"，相当于当地以往政权的中央层级，达鲁花赤则相当于地方层级。达鲁花赤所驻诸城，在以往时期已同中央建立了直接联系，故行省大断事官一经设立，就能顺畅地行使权力，有效控制辖境内诸城。在金朝故地，尚书省的建制为此时地方行政体系的建设准备了基础。除前述第二种以平阳行省、"军前行中书省"为代表，第三种以严实的东平行台为代表的"行省"外，"有大范围的固定辖区，有类似朝廷尚书省的左右丞相、左右丞及六部等建制"，相当于"管理中原汉地的特殊分设机构"①的行省，正是设立于窝阔台汗时期的燕京行省。故这一机构对汉地世侯或故金臣僚而言，改变的只是长官名称而非制度本身。故而燕京行省亦可旋设旋用，迅速开展地方管理。

正如温海清已观察到的，华北地区行政建制基本面貌奠定于窝阔台汗时期，直到中统年间才再次发生变动。②如将观察视角再抬升一级，不难发现，大蒙古国联系汗廷与地方的行政管理架构，也在同一时期基本形成。国家行政体系的初建，反映出窝阔台已意识到行政管理的重要作用，其统治重点已开始转向国家建设。但从课税所职能的发挥来看，统治者的认识仍与儒臣有较大区别。必阇赤主管行政、斡脱商人出任行政长官的草原传统，如何与中原王朝的制度文化互相调适，尚有待于后继统治者的进一步解决。

第四节 呼罗珊行政体系的建立
——以《世界征服者史》为线索

令绰儿马罕率军西征的同时，窝阔台派成帖木儿进驻呼罗珊，开始管理当地事务。这是大蒙古国对呼罗珊地区的行政管理的发端。本田实信根据《世界征服者史》的记载，较早梳理了从成帖木儿到阿儿浑任职时期，大蒙古国对呼罗珊地区的管理情况，并分析地方长官与大汗、诸王家族代理人，乃至当地官员的关系与斗争。作者观察到，蒙古统治者重用非当地、非贵族出身的官员统治呼罗珊，而呼罗珊本地显贵也逐渐产生同汗廷建立直接联系的主观愿望。在管理者的变动过程中，依靠尤赤家族的花剌子模人被呼罗珊本地人

---

① 李治安：《元代行省制度》，第12页。
② 温海清：《画境中州——金元之际华北行政建置考》，第232—233页。

代替，大汗亦希望借此将诸王势力排除出此地。① 这一研究已注意到大蒙古国时期呼罗珊地区的复杂情况，不过，限于史料记述的侧重点，作者更关注于人物活动而非制度建设，涉及窝阔台时期史实的讨论也尚可补充。本节将在前贤基础上，重点发掘呼罗珊行政体系建立过程中的制度性因素。

对大蒙古国时期呼罗珊三任地方长官的传记式记述，是《世界征服者史》最宝贵的内容之一。这部分信息几乎不见于汉文史料，值得研究者仔细分析。由于志费尼及其父均为呼罗珊长官僚属，对当时情况的记述具有较高的可信度。与金朝故地、河中地区相比，呼罗珊地区的行政体系建立较晚。但在这一过程中，成吉思汗诸子家族和绰儿马罕西征军的参与程度较高。故从史料支持和地区特点两方面考虑，本节选择呼罗珊地区为个例，考察本章前三节讨论的行政制度架构，是如何在地方建制的动态过程中逐步形成的。

一　成帖木儿任职时期：从军事经略到行政管理

《世界征服者史》记载，"成帖木儿是头一个受命出守呼罗珊及祃桚答而的异密"②。本田实信已注意到这一内容与《史集》的说法不同。《史集·部族志》记"窝阔台合罕为了统率军队和掌管行政，派遣一个名叫班昔勒那颜的异密，以统帅之衔［到这里来］"③。这个班昔勒（بيسل），即《世界征服者史》中代表拔都的诺撒耳（نوسال）④，只是在两种史料中写形有所区别。《史集》记成帖木儿，是随诺撒耳一起来到呼罗珊的那可儿，即为后者的僚佐。考虑到《史集·部族志》的史源是《金册》，而志费尼之父服务于大蒙古国

---

① ［日］本田实信：《阿母河等处行尚书省考》，余大钧译，载《北方民族史与蒙古史译文集》，第513—539页。
② ［波斯］志费尼：《世界征服者史》下册，何高济译，翁独健校订，第577页。
③ ［波斯］拉施特编：《史集》第一卷第一分册，余大钧、周建奇译，第232页。
④ ʿAlāʾ al-Dīn ʿAṭā Malik Juwaynī, *Tārīkh-i Jahāngushā*, ed. by Ḥabīb Allāh ʿAbbāsī & Īraj Mihrakī, Vol. 2, p. 159.

是在成帖木儿掌权之后，此处当从《史集》说法。不过值得注意的是，无论诺撒耳还是成帖木儿，最初都是代表拔都的臣僚。也就是说，蒙古统治者开始在呼罗珊地区进行行政管理之时，尤赤家族就占据了相当强势的地位。

这种情况与尤赤家族的势力范围、军事实力有关。在窝阔台即位之初，成吉思汗四子分地中，最接近呼罗珊的就是尤赤领地。《世界征服者史》记成帖木儿原先被尤赤任命管理玉龙杰赤，推知一同前来的诺撒耳也并非从蒙古本土出发，而是由邻近玉龙杰赤的地区前往呼罗珊。大汗命成帖木儿率领花剌子模军队协助绰儿马罕西征军，可见攻取呼罗珊的军事行动中，有相当数量的尤赤系军队参与。

《史集·部族志》记述了与诺撒耳、成帖木儿一起前往呼罗珊的其他臣属："也速迭儿宝儿赤之父、乃蛮部人古勒-不剌惕和也速儿札鲁忽赤，以及一个担任书记官〔必阇赤〕职务的畏兀儿人阔儿吉思。"[1] 古勒-不剌惕即《世界征服者史》中代表窝阔台的怯勒孛剌，本田实信认为，成帖木儿正是争取到他的支持，才得以取信于窝阔台汗，代替了诺撒耳之位。[2] 此处还出现了一位名叫"也速儿"的断事官。上引《史集》内容核对苏联集校本原文作[3]：

کلبلاد از قوم نایمان که پدر ییسودر باورجی و یئسور بوده براه یارغوجی...با هم آمده اند.

[转写] Kulbulād az qawm-i Nāymān ka pidar-i Yīsūdar Bāvurjī va Yīsūr būda ba-rāh-i yārghūjī … bā ham āmada-and.

[译文] 宽不剌，出自乃蛮部，是也速迭儿宝儿赤和也速儿之父，他作为札鲁忽赤……与其一起到来。

---

① ［波斯］拉施特编：《史集》第一卷第一分册，余大钧、周建奇译，第232页。
② ［日］本田实信：《阿母河等处行尚书省考》，余大钧译，载《北方民族史与蒙古史译文集》，第519页。
③ Rashīd al-Dīn Fażl Allāh, *Jāmi' al-Tavārīkh*, ed. by A. A. Romaskevich et al., Vol. 1, p. 315.

可知也速儿是宽不剌（即《史集》汉译本中的"古勒－不剌惕"）之子，此处的"札鲁忽赤"修饰的对象不是也速儿，而是宽不剌。此人亦即《五世系·蒙古世系》"窝阔台合罕异密"名录的第 12 位异密。如本书第二章第一节所分析，《五世系》该部分的内容来源基本为《史集·部族志》。其记述"宽不剌，出自乃蛮部，是大异密，他作为札鲁忽赤，与必昔里那颜一起被派往伊朗地面"①，可证《史集》确实只记述了宽不剌和阔儿吉思两人。此时，呼罗珊的管理机构有两部分人员：一是由尤赤系的成帖木儿和诺撒耳统管军队；二是由宽不剌担任札鲁忽赤、阔儿吉思担任必阇赤，负责行政事务。

诺撒耳、成帖木儿所率军队，和绰儿马罕西征军从北、东两个方向进军呼罗珊。绰儿马罕在所经之处设立八思哈镇守，而这些人又被札阑丁的部下哈剌察及其军队所杀。成帖木儿便派宽不剌消灭反叛者，志费尼之父由此受到宽不剌的款待，开始为大蒙古国效力。此后，答亦儿攻打昔思田，并向成帖木儿要求呼罗珊地区的管理权，绰儿马罕便命令成帖木儿及诸异密前去与他汇合。从成帖木儿派军镇压反叛者及绰儿马罕令他前去汇合的情况看，西征主力军没有在呼罗珊地区长期停驻，而是一路向西前进。由成帖木儿受命于绰儿马罕可知，这时他是协助军事统帅镇抚地方的长官，尚无独立管辖权。

成帖木儿不甘权力旁落，便带领地方统治者入朝觐见窝阔台，获得了呼罗珊和裼掺答而的管理权。呼罗珊地区由军事管理状态开始转向行政建设过程。成帖木儿返回呼罗珊后，代表成吉思汗四子家族的必阇赤被置于其下，行政官职设置得到完善，也反映出成吉思汗四子家族共享地方权利。成帖木儿还再次派遣副手阔儿吉思和志费尼之父出使汗廷，加强与大汗的联系。这体现出呼罗珊行政体

---

① *Shuʿab-i Panjgāna*, f. 123b. 汉译文来自北京大学外国语学院"波斯文《五族谱》整理与研究"项目二次修订稿（未刊）相应部分。

系的建立过程与华北、河中不同,并非先由大汗任命行省级别大断事官,再自上而下地组织管理;而是由方面大军中的事务性官员先分离出来,通过建立与大汗的直接联系,逐渐形成新的行政班底。

成帖木儿去世后,地方管辖权被交给诺撒耳,成帖木儿的手下臣僚便前往诺撒耳的营帐办公,可见此时呼罗珊地区尚无固定行政官署。必阇赤长舍里甫丁返回拔都的宫廷,"获得一道任他为原职的札儿里黑"①。此人在成帖木儿死后、阿儿浑到任后两次前往拔都处,可知他作为宗王代表,每逢更换地方长官时,都要返回宗王处重新确认代理人身份。这一程序类似新汗即位时,对军队将领进行符牌换授,反映出蒙古任官的制度特色。并且,考虑到成帖木儿已在呼罗珊地区征税,舍里甫丁返回拔都处,应兼有将朮赤家族应得财赋送回本兀鲁思的任务。舍里甫丁担任呼罗珊行政组织中的必阇赤长,维持了朮赤家族在此地的优势地位。

阔儿吉思也在诺撒耳手下继续担任必阇赤,直到箧力克宝合丁从汗廷返回,带来大汗圣旨,令他再入汗廷。此宝合丁即本章第三节所述,随成帖木儿奔赴汗廷、朝见大汗的地方统治者。他因与另一地方统治者马合木沙的争论及其他原因前往宫廷。值得注意的是,宝合丁遇到需要裁决之事,并没有向成帖木儿或继任的诺撒耳报告,而是直接前往汗廷上诉大汗。这说明此时的地方统治者仍未受到、也不愿受到呼罗珊长官的直接管理,而是积极寻求与蒙古大汗的直接联系。

诺撒耳和宽不剌阻止阔儿吉思入朝未果,后者由宝合丁等人陪同第二次前往汗廷。从宝合丁等地方贵族的态度来看,阔儿吉思在担任必阇赤时,应颇留意争取当地显贵的支持。在前往汗廷之前,他还专程找到志费尼之父,表示自己争取权力的决心。在宝合丁返回时,已带回窝阔台任命志费尼之父为撒希卜底万的圣旨,这标志着当地旧臣也开始加入呼罗珊的行政管理组织。阔儿吉思为获得权

---

① [波斯]志费尼:《世界征服者史》下册,何高济译,翁独健校订,第634页。

柄积极争取地方显贵支持，无疑加速了这一进程。

阔儿吉思入朝后得到重臣必阇赤镇海的支持，窝阔台汗下旨令他查实逋欠，并清查户籍。"他回来后，倘若工作干得好，我们就知道怎样办了。"① 这一圣旨其实并未赋予阔儿吉思地区长官的官职，而仍有以税收事务考察其人的意味。不过，圣旨令阔儿吉思专任其事，在实际办理事务时，阔儿吉思便以此为据，架空宽不剌等人的权力。这说明在远离汗廷的呼罗珊地区，拥有大汗圣旨者即可得到实际权力，至于圣旨具体内容为何，并不十分重要。阔儿吉思得到汗廷重臣必阇赤的支持，是他最终如愿成为呼罗珊长官的重要原因。

阔儿吉思与成帖木儿之子为争夺权力入朝觐见大汗时，各自搭起进献给大汗的帐篷。由于成帖木儿之子准备的帐篷倒塌，窝阔台汗便令人拆毁以赏赐奴仆，而阔儿吉思的幕帐中陈列了他带来的种种贡礼，大汗对他制作的皮带颇为喜爱，并质问成帖木儿之子，为何不进献此类宝物。这反映出当时地方长官觐见大汗的一种特别程序，即搭建盛满贡品的帐幕，待大汗来此与觐见者宴乐之后，将此帐幕及其中宝物全部进献给大汗。阔儿吉思回到呼罗珊后，志费尼之父也精心准备了此种帐幕献给他，或也受到此种习惯的影响。这一习俗与中原传统的选官制度有较大区别，反映出鲜明的草原特色。

阔儿吉思与成帖木儿之子的争权之案在汗廷审理长达几月，窝阔台汗见审查未果，就令阔儿吉思和成帖木儿之子同住一室、共用餐食，希望促使双方和解。这一办法看似令人费解，实际也是源自部族社会的一种文化习俗。《元朝秘史》记成吉思汗与札木合结为安答后，同吃同睡，以示情谊深重，此即涂逸珊所说，仍保留在新生

---

① ［波斯］志费尼：《世界征服者史》下册，何高济译，翁独健校订，第589页。

社会结构中的"同伴关系"（companionship）精神要素①。在此方法仍然无效的情况下，大汗才亲自审问此案。这一过程反映出，由于呼罗珊长官具有地方最高行政官员的属性，对于这一官职备选者的选用、处置，都要在汗廷、按照蒙古习惯决定。

指定阔儿吉思为呼罗珊长官后，窝阔台提醒他，对成帖木儿之子等人，不可再怀恨在心。否则，"处死你这样的人是不难的"②。窝阔台汗对成帖木儿之子一方的宽宥，应仍与他具有拔都臣属的身份有关，同时也意在展示自己的仁慈宽和。被饶恕的成帖木儿之子诸人，随阔儿吉思返回呼罗珊，也可行监视、制衡之用。窝阔台对阔儿吉思的告诫，亦如之前令其先行收税，视成果再做定夺的做法，反映出此时大汗对呼罗珊长官的任用，尚未形成关于任期、职责等的规范要求，而仍具有一定的随意性。

二 阔儿吉思执政时期：地区行政架构基本建立

在第三次入朝觐见后，阔儿吉思终于获得了阿母河以西所有州邑的管理权。在从汗廷返回呼罗珊的途中，他先侍从拔都的兄弟唐古忒，再由花剌子模前行。据《史集》，此唐古忒参加了长子西征。③ 阔儿吉思抵达呼罗珊的时间是1239年末，此时贵由、蒙哥率军已达斡罗思西部地区，故疑唐古忒为留驻后方的宗王。从阔儿吉思侍奉唐古忒来看，他也保留了术赤系家臣的身份。

志费尼之父为阔儿吉思准备了两座营帐。其一被送至花剌子模地区，其中设施齐全，可举行必需的礼仪，可供阔儿吉思路途中生活之用；其二则是在阔儿吉思宅邸附近搭建的精美帐幕，用于阔儿吉思返回后宴乐、宣读圣旨及颁布札撒。不难注意到，阔儿吉思在

---

① İsenbike Togan, *Flexibility and Limitation in Steppe Formations: The Kereit Khanate and Ghinggis Khan*, p. 136.
② [波斯] 志费尼：《世界征服者史》下册，何高济译，翁独健校订，第594页。
③ [波斯] 拉施特编：《史集》第二卷，余大钧、周建奇译，第62页。《史集》汉译本此人之名作"唐兀惕"。

帐幕内进行宴乐、宣布圣旨，与蒙古大汗举行忽里台大会有相似之处。这反映出蒙古政治传统对呼罗珊地区政治活动的影响。

阔儿吉思选定徒思作为新的驻处。他迁往当地，重建城市，当地的"赛德尔、篾力克和大人物都开始购置邸宅"①。对比前述诺撒耳当政时，必阇赤在长官营帐中处理政务，阔儿吉思重建徒思城，为呼罗珊行政官署的固定化提供了条件。地方权贵在城中置业，也表明徒思城已成为当时的呼罗珊权力中心。从这些权贵的身份来看，又有新的地方政治势力加入呼罗珊地区的行政管理。

塞尔柱王朝时期，不花剌曾由出身于逊尼派哈乃斐学派的宗教家族掌管，赛德尔（ṣadr）是其世袭称号。② 扎马勒·哈儿昔在阿力麻里时，即由当地掌教任命为枢机府代理，他还详细记录了阿力麻里的宗教高官。③ 可知中亚地区由宗教势力管理行政事务的情况十分普遍。志费尼记述徒思也有此类宗教贵族，反映出原由宗教势力控制的地区及相应管理体系也被纳入大蒙古国的统一管理。篾力克（malik）是算端之子的头衔。根据塞尔柱王朝的政治传统，算端诸子年轻时就会接受某一地区作为封地，并由王傅（atabeg）指导他们学习治理地区的经验。④ 这一称号后来成为地方长官的代称。这表明以往受到王室成员控制的地区及相关行政制度，也被直接并入呼罗珊长官治下。

阔儿吉思在各地遍设驿站，并严格限制军队、使臣对农民的侵扰，呼罗珊地区的行政管理逐渐走上正轨。如本章第二节所述，在阔儿吉思当政时期，由他派出的必阇赤取代了绰儿马罕原来留在各地的将领，这标志着呼罗珊长官真正建立了对所辖地区的直接控制。

---

① ［波斯］志费尼：《世界征服者史》下册，何高济译，翁独健校订，第598页。
② A. C. S. Peacock, *The Great Seljuk Empire*, Edinburgh: Edinburgh University Press, 2015, p. 190.
③ 华涛：《贾玛尔·喀尔施和他的〈苏拉赫词典补编〉》（下），《元史及北方民族史研究集刊》第11辑，第97页。
④ A. C. S. Peacock, *The Great Seljuk Empire*, p. 93.

但由于阔儿吉思与察合台家族属臣发生矛盾，察合台之妻将此事上报汗廷，摄政的脱列哥那皇后下令逮捕阔儿吉思。《史集》记与阔儿吉思发生争吵者，是察合台之妻的侍臣撒儿塔黑。当时察合台已经去世，而撒儿塔黑将此事上告察合台之妻，再由后者上报合罕，合罕下旨抓捕阔儿吉思，并处以土填嘴之刑。① 察合台晚于窝阔台去世，《史集》言上报合罕不合史实。《五世系·蒙古世系》的编纂者在"窝阔台合罕异密"名录中，记述阔儿吉思时，更改这段内容为"后来他对察合台的那可儿说了一些粗鲁的话，按照蒙哥合罕的命令，在他口里填土杀死了他"②。这一更改显然也有问题。无论如何，阔儿吉思因与察合台家族属臣发生矛盾而被汗廷执政者处理，反映出诸王势力对呼罗珊行政长官的任免影响很大。并且，与阔儿吉思被任命时的情况类似，他作为地区最高行政长官，因与诸王属臣发生口角便被罢黜，同样体现出此时任免行政官员的随意性。

阔儿吉思与察合台属臣发生矛盾后，逃回了徒思城。但汗廷和察合台兀鲁思派人前来抓捕，他放弃抵抗，被带到察合台兀鲁思审问。摄政的察合台之妻可指派阿儿浑对呼罗珊地区长官进行审问，可见出镇宗王的实际权力之大。在察合台兀鲁思，由"札儿忽的异密们"③审理此案，可知察合台斡耳朵也设众多断事官，与汗廷的官职设置基本一致。审讯之后，阔儿吉思被送往汗廷。此时脱列哥那皇后摄政，镇海、牙老瓦赤则均已投向阔端处寻求庇护。志费尼提到，此前牙老瓦赤和阔儿吉思都受到镇海保护，而对脱列哥那及其臣属"并不礼敬"④，故阔儿吉思此次难以平安脱身。他被送回察合台兀鲁思，由合剌旭烈下令口中填土而死。阔儿吉思作为大汗任

---

① ［波斯］拉施特编：《史集》第一卷第一分册，余大钧、周建奇译，第233—234页。
② Shuʻab-i Panjgāna, f. 123b. 上引汉译文来自北京大学外国语学院"波斯文《五族谱》整理与研究"项目二次修订稿（未刊）相应部分。
③ ［波斯］志费尼：《世界征服者史》下册，何高济译，翁独健校订，第600页。
④ ［波斯］志费尼：《世界征服者史》下册，何高济译，翁独健校订，第601页。

命的地区行政长官,却在诸王兀鲁思被审问,应是他与当时摄政者脱列哥那皇后关系不睦所致,并非遵循规制。

从阔儿吉思获得管辖权回到呼罗珊,到窝阔台汗去世,中间仅有两年时间。如本章第二节所述,阔儿吉思执政后,将绰儿马罕留在呼罗珊的地方管理者全部替换为自己手下的必阇赤,建立了该地区"行省级别长官—达鲁花赤"的二级行政架构。但是,在替换人员的同时,阔儿吉思还从这些那颜、异密处征索赋税。此举无疑给自己树立了不少政敌。另外,当他获得掌管呼罗珊的圣旨时,却阻止一同前去的呼罗珊贵族也获得这一凭证,说明他与当地显贵的关系也并非牢不可破。他最后获罪被处死,是察合台兀鲁思、汗廷脱列哥那皇后势力和舍里甫丁三方面共同作用的结果。若考虑到此时成吉思汗四子家族在呼罗珊地区共享权利,阔儿吉思替换地方行政人员时,还可能侵犯到察合台家族在呼罗珊的利益,或此亦其人为察合台系所不容的隐因。由此可见,当时呼罗珊长官的处境复杂多变,施政时必须妥善处理多方关系。

而在阔儿吉思被审问、处死后,脱列哥那任命阿儿浑为呼罗珊长官。他到任后,当地秩序又迅速恢复起来。可见到这一时期,大蒙古国对呼罗珊地区的控制已基本稳定,地区行政官制初具体系,官员更换对地方管理的影响逐渐减弱。

三　阿儿浑接管时期:地方显贵的直接参与

阔儿吉思死后,阿儿浑受脱列哥那皇后之命接管呼罗珊政务。与前两任长官不同,阿儿浑具有汗廷必阇赤的身份。志费尼记他曾随合班到汉地执行重要使命,返回汗廷后被派出审理阔儿吉思和成帖木儿之子的争端。疑在此时,阿儿浑已升任汗廷一般断事官。他出任呼罗珊长官,有汗廷官员外派地方的性质。

阿儿浑到达呼罗珊后,重用了之前被阔儿吉思打压的舍里甫丁,并留下脱列哥那的使臣,"一起征收逋欠的赋税"①。汗廷势力在此时的阿儿浑臣属中作用突出。阿儿浑由呼罗珊前往帖必力思,从西征军统帅绰儿马罕和拜住的手中夺得这一地区。这是汗廷控制波斯地区至关重要的一步。帖必力思后来成为伊利汗国的都城,此地的繁荣与阿儿浑的努力经营关系紧密。志费尼记"鲁木、西利亚、阿勒坡的算端们"②都向阿儿浑遣使,阿儿浑则派使者前往当地收税。这反映出呼罗珊长官与地方统治者的关系,较成帖木儿时期已经发生了变化。较早归降大蒙古国的地方统治者,遇事可亲入汗廷,请求大汗裁决;而呼罗珊以西地区的地方政权,则只能向阿儿浑遣使,由阿儿浑直接决定征税事宜。无论在控制范围,还是实际权力方面,呼罗珊长官的地位都愈发重要。

志费尼记贵由汗即位时,在西方诸异密中,只接见了阿儿浑和牙老瓦赤父子,并赐予阿儿浑虎头牌和圣旨,"把篯力克和大臣的事务转交给他"③。这说明贵由汗已经意识到政令统一的重要性。金浩东指出贵由汗有加强中央集权的施政意愿,④由此可见一斑。但在阿儿浑赴朝前,舍里甫丁虽为呼罗珊行政机构的大必阇赤,却仍以拔都名义在帖必力思征税;阿儿浑到达汗廷后,也需向诸王进献应得财物,可知此时,摄政者或大汗仍不能独享呼罗珊地区的权利。

阔儿吉思和阿儿浑远赴汗廷时,均需向大汗及权贵进献财物。狄宇宙(N. Di Cosmo)梳理了游牧国家获得来自外部财富的主要方式。他认为在窝阔台统治时期,贡物-贸易开始被直接统治(固定

---

① [波斯]志费尼:《世界征服者史》下册,何高济译,翁独健校订,第604页。
② [波斯]志费尼:《世界征服者史》下册,何高济译,翁独健校订,第604页。
③ [波斯]志费尼:《世界征服者史》下册,何高济译,翁独健校订,第605页。
④ Hodong Kim, "A Reappraisal of Güyüg Khan", *Mongols, Turks and Others: Eurasian Nomads and the Sedentary World*, ed. by R. Amitai and M. Biran, p. 326.

税收）所取代。① 阔儿吉思第二次返回呼罗珊时，受命清查户籍、征收逋欠，说明窝阔台已有意在当地实行税收制度。而直到阿儿浑朝见贵由汗，乃至之后朝见蒙哥汗，仍要携带大量贡品前往汗廷，可知对蒙古统治者而言，征索贡物仍然是获得经济收益的重要手段。由阔儿吉思等地方长官带至汗廷的大量珍宝，一部分成为大汗私产，另一部分则成为诸王功臣的赏赐。大汗以这些赏赐来维系各方关系、换取臣僚支持。这反映出游牧政权政治权力与经济活动之间的紧密关联。

阿儿浑回到呼罗珊后，没有像阔儿吉思一样常驻徒思城，而是在祃拶答而赴帖必力思的道路上处理政事，之后又准备向阿哲儿拜占前进。这体现出阿儿浑出身蒙古部族的办事习惯，也说明此时的呼罗珊地区局势稳定、道路畅通。由于帖必力思之前归绰儿马罕管理，被绰儿马罕任命的工匠八思哈忙哥孛剌不愿让权。他向同为乃蛮部出身的汗廷大断事官合答求助，得到了新的任命。阿儿浑如之前的阔儿吉思一样，只好准备钱物，再次入朝。如前所述，这一情况同样反映出，行政长官的任期此时并没有制度规定，而是取决于他是否得到大汗信任，或争取到汗廷要员的支持。

阿儿浑行至半途，听闻贵由汗的死讯，又遇到贵由汗生前派来负责西征事务的大将额勒只吉带。他令阿儿浑准备军需，阿儿浑听命而行。这与早先成帖木儿配合绰儿马罕的情况如出一辙。说明直到此时，如遇高级别军事统帅提出军需要求，主要负责行政事务的呼罗珊长官仍需配合。

阿儿浑遣使说明行至半途而未入朝的原因，自己又再次启程赴阙。这时蒙哥尚未即位。志费尼记述道，阿儿浑在汗廷期间，未能亲至唆鲁禾帖尼与蒙哥所在之处，故而派箴力克纳速鲁丁和代表唆鲁禾帖尼的必阇赤携带贡礼前去致歉。他同时派必阇赤前往拔都宫

---

① Nicola Di Cosmo, "State Formation and Periodization in Inner Asian History", *Journal of World History*, Vol. 10, No. 1, 1999, pp. 33 – 34.

廷。而阿儿浑在返回呼罗珊地区的途中，途经阿力麻里地区，与也速宫廷的一位异密之女成婚。此也速即由贵由汗指定的察合台兀鲁思之主也速蒙哥。对比成帖木儿到阔儿吉思当政时期，参与呼罗珊事务的主要诸王只有尤赤家族的拔都；而至此时，拖雷家族、察合台家族都与阿儿浑建立了紧密的联系。

　　阿儿浑回到马鲁后，发现其属官忽辛和撒希伯底万奉拔都之命前往他的宫廷。可见拔都对呼罗珊权利的重视。不久后，从拔都处派出了新的"代表该火失浑的兀鲁黑必阇赤"[1]，此人成为留驻呼罗珊的尤赤系军队的总长官。成帖木儿时期，四子家族曾各派将领位列呼罗珊长官之下；到阔儿吉思执掌呼罗珊时，变为指派必阇赤担任其僚属。在这一过程中，四子家族呼罗珊代理人的实际职能并未发生变化，均在协助呼罗珊长官处理政务的同时，还具有指挥当地本家族驻军的权力。不过，代理人的具体人选发生改变。成帖木儿时期代表拔都的是出身蒙古部族的诺撒耳，而至阔儿吉思时已变为花剌子模人舍里甫丁，到阿儿浑时代则是火者匿只马丁·阿里。前述被派往唆鲁禾帖尼处的拖雷家族代理人是火者昔剌扎丁·叔札阿，且有代表别吉的篯力克同行，这说明诸王家族均已与呼罗珊当地显贵建立了直接的隶属关系。

　　代表拔都的必阇赤到达后，蒙哥即位召开忽里台的消息传至呼罗珊。阿儿浑再次动身前往汗廷。到达汗廷后，阿儿浑先"招承和供认了因动乱时局而引起的缺点"[2]，解释之前为额勒只吉带提供粮草等情况。蒙哥汗并未因此降罪，而仍授予阿儿浑圣旨和虎头牌，并任命新的那可儿，和代表忽必烈、旭烈兀、阿里不哥和木哥的异密。对随阿儿浑一同前来的篯力克，也赐予圣旨和牌子。你沙不儿、徒思之地被委付与纳速鲁丁·阿里灭里，阿兰和阿哲儿拜占被委付与撒都鲁丁，也里、昔思田和巴里黑到印度方向土地，被委付给苫

---

[1] ［波斯］志费尼：《世界征服者史》下册，何高济译，翁独健校订，第609页。
[2] ［波斯］志费尼：《世界征服者史》下册，何高济译，翁独健校订，第614页。

思丁·穆罕默德·迦儿式。迦儿漫和桑忽兰被委付给异密马合木。此外，志费尼之父与前述唆鲁禾帖尼的代表昔剌扎丁·叔扎阿被授予撒希伯底万之职，同样拥有圣旨和牌子。

蒙哥汗对呼罗珊行政官员的安排，较成帖木儿和阔儿吉思时期有明显变化。第一，曾效力于窝阔台家族的阿儿浑仍然得到重用。与阔儿吉思投靠镇海不同，阿儿浑并未结交汗廷要员，汗位转移的政局变动对他影响较小。因镇海离开汗廷，阔儿吉思失去倚仗，最后被判死刑；而阿儿浑即使由脱列哥那皇后派出，在呼罗珊时也十分注意沟通诸王，且忠实执行了贵由汗的遗旨。可见阿儿浑并非效忠于某一势力或某一家族，而是效忠于在位的蒙古统治者。这与本书第二章提到的军事将领由效忠大汗到效忠王朝的变化情况相似。随着蒙古统治的日益稳定，行政官员与统治家族的私人关系也逐渐弱化，而与政权的联系日渐紧密。

第二，阔儿吉思被任命为呼罗珊长官时，在镇海的支持下，随他前来的当地显贵没有得到圣旨和牌子；而蒙哥汗将不同地区直接授予篾力克管理。你沙不儿、徒思一带是呼罗珊的中心，故而授予前述唆鲁禾帖尼的代表、拖雷家族的亲信纳速鲁丁；由此向西是阿兰和阿哲儿拜占地区，帖必力思即在此地，这里也是绰儿马罕西征军一些万户的屯驻之地；由此向南是也里、昔思田等处，据本书第二章第三节，该地也是术赤、察合台两系势力的所在地。在阿儿浑和各城达鲁花赤之外，蒙哥汗还增设当地篾力克，意在利用他们制衡军队、诸王，加强本家族对呼罗珊地区的控制。

第三，成帖木儿、阔儿吉思执政时期，成吉思汗四子家族都有各自任命的代理人。而蒙哥汗即位之后，只任命了代表拖雷家族诸子的异密。并且，在志费尼之父归降蒙古后，窝阔台汗、贵由汗都将财政事务全权委托于他，而蒙哥汗一并任命了代表母亲的必阇赤，相当于为志费尼之父指派了那可儿。由此来看，拖雷家族在呼罗珊地区的势力迅速增长，而其他三家的权利受到压制。这一趋势是后来旭烈兀领兵西征，进而全面控制呼罗珊地区的先声。

如本章第二节已经提到的，呼罗珊长官所具有的行省级别大断事官地位，是逐步发展起来的。正因呼罗珊长官是由军队分离后争取大汗支持而设，该官职从设立之始就具有不稳定性。其选任罢黜、职能权限、任期时长，都深受当权人物和政治局势的影响。在这种情况下，呼罗珊长官对地方的控制最初也比较有限，"行省长官—各地达鲁花赤"的二级行政结构并未迅速形成。

阔儿吉思受命管理阿母河以西地区，并将必阇赤派往各地，是呼罗珊地区行政体系建立的标志性事件。以此为限，联系之前成帖木儿和之后阿儿浑的相关活动，明显可见本章第三节提到的军队、诸王势力，在呼罗珊行政建制过程中的深入参与。绰儿马罕对成帖木儿下达指令，呼罗珊长官、大必阇赤多出自尤赤家族，阔儿吉思被察合台系统治者抓捕、审判，都是反映这一情况的实例。

另外，在呼罗珊长官进行行政管理，或与汗廷、诸王及军队等诸方面往来的活动中，亦可发现地方统治者（篾力克）的积极参与。在成帖木儿之子与阔儿吉思争夺长官之位时，当地显贵充当了两人的支持者。到蒙哥汗时期，他们变为蒙古统治者直接任命的管理者，反映出蒙古汗廷与所辖地区之间的关联日益紧密。故在呼罗珊行省级别机构中，诸王代理人逐渐由当地出身者担任；而行省大断事官却出现效忠政权、不预党争的倾向——这与军事将领同汗廷关系的发展趋势是一致的。

小　结

大蒙古国的行政体系初建于窝阔台汗时期。在中央层面，统治者利用具有不同制度文化背景的重臣必阇赤处理政事，广泛吸收以往政权的治理经验。在地方层面，汗廷必阇赤可出任达鲁花赤和镇成行省长官，甚至如阿儿浑，还担任了行省级别行政长官。可见汗廷必阇赤是这一时期行政官员的主要来源，也是大汗加强对地方和军队控制的主要利用对象。

这一时期最突出的行政建制是三处行省级别机构的设立。这些机构具有汗廷派出机构的性质。行省级别长官是负责华北、河中和呼罗珊地区事务的最高级别行政官员，管理所辖地区各级达鲁花赤，在三地形成"行省长官—各地达鲁花赤"的基本行政体系。具有不同制度传统的地区被纳入同种管理体系之内，大蒙古国实现对广大辖境的直接管理，在以往跨文化政权的制度建设上又进一步。同时，行省级别长官与汗廷官员保持了密切联系，依赖前者上传下达的沟通作用，蒙古统治者的政令能够直达地方，大汗对地方的控制显著增强。

行省层级的设立，标志着大蒙古国的统治者开始关注地方的日常管理。行省级别长官对诸王、统帅行使地区管辖权形成一定制约，起到加强汗权的重要作用。但在这一时期，诸王和军队统帅仍参与地方事务管理，且有时具有较大权力。在行政建制方面，诸王兀鲁思与汗廷官职设置几乎一致，反映出蒙古制度的鲜明特色；而金朝故地军队系统出现的镇戍行省、世侯官署，则带有金朝旧制的明显因素。在实际事务的管理中，诸王、军队处的行政官员也要与行省长官及其下属相互配合。行省长官发挥了制衡和沟通其他行政主体的作用。

大蒙古国对不同的制度传统的兼容性，是由建制初期的现实环境决定的。窝阔台统治时期征伐未止，行政体系建设的首要目的是为军事活动提供支持。战争的紧迫性决定了行政建设要以迅速实用为第一原则，故多种机构未经统合就被直接纳入同一管理体系，在行政隶属关系上仍有杂乱不清的情况。统治者对行政建设的认知也以实用性为第一原则，与传统官僚的制度理念、中原地区管理的客观要求还存在一定差异。故而，国家行政系统与不同地区制度的衔接，是后续执政者一直面对和处理的统治难题。

呼罗珊地区行政建制的过程不同于华北与河中。呼罗珊长官是从军队系统中分离而来的官职，依靠大汗支持而获得行政权力，故在官职设置之初就具有不稳定性。在阔儿吉思任职时期，此地形成了"行省长官—各级达鲁花赤"的二级行政架构。由于呼罗珊地区是成吉思汗四子家族共享权利之处，诸王势力，尤其是朮赤家族在该地行政管理中的优势地位十分明显。在地方行政体系建立的过程中，呼罗珊当地显贵也主动与大汗建立直接联系，逐渐参与地方行政管理。他们与汗廷联系增强的过程，也是蒙古统治逐步深入当地、行政管理不断完善的过程。此外，蒙古政治传统中的习惯、礼俗，出现在呼罗珊地区的行政活动中，说明大蒙古国的政治文化和具体制度一样，也对所辖地区开始产生影响。

第 四 章

窝阔台汗时期的经济举措

　　大蒙古国的经济活动几乎与行政建制同步展开。将地方资源转移到各地战场，供给军队所需的兵员、物资；或集中到汗廷，转变为大汗私藏或国家财富，是窝阔台主持经济活动的主要目的。达到这两个目的的首要措施即征发赋役。前章已述，蒙古辖境内各地具有不同的制度文化背景，赋税征收如何适应不同地区情况，是本章首先探讨的问题。金朝灭亡后，华北地区的经济资源如何调动，这些资源发挥何种作用；窝阔台营建新都城哈剌和林，在汇集财富之外还有何种经济目的，这两方面亦是本章的讨论重点。此外，本章还将关注这一时期因不同原因获得经济优待的群体。通过以上问题的考察，本章试图呈现窝阔台统治时期大蒙古国的整体经济面貌和经济资源流动的途径与去向。

第一节　税收与商贸：草原与西域的经济发展

　　窝阔台即位后规定了草原牧民的应纳赋役，随着军队西进，河中及呼罗珊地区也逐步受到大蒙古国的经济管理。同时，斡脱商人在这一时期更为活跃，体现出大蒙古国对商贸活动的重视。

关于蒙古赋役制度的研究，首推舒尔曼的《13世纪的蒙古赋役制度》。该文对当时蒙古最重要的两种赋役，即阿勒班（alban）和忽卜赤儿（qubchir）进行了详细论述。作者认为，阿勒班即正式、永久的贡赋，通过提供物品或服务，来表示缴纳者对统治者的臣服。此税种在中亚地区被称为哈阑税（qalan）。忽卜赤儿则是额外的、多种名目的税、役总称，实际内含在不同地区、不同时间有所变化，但核心要义是按人（个人或家庭）收取。此税种在金帐汗国也以札撒税（yasaq）称之。作者将耶律楚材在汉地的税制改革，及牙老瓦赤在中亚推行的税收制度置于这两种赋役的实行情况中进行考察，认为汉地、中亚的税制虽然融合了当地因素，但主体仍然是蒙古制度。[1] 亦邻真据《元朝秘史》等史料提出，阿勒班指"偏重于那些比较固定的封建义务"，忽卜赤儿则"多指随时摊派的杂课"。这两个词构成一个词组，"泛指一切赋税徭役"[2]。

爱尔森在研究蒙哥汗时期的税收制度时，回溯了窝阔台时期牙老瓦赤在中亚地区建立税制的过程，认为牙老瓦赤采用的税收方式不是完全来自某种之前已有的制度，而是一种蒙古和非蒙古因素为满足当时所需的结合产物。而蒙哥汗时期的税收方式则是对牙老瓦赤征税方式的继承和规范。作者还注意到对商人征收的塔木花（tamgha）、为筹措军需所征收的塔合儿（taghar）等其他税种。[3] 舒尔曼和爱尔森对大蒙古国税制的认识得到了学界的广泛认同，如尚衍斌对畏兀儿政权税收制度的研究、达西敦都克对亚美尼亚地区税收制度的研究中均有引用，两位学者还对通行税收外的地区性税种

---

[1] H. F. Schurmann, "Mongolian Tributary Practices of the Thirteenth Century", pp. 304 – 389.

[2] 亦邻真：《读1276年龙门禹王庙八思巴字令旨碑——兼评尼古拉·鲍培的译注》，后收入亦邻真著，乌云毕力格、乌兰编《般若至宝：亦邻真教授学术论文集》，第256页。

[3] Thomas T. Allsen, *Mongol Imperialism: The Policies of the Grand Qan Möngke in China, Russia, and the Islamic Lands, 1251 – 1259*, pp. 144 – 188.

进行了分析。①

爱宕松男系统考察了斡脱制度，对窝阔台时期斡脱商人的盈利方式、对社会造成的危害等方面进行了探讨。作者还分析了东西往来商路在蒙古统治之前的变化过程，揭示出斡脱商人经济活动的历史背景。② 在前一方面，即对大蒙古国初期斡脱商人的研究方面，宇野伸浩进一步关注斡脱商人与大汗的往来，指出窝阔台汗鼓励斡脱贸易的原因，是为了获得宫廷生活和赏赐的大量商品。作者还归纳了斡脱商人的贸易方式和出售商品种类。③ 而在后一方面，即斡脱商人活动的时空背景方面，森安孝夫梳理了回鹘文书中 ortoq 的使用情况，认为蒙古时代斡脱商人的起源是畏兀儿地区的、可追溯至粟特商人的佛教徒商人，而非"回回"指代的穆斯林商人。④ 而涂逸珊分析了原来把持草原商路的粟特商人在西部被穆斯林商人取代、在东部被畏兀儿商人取代的历史过程。她指出哈剌契丹政权对非穆斯林的畏兀儿商人在中亚地区行商的支持。⑤

舒尔曼、爱尔森将窝阔台时期确立的汉地赋役也纳入对阿勒班（alban）和忽卜赤儿（qubchir）税的考察之中。实际上，由于受到金朝旧制的影响，与中亚及以西地区相比，金朝故地的赋役制度与蒙古传统税制呈现出的差异更大。故本书先就蒙古税制在草原和西域的实行进行探究。在以斡脱商人为研究对象的既有成果中，学者

---

① Dashdondog Bayarsaikhan, *The Mongols and the Armenians*（1220 – 1335）, pp. 111 – 120；尚衍斌：《元代畏兀儿研究》，第 107—118 页。

② 愛宕松男：「斡脱錢とその背景——十三世紀モンゴルニ元朝における銀の動向」，『東洋史学論集』第五巻取録，133—200 頁．［日］爱宕松男：《斡脱钱及其背景——十三世纪蒙古元朝白银的动向》，李治安摘译，第 15—23 页。

③ 宇野伸浩：「オゴデイ・ハンとムスリム商人：オルドにおける交易と西アジア産の商品」，『東洋学報』，70，201 – 234 頁．［日］宇野伸浩：《窝阔台汗与穆斯林商人——斡耳朵内的交易与西亚商品》，完泽译，第 43—51 页。

④ 森安孝夫：「シルクロードのウイグル商人——ソグド商人とオルトク商人のあいだ」，『東西ウイグルと中央ユーラシア』，名古屋大学出版会，2015 年，429 頁．

⑤ İsenbike Togan, *Flexibility and Limitation in Steppe Formations: The Kereit Khanate and Ghinggis Khan*, pp. 20 – 26.

对蒙古统治者如何利用斡脱商人发展经济尚未深究；在考察斡脱商人的活动背景时，也应考虑大蒙古国初期的交通情况、相关手工业的发展等方面。通过这一考察，能够完善对窝阔台时期商贸活动的认识。

一 定居地区的赋役税目

本书将大蒙古国统治下牧民所生活的草原地区也定义为"定居地区"。这一定义受到涂逸珊观点的启发。她指出，成吉思汗建国之后，蒙古军队的"流动性"不再是部落人口的个人化行为，而是国家意志的体现。在新结构的内部，反而呈现出一种"固定性"。[1] 大蒙古国的统治疆域远超以往游牧政权，蒙古人的移动范围也较其他游牧民族更大，体现出更为明显的"移动性"。但在大蒙古国长时间的军事活动中，蒙古人内部也发生了"移动"与"定居"的分化。部分游牧民不再随军出征，恢复了在草原地区的游牧生活，他们的冬夏营地、迁徙路线都有一定限制，相对于外出征伐的士兵而言，他们的"移动"性更弱，"定居"性更强。

窝阔台统治时期正式在草原地区征收赋役，一定程度上也反映出统治者控制草原居民的意图。常行赋役的征收，要求草原牧民有更加规律的、量入为出的生活方式，且与领主、统治者之间建立起持续的联系，这与农耕地区的传统社会特征具有相似之处。配合大蒙古国的分封制度，隶属黄金家族不同成员的草原牧民固定在各自的封地活动，相对于人和部族的关系，人与地域的关系日益重要。这使得旧有的部族组织从经济角度进一步被瓦解。

窝阔台统治时期的草原地区存在两种人口。一种是直属国家的千户属民，另一种是隶属于诸王、功臣投下的牧民人口。这两种牧民都要缴纳阿勒班和忽卜赤儿税。阿勒班税最大的特点即赋役

---

[1] İsenbike Togan, *Flexibility and Limitation in Steppe Formations: The Kereit Khanate and Ghinggis Khan*, p. 139.

不分，在缴纳实物之外，牧民还要为领主进行劳役服务。① 具有额外征发特点的忽卜赤儿税主要指实物税。《元史·太宗纪》记"敕蒙古民有马百者输牝马一，牛百者输牸牛一，羊百者输羒羊一，为永制"②，此即"每百抽一"的忽卜赤儿税。《黑鞑事略》记"又有一项，各出差发，为各地分蘸中之需，上下亦一体"③，可知牧民还需缴纳供应驿站的各类物资，这也是向领主缴纳的一种忽卜赤儿税。这部分物资当时并不上缴汗廷，而是"听诸酋头项自定"④。

在畏兀儿及中亚地区，阿勒班税被称作哈阑税（qalan）。由回鹘文赋税文书可见，一般民众以布匹形式向蒙古统治者缴纳此税："为交蛇年的哈阑税（qalan），我向使者支付：我付给帖木儿·不花一匹棉布，又付给别⑤·帖木儿·不花一匹棉布……"⑥ 在一份14世纪初的请求免税文书中，上书人说以往诸汗时期，"来征卡兰税时，未向封地（inčü）的园农征过"，"未缴过其他税种（alban yasaq）"，如果现在"让一人缴纳两种税（iki alban），园子是属于我们汗的，但捐税（alban）由我们负担"⑦。可知对于察合台汗国私属分地的属民，原先只要向领主交一份哈阑税，而不需再向兀鲁思大汗交税。哈阑税除与土地相关、以实物形式缴纳外，在一些情况下，

---

① H. F. Schurmann, "Mongolian Tributary Practices of the Thirteenth Century", p. 326.

② 《元史》卷二《太宗纪》，第29页。

③ 彭大雅著，徐霆疏：《黑鞑事略》，载《王国维遗书》第13册，叶11b。

④ 彭大雅著，徐霆疏：《黑鞑事略》，载《王国维遗书》第13册，叶11a。

⑤ 克拉克似将该词（bäg）作"长官"解，该句译为"又付给长官帖木儿·不花一匹棉布"。参见 Larry Vernon Clark, Introduction to the Uyghur Civil Documents of East Turkestan (13th – 14th cc.), Ph. D. dissertation, Indiana University, 1975, p. 453。

⑥ L. V. Clark, Introduction to the Uyghur Civil Documents of East Turkestan (13th – 14th cc.), p. 453；参见李经纬《吐鲁番回鹘文社会经济文书研究》，新疆人民出版社1996年版，第180页。

⑦ 耿世民：《回鹘文社会经济文书研究》，中央民族大学出版社2006年版，第94—96页。

也可对应"差发"①。关于这一情况，参见本章第四节的讨论内容。

如本书第二章第二节所述，牙老瓦赤在窝阔台统治初年就担任河中地区行政长官。爱尔森已经指出，他管理当地时，开始征缴哈阑税和按人丁缴纳的忽卜赤儿税。② 由《世界征服者史》记述阿儿浑仿效牙老瓦赤，按个人财产分等收税来推断，牙老瓦赤在河中地区即实行分等缴纳忽卜赤儿税的办法。

畏兀儿地区的一些文书中反映出忽卜赤儿税与当地驿站事务的紧密联系。在蒙古时代的一些征税单中，记录了使者受命征发马匹、棉花、羊毛等物或商人办理酒务时，因违反"笆卡克·塔合"法规，被处罚提供马匹作铺马（uluɣa），并缴纳若干银钱（kümüš）的忽卜赤儿税。其中有两份文书提到，被处罚者在提供一匹供骑两天行程的铺马时，应缴纳三钱的忽卜赤儿（üčbaqïr kümüš qopčïr）③。这说明与驿站相关的忽卜赤儿税有固定的征收标准，具体征收的钱数可能与马匹的数量、骑行的距离有关。由这些文书中已有铺马，并配备一定标准的忽卜赤儿税来看，这些文书的写作、行用时间应在窝阔台增设驿站、实行税收制度之后。同时，从缴纳银钱（kümüš）的情况推测，这些文书或者不晚于使用纸钞的中统年间。

由民众提供官用马匹和供应相关费用，在畏兀儿地区是一种历史悠久的征税方式。荒川正晴研究鞠氏高昌国赋役制度时指出，当时是按照财产额（各户拥有的田地额）来确定向官府供应的马匹数及饲养义务的。而为了免除马主或饲养者的长途劳役，官府征收了"远行马价钱"。④ 可见早在公元7世纪，"马匹+代役钱"已成为畏

---

① [日]松井太：《蒙古时代的畏兀儿农民与佛教教团——U5330（USp 77）文书的再研究》，曹金成译，《西域研究》2017年第3期，第109—110页。

② Thomas T. Allsen, *Mongol Imperialism: The Policies of the Grand Qan Möngke in China, Russia, and the Islamic Lands, 1251–1259*, pp. 170–171 & note 92.

③ 李经纬：《吐鲁番回鹘文社会经济文书研究》，第201—202页。

④ [日]荒川正晴：《欧亚交通、贸易与唐帝国》，冯培红、王蕾译，甘肃教育出版社2023年版，第134、138页。

兀儿地区关于马匹课税的基本内容。唐朝统治吐鲁番地区后，也继续征收远行马价钱，作为"长行马"使用的费用。同时，西州官府也继续令民户备马。① 前述蒙古时代"马匹 + 钱"的征收内容与此基本一致。由此亦可知，前述"若干钱的忽卜赤儿"即早先的"远行马价钱"。

忽卜赤儿税在当地也作为户税的征缴方式。松井太研究蒙古时代畏兀儿地区赋役制度时，提到一件典型的税收文书。该文书编号为 Usp 54，1—8 行的转写均为"［人名］üy biš baqïr"，9—10 行的转写作"biripčuv alzun qupčïr-qa"②。松井太将这件文书的内容翻译为"XX 户缴纳 5 钱，领取凭证，兑换为忽卜赤儿税"。松井太特别指出，他与前人对该件文书的解读差异关键在于"üy"一词。既有成果多将该词识读为"at + ï"，含义是"马"加人称词尾 ï。③ 近来马顿·维尔（Márton Vér）对回鹘文书的研究中，仍引用了拉德洛夫对这件文书的释读："供［某人］的马五钱，被给了，他们应取忽卜赤儿税的缴纳凭证。"④ 即给八人马匹各配五钱份额的忽卜赤儿税，令缴纳此税者收取凭证。

而松井太通过对比 U 5316、U 5297、U 5314 等文书中的类似写形，将该词订正为"üy"，解释为"户"。⑤ 这样，Usp 54 文书就反映出畏兀儿地区缴纳忽卜赤儿税的另一种情况——每户按照一定数额，以银钱形式缴纳。松井太认为，Usp 54 文书中反映出的这一情况，与上述提及缴纳马匹相关的忽卜赤儿税，是由于征税目的不同

---

① ［日］荒川正晴：《欧亚交通、贸易与唐帝国》，冯培红、王蕾译，第 221 页。
② 松井太：「モンゴル時代ウイグリスタンの税収制度と徵税システム」，『碑刻等史料の総合的分析によるモンゴル帝国元朝の政治経済システムの基礎的研究』（平成 12—13 年度科学研究費補助金・基盤研究（B）（1）研究成果報告書、編号 12410096）所収，大阪，2002 年，98 頁.
③ 松井太：「モンゴル時代ウイグリスタンの税収制度と徵税システム」，98 頁.
④ Márton Vér, *Old Uyghur Documents Concerning the Postal System of the Mongol Empire*, Turnhout: Brepols Publishers, 2019, p. 155.
⑤ 松井太：「モンゴル時代ウイグリスタンの税収制度と徵税システム」，98 頁.

而产生的差异。① 换言之，忽卜赤儿税既可以作为正税（户税）的征收方式（名目），也可以作为与驿站相关的马匹支出的征税方式。这一判断符合忽卜赤儿税临时征发、内含多样的特征。

畏兀儿地区忽卜赤儿税与驿站事务之间的紧密联系，与前述《黑鞑事略》所说的"置蘸之事""草原差发"相合。不过，该地区以钱币形式收税，与草原地区主要征收实物的情况不同，而与呼罗珊地区的丁税、金朝故地"包银"的征收方式相近。这一情况体现出蒙古时代不同地区对同种赋税的地方性调适。

呼罗珊及以西地区也使用"哈阑税"之称。对于这一税种的具体内容，有以下三种观点：（1）爱尔森认为，在波斯文史料中，"忽卜赤儿"和"哈阑"通常成对出现，用以指代蒙古和当地原有的各类税收。有时忽卜赤儿也同财产税（māl）搭配，后者也可视为哈阑税的代替词，用以指代伊斯兰传统中的所有税种，包括农业税、贸易税和手工业税等。从最狭窄的范围上说，哈阑税有农业税的意义。②（2）兰普顿认为，哈阑税在伊利汗国时代是一种临时性的力役③；（3）达西敦都克认为，哈阑税是一种不定期征收的、招募士兵的贡赋，实行于格鲁吉亚、亚美尼亚和伊朗地区。亚美尼亚史料中就记述了当地人以"十人抽二"的方式进入蒙古军队服役的情况。这一贡赋可能对应亚美尼亚地区一种被称为 hetsel 的贡赋名目，表示骑兵的臣属义务。④

爱尔森也提到哈阑税在亚美尼亚史料中的这一用法。达西敦都克在注释中引述了彼特鲁舍夫斯基（I. P. Petrushevsky）的观点，认

---

① 松井太：「モンゴル時代ウイグリスタンの税収制度と徴税システム」，99 頁.

② Thomas T. Allsen, *Mongol Imperialism: The Policies of the Grand Qan Möngke in China, Russia, and the Islamic Lands, 1251–1259*, pp. 153–154.

③ Ann K. S. Lambton, *Continuity and Change in Medieval Persia: Aspects of Administrative, Economic and Social History, 11th–14th Century*, p. 200.

④ Dashdondog Bayarsaikhan, *The Mongols and the Armenians (1220–1335)*, pp. 111–112.

为哈阑税和忽卜赤儿税在波斯地区也用于替代哈剌吉税（kharāj）。①但兰普顿在述及伊朗地区传统的土地税（māl & kharāj）时，并没有提到这两种税与哈阑税的关联。② 故而，关于蒙古时代呼罗珊及以西地区哈阑税的内含，仍需辨析。以往研究多提及《史集》关于这一税种的记述，循此思路，可利用第三卷"合赞汗纪事"中的相关记述再加探究。

《史集》记述了一道合赞汗的圣旨，其中提到："以往在我们的荣耀的父辈时代，在我们的兀鲁思里曾有各种赋税，诸如牲畜的忽卜出儿，各大驿站的供应，苛重的皮毛实物税和合兰的负担，这些赋税如今被朕一下子废除了。"③ 这里的"合兰的负担"，即以哈阑代指力役。由该圣旨亦可知晓，具有这一意义的哈阑税，在伊利汗国征收的时间是合赞汗改革之前。兰普顿提出的"力役说"，或许与此条史料反映的内容相关。在这一意义上，她未将哈阑税与伊朗地区传统的土地税勘同，是有道理的。哈阑税的这一用法，无疑保留了草原阿勒班税中"役"的传统内容。

而爱尔森所说，将哈阑税与财产税（māl）联系起来的情况，见于对宗教人士豁免赋税的情形："因为成吉思汗的大札撒曾作出如下决定：凡伊斯兰教法官、学者和阿里后裔不缴纳迦兰和忽卜出儿……不得向他们征收钱税（māl）和忽卜出儿，不得向他们索取驿马和粮草，不得让来往过客和急使住宿在他们的家里。"④ 从具体内容来看，这里的迦兰应对应财产税（māl）。《史集》叙述以往达官贵人的赶驴人、赶骆驼人在街上抢夺他人财物时说，"这个情况是最沉重

---

① Dashdondog Bayarsaikhan, *The Mongols and the Armenians (1220-1335)*, p. 112, note 86.
② Ann K. S. Lambton, *Continuity and Change in Medieval Persia: Aspects of Administrative, Economic and Social History, 11th-14th Century*, p. 189.
③ ［波斯］拉施特编：《史集》第三卷，余大钧译，第 490 页。
④ ［波斯］拉施特编：《史集》第三卷，余大钧译，第 401 页。

的压迫、迦兰和开销"。① 联系上下文，这里的迦兰指的是被抢者的钱财和衣物，仍然具有"财产"的含义。

类似的用法还见于合赞汗命令大臣谨慎对待控告地方长官者，"因为那些人有可能以前没有缴纳赋税（迦兰）……而哈乞木向他们征收赋税（迦兰），那些人就来控告了"。② 控告者原先可免于交税，侧面反映出迦兰税是伊利汗国百姓应缴纳的常规税种，在合赞汗时代仍然照常征收。拉施特记合赞汗废黜鹰夫和猎捕员时说，"那些处在他们荫护之下的人们列入迦兰之数……如果有人愿意留下来［仍靠他们荫护］，那末这个人应缴纳的［赋税］应归他们缴纳"。③ 这进一步反映出，"迦兰"即指国家的编户齐民，那么迦兰税即伊利汗国的民户正税。这一用法也见于前述松井太对畏兀儿地区哈阑税的考察。

达西敦都克提出的"兵役说"，在《史集》中也有反映。合赞汗给军队分拨了采邑，"这些采邑被规定赐给加入迦兰服役的军人们"④。这里的"迦兰"显然是一种兵役。而如离婚的军人需要养育子女时，"从军队中仍可以拿钱养育子女以及购买为迦兰和他们的事所必需的东西"。⑤ 这说明服兵役者还要自备相关物品。这种兵役在合赞汗时代也仍然存在。或《史集》译者已经发现قلان—词在不同语境中的不同含义，故以"合兰""迦兰"的不同译名作出区分，后者表示与国家常行赋役有关的税目。

由以上分析不难判断，作为伊利汗国正税、与当地传统的财产税可互换的哈阑税，是黄金家族在呼罗珊地区建立了稳定统治后，蒙古旧制与当地原有赋税制度结合后的产物。而如本书第三章第四节的分析，窝阔台统治时期，大蒙古国刚在呼罗珊地区建立起行政

---

① ［波斯］拉施特编：《史集》第三卷，余大钧译，第544页。
② ［波斯］拉施特编：《史集》第三卷，余大钧译，第363页。
③ ［波斯］拉施特编：《史集》第三卷，余大钧译，第527页。
④ ［波斯］拉施特编：《史集》第三卷，余大钧译，第494页。
⑤ ［波斯］拉施特编：《史集》第三卷，余大钧译，第509页。

管理机构，军队、诸王均有权力从当地征收赋税。在这种情况下，当地行政机构恐难按时、规范地征收财产税。何况按爱尔森的考证，1240年阔儿吉思才在呼罗珊实行了第一次籍户，籍户的范围也十分有限。到蒙哥汗即位后，大规模的籍户才正式展开。[①] 则当时直属国家的民户数目也未确定，如何能在当地建立稳定的税收制度？此外，兰普顿的研究揭示出，在蒙古统治之前，波斯地区已发展出适用于定居地区的各类税种，迟至阔儿吉思当政时期，蒙古官员可以直接利用原有税制征收钱财、实物，而不必另立名目。考虑到这些因素，在窝阔台时期，呼罗珊地区的哈阑税应以"力役"为主要内容。当时正值绰儿马罕率军西进，攻略小亚地区；呼罗珊境内也有叛乱，需要军队维持秩序，故疑此种"力役"主要指军役，且应包括自备相关装备的实物部分。

忽卜赤儿税的情况比较清楚。在定居地区，该税指按丁收取的人头税。[②]《世界征服者史》中记载，阿儿浑觐见蒙哥汗时，汇报了呼罗珊地区赋役太重的情况，提出按照牙老瓦赤在河中采取的方法征收，即按照个人的财富和缴纳能力决定其一年的缴纳数目。蒙哥汗下令，"一个富人每年应被征收十个的那，如此按比例降至一个穷人为一的那"[③]。呼罗珊地区对忽卜赤儿税的分等征收自此开始。

从上引《史集》和亚美尼亚的情况看，呼罗珊及以西地区将与驿站相关的赋税单独列出，未与忽卜赤儿税相联系，故本书以"驿站税"称之。驿站税主要是提供首思（饮食及取暖用炭等物品）和铺马，有时还需为乘驿的使臣和官员提供住处。这与草原的情况差别不大。呼罗珊等地将驿站税目另作一类，与驿站制度和忽卜赤儿

---

① Thomas T. Allsen, *Mongol Imperialism: The Policies of the Grand Qan Möngke in China, Russia, and the Islamic Lands, 1251–1259*, pp. 130–131.

② Thomas T. Allsen, *Mongol Imperialism: The Policies of the Grand Qan Möngke in China, Russia, and the Islamic Lands, 1251–1259*, p. 153.

③ [波斯]志费尼：《世界征服者史》下册，何高济译，翁独健校订，第615页。

税传入当地的先后顺序有关。如本书第三章第四节所述，到窝阔台统治中期、阔儿吉思接任呼罗珊长官后，已着手在各地建立驿站。驿站税应随之设立。而"按丁征收"的忽卜赤儿税，在阿儿浑时期才确定下来，自然不再包括驿站祇应的内容。

除哈阑、忽卜赤儿两种税目外，河中及以西地区还有探合儿（taghar）税、塔木合（tamgha）税。从征收的具体内容来看，探合儿税是一种军需税：主要有军粮、葡萄酒等食物，亚美尼亚史料中还记录了一定数量的银币、绳索、箭镞、马靴和布袋等应纳物品，[1]这些实物由地方统治者收集后交付给军队。另如爱尔森所说，蒙古还在军队经行之地征收制造武器的原材料。[2] 上述箭镞即属此类。塔木合税是商税，多见于亚美尼亚史料记述。在蒙哥汗即位之后，蒙古人对市场中售卖的每种商品征税。[3] 这反映出此时蒙古统治者才完全控制了该地区的经济活动。达西敦都克指出，塔木合税按不同的税率征收。在一件 1270 年的亚美尼亚铭文中，塔木合税与巴只税（baj）一起使用，后者可能源于波斯语，是当地人对海关或关税的称呼。[4] 由此可见当时塔木合税与海路贸易的密切关系。这与亚美尼亚地区海路畅通、贸易发达有直接关系。

另外，各地还设置特色税种，或保留部分原有税目。如畏兀儿地区有若干种与葡萄酒相关的税目：葡萄园 aɣïz 税（borluq aɣïz）、盛放葡萄酒的皮囊税（qap）和葡萄酒税（bor）。另有谷物税（tarïɣ）、黍子税（ür）、棉花税（käpäz）和菜园 aɣïz 税（qavlalaïq

---

[1] Thomas T. Allsen, *Mongol Imperialism: The Policies of the Grand Qan Möngke in China, Russia, and the Islamic Lands, 1251–1259*, p. 187.

[2] Thomas T. Allsen, *Mongol Imperialism: The Policies of the Grand Qan Möngke in China, Russia, and the Islamic Lands, 1251–1259*, pp. 187–188.

[3] Thomas T. Allsen, *Mongol Imperialism: The Policies of the Grand Qan Möngke in China, Russia, and the Islamic Lands, 1251–1259*, p. 161.

[4] Dashdondog Bayarsaikhan, *The Mongols and the Armenians (1220–1335)*, p. 114 & note 109.

aɣïz）等。① 法儿思统治者征收房屋税、水税、织物税及其他税种。② 其中"织物税"应与法儿思地区盛产多种亚麻织品、毛织品及绵织品有关。③ 亚美尼亚当地还有商税（akhsrt'amar & kapal）、关税（dř nagir）、军需税（t'arkh）、手工业税（kasanik）、牲畜税（aghlkak、hazr、hasara）等。④

二 斡脱商人、贸易与手工业：统治者支持下的新发展

商业与贸易是游牧政权获得外部物资的重要途径。在成吉思汗时代，畏兀儿商人镇海和穆斯林商人札八儿火者、阿三均已受到统治者重用，后两人还曾担任使者，分别出使金朝和中亚地区的速哥纳黑城。这反映出大蒙古国在建立之初，便与商人群体建立了紧密联系。在成吉思汗晚年，收集了大量商品前往东方的忽毡商人被送至大汗处。成吉思汗令诸子、臣僚派人随这些商人返回花剌子模，并致信算端，"你邦的商人已至我处，今将他们遣归，情况你即将获悉。我们也派出一队商旅，随他们前往你邦，以购买你方的珍宝"⑤。这说明当时已有花剌子模商人往来于中亚与草原之间，而成吉思汗也注意到这一情况，希望借此促进通商，积累更多财富。这支商队是蒙古时代最早的一批斡脱商人。但商队行至讹答剌城时，商人们被城主抓捕并杀死。此事直接促发成吉思汗的西征。由此可知，成吉思汗攻打花剌子模与争夺商贸道路有直接关系，亦见商贸活动对大蒙古国的重要意义。

立足于畏兀儿地区居民悠久的经商传统，宇野伸浩、森安孝夫

---

① Matsui Dai, "Taxation Systems as Seen in the Uigur and Mongol Documents from Turfan: An Overview", p. 73.
② Ann K. S. Lambton, *Continuity and Change in Medieval Persia: Aspects of Administrative, Economic and Social History, 11th – 14th Century*, p. 196.
③ 王治来译注：《世界境域志》，上海古籍出版社2010年版，第131页。
④ Dashdondog Bayarsaikhan, *The Mongols and the Armenians (1220 – 1335)*, p. 118.
⑤ [波斯] 志费尼：《世界征服者史》上册，何高济译，翁独健校订，第91页。

等学者均将畏兀儿商人作为蒙古时代斡脱商人的主体进行探讨。而涂逸珊注意到，受到宗教因素的影响，不信奉伊斯兰教的畏兀儿商人在中亚地区的经商活动一度受阻，迟至哈剌契丹人在该地确立统治后，才再度获得发展机会。她指出，在丝绸之路西部，粟特商人的商业地位是被穆斯林商人所取代的。① 涂逸珊对穆斯林商人的关注，提醒研究者注意这一群体在蒙古时代长途贸易中发挥的作用。

波斯文史料中对窝阔台优待穆斯林的态度颇为褒扬。《纳赛里史话》的作者记述道，由于成吉思汗知晓其子察合台性格残暴，才将汗位传给性格温和的窝阔台。窝阔台对穆斯林态度友好，任用穆斯林官员，并命令蒙古人与穆斯林通婚。② 这些描述确实带有作者本人强烈的主观立场，但若联系《世界征服者史》中的一则轶事来看，窝阔台对穆斯林确有一定的积极态度。

《世界征服者史》记载，一位穆斯林向一位畏兀儿异密借钱而无力偿还，后者因此要令他改信佛教，"否则要他在市场中心出丑，挨一百脚掌"。该穆斯林向窝阔台上告此事，大汗裁决给他"一个畏吾儿妻子和一所房屋"③，并赏赐他一百巴里失；而畏兀儿异密则在市场中心受到一百脚掌。以事件的前因后果来看，窝阔台的裁决偏袒穆斯林，对畏兀儿异密则处罚较重。除宗教原因外，④ 大汗偏袒穆斯林，是否还有其他考虑呢？

从处置畏兀儿异密的地点"市场中心"推测，争执双方很可能都从事商业活动。而以"异密"称呼该畏兀儿人，或他是地位颇高的斡脱商人。这场钱财纠纷的小事背后，很可能反映出归附蒙古较

---

① İsenbike Togan, *Flexibility and Limitation in Steppe Formations: The Kereit Khanate and Ghinggis Khan*, p. 19.

② *Ṭabaḳāt-i-Nāṣirī: A General History of the Muhammadan Dynasties of Asia, including Hindūstān, from A. H. 194 (810 A. D.) to A. H. 658 (1260 A. D.) and the Irruption of the Infidel Mughals into Islām*, tr. & ed. by Major H. G. Raverty, Vol. 2, pp. 1104–1107.

③ ［波斯］志费尼：《世界征服者史》上册，何高济译，翁独健校订，第259页。

④ 该事件中畏兀儿异密令穆斯林改信佛教，违反了蒙古统治者宗教信仰自由的施政原则。

早、商业地位稳定的畏兀儿商人,与因蒙古军队入主中亚,由花剌子模等地初来汗廷的穆斯林商人之间的利益纷争。大汗之所以偏袒穆斯林,从现实原因来说,是为了促进更远途的商贸活动。做出有利于穆斯林的判决,会促使更多的中亚商人来到汗廷,为统治者带来更遥远、更珍贵的物资。而从对经济活动的控制权来说,窝阔台对中亚穆斯林商人的有意扶持,也有避免畏兀儿商人独揽商贸权利的用意。本田实信曾提出,蒙古大汗重用呼罗珊本地官员,旨在消减代表术赤的花剌子模旧势力在当地的影响力,[①] 这一分析思路同样适用于经济方面。统治者同时利用两种商人群体,可使二者在商贸活动中形成制衡,使长途贸易的利益最大化。

斡脱商人从大汗和诸王显贵处获得本金进行贸易活动,理论上应将汗廷所需物资和由贸易赚得的利润一并送回。但在实际情况中,斡脱商人往往诈称本金、货物被劫,要求各地百姓代偿,并从中牟利。同时,由于当时赋税名目繁多,斡脱商人还向官民借出高利贷,通过此种方式获得高额利润。在窝阔台统治后期,斡脱商人借贷产生的问题已颇为严重:"以官民贷回鹘金偿官者岁加倍,名羊羔息,其害为甚,诏以官物代还。"[②] 既然已需动用官物偿还高利贷,为何统治者还放任斡脱商人大行其道,而不加制止呢?

《耶律公神道碑》的记述能够提供一条线索。碑中详言耶律楚材参与此事:"及所在官吏取借回鹘债银……然终不能偿。公为请于上,悉以官银代还,凡七万六千定。"[③] 此处指明,斡脱商人借出的本金为"银钱",而官府代偿的也是"官银"。不过,这些官银并非出自汗廷,而是金朝各地官府的原有资产。换言之,直接受到经济损失的不是蒙古统治者,而是原属金朝统治的华北各地。斡脱商人获得大量白银后,继续进行长途贸易,将中亚及更远地区的奇珍异

---

① [日]本田实信:《阿母河等处行尚书省考》,余大钧译,载《北方民族史与蒙古史译文集》,第535页。
② 《元史》卷二《太宗纪》,第37页。
③ 宋子贞:《中书令耶律公神道碑》,载苏天爵编《国朝文类》卷五七,叶17b。

宝进献给蒙古统治者，实际上是将华北地区的白银换成各类宝物，转运到漠北汗廷。在这一过程中，蒙古统治者能获得更多的物资、珍宝，自然不必限制斡脱商人的活动。

脱列哥那皇后摄政时，甚至"以御宝空纸，付奥都剌合蛮，使自书填行之"[1]，说明蒙古统治者连本金也可不必支付，只需要向斡脱商人提供行商许可，便能在汗廷坐收渔利。斡脱商人从华北地区获得白银，给蒙古统治者带来中亚的商品，相当于后者直接利用金朝故地所积累的财富，从中亚购买到草原所需的商品、珍宝。通过这一过程，原来积累在华北地方的大量财富，变成适应于草原储蓄的各类珍宝，汇集到蒙古统治者手中。大蒙古国的财富迅速增加。这是窝阔台支持斡脱商人的第一层考虑。

第二层考虑与上述扶持穆斯林商人的措施有关。在大蒙古国向西扩展领土的历史过程中，长途贸易的主要参与者是包括穆斯林商人在内的斡脱商人。窝阔台大力支持斡脱商人，意在令其传播大汗声名，吸引更远处的经商者来到汗廷。由于距离增长，从更远处送往汗廷的物品花费的运输成本更多，它们也就具有了更高价值。如玛丽·赫尔姆斯（M. W. Helms）所说，获得来自遥远之地的各类物品，也是统治者能力的证明，能够有效增强统治者的权威。[2] 对窝阔台而言，增强汗权是他执政期间的重要目标。而与更远地区建立联系、获得更高价值的物品，是能被草原出身的诸王臣僚所理解的、实现这一目标的有效经济手段。这是他支持斡脱商人的深层次考虑。

窝阔台大力支持商贸的措施，已经在他当政时期取得了一定效果。《世界征服者史》收录了一则窝阔台汗训诫契丹戏班之事。大汗命令仆从取出"来自呼罗珊和两伊剌克等地的各种珍宝，如珠子、红玉和绿玉等，并取出织金料子和衣服，阿剌伯马，以及来自不花

---

[1] 《元史》卷一四六《耶律楚材传》，第 3464 页。

[2] Mary W. Helms, *Craft and the Kingly Ideal: Art, Trade, and Power*, Austin: University of Texas Press, 1993, p. 82.

剌和帖必力思的武器"①，从物品种类和产地来源可见长途贸易的发展情况。志费尼还记述了从朋友处听闻的故事。该朋友原生活在鲁木地区，家中有一亲戚生活窘迫。他听闻"东方有一个视黄金如粪土的蒙族皇帝"②，便骑驴前往汗廷。此人果然得到窝阔台汗的垂青，获得了大量赏赐，回到鲁木之后过上了富裕的生活。能使处在其他政权统治下的贫民费尽周折、长途跋涉来到草原，亦可知当时窝阔台汗富有慷慨的声名已远播四方、深入人心。另外，窝阔台去世不久，阿儿浑便接管呼罗珊地区，并开始着手营建帖必力思。帖必力思不仅在东西贸易路线中作用重要，还是南北货物的汇集之地。从高加索乃至欧亚草原、森林地带所来产物，与经由波斯湾和忽里模子运输的南方货物在此聚集。③ 长途贸易的枢纽由此建立，为后来东西商路的全面畅通准备了条件。

　　然而，必须承认的是，当时大蒙古国所辖地区尚不能满足大规模长途贸易的需要。在西方，绰儿马罕西征军虽已占领南高加索地区，但与濒临黑海的鲁木苏丹国仍在初步接触时期，黑海以西地区商人与蒙古政权的沟通尚不便捷。在东方，金朝虽灭，南宋仍在，经由波斯湾前往东方的海上商队，也没有直接到达蒙古汗廷的机会。陆、海两条传统商路的全面通商，是迟至元世祖年间之事。《世界征服者史》关于窝阔台汗的五十件轶事中，只出现了唯一一个来自鲁木地区的朝觐者，且未见更西地区者来到汗廷。这在一定程度上反映出当时大蒙古国实际控制的地理范围。此外，轶事中所载朝觐者的携带物品价值也有限，而窝阔台汗却以极不相称的价格将这些物品购入，有时甚至满足空手而来者的要求，赐予他们大量银钱。这种情况也部分反映出蒙古辖境内的地方经济仍未得到有效恢复，商业贸易的正常秩序尚未建立，故长途贸易依旧处于依赖统治者大力

---

① ［波斯］志费尼：《世界征服者史》上册，何高济译，翁独健校订，第243页。
② ［波斯］志费尼：《世界征服者史》上册，何高济译，翁独健校订，第264页。
③ Virgil Ciocîltan, *The Mongols and the Black Sea Trade in the Thirteenth and Fourteenth Centuries*, tr. by Samuel Willcocks, Leiden & Boston: Brill, 2012, p. 49.

扶持的初始阶段。概言之，此时受到地理条件和经济条件的双重限制，通往汗廷的长途贸易规模有限。

手工业的发展与商贸活动有关。斡脱商人带到汗廷的原材料和部分珠宝，要依靠工匠的再加工，才能成为统治者可以直接使用或需要的物品。工匠的劳作也增加了物品的价值。技艺高超的工匠从原住地主动或被动地来到统治者所在地，这种远距离移动本就具有相当成本；而为统治者服务的杰出工匠制作的往往并非日常用品，而是具有不可复制性的和仪式意义的宝物，其价值远胜前者。这两重作用叠加后，正如玛丽·赫尔姆斯所说，熟练手工业者所创造的产品，与经长途贸易获得的物品具有相似的象征意义。[1] 这些产品同样能够彰显统治者聚集财富的卓越能力，也是增强汗权的有效手段。

不过，与商贸活动的情况类似，从《世界征服者史》所记轶事来看，窝阔台时期的手工业也处在初步发展阶段。据志费尼记述，某地方统治者进献了刻有穆罕默德和其家族先祖之名的红玉，窝阔台汗命人将穆罕默德之后的名字全部刮去，换刻上自己的名号。[2] 这反映出当时大汗对此类工艺品的认识、修改玉器的工匠能力都很有限。在轶事所载进献窝阔台汗的自制品中，可算作工艺品的只有一件山羊角制作的酒杯，其余则为武器或武器配件，以及粮食、蔬菜等实用类物品。而到贵由汗即位时，普兰诺·加宾尼在汗廷见到一位来自斡罗思的金匠，他打造了贵由汗宝座和印玺；[3] 蒙哥汗时期，东来的鲁布鲁克见到了巴黎工匠威廉，他在哈剌和林的宫殿门口建造了自动流出各类饮料的"大银树"[4]。这些造价昂贵、制作精良的

---

[1] Mary W. Helms, *Craft and the Kingly Ideal: Art, Trade, and Power*, p. 91.
[2] ［波斯］志费尼：《世界征服者史》上册，何高济译，翁独健校订，第243—244页。
[3] ［意大利］约翰·普兰诺·加宾尼：《蒙古史》，载《出使蒙古记》，吕浦译，周良霄注，第64页。
[4] ［法］鲁布鲁克：《鲁不鲁乞东游记》，载《出使蒙古记》，吕浦译，周良霄注，第194页。

物品，反映出手工业的逐步发展，更好地凸显出蒙古大汗的至高权威。

从欧洲传教士所见的两位工匠来源地推测，疑二人均为贵由、蒙哥在窝阔台统治时期参加长子西征时获得的战俘，后被带回草原地区。这说明与商人相比，工匠流动有较大的被动性。对于遥远地区的工匠，战争是比利益更有效的获得手段。而来源地越远、技艺越独特的工匠，为制品增加的价值越大；这种附着于特定人群的"财富"，也是刺激蒙古军队向更远地区展开征伐的重要原因。

无论从大蒙古国自身，还是游牧国家的发展历程来看，窝阔台汗确立税制都有重要意义。第一，这标志着大蒙古国实现了对定居地区财富的直接利用。这一时期的赋役以阿勒班（哈阑）税和忽卜赤儿税为主要税种，结合不同地区的具体情况，在税收内容、缴纳方式上各有变动，但借助同期建立的行政体系，实现了地方财富向汗廷聚集的基本目标。第二，从直接获得财物，到利用税收积累财富，反映出游牧统治者对获取财富的认识转变。这一转变依赖于大蒙古国对辖境的直接控制，而窝阔台依靠税收制度支持驿站发展，又反过来加强了地方与汗廷的直接联系。

狄宇宙曾提出游牧国家获得外部财富的四种途径：贡物、贸易、"双重管理"（贸易－贡物和直接税收）及直接税收；他认为正是在窝阔台统治时期，传统的贸易－贡物方式被直接统治（税收）取代。[①] 而就上文分析来看，窝阔台仍十分重视通过商贸活动发展经济。他以斡脱商人为媒介，将华北地方的银钱转变为中亚珍宝汇集到汗廷，通过大量财富和高价值物品凸显大汗汇集财富的领导才能；利用远道而来的工匠加工手工艺品，大大增加手工业制品的价值，同样彰显出大汗权威。出于此种目的，窝阔台对商人、工匠大力支

[①] Nicola Di Cosmo, "State Formation and Periodization in Inner Asian History", p. 33.

持、慷慨赐予，也为后来大蒙古国的长途贸易和手工业的持续发展奠定了良好基础。

第二节 金朝故地的赋役征收与食邑分封

金朝灭亡后，蒙古统治者对华北和陕西地区的籍户、税收等经济管理随之展开；遵循蒙古传统，窝阔台汗还在这些地区实行了分封。关于这两方面的内容，学界已有不少探讨。陈高华较早分析了窝阔台统治时期华北实行的征税办法，指出在太宗五年，户税由二石增至四石。丙申年"定天下赋税"后，按户征收变成按丁征收，且征收数额变成每岁一丁二石，而非《元史·食货志》的一丁一石。① 2015 年，李春圆也考察了这一问题。他将大蒙古国对华北民户的征税分为"定税"原则和"征税"实施两个层面。丙申年规定地税、丁税"从高征收"的原则最初确实得到了执行，但因频繁签军，缴纳地税的人户锐减，余者几乎皆为丁税户。作者认为，"丙申税则"在实行的过程中，由于土地买卖等情况的发生，税额逐渐同人户脱钩而与土地挂钩。② 此文关注到税收制度在制定和实施层面的差异，由此可见金朝故地由缴纳丁税至丁、地两税并重，再到缴纳地税的变化过程。

丙申分封后，华北地区出现了"五户丝"投下户。周良霄认为，窝阔台时期推行的"五户丝"之法，是元代投下制度的雏形，但在实际效果上仍不尽如人意，经忽必烈治理后才得以真正实行。③ 李治安进一步阐明，这一时期的"五户丝食邑"在行政建制和管理方式

---

① 陈高华：《元代税粮制度初探》，载氏著《元史研究论稿》，第 5—6 页。
② 李春园（李春圆）：《元代华北的民户税粮政策再探》，《清华元史》第 3 辑，第 246—255、265—275 页。
③ 周良霄：《元代投下分封制度初探》，载氏著《知止斋存稿》上册，第 88—93 页。

上都不够健全和成熟。丙申分封虽然尝试将中原旧制同蒙古制度结合，但从分封后的效果来看，第一，一位诸王的封地分散于不同汉人世侯的辖地中，需借由汉人世侯管理，少有投下封君自成体系的行政建制；第二，诸王对五户丝食邑民仍有较强控制力，后者几乎等同于直接隶属于诸王的兀鲁思封民。这种状况是由蒙古分封和汉人世侯割据两种体制的嵌合或嫁接造成的。①

姚大力也指出，从蒙古人自身的角度来看，丙申分封与以往分封并无分别。根据按地分封、东平府及其他地区民户被完全分掉等要点可推断，窝阔台除了要控制中都、河南等地外，其余地区本计划全部分给诸王。之所以在效果上出现变化，主要是耶律楚材等人的提议发挥了作用。② 据前引李治安研究，丙申分封是"按户"而非"按地"分封，故而才会出现诸王属户散落各处，至忽必烈时期再次调整的情况。东平府民户被完全分给诸王的观点，近年来得到松田孝一的证实。他利用《大元马政记》对东平各类户数的记载，计算出总民户数，发现这一数据与《元史》中赐给诸王民户数的总和相差无几。③

丙申分封涉及黄金家族诸王的利益分配。松田孝一认为，窝阔台汗建都于哈剌和林，实际上侵夺了拖雷的领地。作为补偿，窝阔台在丙申分封和长子西征中对拖雷家族的权益多有偏袒。④ 丙申分封的结果对拖雷家族是否有利，尚可进一步探究。村冈伦注意到丙申分封中没有出现对西京路民户的分配，结合其他证据，他认为西京路是窝阔台的分地。邱轶皓补充论证了这一观点。⑤ 这样，在窝阔台

---

① 李治安：《元代政治制度研究》，人民出版社2003年版，第372、397—398页。
② 姚大力：《论蒙古游牧国家的政治制度——蒙元政治制度史研究之一》，第204—210页。
③ ［日］松田孝一：《从〈大元马政记〉看东平府户籍簿》，《西域历史语言研究集刊》第7辑，第169—185页。
④ ［日］松田孝一：《拖雷家族之杭爱山领地》，乌日娜译，《蒙古学信息》1996年第1期，第9—10页。
⑤ 邱轶皓：《蒙古帝国视野下的元史与东西文化交流》，第101—106页。

统治时期，山西地区自北向南分属窝阔台、察合台、拔都三系领有。松田孝一、村冈伦等学者的观点提醒研究者注意窝阔台在丙申分封中对本家族利益的考量。

前贤对窝阔台时期的具体制度和利益分配方面讨论丰富，本书则试图在此基础上，以更宏观的视角关联金朝故地财赋的收缴与分配，探究窝阔台如何有效利用这一地区的经济资源。

一 征发赋税、兵员的情况与目的

原属于金朝统治的中原地区，具有相对完善的赋役制度和管理体系。这一基本条件决定了蒙古对该地区的经济管理能够迅速展开。按《元史·食货志》的记载，在灭金之前的占领地区，"初，太宗每户科粟二石，后又以兵食不足，增为四石"①。可知在窝阔台即位初期，华北地区百姓以户为单位缴纳税粮。由"兵食不足"而提高税额可知，蒙古对这一地区征税的最初目的是供应军需。耶律楚材也提到，"陛下将南伐，军需宜有所资，诚均定中原地税……足以供给"②，可见此时征收赋税的具体目的即获得灭金的军需支持。

李春圆认为，此时"定税"政策的功能，在于核定政府所需赋税的总额，并将之分配给征税负责人。由二石到四石的变化就体现出"量出为入"的特点。③ 实际上，限定税收总额，或体现出"量出为入"的征收特点，正反映出此时赋税是作为军事行动的配套措施，而非新政权积累财富的常规方式而设置的。为战争征税也是蒙古统治者对税收的基本认识，故在窝阔台统治后期，出现中原地区赋税总额连年提高、以斡脱商人管理税务等现象。耶律楚材及其他儒臣力阻重赋未果，原因就在于他们与统治者对税收作用的认识有较大区别。

---

① 《元史》卷九三《食货志一》，第 2357 页。
② 《元史》卷一四六《耶律楚材传》，第 3458 页。
③ 李春园（李春圆）：《元代华北的民户税粮政策再探》，《清华元史》第 3 辑，第 252—253 页。

在制定地税的同时，窝阔台"定诸路课税，酒课验实息十取一，杂税三十取一"①。这一规定具有临时性。杂税是包括商税在内的各类税目。金亡之后，商税"三十取一"的税率才正式确定下来，这与金朝旧制相近，②且一直沿用至元代末期。此税亦即本章第一节提到的塔木合税（tamgha），是进行商品交易时所缴纳的税种。酒税的征收方式主要是按实际销售利润收取十分之一。③酒课按息收取的方法不同于前代。金代榷课制度沿袭辽、宋。宋代征收酒课的基本方式是按照各地酒课基数先定"祖额"，再根据国用情况逐渐累增，地方以定额上缴中央。④金代前期征收酒课，后期改专卖酒曲，⑤但仍由负责机构定立征收钱数总额，"定中都曲使司以大定二十一年至明昌六年为界，通比均取一年之数为额"⑥。而在窝阔台统治时期，大蒙古国按息收税，一是由于定税时还不确知地方经济状况如何，无法估算总额；二是便于收税官吏到地计算收缴，迅速将银钱输送到汗廷。按息收税的方法在第二年改变为"其课额验民户多寡定之"⑦，开始向金朝定额征收的传统方式转变。该年窝阔台"始立中书省，改侍从官名"⑧，税收方式的调整可能与这次官制更定相关。

除酒课外，"太宗庚寅年，始行盐法，每盐一引重四百斤，其价银一十两"⑨。同年在河间、山东、河东等地拨户，隶属于课税所办理盐课。丙申年在大都附近置司，丁酉年开始在辽阳地区制盐。盐务虽隶于课税所，却也设置专员进行管理。如耶律楚材推荐姚行简

---

① 《元史》卷二《太宗纪》，第30页。
② 陈高华：《元代商税初探》，载氏著《元史研究新论》，第83页。
③ 陈高华：《元代的酒醋课》，载氏著《元史研究新论》，第65页。
④ 杨师群：《宋代的酒课》，《中国经济史研究》1991年第3期，第119页。
⑤ 周峰：《金代酒务官初探》，《北方文物》2000年第2期，第60页。
⑥ 《金史》卷四九《食货志四》，第1106页。
⑦ 《元史》卷九四《食货志二》，第2395页。
⑧ 《元史》卷二《太宗纪》，第31页。
⑨ 《元史》卷九四《食货志二》，第2386页。

"为解盐使，置司于路村，募亭户千，为之商度区画"①，管理山西解州的盐课。类似地，"太宗辛卯年，立酒醋务坊场官，榷沽办课，仍以各州府司县长官充提点官，隶征收课税所"②，酒课、醋课也属于课税所统管，但其下还有提点官、坊场官两级管理官员。另外，在贵由皇后海迷失监国期间，山西地区的碑刻资料出现了"商酒务官张光著"③ 的题名。这说明基层官员可兼管几种课目。《金史》中也可见"永和县商酒都监"④ 的官职，可见大蒙古国初期的地方税官职能，也因袭前朝旧例。

灭金之后，"乃定科征之法，令诸路验民户成丁之数，每丁岁科粟一石……其间有耕种者，或验其牛具之数，或验其土地之等征焉。丁税少而地税多者纳地税，地税少而丁税多者纳丁税"。⑤ 这时已改为按丁征收赋税，但仍以粮食形式上缴。如遇地多丁少的情况，就按所拥有的土地田亩纳税。如李春园已指出的，当时流徙人口较多，他们并无固定的田土产业；窝阔台统治时期又数次从有地户中签军，故按地亩纳税的人户要少于按丁纳税者。⑥ 赋税之外，还有差役："诸差发验民户贫富科取"⑦，即根据贫富情况按户派发。由此可见，华北地区的赋税制度在定立之初仍遵循中原旧制，与草原、中亚乃至更西地区都采用"赋役不分"的阿勒班税（哈阐税）的情况区别较大。前述商税、酒课等税目的征收方式、职官设置，也与金代一

---

① 王纬：《大元敕赐重修盐池神庙碑》，载刘泽民、李玉明主编，张培莲分册主编《三晋石刻大全·运城市盐湖区卷》上编《现存石刻》，三晋出版社2010年版，第51页。
② 《元史》卷九四《食货志二》，第2394—2395页。
③ 李俊民：《重修太清观记》，载胡聘之《山右石刻丛编》卷二四，《历代石刻史料汇编》第11册，第262页。
④ 《金史》卷一二一《粘割韩奴传》，第2638页。
⑤ 《元史》卷九三《食货志一》，第2357页。
⑥ 李春园（李春圆）：《元代华北的民户税粮政策再探》，《清华元史》第3辑，第248、250—251页。
⑦ 方龄贵校注：《通制条格校注》卷一七《赋役·科差》，中华书局2001年版，第494页。

脉相承，这反映出大蒙古国在赋税制度建立之初就受到了中原旧制的较大影响。

丙申分封后新增了"五户丝"的科差名目。具体征收办法是："每二户出丝一斤，并随路丝线、颜色输于官；五户出丝一斤，并随路丝线、颜色输于本位。"① 这些投下民户同时缴纳给诸王、汗廷两份丝料，且交给汗廷的丝料在总额上多于本位诸王所得。原本全部属于诸王的土地人口，经过实行"五户丝"的折中办法，可为汗廷带来一笔可观收入。这应当是窝阔台汗最终采纳耶律楚材不"裂土分民"，而"多与金帛"② 的原因之一。

华北地区的另一种科差"包银"，此时也已在局部地区实行了。《元朝名臣事略》载，世祖年间有人建言在江南地区征收包银，大臣不忽木提到此制之发端："始包银出于河朔未平，真定守臣以公需数敛烦民，会其岁费征之，以纾急一时，其后天下例之。至宪庙定制，户率赋银四两……"③ 不忽木之父燕真是拖雷的家臣，他对大蒙古国旧制的追述，尤其是对真定地区情况的介绍可信度颇高。真定守臣以汗廷屡征科敛烦扰百姓，便一年收缴一次白银。由"河朔未平"推知此法在灭金之前已经实行。

除了通过赋税制度征缴粮食、实物和银钱，窝阔台统治时期还屡次从金朝故地签军。能够在此地进行大规模签军活动，也得益于诸王未能完全控制食邑人户。这是窝阔台最终采纳"五户丝"提议的另一个重要原因。《元史》记"（太宗）七年七月，签宣德、西京、平阳、太原、陕西五路人匠充军，……应有回回、河西、汉儿匠人，并札鲁花赤及札也、种田人等，通验丁数，每二十人出军一名"④。这次签军主要从匠户中抽丁，据本书第二章第二节对攻蜀汉军万户的分析，由这些人员组成的匠军应投身于川蜀战场。

---

① 《元史》卷九三《食货志一》，第 2361 页。
② 《元史》卷一四六《耶律楚材传》，第 3460 页。
③ 苏天爵辑撰：《元朝名臣事略》卷四《平章鲁国文贞公》，第 67 页。
④ 《元史》卷九八《兵志一》，第 2509—2510 页。

此次签军次年，又诏"燕京路保州等处，每二十户签军一名，令答不叶儿统领出军。真定、河间、邢州、大名、太原等路，……于断事官忽都虎新籍民户三十七万二千九百七十二人数内，每二十丁起军一名，亦令属答不叶儿领之"①。答不叶儿即塔不已儿，同见于本书第二章第二节"七万户"和张柔"八万户"的探讨。他随皇子阔出征宋，此次签军是为淮河战场补充兵员。另外，此次签军，对保州等处按户征发，而对新籍民户则按丁征发，可推知此前保州等地已进行过签军活动。因签军导致当地民户人丁不足，故此次适当放宽计算标准。从"忽都虎新籍民户内签军"的情况可知，失吉忽秃忽在金朝故地主持的两次籍户，也与征发兵员有直接联系。

对华北地区的屡次征兵，使民户中的逃亡者迅速增加。太宗十三年（1241），"忽都虎等元籍诸路民户一百万四千六百五十六户，除逃户外，有七十二万三千九百一十户，随路总签军一十万五千四百七十一名，点数过九万七千五百七十五人，余因近年蝗旱，民力艰难，往往在逃。有旨，今后止验见在民户签军，仍命逃户复业者免三年军役"。② 这一时期尚未设立军户，充军仍然属于当时民户的力役。华北地区民户同时承担税粮、五户丝和军役，负担之重可想而知。蒙古统治者也不得不减免力役，休养民力。

金朝故地在缴纳税粮、征发兵员方面的重要作用，也使窝阔台开始注意恢复农业。耶律楚材在太宗三年有诗云："北阙春颁劝农诏，南陬夜奏报捷书。"③ 可知在金朝灭亡之前，窝阔台就已颁布恢复农业的诏书。彭大雅出使蒙古时提到，"牧而庖者以羊为常，牛次之"；而徐霆在后补记"霆住草地一月余，不曾见鞑人杀牛以食"④。彭大雅出使是甲午年事，徐霆出使则在乙未、丙申年间，二者出使

---

① 《元史》卷九八《兵志一》，第 2510 页。
② 《元史》卷九八《兵志一》，第 2510 页。
③ 耶律楚材：《湛然居士文集》卷六《过太原南阳镇题紫薇观壁三首（其二）》，第 137 页。王国维：《耶律文正公年谱》，载《王国维遗书》第 11 册，叶 12b。
④ 彭大雅著，徐霆疏：《黑鞑事略》，载《王国维遗书》第 13 册，叶 5b。

时间相去不远，谈及食牛之俗却有较大变化，颇疑徐霆至草原时，窝阔台已对食用牛肉有所限制。从更晚来到汗廷的普兰诺·加宾尼、鲁布鲁克之记述来看，无论是他们观察到的蒙古人日常饮食，还是在行经路程或汗廷中吃到的食物，也都没有特别提到牛肉。这与彭大雅所述"牛次之"大不相同。

碑刻资料中有一个"杀、食有主牛有罪"的事例。《故千夫长李侯墓碑》记碑主生辰时，"耆旧二三辈拾营得一犊子来为寿，侯初不知，蒲笠张持酒一器继至，遂割而烹之。未熟，其主驱乳牛踪迹之，众闻皆奔匿。……其主引廿余骑至，要依国条断没家资，悉将牛畜衣物收拾……"① 碑主李仲较早投效蒙古，太祖八年（1213）攻取大名后退耕闲居，到至元己巳年（1269）去世。《元典章》记元世祖中统二年（1261）颁布了禁止宰杀牛马的诏令，② 可知碑中所述耆老牵牛来贺、割而烹之的情况应发生在大蒙古国时期。后文记牛主按"国条"夺走李仲全部家资，又纵众骑将其带至郊外"欲刃之"，可知当时隶属大蒙古国者与当地百姓习俗不同、关系紧张，故此事应发生在蒙古统治该地不久之时，即大蒙古国前期。牛犊主人要"依国条断没家资"，说明他能指明李仲错处。牛主及随从赶到李家时，牛犊已被烹饪，若以偷盗罪论，李仲并非被当场抓住，③ 尚有可辩之处；但若以杀、食有主牛论，则证据确凿。疑所谓"国条"与此相关。可见在大蒙古国前期，牛已受到饲养者和统治者的重视。

《元史·河渠志》记载了开垦三白渠周边土地的情况："自元伐

---

① 李元礼：《故千夫长李侯墓碑》，载杨晨纂《（光绪）定兴县志》卷一七《金石》，清光绪十六年刻本，收入《历代石刻史料汇编》第12册，第894页。

② 陈高华、张帆、刘晓、党宝海点校：《元典章》卷五七《刑部一九·禁宰杀·倒死牛马里正主首告报过开剥》第3册，中华书局、天津古籍出版社2011年版，第1897页。

③ 鲁布鲁克曾提到蒙古人对偷盗者的惩罚方式："至于小偷小摸，例如偷一只绵羊，只要这个人没有屡次偷羊并屡次被当场抓住，他们只是残酷地拷打他"，说明"当场抓住"是严惩偷盗者的前提之一。参见［法］鲁布鲁克《鲁不鲁乞东游记》，载《出使蒙古记》，吕浦译，周良霄注，第123页。

金以来，渠堰缺坏，土地荒芜……军兴乏用。太宗之十二年，梁泰奏：'请差拨人户牛具一切种莳等物，修成渠堰……所得粮米，可以供军。'太宗准奏，就令梁泰佩元降金牌，充宣差规措三白渠使，郭时中副之，直隶朝廷……所用种田户及牛畜，别降旨，付塔海绀卜于军前应副。"[1] 梁泰提出"所得粮米，可以供军"，指明开垦荒地的重要作用。窝阔台下令塔海绀卜拨付人丁、牲畜，又令梁泰、郭时中"直隶朝廷"，体现出对此事的重视。在京兆地区兴修水利、开垦荒田，也与征蜀军队中习食谷物的中原兵士大为增加有关。本书第二章第二节提到，除征蜀的作战万户外，田雄、夹谷忙古歹还统领两个屯田万户驻守后方，这两个万户也起到与梁泰垦田相似的作用。

以灭金为限，窝阔台统治前期对中原地区征收赋税的主要目的是获得灭金军需；后期在赋税之外还增加兵员征发，以补充攻宋两路战场的兵力。这充分体现出大蒙古国经济活动的最初目的是满足军事行动的需要。与中亚及以西地区不同，耶律楚材献贡云中使窝阔台较早发现了中原地区在缴纳赋税和提供兵员两方面的巨大潜力。故在随后采取的经济举措中，蒙古统治者愿意先遵循当地传统，依靠金朝税法获得所需粮食和钱物。而随着战争军需的迅速增加，儒臣"与民休息"的做法不再能满足大汗的经济要求，窝阔台便以擅获重利的中亚商人代替前者，以期得到更多财物。

由此可见，以耶律楚材为首的儒臣与窝阔台主持经济活动的思路并不相同。前者提倡与民休息、不加重赋，是遵照中原王朝的发展经验，缓解民力以巩固政权统治；后者需要快速、大量地获得军需支持战争，是根据游牧政权的既有经验，以持续对外扩张维持资源的获得和分配，从而维系国家统一。地区与汗廷对经济发展目的的认识差异，在窝阔台统治时期并无稳定环境以供调和，汗廷的强力需索与地区的休养生息直接碰撞，导致中原地区的经济管理并不

---

[1] 《元史》卷六五《河渠志二》，第 1629 页。

畅通。这也是本书第三章第三节提到的十路课税所难以发挥更大功用的本质原因。课税所作为汗廷直属机构，却没有满足大汗的统治需要，自然会失去统治者的支持。

但是，出于维持统治这一最终目的的一致性，两种认识又不得不在大蒙古国的不断扩张中迅速拼合，双方都要被迫做出妥协。故而窝阔台汗也要下诏劝农、支持垦荒，耶律楚材则对"岁有增羡"无能为力。这种迅速拼合使金朝故地的经济发展暗藏矛盾，以此为根基的制度建设也一定程度上体现出蒙、汉两种因素简单拼接的特点。爱尔森指出，蒙哥汗为了巩固统治，已注意限制和平均定居人口的赋役，并尽量减少战争造成的破坏。① 这反映出至蒙哥汗时期，"以战养国"的传统思路已不占据绝对主导地位，蒙古统治者正在尝试兼用适合于农耕地区的统治办法。这为后来元世祖的制度建设准备了条件。爱尔森提到苏联学者的观点，认为与传统的草原大汗相比，窝阔台、蒙哥和忽必烈都采取了管理定居人口措施的办法。② 这一观点正体现出蒙古统治者治理思路的发展过程。

更应补充指出的是，所谓"管理定居人口"，其实集中体现在对金朝故地的管理。以窝阔台时期的情况来看，这一地区从一开始就是大蒙古国进行经济管理的重点区域。在向汗廷负担赋役、兵员的同时，这一地区还负责向诸王输送财物。依靠强大的经济潜力，该地对维系和巩固大蒙古国的统治已经具有举足轻重的地位。前贤已指出，窝阔台时期阔出、阔端的军事行动，并未形成攻打南宋的通盘考虑。③ 进一步说，窝阔台派出两位皇子的主要目的，或许本就不在于灭宋。本书第二章第四节已指出阔出、阔端两路攻宋对扩张窝

---

① Thomas T. Allsen, *Mongol Imperialism: The Policies of the Grand Qan Möngke in China, Russia, and the Islamic Lands, 1251–1259*, p. 85.

② Thomas T. Allsen, *Mongol Imperialism: The Policies of the Grand Qan Möngke in China, Russia, and the Islamic Lands, 1251–1259*, p. 221.

③ 胡多佳：《早期蒙宋关系（一二一一——一二四一）》，《元史论丛》第 4 辑，第 58 页。

阔台家族势力的作用。除占据大蒙古国的有生军事力量外，基于上文论述，从金朝故地获得经济资源的稳定供应，是窝阔台充实本家族实力的有效手段。从国家发展和本家族利益两方面来看，这一地区对窝阔台的意义都是十分重要的。

二 《元史·食货志》赐户名单再考察

关于丙申分封的相关史料保存在《元史·食货志》的"岁赐"部分。李桂枝、赵秉坤较早分析其中所见条目，基本厘清《元史》记录反映出的若干次分赐、核查五户丝的相关情况。作者阐明了丙申年分封诸王、戊戌年追封功臣的情况，并推定壬子年查认五户丝的 39 个领主为太宗戊戌年分封。[①] 该研究为进一步考察窝阔台时期的分封情况提供了基础。

先来看丙申年获得五户丝的领主。除黄金家族的诸王、公主外，还有 23 位功臣获得了五户丝。其中包括：出自札剌亦儿部的木华黎国王位下[②]、带孙郡王和左翼千户也速兀儿；出自忙兀部的左翼千户愠里答儿薛禅、塔思火儿赤；领兀鲁部四千户的尤赤台郡王位下；阿鲁剌部孛罗台；雪泥部的合丹太息、斡阔烈阇里必；兀良哈部的也速不花太师；老千户八答子（《秘史》巴歹之子）、和斜温两投下；探马赤将领乞里歹拔都（怯烈台）、笑乃带先锋（肖乃台）、折米思拔都儿（《中堂事记》之这里四迷）。

除以上可确认身份者外，还有一些受封者受到学者的关注。屠寄认为受封"广平路磁州九千四百五十七户"的忒木台驸马，就是《元史·诸公主表》中的"忒不歹驸马"，"木为不字之讹"[③]。他的推断是有道理的，不过，"木"字或许并非"不"字之讹。在波斯文史料中，成吉思汗大将哲别（Jebe）之名被写作 ‍‍‍‍‍ (Yeme)，反

[①] 李桂枝、赵秉坤：《五户丝制述略》，第 94 页。
[②] 按，丙申分封时木华黎、尤赤台郡王已死，故以"位下"称之。
[③] 屠寄：《蒙兀儿史记》卷一五一《诸公主表三》，中国书店 1984 年版，第 979 页。

映出蒙古语人名进入突厥语后，在读音上的变化①——辅音 b 变为辅音 m。忒木台可能是忒不㦲的突厥语读法。由《诸公主表》可知，忒不㦲曾孙塔赛、塔赛之子哈丹、哈丹之子朵忽皆尚公主，② 其家族地位显要。这与赐户名单中忒木台驸马右手三万户之一的身份相符。

贾敬颜认为赐户名单中的"孛鲁古妻佟氏"，即《中堂事记》中所记探马赤将领别立古歹之妻。他还提到另一种"别立古歹"为塔察儿之子、博尔忽之孙别里虎䚟的观点。③ 从五户丝数目来看，佟氏获得"真定一百户"，与肖乃台、怯烈台所得"东平一百户"持平，可知其夫身份与二人相近，应同为探马赤军将领。而同为"四杰"及其后裔的五户丝封户，则均在万户之上，与佟氏所得相去甚远。不过，别立古歹或别里虎䚟（Belgüdei），与孛鲁古（Bölkü）之名有区别，④ 此孛鲁古似亦非《中堂事记》之别立古歹。

李治安推测丙申年获封"分拨大名清丰县一千七百一十三户"⑤的迭哥官人是《元朝秘史》中的迭该那颜。⑥ 此说有一定道理。大名路是窝阔台汗长子贵由的封地，迭哥可能与窝阔台家族有关。同在赐户名单中的帖柳兀秃千户封户"河间路临邑县一千四百五十户"，与迭哥封户数量差别不大，可推知迭哥官人应具有千户长身份。本书第二章第一节已考，迭该应为成吉思汗赐给窝阔台的私属四千户长之一，此人在被赐给窝阔台汗后事迹不明，由此可知他可能又成为贵由家臣。

李教授的另一处推测是，获封"平阳一百四十四户"的黄兀儿塔海即《史集》中贵由汗之子忽察、脑忽派出参加拔都召开的忽里

---

① Stephen Pow, "The Last Campaign and Death of Jebe Noyan", *Journal of the Royal Asiatic Society*, Vol. 27, 2017, p. 41.
② 《元史》卷一〇九《诸公主表》，第 2762 页。
③ 贾敬颜：《探马赤军考》，《元史论丛》第 2 辑，第 37 页。
④ 关于"别立古歹"和"孛鲁古"的蒙古文译名，笔者曾向中国社会科学院民族学与人类学研究所乌兰研究员请教，谨致谢忱！
⑤ 《元史》卷九五《食货志三》，第 2437 页。
⑥ 李治安：《元代分封制度研究（增订本）》，第 517 页。

台的晃兀儿塔海，他代表贵由家族与蒙哥交涉。① 按《史集》的描述，晃兀儿塔海应为贵由汗家臣；但黄兀儿塔海的封户却在分拨给尤赤的平阳路，令人疑惑。从封户数量来看，或此黄兀儿塔海也是一般的探马赤将领。

村冈伦根据王恽撰《故金吾卫上将军景州节度使贾公行状》，确定了成吉思汗幼子阔列坚在丙申分封中所得分地。由此可知，《元史·食货志》分赐名单中获得河间路临邑县封户的"帖柳兀秃千户"，属于东道诸王阔列坚位下。他与前述合丹太息、也速不花、也速兀儿三人共领九千户，在丙申分封中获得的分地均在阔列坚分地范围内。村冈伦认为，阔列坚家族的获封是窝阔台对他战死于西征战场的补偿。②

还有几位受封者的身份尚不确知：灭古赤，"分拨凤翔府实有一百三十户"；孛哥帖木儿，"分拨真定等处五十八户"；添都虎儿，"分拨真定一百户"③。以诸人分得的户数来看，灭古赤、孛哥帖木儿和添都虎儿可能为探马赤军将领。

太宗十年又赐予一批功臣五户丝封户，即赐户名单中带有"壬子年元查"字样者，共计36人。可确知身份者有以下数人：探马赤将领阔阔不花、撒吉思不花、孛罗海拔都儿（《元史·兵制二·宿卫》之不里海拔都儿）、塔丑万户、阿术鲁拔都和孛罗口下裴太纳；窝阔台汗时期的主要军政官员镇海相公、曳剌中书兀图撒罕里（耶律楚材）、忽都虎官人（失吉忽秃忽）、孛罗浑官人（博尔忽后裔）、察罕官人、塔察儿官人、也可太傅（耶律秃花）、忒木台行省（札剌亦儿部帖木迭儿）、忽都那颜（《元史·忽都传》）。

壬子年核查封户名单中，有两人情况特殊。一是拾得官人。李

---

① 李治安：《元代分封制度研究（增订本）》，第517页。
② 村岡倫：「『元史』食貨志歳賜と地理志から見るコルゲン・ウルスの変遷」，『龍谷史壇』第151、152号，2021年，4—6页. 此文由村冈伦教授邮件赐示，谨致谢忱！
③ 以上封户皆见于《元史·食货志三》的"赐户名单"。

治安认为此人即木华黎家族的硕德（又作世德）。① 按《元史·木华黎传》，硕德之父乃燕自宪宗年间任事，世祖即位后，硕德才入宿卫。② 故即使硕德家族获得戊戌年封户，壬子年核查时，这些封户也应列于其父乃燕名下。二是阿剌罕万户。阿剌罕之父也柳干在窝阔台时期随阔出攻宋，并于察罕死后担任"诸翼军马都元帅"③，直到宪宗八年（1258）战亡，阿剌罕才袭父职。则壬子年核查时，亦应列也柳干之名。拾得官人和阿剌罕万户的封户，只保留了壬子年查对后的户数。两家均有后人袭职，却未见宪宗戊午年、至元年间加封户数，也未使用太宗戊戌年到宪宗壬子年间任职的家族成员之名，反而将以往封户登记在至元年间任事的子辈名下，令人奇怪。

这一情况或反映出《元史》赐户名单的形成过程。拾得官人名下的封户内容是："五户丝，壬子年，元查东平等处畸零一百一十二户，计丝八十四斤。"④ "计丝八十四斤"前实际省略了"延祐六年"的核查时间。如李桂枝、赵秉坤所说，这种情况说明到延祐六年，拾得官人应有的五户丝民户可能已经不存在了，朝廷直接给予其应得的五户丝收入。不过，李、赵两位先生认为朝廷给予收入的标准是"按分拨和元查时保留下来的户数"⑤，这是有问题的。即使按照中统年间"五户出二斤丝"的计算标准，八十四斤丝对应的封户显然也超过一百一十二户。这里多出的部分很可能是拾得因功受赏增加的封户（以实物形式发放）。《元史》记硕德在世祖年间至辽东平乱，"帝大悦，赏赉有差"⑥，或是他获得加封的原因。

阿剌罕万户的封户内容是"五户丝，壬子年，元查保定一

---

① 李治安：《元代分封制度研究（增订本）》，第484—485页。
② 《元史》卷一一九《木华黎传》，第2941页。
③ 《元史》卷一二九《阿剌罕传》，第3147页。
④ 《元史》卷九五《食货志三》，第2429页。
⑤ 李桂枝、赵秉坤：《五户丝制述略》，第94页。
⑥ 《元史》卷一一九《木华黎附硕德传》，第2942页。

户"①，说明壬子年后没有加封。但这里将分赐对象记为阿剌罕，说明其名下封户已经世祖年间的再次核查。也就是说，《元史》赐户名单很可能是在丙申年分赐名单的基础上，经壬子年增加太宗八年追封者、至元年间核查并增加江南钞户，到延祐六年再次核查，并将封户直接换算为丝线数目后形成的。经由这一"叠加"，名单中的某些受赐者也不再记初封者之名，而代之以最后一次核查时的领有者。

　　李治安认为，获得大名等处封户的霍木海为《元史·世祖纪》所记中统年间统管驿站事务的霍木海，②此说可取。由此推测，霍木海在窝阔台统治时期就开始负责驿站相关事务。李文引韩儒林观点，认为名单中带"答剌罕"之衔的贾塔剌罕、塔剌罕刘元帅为汉人；并推测忽辛火者为回回人。③ 疑贾塔剌罕为贾塔剌浑，④ 此人"从睿宗入散关……升金紫光禄大夫、总领都元帅。从大帅太赤攻徐、邳"⑤，是窝阔台时期参与攻金、攻宋的重要匠军将领。刘元帅或为刘黑马，按《刘黑马墓志》，其祖父刘柏林授职"西京留守，天下兵马副元帅"，后刘黑马"奉诏承祖职"⑥，说明刘黑马也有元帅之衔。他随拖雷攻金，戊戌年已随塔海绀卜入蜀作战，也是窝阔台时期最受重用的汉军将领。以此二人的当时地位而言，有答剌罕之号、获戊戌年封户都是比较合理的。⑦

――――――――――

① 《元史》卷九五《食货志三》，第2443页。
② 李治安：《元代分封制度研究（增订本）》，第529页。
③ 李治安：《元代分封制度研究（增订本）》，第530—532页。
④ 前引李、赵《五户丝制述略》中（第95页），径言"贾答剌罕本传称贾塔剌浑"，似未安。"答剌罕"的蒙古语作 darqan，"塔剌浑"则作 tarqun（《秘史》第241节译作"塔ᠷ儿ᠬ浑"），第二音节元音不同，并非一词。
⑤ 《元史》卷一五一《贾塔剌浑传》，第3577页。
⑥ 骆天骧：《大元故宣差都总管万户成都路经略使刘公墓志铭》，载《元代刘黑马家族墓发掘报告》，第25页。
⑦ 窝阔台统治时期已有汉人受封答剌罕，可佐证这一推测。参见姚燧撰《游显神道碑》，姚燧《牧庵集》卷二二《荣禄大夫江淮等处行中书省平章政事游公神道碑》，载查洪德编《姚燧集》，第338页。另见武文静《蒙元时期"答剌罕"补正——以〈游显神道碑〉为中心》，未刊稿。

另外，可基本确定壬子年有"真定二十二户"的大忒木儿之身份。元代名医罗天益所著《卫生宝鉴》中《胁寒治验》记述"征南副元帅大忒木儿，年六旬有八，戊午秋征南，予从之"①。罗天益在宪宗时期曾充任军医，随军南下攻宋。此征南副元帅应与赐户名单中的大忒木儿为同一人。从其年龄、官职来看，此人参与窝阔台时期攻金、攻宋之战，并获得封户是很有可能的。

剩余若干受封者的情况尚不完全清楚。其中有记为"阿里侃断事官"者，布尔勒认为此即指呼罗珊长官阿儿浑。② 此说不可取。据周德清辑《中原音韵》，"侃"音同"罕"。③ "罕"多见于元代蒙古人名的汉译，对应蒙古语音节 qan。则阿里侃之名可构拟为 Ariqan；而阿儿浑之名波斯文转写作 Arghun。《五世系·蒙古世系》记窝阔台之子合丹后裔时，有一波斯名为 Arghun 者，对应的蒙古语名为 Arqun。④ 故"侃"和"浑"对应的蒙古语元音分别为 a 和 u，此二名不可勘同。从阿里侃获封济宁民户来看，此人可能是食邑在该处的鲁国公主位下断事官。

另有一人被记为"清河县达鲁花赤也速"。按《元史·地理志》，清河"本恩州地，太宗七年，籍为清河县，隶大名路"⑤，大名路是丙申年赐给贵由的封地，故疑此也速为贵由派出的监临官。此外，名单中的"塔兰官人"疑为《史集》所记阿里不哥第二子灭里帖木儿的妻子吉勒帖哈敦之父，出自札剌亦儿部的塔兰那颜。⑥

除以上数人外，在戊戌年获封者还有：封户在东平路的伯纳官

---

① 罗天益：《卫生宝鉴》卷二二《医验纪述·胁寒治验》，中国中医药出版社 2007 年版，第 290 页。

② Paul David Buell, *Tribe, Qan and Ulus in Early Mongol China: Some Prolegomena to Yüan History*, pp. 160–161.

③ 周德清辑：《中原音韵》上册，影明正统六年讷庵本，中华书局 1978 年版，叶 21a。

④ *Shuʿab-i Panjgāna*, f. 127a.

⑤ 《元史》卷五八《地理志一》，第 1361 页。

⑥ ［波斯］拉施特编：《史集》第二卷，余大钧、周建奇译，第 368 页。

人、欠帖温（曹州）、怯薛台蛮子（泰安州）；在大都路的昔里吉万户、布八火儿赤、徐都官人和憨剌哈儿（保定）；在真定路的哈剌口温和阿剌博儿赤；在汴梁的必阇赤汪古台和在怀孟的卜迭捏拔都儿。

由以上考订可见窝阔台时期获赐五户丝封户的功臣情况。丙申年得到封户的功臣主要是军事统帅，包括蒙古老千户长和部分探马赤军将领；而戊戌年获封者中，汗廷、地方行政官员的数量有所增加，一些受封者也是攻宋战争中的主要军事将领。这与当时行政建制与军事行动的情况相一致。窝阔台利用传统的资源分配方式，实现了对统治集团内部人员构成的调整与扩展。探马赤军将领的受封增加，如本书第二章第一节所述，能够有效加强大汗直接控制的军事力量。而将包括耶律楚材、镇海在内的非蒙古部族出身者纳入利益分配的体系中，可吸引更多治国人才投效蒙古。这是戊戌年增封功臣的政治意义。

对黄金家族诸王的分封也有类似作用。丙申年分封的诸王包括：太祖叔答里真官人；东道诸王合撒儿、合赤温、斡赤斤和别里古台；太祖子朮赤、察合台，窝阔台长子贵由和拖雷幼子阿里不哥，太祖第六子阔列坚；太宗子阔端太子。公主包括：太祖女阿剌海（赵国公主，嫁汪古部孛要合）、火臣别吉（昌国公主，嫁亦乞列思部孛秃）和秃满伦公主（郓国公主，嫁弘吉剌部赤窟）；朮赤女火雷公主（嫁斡亦剌部哈答）；睿宗女也速不花公主（鲁国公主，嫁弘吉剌部斡陈）。可见受封对象仍以成吉思汗为关系核心。窝阔台汗作为黄金家族的宗主，具有维护家族整体利益的职责，需要将所得资源分配给家族成员。

戊戌年加封朮赤晋州一万户、察合台深州一万户。① 由分封人数可知，这次加封并非以土地为标准，而是以人户为标准。晋州和深

---

① 《元史》卷九五《食货志三》，第2414页。

州在分封之前，曾是世侯张柔的辖地，晋州在中统年间才归属真定路，① 深州在太宗十年，也就是成为察合台封地后归属真定路。②《元史》赐户名单记封赐"真定晋州一万户""真定深州一万户"，并不符合当时情况，应当也是后来核查时更定的结果。

太祖第三斡耳朵"壬子年，查认过真定等处畸零三百一十八户"；斡勒忽纳部塔出驸马"壬子年，元查真定等处畸零二百七十户"，可知戊戌年窝阔台还将真定等地民户分给成吉思汗后妃及其幼女所嫁驸马部族。另外，在睿宗子岁哥都大王名下，"壬子年，元查认济南等处五千户"。岁哥都的主要活动，是在蒙哥汗即位后派他跟随旭烈兀西征，故疑窝阔台这次的分赐对象，并非岁哥都本人，而是类似掌管太祖第三斡耳朵的后妃，亦即岁哥都之母、拖雷的某位哈敦。由此亦见拖雷家族的封地不仅限于真定路的八万户。

松田孝一、村冈伦已指出，《元史·食货志》保留下来的分封户数，根据的是元朝晚期纂修的《经世大典》的内容。③ 故而分赐名单中的具体户数，与窝阔台时期的真实封户数可能有区别。不过，即使具体户数有所变化，但利用其考察当时的分配比例，仍然具有可行性。根据分赐名单，拖雷幼子（正妻）受封真定八万户，在诸王中封户最多，显然与拖雷在灭金战役中的显赫军功直接相关。而如果考虑到皇子贵由得六万余户、阔端得四万余户，窝阔台家族仍然是这次分封中获利最大的一系。从这一角度，更容易理解为何窝阔台分封诸王功臣要在丙申年，而非灭金的甲午年进行。这一年贵由已经主持辽东战事，阔端也已率军入蜀，他们均可凭借军功获得较大份额的封户。联系戊戌年加封尤赤、察合台各一万户，窝阔台在处理黄金家族内部的经济资源分配时，实际上也体现出压制拖雷

---

① 温海清：《画境中州——金元之际华北行政建置考》，第 119、122 页。
② 《元史》卷五八《地理志一》，第 1357 页。
③ 村冈伦：「『元史』食貨志歲賜と地理志から見るコルゲン・ウルスの変遷」，8 頁.

家族的政治意图。村冈伦也指出，窝阔台对前述左手九千户的分封，有分割拖雷家族兵力的考虑。① ——经济上的封户有同样的作用。窝阔台并未减少拖雷家族所获战利品，而只是增加其他支系的封户，但最终结果是拖雷家族所占的分配比例下降，他们的实际利益仍然受到损害。

通过收、支两种途径，窝阔台实现了对金朝故地经济资源的有效利用。在收入方面，此时该地区征收的诸种赋税与前代制度关系密切，由此大蒙古国的军事行动得到物质保障。同时，如本章第一节所述，大汗利用斡脱商人，将华北地区的民间白银转变为适合储藏在草原地区的各类珍宝，也迅速积累了汗廷的财富。在支出方面，随着华北籍户的展开，这一地区成为攻宋战争的兵员补给地，也是支付诸王战争收益的人户来源，满足了窝阔台军事扩张和资源分配的需要。通过增加分封功臣，窝阔台将来自各地的治国人才吸纳入大蒙古国的统治体系，有效促进了国家发展。

金朝故地的经济资源也是窝阔台扩张本家族势力需要的重要保障。一方面，他利用军需供应和战利品分配时机，使贵由、阔端和阔出等皇子从军事活动、战利品分配等方面与这一地区建立经济联系，加强本家族对这一地区经济资源的控制。另一方面，增加黄金家族其他支系在华北地区的经济收益，导致拖雷家族在分封中的占比下降，减少他们实际的经济收益。窝阔台对金朝故地经济资源的掌控与利用，与本书第二章第四节所述军事安排相辅相成，目的都在于增加本家族实力而打压拖雷家族。拖雷借由军事指挥权而拥有的战利品分配权，乃至在监国时期为本家族创造的优势经济地位，在这一时期都遭到破坏，大蒙古国的最高领导权已经完全被收入窝阔台的手中。

---

① 村岡倫：「『元史』食貨志歲賜と地理志から見るコルゲン・ウルスの変遷」，7頁．

第三节　作为财富中心的新都城

太宗七年，窝阔台定都哈剌和林，确立了新的草原权力中心。学界关于哈剌和林的讨论，较早围绕定都者是成吉思汗还是窝阔台展开。柯立夫认为成吉思汗时代已定都和林，苏联考古学家吉谢列夫等人也持此意见，并据此对和林遗址的某些文物进行断代。伯希和早先亦有此论，但在《马可·波罗行纪注》中，他已改变自己原先的看法，认为成吉思汗只是在和林地区设立了斡耳朵，而真正建城则是窝阔台时期之事。① 陈得芝也持此种观点，他利用耶律楚材父子的诗文反驳了柯立夫、吉谢列夫等人以佛教遗存证明和林在建立宫殿前已有城市的观点，证明了窝阔台时期才在和林正式建都。② 除解决这一问题外，陈得芝还厘清了窝阔台汗的四季驻跸之地：春季为和林西北方向的扫邻城，夏季在距之不远的月儿灭怯土，秋季在曲先脑儿，冬季则在城南的汪吉营地。作者根据《耶律希亮神道碑》所载碑主生于"和林城南四十里之秃忽思凉楼"，知窝阔台建迎驾殿于和林城南，因由汪吉回和林先经此地，可知汪吉在和林之南。③ 该文基本厘清了和林城的建立过程及周边情况。

定都和林涉及的另一个问题，是此处是否原属于拖雷封地，窝阔台的选址是否损害了拖雷家族的权益。伯希和提到巴托尔德即有此观点。日本学者松田孝一也认为，大蒙古国时期，哈剌和林与杭爱山之间一直是拖雷家族的势力范围。窝阔台建都于哈剌和林，实际上是侵夺了拖雷的领地。④ 而陈得芝认为，蒙古大汗有权

---

① Paul Pelliot, *Notes on Marco Polo*, Vol. 1, p. 167.
② 陈得芝：《元岭北行省建置考》（上），载氏著《蒙元史研究丛稿》，第120—125页。
③ 陈得芝：《元和林城及其周围》，载氏著《蒙元史研究丛稿》，第39—43页。
④ ［日］松田孝一：《拖雷家族之杭爱山领地》，乌日娜译，第10页。

选择任意地区建立都城，哈剌和林具有黄金家族共有地的性质。①邱轶皓在这一认识的基础上，提出和林是拖雷势力范围的边缘地带，由于成吉思汗死后的汗位传承危机，窝阔台转而经营此地，其家族也"拥有了较为特殊的权利"②。围绕哈剌和林的营建，邱轶皓认为，成吉思汗时期蒙古人的主要活动范围在蒙古高原东部，至窝阔台时期，在拖雷家族掌握多数政治资源的背景下，经营在蒙古/突厥边界的哈剌和林就成为树立大汗权威的必要之举。而哈剌和林真正成为蒙古帝国的中心，则是到其周边地区与拖雷家族原据分地在蒙哥汗手中获得统一之时。③由此可见，虽然都城选址并未侵夺拖雷家族分地，但窝阔台对和林城的营建，仍然受到拖雷家族的影响。

由以上研究可见，学界对哈剌和林的既有研究，往往与成吉思汗、拖雷相联系。在探讨窝阔台定都和林时，相关研究强调了成吉思汗对在此建都的原有设想，和拖雷家族在此地的应得权益，却对窝阔台在都城营建方面的相关构想揭示不足。此即本书将要探讨的重点。

一 营建万安宫的经济目的

《元史·太宗纪》载："七年乙未春，城和林，作万安宫"，次年"正月，诸王各治具来会宴。万安宫落成"④。可知修筑万安宫，是营建都城过程中的一件大事。这座宫殿的落成，标志着和林都城地位的确立。《元史·刘敏传》记"建万安宫，设官阓司局"⑤，可知在万安宫建设的同时，也设立了相关服务机构。

苏联考古学家在发掘报告中指出，万安宫整体遵循工字形布局，

---

① 陈得芝：《元岭北行省建置考》（上），载氏著《蒙元史研究丛稿》，第127页。
② 邱轶皓：《蒙古帝国视野下的元史与东西文化交流》，第56、61页。
③ 邱轶皓：《蒙古帝国视野下的元史与东西文化交流》，第91页。
④ 《元史》卷二《太宗纪》，第34页。
⑤ 《元史》卷一五三《刘敏传》，第3610页。

与后来建成的大都白云观、平阳永乐宫结构相近。且主殿体现出左右对称的空间设计，并沿南北中轴线修筑。① 志费尼记述说，窝阔台在和林有一座"有四扇门的花园"②，考古报告提到在宫殿遗址的东南部有几处水塘，水塘中的水是鄂尔浑河水通过运河注入的。③ 林梅村注意到万安宫按传统术数观念选址西南，及对以往汉式宫殿常见"滴水瓦"的使用。④ 可见万安宫在布局、结构和营造技术上都体现出汉式宫殿的特色。那么，为什么窝阔台不继续以帐为廷，而要另建一座汉式宫殿作为都城标志呢？

从政治目的看，相比蒙古帐殿，汉式宫殿的布局更能体现出权力至高性。考古学家发现在万安宫遗址中，有通向宫殿的狭长走廊，行人在走廊上难以窥见宫殿内部的情况；⑤ 志费尼也说，花园（万安宫）的四扇门中，"一门为统治世界的皇帝开设，一门为他的诸子和族人开设，再一门为后妃公主开设，第四门作为黎庶进出之用"⑥。万安宫的布局发挥出别内外、分贵庶的作用。这与窝阔台即位时，耶律楚材提倡宗王行跪拜仪有异曲同工之效。故而，营建万安宫可以有效地增强大汗权威。

而从本书更关注的经济目的看，汉式宫殿的固定性特点，使其具有标志大汗领地的作用。这是窝阔台为本家族汇集财富的前提。一座汉式宫殿一旦建成，除拆除毁坏外，没有空间移动的可能。由窝阔台营建的万安宫，是他占有哈剌和林地区的直接证据。进一步说，万安宫标志着哈剌和林是窝阔台为本家族选择的新分地。

这一"分地"的意义，可类比于术赤家族建立的萨莱城、察合台家族所在的阿力麻里，即作为窝阔台家族的本部兀鲁思。前贤或

---

① ［苏］C. B. 吉谢列夫等：《古代蒙古城市》，孙危译，第128—129页。
② ［波斯］志费尼：《世界征服者史》上册，何高济译，翁独健校订，第277页。
③ ［苏］C. B. 吉谢列夫等：《古代蒙古城市》，孙危译，第110页。
④ 林梅村：《大朝春秋：蒙元考古与艺术》，紫禁城出版社2013年版，第100页。
⑤ ［苏］C. B. 吉谢列夫等：《古代蒙古城市》，孙危译，第129页。
⑥ ［波斯］志费尼：《世界征服者史》上册，何高济译，翁独健校订，第277页。

认为哈剌和林是大汗营地，而不属于窝阔台家族。① 这一结论成立的前提是知晓蒙哥汗也曾驻跸和林，且该城后被拖雷家族控制。然而，在窝阔台营建此城时，他绝不会设想、也未料想到大汗之位会落入拖雷之子手中。按照他的想法，哈剌和林是本家族兀鲁思的核心，也是未来将由储君继承的国都。

波斯文史料中的一些描述可为这一判断提供证据。即使是代表伊利汗国官方立场的《史集》，在某些内容中也透露出编纂者对窝阔台和哈剌和林之间直接关系的认识。《史集》叙述乃蛮部时说，"他们所住的地方如下：大［也客］阿勒台，哈剌和林（窝阔台合罕曾在那里的平原上建有雄伟的宫殿），阿雷－昔剌思山和阔阔－也儿的石山（康里部也住在那一带），也儿的石－沐涟，即也儿的石河，位于该河与乞儿吉思地区之间并与该国边境毗连的群山，这些山一直延伸到蒙古斯坦地区、到王汗所住的地区、到乞儿吉思地区以及与畏兀儿国毗连的沙漠边境"②。从《史集》对乃蛮部地理范围的描述来看，这里提到的"哈剌和林"，显然不是太宗七年建立的新都城，而是窝阔台家族的原有分地叶密立。《史集》将叶密立与哈剌和林混淆，又特别指出窝阔台曾在那里建筑"雄伟的宫殿"，可见在编纂者的印象中，哈剌和林的宫殿、哈剌和林都与窝阔台有直接联系。

在叙述突厥与蒙古的共同祖先时，《史集》记述道："不勒札汗的冬营地也在那一带，在名为不儿孙、合乞颜和哈儿和林、又名哈剌和林等处。这些地方附近，有塔剌思和合里－赛蓝两城。"③ 从其附近有塔剌思和赛蓝两城判断，此处的哈剌和林亦非新都城哈剌和林。疑《史集》此处所指为伊塞克湖畔、曾为西辽都城的虎思斡耳朵。此地亦曾为游牧政权的都城，与哈剌和林有相似的重要地位。《史集》后文说赛蓝城"归海都辖有，为宽彻的兀鲁思［分地］。他

---

① 陈得芝：《元岭北行省建置考》（上），载氏著《蒙元史研究丛稿》，第127页；刘迎胜：《察合台汗国史研究》，第324页。
② ［波斯］拉施特编：《史集》第一卷第一分册，余大钧、周建奇译，第224页。
③ ［波斯］拉施特编：《史集》第一卷第一分册，余大钧、周建奇译，第132页。

的后裔据有的地方在附近"①。宽彻是察合台系后王都哇之子，由于海都和都哇存在同盟关系，史料中常将两系后王一并叙述。联系《史集》后文称不勒札汗后裔乌古斯汗获得了塔剌思、赛蓝到不花剌之间的所有地区来看，编纂者或在潜意识中产生了这样的类比，即将海都与其祖父窝阔台汗类比为乌古斯汗与不勒札汗，不勒札汗的冬营地即窝阔台的和林城。而如乌古斯汗占据了赛蓝、塔剌思等地一样，海都也是蒙古时代这些地区的实际占有者。换言之，如古时塔剌思地区属于不勒札汗一般，在编纂者眼中，哈剌和林即属于窝阔台乃至其家族。

时代更晚的《完者都史》记都哇曾对海都之子察八儿说："呼罗珊和突厥斯坦之地及草原，属于察合歹及其氏族……若你有力量的话，去夺取汝祖窝阔台合罕的老家，其夏营地和冬营地哈剌和林。"② 这说明迟至这一时期，至少察合台家族的诸王仍然认可窝阔台家族对和林的所有权。

这里需要补充说明拖雷分地的情况。蒙古的"幼子守灶"传统，主要指幼子继承父母的财产。据此，拖雷实际继承的只是成吉思汗的大斡耳朵及周边地区，这一地区也是当时拖雷家族的本部兀鲁思。蒙哥汗时期曾亲赴汗廷的志费尼明确说，拖雷的领地与"国之中心"毗邻且相连，③ 即指拖雷的领地是以成吉思汗大斡耳朵所在之地为中心的、与哈剌和林地区相邻的土地。拖雷因曾经监国而能管理全部蒙古草原，但不能以此说明他具有这片广阔土地的所有权。实际情况是，蒙古统治者会将统治领域在黄金家族内不断细分，④ 蒙古草原的土地领有也就呈现出各家族势力犬牙交错的局面。

窝阔台选择和林作为新分地、营建作为标识的万安宫需要投入充足的人力和技术。万安宫遗址出土了大量琉璃鸱尾、龙纹瓦当等

---

① ［波斯］拉施特编：《史集》第一卷第一分册，余大钧、周建奇译，第132页。
② 刘迎胜：《察合台汗国史研究》，第323页。
③ ［波斯］志费尼：《世界征服者史》上册，何高济译，翁独健校订，第46页。
④ 邱轶皓：《蒙古帝国视野下的元史与东西文化交流》，第90页。

建筑构件，林梅村也提到万安宫"大面积铺设伊斯兰艺术风格的孔雀蓝釉铺地砖"①，说明当时应已存在能够大量烧制琉璃、彩釉等建筑材料的工坊。《元史·兵志》记，太宗七年自华北及陕西地区签军，"签宣德、西京、平阳、太原、陕西五路人匠充军，命各处管匠头目，除织匠及和林建宫殿一切合干人等外……"②说明华北地区有不少工匠都被征发到和林地区，参与万安宫的修建。同书《刘敏传》记太祖年间分拨给传主"西域工匠千余户"，令他"立两军戍燕"③，可知窝阔台即位之前，燕京地区已有从战争中俘虏的中亚工匠。刘敏主持修筑万安宫时，这些工匠很可能参与了具有中亚风格的构件烧造。因修筑万安宫，以工匠为代表的各类人户向和林地区汇集。对于游牧统治者而言，人口即财富。且如本章第一节所述，工匠群体因具备技艺或从远距离迁移而来，在蒙古统治者眼中具有更高价值。从这一意义上说，修建万安宫的过程，即窝阔台汇集财富的过程。

二 和林城的财富积累

在万安宫落成当年，诸王来宴，实际即举行窝阔台时期的第三次忽里台。本章第二节已述该年秋天分封诸王、功臣的相关情况，不难判断这次忽里台的主要内容与分封有关。另外，由《元史·太宗纪》可知，同年三月开展了复修孔子庙、天文台等事务，这些文教工作应当也是在这次忽里台上，由耶律楚材倡议而得到大汗批准的。与建造万安宫类似，窝阔台对文教事务的支持，起到了昭示统治正统性的重要作用。在汉式宫殿举行、增加文教事务的内容，是这一时期忽里台的重要特点。

如本章第二节所述，窝阔台之所以在万安宫建成后才召开忽里

---

① 林梅村：《大朝春秋：蒙元考古与艺术》，第 101 页。
② 《元史》卷九八《兵志一》，第 2509 页。
③ 《元史》卷一五三《刘敏传》，第 3609 页。

台，是此时皇子贵由、阔端均已获得军功，可以在战利品分配中获得更多民户，窝阔台家族的经济收益由此也大为增加。实际上，早在金朝灭亡的甲午年，窝阔台已经召开过一次忽里台。参加灭金的诸王、功臣本应在这次忽里台上获得参加灭金战争的封赏，但大会的主要内容却是"颁布宪章"。这一安排也体现出窝阔台规范家族内部秩序、加强汗权的谋划，关于这一问题的讨论，详见本书第五章第二节。

除诸王外，这次万安宫大会应当还有远道而来的臣僚参加。前引志费尼对万安宫的描述十分细致，并有专节记述"合罕的宫室和驻地"，可知其信息来源应当是万安宫的亲见者。疑他从其父处获得相关信息。志费尼之父和呼罗珊第二任长官阔儿吉思曾入朝觐见。根据《世界征服者史》的记载，阔儿吉思首次从汗廷西返，到达呼罗珊之时恰逢成帖木儿去世。[①] 后者去世的时间是伊历 633 年，对应公元 1235 年 9 月至 1236 年 9 月。[②] 陈春晓梳理了《西使记》对常德去程时间的记述，常德从和林出发行至祃拶答而地区需要三个多月（正月下旬到四月初）。[③] 而和林至呼罗珊距离更近，即使按四个月计算，阔儿吉思和志费尼之父一行，从和林出发的时间断限是 1235 年 5 月至 1236 年 5 月。在这一时间段内，两人很有可能参加万安宫大会。

在这次觐见后，如本书第三章第四节所述，阔儿吉思为了获得呼罗珊长官之位，曾再次来到汗廷，并为窝阔台献上一顶装满宝物的帐篷。这反映出臣僚向大汗进献财物的情况。这是蒙古统治者聚集财富的手段之一。作为窝阔台常驻的和林城，也就成为大汗存放珍宝之地。

此外，窝阔台还通过促进和林的城市发展来积累财富。《史集》

---

① ［波斯］志费尼：《世界征服者史》下册，何高济译，翁独健校订，第 588 页。
② ［波斯］志费尼：《世界征服者史》下册，何高济译，翁独健校订，第 581 页。
③ 陈春晓：《伊利汗国的中国文明——移民、使者和物质交流》，第 203 页。

记述道，大汗下令，"命［他的］兄弟、儿子以及在他身边的其他宗王们，各在宫的四周建立华丽的住宅……当那些建筑完成并彼此毗连时，［它们］就成为整整一大群建筑"①。围绕万安宫的亲贵宅邸率先被建立起来。耶律楚材有《喜和林新居落成》和《题新居壁》二诗，王国维认为二诗均写于1236年。② 此即他奉命在国都所建居所。《世界征服者史》记窝阔台去狩猎时，途经牙老瓦赤的宅邸。牙老瓦赤遂设宴款待，大汗停驻设帐，在此饮酒宴乐。③ 可知牙老瓦赤在和林也有府邸。另外，《元史·纯只海传》记载，传主"既入觐，太宗以纯只海先朝旧臣，功绩昭著，赐第一区于和林"④，说明窝阔台还以和林城内的宅邸赏赐功臣。通过号召显贵兴建住宅，和林城进一步繁荣起来。

窝阔台还大力支持城内工商业、农业的发展。《世界征服者史》记述了若干件与和林城有关的"合罕轶事"。和林城内有一制弓匠技艺不佳，所制之弓无人购买，窝阔台便花费重金购买了他进献的二十张弓；⑤ 另有人用山羊角制作了一只杯子，受赐五十巴里失。⑥ 大汗途经和林的一间枣铺，回宫后令答失蛮哈只卜取一个巴里失去买枣。而答失蛮只支付了四分之一的巴里失。大汗得知后，斥责答失蛮说："这人几曾有过我们这样的顾客？"令其给予卖枣者十个巴里失。⑦ 窝阔台使这些工商业者获得极高利润，首要意图并不在于传播慷慨之名，而是如他自己所说，工匠、商贩并不常遇到能够获得收

---

① ［波斯］拉施特编：《史集》第二卷，余大钧、周建奇译，第69页。
② 王国维：《耶律文正公年谱》，载氏著《王国维遗书》第11册，叶18a。
③ ［波斯］志费尼：《世界征服者史》上册，何高济译，翁独健校订，第254页。
④ 《元史》卷一二三《纯只海传》，第3031页。关于纯只海家族在元代的活动，参见刘晓《元镇守建德"怀孟万户府"与镇守徽州"泰州万户府"考——兼及元代的纯只海家族》，《安徽史学》2014年第3期，第109—115、127页。
⑤ ［波斯］志费尼：《世界征服者史》上册，何高济译，翁独健校订，第257页。
⑥ ［波斯］志费尼：《世界征服者史》上册，何高济译，翁独健校订，第259页。
⑦ ［波斯］志费尼：《世界征服者史》上册，何高济译，翁独健校订，第253—254页。

益的顾客，故必须以厚利尽可能维持其生活，保证城市内具有一定数量的常住人口，和林城才具备继续发展的条件。

志费尼记述，和林因气候寒冷而不利于发展农业。在窝阔台统治时期，有人在此地种出了萝卜献给大汗。大汗按照萝卜和叶子的总数，赏赐此人一百巴里失。① 某年庄稼生长时，下了一场冰雹，庄稼损失惨重，和林粮价也随之升高。窝阔台命使者宣告，凡种庄稼者如当年无收获，将从和林库藏内得到足够的粮食。② 这同样是以高经济回报维持和林地区农业发展的例子。

城市建设需要前期投资，和林作为草原城市，对建立初期的投入要求又远高于农耕地区。本章第一节提到，蒙古辖境内各地粮物、财宝都运往汗廷，这些财物中也有相当一部分要用于和林的城市发展。投入了大量财富营建的和林城，就像远途而来的工匠、手工艺人制造的工艺品一样，本身就具有极高的经济价值。

除了城市的内部建设，窝阔台还建立了通往和林的驿路，便于地方物资运往和林。通向和林的驿道，南北方向主要有帖里干道、木邻道和纳邻道。帖里干道由燕京通向和林，徐霆出使蒙古经行此道；木邻道由西京通向和林，是彭大雅出使蒙古所行路线。③ 这两条线路是通向和林的主干道。如《史集》所述，"每天有五百辆载着食物和饮料的大车从各方到达该处［哈剌和林］；把［它们］储于仓中，以便取用"④，汗廷需要的粮食即由驿道运输到和林。帖里干道南接燕京，燕京行省所征收的赋税由此送往和林。木邻道接通西京，根据邱轶皓的考察，西京路中窝阔台分地受命准备饮马槽、斡耳朵大毡，⑤ 这些物品便会经木邻道运往和林。

---

① ［波斯］志费尼：《世界征服者史》上册，何高济译，翁独健校订，第248—249页。
② ［波斯］志费尼：《世界征服者史》上册，何高济译，翁独健校订，第262页。
③ 党宝海：《蒙元驿站交通研究》，第58页及注3、4。
④ ［波斯］拉施特编：《史集》第二卷，余大钧、周建奇译，第69页。
⑤ 邱轶皓：《蒙古帝国视野下的元史与东西文化交流》，第103—104页。

在东西方向，和林西行至阿尔泰山后可分三路，一为自东北翻山而过，向西到达海押立，再向西至楚河。此路为成吉思汗率军西征经行之路。二是自乌伦古河至叶密立，向西可至阿拉湖，再西行到达海押立；向南到普剌，再南行到达阿力麻里。三是自乌伦古河南下，过戈壁至别失八里，沿天山北麓西行至阿力麻里。此路即丘处机西行之路。① 《世界征服者史》记述阔儿吉思、阿儿浑入觐大汗时，都提到他们经过阿力麻里。可知在窝阔台及之后时期，呼罗珊及更远地区的属臣前来觐见、献贡，主要需通过第二、第三条线路。

窝阔台统治时期的圣旨，记述了诸驿路向汗廷输送物品的功用。太宗四年规定，"若军情急速事件及进纳颜色、丝线、酒食、米粟、段匹、鹰隼，但系御用诸物……应付铺马车牛"②。即汗廷所需之物，或生活用品，或进献之宝，均可使用驿路送达大汗所在之处。和林建城后，这些物品经上述驿路，被源源不断地送往新都城。

通过属臣贡献、城市建设和驿道运送三种途径，各类珍宝财物聚集于和林城。为了更牢固地控制国家财富，窝阔台很可能还下达了不允许地方私储财物的诏令。《世界征服者史》记述阔儿吉思在徒思时，"违反蒙古法令"，"曾在有墙的城镇中心建筑一座坚实的仓库，住在那里"③。察合台兀鲁思派使者来抓捕他时，即以此仓库为阔儿吉思叛乱的证据。这说明在正常情况下，一般城镇不应建立私属性质的仓库。同书记载贵由汗时提到，当时各类商品、货物堆积如山，但大臣对贵由汗说，虽然"运送所有这些将有困难"，"但必需把它们送进哈剌和林的仓库"。④ 这表明即使是运至汗廷的财物，也不能根据大汗的当时驻地随意存放，而是必须送入和林城的仓库保存。通过这一规定，和林城的财富积累愈加丰裕。

---

① 党宝海：《蒙元驿站交通研究》，第 56—58 页。
② 《永乐大典》卷一九四一六《站赤一》，太宗四年五月二十五日圣旨，第 7192 页。
③ ［波斯］志费尼：《世界征服者史》下册，何高济译，翁独健校订，第 599 页。
④ ［波斯］志费尼：《世界征服者史》上册，何高济译，翁独健校订，第 302 页。

随着财富流向和存储之地发生变化，大蒙古国的经济中心也由成吉思汗时代的大斡耳朵地区转移到新都城哈剌和林。掌管大斡耳朵地区的拖雷家族获得的经济收益自然减少。由此可见，与前述推迟召开分封忽里台的举措类似，窝阔台营建哈剌和林，同样旨在通过减少经济收益而削弱拖雷家族的实力。

三 和林城财富的用途

窝阔台在草原上建立新城，具有成熟的政治考量。正如邱轶皓已观察到的，拖雷家族凭借"幼子守灶"传统，占据了大斡耳朵及其周边地区的资源，窝阔台不得不建立一个新的政治中心，来巩固自己的权威地位。[1] 万安宫建成，窝阔台立即令诸王来宴，意在对黄金家族内部宣告权力中心的变更。同时他命令诸王、臣僚在和林城内建立宅邸，加强他们与大汗的直接联系。和林城的建立降低了大斡耳朵地区的政治号召力，拖雷家族借此拥有的政治影响力自然也被大大削弱。

而在经济方面，窝阔台营建和林作为本家族的兀鲁思中心，汇集到都城的大量财富也可被本家族利用。涂逸珊指出，蒙古时代的掌权者有财富的使用权，而无财富的拥有权。[2] 换个角度理解，蒙古统治者对财富的占有，或许也是通过"使用"途径实现的。作为统治者的窝阔台在建设城市中能够花费多少财富，实际上就代表他"占有"多少财富。那么，为了更多地占有财富，统治者就必须创造更多花销的机会。《世界征服者史》记和林建城过程中，窝阔台某次进入国库检视，下令让诸王、贵族、百姓来随意取用自己所需数目的巴里失。[3] 这笔花费就具有"占有"财富的意义。从大汗此举中获益最大者，并非各有分地的诸王、贵族，而是居住在未来的和林

---

[1] 邱轶皓：《蒙古帝国视野下的元史与东西文化交流》，第55—56页。

[2] İsenbike Togan, *Flexibility and Limitation in Steppe Formations: The Kereit Khanate and Ghinggis Khan*, p.145.

[3] ［波斯］志费尼：《世界征服者史》上册，何高济译，翁独健校订，第248页。

城内及周边的普通民众。与前述给予工商业者重金相似，这项花费的作用也在于巩固和林城的常住人口。占据人口的长远收益，最终会回到窝阔台及其家族手中。

和林积累的大量财富，有三项主要用途。一是供应大汗召开忽里台或其他场合的赏赐；二是维持和林的城市发展；三是作为国家资产留给后继大汗。本书第一章第二节提到，在即位忽里台上，窝阔台就曾打开国库，赏赐与会的诸王、功臣乃至百姓、仆役。《世界征服者史》还记述了灭金后的第二次忽里台（即甲午年忽里台）时，窝阔台"把第一次忽邻勒塔以来从各地征集的珍宝，统统赏给所有与会者"①，可见蒙古大汗有在忽里台上赏赐财物的传统。由此推测，前文所述的万安宫大会，窝阔台汗也会对参加者进行赏赐。

《元史·食货志》中除记诸王、功臣所得五户丝、江南户钞外，还列出了部分诸王、后妃独有的岁赐钱物。②《食货志》言"其岁赐则银币各有差，始定于太宗之时，而增于宪宗之日"③，可知定期、定量颁赐诸王钱财的岁赐制度，即由窝阔台制定并率先实行。和林建城后，这部分支出应来自国库积累的财物。

除固定化的赏赐外，窝阔台还对不同臣僚赏赐各类宝物。如《镇边大元帅行河中府事谢公碑铭》记碑主谢天吉朝觐受赏的情况："朝廷知公名，命为昭勇大将军、镇边大元帅，特赐金符，执政蒲郡。每因朝觐，屡当赐坐，继以酒、简符，赐银二笏，金甲、彤弓、良马、貂裘，真不负国之重托可知已。"④本书第二章第二节曾提到此人，据1245年《河中请钦公疏》中，他署衔"河中府同知"⑤ 可

---

① ［波斯］志费尼：《世界征服者史》上册，何高济译，翁独健校订，第233页。
② 分封名单中的诸公主、驸马位下均无"岁赐"项，只有带鲁罕公主位下记"岁赐，银四锭八两，段一十二匹"。
③ 《元史》卷九五《食货志三》，第2411页。
④ 麻革：《昭勇大将军镇边大元帅行河中府事谢公碑铭》，胡聘之撰《山右石刻丛编》卷二九，《历代石刻史料汇编》第11册，第382页。
⑤ 《山右石刻丛编》卷二四《河中请钦公疏》，载《历代石刻史料汇编》，第11册，第257页。

知，此人"执政蒲郡"主要在窝阔台统治时期。他参加朝会可获酒饮、敕命文书、银笏、武器、马匹及贵重衣物等。一些臣僚在其他场合受到大汗赏赐。如耶律楚材因劝说大汗减少饮酒"赏以金帛"①；前述窝阔台途经牙老瓦赤宅邸，入内设宴，第二天赐牙老瓦赤"各种珍贵的礼物，外加四百巴里失"②；甲匠孙威因造甲有功，窝阔台"复以锦衣赐之"③。这些赏赐也同样来自和林城所积累的财物。

前文已经提到窝阔台发展和林城的主要措施，一是对城内工商业者、农民，乃至一般百姓的慷慨赏赐；二是完善通往和林城的驿路交通。此外，和林建成后，窝阔台还在周边建立了其他宫殿，进一步扩大和林的城市规模。《元史·太宗纪》记太宗九年，"夏四月，筑扫邻城，作迦坚茶寒殿"④，此即蒙古大汗春季游猎之地。陈得芝推测，所谓"扫邻城"，只是在宫殿外加建了一道围墙而已。⑤另外一座宫殿建在大汗北归和林的必经之路上，"十年，筑图苏湖城，作迎驾殿"⑥。此处之"城"应与春猎地相似，仅指此地所建宫殿。而在和林以西的驻夏之地，虽未建造汉式宫殿，但有一座"永不拆除"的金色大帐——昔剌斡耳朵。四时行宫（斡耳朵）的建立，也有助于稳固和林城的国家政治中心地位，或者说，四时行宫也是窝阔台建设国都的重要组成部分。各驻跸地的确立标志着大汗"四时巡幸"由传统习惯变为正式的国家制度。驻跸地宫殿的建设所需，和大汗驻跸时的日常供给，也应来自和林囤积的物资。

除供应大汗的各项花销外，和林财富还有一部分作为国家资产，

---

① 《元史》卷一四六《耶律楚材传》，第3462页。
② ［波斯］志费尼：《世界征服者史》上册，何高济译，翁独健校订，第254页。
③ 刘因：《大元正议大夫浙西道宣慰使兼行工部事浑源孙公先茔碑铭》，载李玉明、王雅安主编，陈学锋分册主编《三晋石刻大全·大同市浑源县卷》上编《现存石刻》，三晋出版社2013年版，第15页。
④ 《元史》卷二《太宗纪》，第35页。
⑤ 陈得芝：《元和林城及其周围》，载氏著《蒙元史研究丛稿》，第40页。
⑥ 《元史》卷二《太宗纪》，第36页。

留给继任者。窝阔台在即位忽里台分发给众人的赏赐，即来自成吉思汗从各国征集的财宝。① 贵由汗即位时，也"打开新旧库藏的大门，准备各种珍宝、金钱和衣服"②，分赐众人。这些财物的大部分应是窝阔台时期囤积在和林城的。贵由汗死后，窝阔台的指定继承人失烈门仍留驻和林。在蒙哥即位时，他采取了反抗活动，《史集》记他有"无数大车"，而这些车上都装满了武器。③ 疑他动用了和林国库所藏的大量武器。蒙哥在即位大会上严阵以待，又迅速派出忙哥撒儿先抓捕失烈门，而不与来军发生直接冲突，应是对敌方军备充足的情况早有估计。在镇压窝阔台家族诸王后，和林地区才真正归属蒙哥汗。包括上述军备在内的国家资产，也转由拖雷家族掌控。正是出于对和林资产的清晰认知，蒙哥汗即位不久，便委任专员管理帑藏，加强了对国家财富的控制。

窝阔台定都和林，并建立以万安宫为代表的汉式宫殿，具有为本家族选择、占据兀鲁思新中心的深层考虑。通过营建和林城，窝阔台将花费的财富转化为城内的建筑与人口，增加了和林城的经济价值。通过属臣贡献、城市建设和驿道运送，地方资源持续地流向和林城，和林成为新的国家经济中心。各类财富不再向大斡耳朵地区汇集，占据这一地区的拖雷家族的经济收益下降，对国家经济活动的影响力也随之降低。

和林城积累的财富，用于国家发展和窝阔台家族维持统治两方面。窝阔台将输送到和林城的财物赏赐诸王、臣僚，巩固大蒙古国的统治。同时，这些财富也用于和林城及其周边的继续发展，为这一地区增加经济潜力。还有部分资产被保留下来，准备给本家族的继任大汗使用。故贵由汗到达和林后，能顺利给予参加忽里台的与

---

① ［波斯］志费尼：《世界征服者史》上册，何高济译，翁独健校订，第219页。
② ［波斯］志费尼：《世界征服者史》上册，何高济译，翁独健校订，第298页。
③ ［波斯］拉施特编：《史集》第二卷，余大钧、周建奇译，第246页。

会者赏赐；到蒙哥汗即位时，窝阔台家族的失烈门也能拥有大量装备率军反抗。和林城的经济价值，是蒙哥汗即位后下令"以晃兀儿留守和林宫阙、帑藏"① 的直接原因。

《元史·霸突鲁传》记："世祖在潜邸，从容语霸突鲁曰：'今天下稍定，我欲劝主上驻跸回鹘，以休兵息民，何如？'对曰：'幽燕之地……南控江淮，北连朔漠。且天子必居中以受四方朝觐。大王果欲经营天下，驻跸之所，非燕不可。'"② 霸突鲁对燕地有利区位的分析，常被用作忽必烈选择经营此地的说明。但值得注意的是，忽必烈首先提出"欲劝主上驻跸回鹘"，说明他当时仍视漠北的和林城为国家中心，③ 是经营天下者的驻跸之所。这反映出即使汗位已转入拖雷家族，和林城的重要地位仍未立即发生改变。本节所述和林城的经济价值，即构成其重要地位的原因之一。

第四节　获得经济优待的群体

由本章前三节分析，不难看出大蒙古国赋役制度和经济发展途径所反映出的游牧特色：商贸与赋税并重、分封与编户共行，统治者通过大额花销实现对财富的占有。本节将继续关注当时经济领域中的类似问题，即享受赋役优待的群体。受到蒙古人宗教观念的影响，从丘处机西行觐见成吉思汗之后，统治者就开始对诸种宗教广施恩惠，并有蠲免教士赋役的相关诏令。窝阔台统治时期，在耶律楚材提议下，中选"戊戌选试"的士人也获得了经济优待。此外，

---

① 《元史》卷三《宪宗纪》，第 45 页。
② 《元史》卷一一九《木华黎附霸突鲁传》，第 2942 页。
③ 虞集撰《亦都护高昌王世勋碑》中记"考诸高昌王世家，盖畏吾而之地，有和林山，二水出焉，曰秃忽剌，曰薛灵哥"（参见黄文弼《亦都护高昌王世勋碑复原并校记》，《文物》1964 年第 2 期，第 40 页），可知时人有以和林地区为回鹘故地的认识。

据波斯史家的记述，获得"答剌罕"称号者也具有免赋役的特权。宗教教士、中选儒士和受封"答剌罕"者，构成了经济优待群体的主要代表。这一群体的构成同样体现出鲜明的草原特色。

对于获得经济优待的人群，学界已有相关研究成果。韩儒林指出，具有"答剌罕"称号者获得特权之一即免除赋役。他根据志费尼的相关记述，推断这一特权尤其受到伊斯兰教国家的重视。成吉思汗之后，"答剌罕"封号日多，免赋役成为受封者所获主要恩惠。① 陈高华较早对大蒙古国时期的寺院赋役进行探究。他认为，虽然此时汗廷正式宣告只免差役、不免赋税的规定，但大汗又不时赐予各种宗教人士免税特权。② 萧启庆认为，蒙古统治者因宗教徒有益于国而给予他们"答剌罕"身份，并免除赋役。统治者将儒士作宗教徒理解，故援引僧、道之例对儒士实行优免。③ 赵琦梳理了"戊戌选试"中选者的情况，指出虽然部分儒士借此入仕，但免役政策在太宗时期并未得到严格执行。④

由上可见，教士是获得经济优待的主要群体。既有研究将蒙古统治者对教士的经济优待和"答剌罕"的特权联系起来。这里隐藏的逻辑在于，蒙古统治者对教士的优待方式，究竟是来源于"答剌罕"的游牧传统，还是借鉴自以往王朝的经验？要回答这一问题，就不得不更重视时间的限制。现有研究一般以前四汗时期为考察时段，但考虑到窝阔台时期正式确立赋税制度，此时的情况很可能与其父统治时期已经出现区别。窝阔台如何看待教士、有何种具体优待措施，都要以这一时期的赋役制度为基础再作分析。灭金之后，

---

① 韩儒林：《蒙古答剌罕考》，载氏著《穹庐集——元史及西北民族史研究》，第39、46—47页。

② 陈高华：《元代佛教寺院赋役的演变》，原载《北京联合大学学报》（人文社会科学版）2013年第3期，后收入氏著《元代佛教史论》，上海古籍出版社2021年版，第109页。

③ 萧启庆：《元代的儒户：儒士地位演进史上的一章》，载氏著《内北国而外中国：蒙元史研究》上册，第379—383页。

④ 赵琦：《金元之际的儒士与汉文化》，第69页。

旧朝儒士如何安排，也成为统治者需要解决的问题。他们为何能够比照教士获得经济优待、未获优待者如何解决生计？这些问题是本节考察的重点。

一　教士经济优待政策的制度来源

如前所述，宗教教士是这一时期获得经济优待的主要人群，他们获得经济优待的制度渊源，也是本节首先讨论的问题。前引萧启庆文章中，提出两条论据佐证"教士之免赋役系比照答剌罕之特权"[①]：一为《佛祖历代通载》记成吉思汗下旨优待禅师海云，告知木华黎"好与衣粮养活者，教做头儿，多收拾那般人，在意告天，不拣阿谁，休欺负，交达里罕行者"；二为供职于伊利汗的纳西鲁丁·徒昔所说，凡经伊利汗擢升为答剌罕之回教及基督教士，皆蠲免赋役。第一条史料所记成吉思汗下旨时，大蒙古国的赋役制度尚未正式建立，"交达里罕行者"无法确定包括哪些具体特权；第二条史料反映出伊利汗国的情况，因时间、地域改变，这一制度亦无法确定与大蒙古国初期是否发生变化。故仅依靠这两条史料，不足以说明"教士免赋役"与"答剌罕特权"之间的具体联系。

在大蒙古国早期，受封"答剌罕"的蒙古贵族，如韩儒林所指出，皆为对成吉思汗或其儿辈有救命之恩者。[②]《元朝秘史》中所记"答剌罕"的特权为：喝盏；佩弓箭；九罪不罚；俘虏、猎物独自占有；自由选择牧地。对有恩于成吉思汗及其家族的功臣来说，这些特权具有切实丰厚的赏赐意义。志费尼则首先强调答剌罕拥有"免除赋税"[③]的特权，是对《元朝秘史》上述内容的补充。据本章第三节分析，志费尼之父在和林建城时可能仍在汗廷，而志费尼本人

[①]　萧启庆：《元代的儒户：儒士地位演进史上的一章》，载氏著《内北国而外中国：蒙元史研究》，第379页注2。

[②]　韩儒林：《蒙古答剌罕考》，载氏著《穹庐集——元史及西北民族史研究》，第29页。

[③]　［波斯］志费尼：《世界征服者史》上册，何高济译，翁独健校订，第39页。

至蒙哥即位时也曾到达汗廷觐见。他对"答剌罕"特权的记述,应已结合窝阔台及其后时期的情况。获封"答剌罕"的功臣,因具有独占所获财物的特权,自然延伸到免赋役的优待条件。①

而蒙古统治者最初给宗教高僧以自由身份,旨在令其来往汗廷、游历各处不受约束,从而通过他们广播声名、教化民众。此时对教士物质赏赐的意义并不突出。韩儒林已揭,"答剌罕"(darqan)在《元朝秘史》中旁译"自在",元代的答剌罕军亦有"纵恣无禁"的特权。② 这说明"人身自由、不受约束"才是答剌罕的核心特权。成吉思汗令海云"交达里罕行者",即给予其自由行动、不受管制的身份。西行觐见成吉思汗而大获恩宠的丘处机,获得的圣旨中也有"朕所有之地,爱愿处即住"③,同样明确指出这一特点。《海云大禅师碑》中记窝阔台汗"特遣使臣阿先脱兀怜赐以'称心自在行'之诏"④,其用意与成吉思汗类似。

并且,窝阔台对教士的优待,已与其父统治时期有所区别。成吉思汗颁发给丘处机的圣旨中,言明"随处院舍都教免了差发税赋者"⑤;而窝阔台统治时期颁布给李志常的圣旨中,提到"粱米你每年依例送得来者"⑥,又说"那的每引头儿拜天底人……不拣甚么差

---

① 近来研究者注意到姚燧为游显所撰神道碑,其中有"从其所为,人无谁何"之语,可知他受封答剌罕。此外,另记封户"二百家,世为佃民",可知大蒙古国早期(太宗时期)受封答剌罕者,即使享有免赋役的特权,也有确定的适用范围(二百家),参见姚燧《牧庵集》卷二二《荣禄大夫江淮等处行中书省平章政事游公神道碑》,载查洪德《姚燧集》,第338页,另见武文静《蒙元时期"答剌罕"补正——以〈游显神道碑〉为中心》,未刊稿。
② 韩儒林:《蒙古答剌罕考》,载氏著《蒙元史研究丛稿》,第27页。
③ 李志常:《长春真人西游记》卷下,载《王国维遗书》第13册,叶14b。
④ 王万庆:《大蒙古国燕京大庆寿寺西堂海云大禅师碑》,载觉真《〈法源寺贞石录〉元碑补录》,《北京文物与考古》第6辑,民族出版社2004年版,第254页。
⑤ 《周至重阳宫累朝崇道碑——传奉成吉思皇帝圣旨(1223年)》,载蔡美彪编著《元代白话碑集录》,中国社会科学出版社2017年版,第1页。
⑥ 《周至重阳宫累朝崇道碑——窝阔台圣旨(1235年)》,载蔡美彪编著《元代白话碑集录》,第10页。

发休交出者"①。可知在赋役制度尚未正式建立之时，成吉思汗对丘处机等教士的优待是税、役皆免；而窝阔台即位、赋役制度确定之后，按年交粮、只免差役成为对教士的正式优待标准。这时教士的优待方式，已与"答剌罕"享有的特权产生区别。

《通制条格》保留的圣旨中提到："已前成吉思皇帝时，不以是何诸色人等，但种田者俱各出纳地税外，据僧、道、也里可温、答失蛮，种田出纳地税，买卖出纳商税，其余差役蠲免有来。在后哈罕皇帝圣旨里，也教这般行来。"② 窝阔台即位初年才正式制定商税，疑此圣旨不早于该时颁布，且此规定与 1238 年《凤翔长春观公据碑》中令"和尚根底寺，也立乔大师根底胡木剌，先生根底观院，达失蛮根底蜜昔吉""不拣甚么差发休交出者"③ 基本一致，可知《通制条格》所记应为赋役制度正式确立后对教士的优待标准。此处托言太祖旨意，可增强这一规定的权威性。

除了 1238 年《公据碑》规定的"汉儿国土里"，畏兀儿地区的文书中也反映出当地遵从寺院缴纳赋税、免除差役的规定。本章第一节提到，蒙古时代畏兀儿地区的阿勒班税（卡阑税），在一些情况下也与差发相关。在 U5330 回鹘文文书中，提到"寺院的土地不用交纳卡阑税，而要支付地税"④，就反映出这种情况。松井太结合前述圣旨分析这一文书，认为此处的哈阑税对应差发的可能性很大。⑤ 同时，U5330 文书还提到农民为免除哈阑税，将土地献给有免税（免差发）资格的寺院，但"所捐献的耕地一如既往地由他们耕种，

---

① 《凤翔长春观公据碑（1238 年）》，载蔡美彪编著《元代白话碑集录》，第 14 页。
② 方龄贵校注：《通制条格校注》卷二九《僧道·商税地税》，第 718 页。
③ 《凤翔长春观公据碑（1238 年）》，载蔡美彪编著《元代白话碑集录》，第 14 页。
④ ［日］松井太：《蒙古时代的畏兀儿农民与佛教教团——U5330（USp 77）文书的再研究》，曹金成译，第 99 页。
⑤ ［日］松井太：《蒙古时代的畏兀儿农民与佛教教团——U5330（USp 77）文书的再研究》，曹金成译，第 110 页。

而且所捐献田地上征收的地税（sang）也由他们承担。甚至他们还要向佛教教团支付地租（yaqa）"。① 这一情况使农民负担较重。

在辽代，已有农民同时负担寺院地租和国家税收的类似情况。如《金史》所述辽代"二税户"："世宗大定二年，诏免二税户为民。初，辽人佞佛尤甚，多以良民赐诸寺，分其税一半输官，一半输寺，故谓之二税户。"② 近来，陈晓伟注意到《李文简公神道碑》中关于锦州龙宫寺的记述，寺中由辽兴宗拨赐的民户"以其经异代，诬以为奴"，可证实前引《金史》的说法。③ 张国庆也利用辽代《妙行大师行状碑》等石刻材料，提出辽代"二税户"缴纳寺院、国家的两部分赋税，都由寺院统一收取，再按一定比例上缴国家。④ 这些需要缴纳田税的寺院地产，在某些情况下，能够获得辽朝统治者蠲免田税的优待。如涿州范阳县的天王院僧众因出资赎买《大藏经》，获得蠲免田税的奖赏，"咸雍二年十月日大通田免税至四年六月七日"，之后开列免税田亩方位、坐落及数量等具体信息。⑤

金代寺院"二税户"仍然存在。如《金史·完颜襄传》记述："章宗初即政，议罢僧道奴婢。……襄曰：'出家之人安用仆隶？乞不问从初如何所得，悉放为良。若寺观物力元系奴婢之数推定者，并合除免。'诏从襄言。由是二税户多为良者。"⑥ 可知金代寺院还要根据"二税户"的数量缴纳"物力钱"。⑦ 刘浦江指出，物

---

① ［日］松井太：《蒙古时代的畏兀儿农民与佛教教团——U5330（USp 77）文书的再研究》，曹金成译，第104页。
② 《金史》卷四六《食货志一》，第1033页。
③ 陈晓伟：《契丹"二税户"问题覆覆》，《史林》2023年第1期，第6—8页。
④ 张国庆：《辽代的寺田及相关问题探究》，《中国农史》2010年第4期，第72页。
⑤ 《新赎大藏经建立香幢记》，载向南、张国庆、李宇峰辑注《辽代石刻文续编》，辽宁人民出版社2010年版，第123页。
⑥ 《金史》卷九四《完颜襄传》，第2088页。
⑦ 刘浦江：《论金代的物力与物力钱》，载氏著《辽金史论》，辽宁大学出版社1999年版，第263页。

力钱是"按照规定的税率对物力征取的一种资产税",奴隶也被算入物力内容。① 除缴纳资产税外,金代寺院也要缴纳田税。② 皇统年间,灵岩寺住持因寺院入不敷出,赴官府请求"丐依旧例,原免科役"③,可知免除差役是对寺院的传统优待办法,但此时也需官府批准实行。类似地,北宋开国到熙宁四年免役法颁布之前,寺院一直拥有免役特权,而征缴"免丁钱"后,这种特权也受到限制。④

总体上看,寺院缴纳赋税、免除差役的交税方式,和一些寺院(僧人)得到皇帝(官府)特许后才可享有优待的前代传统,与窝阔台时期对教士实行的经济政策原则十分相似,后者应受到前者的直接影响。不过,如陈高华已经指出的,在申明种田纳地税、经商纳商税的同时,大蒙古国时期的统治者又不时赐予各种宗教人士免税特权。⑤ 前述辽朝的范阳县天王院亦属此种情况。

令教士缴纳赋税,也与大蒙古国初期寺院的经济实力有关。徐霆北使时曾见到"长春官多有亡金朝士,既免跋焦,免赋役,又得衣食,最令人惨伤也"⑥。长春宫可向投身于此、托名为道者提供衣食和住地,可知寺观具备相当资产。徐霆北使时,距丘处机西行已有十几年时间,全真教依靠统治者的支持迅速发展,至窝阔台时期已有不小规模。如前述1238年《公据碑》规定了凤翔长春观所据土地的四至,可知长春观具备一定面积的私属土地,1245年公主皇后懿旨中又有"□观地土、园果、房屋、孳畜,不得教

---

① 刘浦江:《论金代的物力与物力钱》,载氏著《辽金史论》,第260、263页。
② 王德朋:《金代佛教寺院经济生活探析》,《中国农史》2016年第5期,第49页。
③ 李鲁:《灵岩寺定光禅师塔铭》,载张金吾辑《金文最》卷五五,清光绪二十一年江苏书局重刻本,叶12a。
④ 参见游彪《关于宋代寺院、僧尼的赋役问题》,《中国经济史研究》1990年第1期,第139页。
⑤ 陈高华:《元代佛教寺院赋役的演变》,载氏著《元代佛教史论》,第109页。
⑥ 彭大雅著,徐霆疏:《黑鞑事略》,载《王国维遗书》第13册,叶15a。

人强行夺□"①，可见得到懿旨的北极观在土地之外，还有果园、房屋、牲畜等多种资产。

研究辽金寺院田产的学者都提到，寺院田产的获得途径之一，即继承前代所占有者。大蒙古国时期的寺院也具有这一特征。《重修通玄观记》载："在金国时，已重修是观于和川县双城郡高壁村……继而兵戈猬兴，烟尘蜂起，是观焚灭殆尽……及大朝得天下……甲午岁，本村维那东溪子赵志可……敦请吉州全真观超然子高弟刘志渊主持，遂即其故地而修复之。"② 寺观虽为重建，所占土地却为金朝故址。同碑亦提及"有田数缠，足以供其耕；有得之粮，足以充其岁用"，可知除建筑用地外，新建的通玄观还继承了原有田产。这些田产均应向国家缴纳地税。

在前述规定教士经济优待的圣旨中，"买卖出纳商税"与"种田出纳地税"并列，体现出商税在赋役制度中的重要地位。这一规定应与大蒙古国初期的商贸情况有关。本章第一节提到，控制东西商路的畏兀儿商人、穆斯林商人是此时从事斡脱贸易的主要人群。这些商人大多为宗教徒，寺院可通过这些教徒参与商业活动。由于游牧政权对商贸活动的依赖程度较高，商税在寺院经济优待政策中的地位更为突出。

二 统治者保护宗教的目的与途径

如前所述，从窝阔台统治时期确立的、对教士免除差役的经济优待政策，与前代大体相似。而就优待对象来说，宋辽金三朝主要涉及佛、道二教，蒙古时代还包括景教和伊斯兰教。史料中常见对"僧、道、也里可温、答失蛮"诸种宗教教士免役的记载，这一排序在白话圣旨碑中又作"和尚、也里可温、先生、答失蛮"。前一种排序应产生于熟悉佛、道二教的儒臣之手，后一种排序则由窝阔台时

---

① 《汲县北极观懿旨碑（1245年）》，载蔡美彪编著《元代白话碑集录》，第30页。
② 王纲：《重修通玄观记》，载刘泽民、李玉明主编，高剑峰分册主编《三晋石刻大全·临汾市安泽县卷》上编《现存石刻》，三晋出版社2012年版，第23页。

期的汗廷必阇赤拟定。将"也里可温"排在佛教教士之后,也反映出当时景教在蒙古汗廷的重要地位。

景教与当时的商贸活动关联紧密。白玉冬通过梳理粟特－回鹘商人与汪古部、克烈部及鞑靼诸部的商贸往来,指出其活动推动了草原游牧民信奉景教。① 可见大蒙古国兴起之时,活跃在草原上的不少远途贸易商人都具有景教背景。而景教在草原以西的中亚、西亚广泛传播,形成了发达的教会网络,② 在驿站交通处于建立阶段的大蒙古国初期,为信奉景教的商人进行远途贸易提供了路线保障。如担任景教"东方副司教"的列班阿答,在窝阔台统治初年来到汗廷,得到大汗允许后至帖必力思、亚美尼亚地区传教。根据《亚美尼亚史》,1241 年列班阿答已在帖必力思兴建景教教堂、发展信众,"其属下之人,持有其印文之商贾,自由往来,若自称为列边属下,无人敢犯"③。可见宗教教士身份对商贸活动的保护作用。由本书第三章第四节可知,迟至阿儿浑任职期间,帖必力思才作为行省级别的行政中枢得到营建。则在窝阔台统治时期,经行此地的商人更易从列边阿答处获得庇护。从此例可见,蒙古统治者对景教教士的免役优待,与促进商贸的经济目的相辅相成。本章第一节亦指出,窝阔台大力支持穆斯林商人的经商活动,给伊斯兰教教士的经济优待,同样服务于这一经济目的。

传教士鲁布鲁克在和林见到了"十二座属于各种不同民族的异教徒的庙宇,两座伊斯兰教寺院(在寺院里公布着摩诃末的教规),一座基督教徒的教堂(坐落在城市的最末端)"④。窝阔台汗曾向尹

---

① 白玉冬:《12—13 世纪粟特－回鹘商人与草原游牧民的互动》,《民族研究》2020 年第 3 期,第 117—125、142 页。
② 付马:《唐元之间丝绸之路上的景教网络及其政治功能——从丘处机与"迭屑头目"的相遇谈起》,《文史》2019 年第 3 期,第 190—195 页。
③ [法]伯希和:《蒙古与教廷》,冯承钧译,中华书局 1994 年版,第 55 页。
④ [法]鲁布鲁克:《鲁不鲁乞东游记》,载《出使蒙古记》,吕浦译,周良霄注,第 203 页。

志平、李志常颁布圣旨,言及"我于合剌和林盖观院来"①,令其拣选德高道人,到和林道观担任住持。故鲁布鲁克所说的"十二座异教徒的庙宇"中,应还有全真教道观。另外,《佛祖历代通载》记,贵由汗即位后,"太子合赖察请师入和林,延居太平兴国禅寺,尊师之礼非常"②。合剌察即窝阔台汗之子合剌察儿,他延请高僧海云到和林的太平兴国禅寺住持,说明鲁不鲁乞所见的庙宇中,也应有汉传佛教寺院。贵由来到和林即位时,并没有时间对都城再行营建。故此太平兴国寺应早于此时建成。结合耶律楚材曾作《和林建佛寺疏》,或在窝阔台统治时期已开始兴建佛寺。总之,在贵由汗即位之前,和林城中已有佛教、道教寺观,甚至数量均不唯一。

在和林城修建各类寺院,体现出窝阔台对各种宗教的重视。令教士为统治者"告天祝寿"自然是建立这些寺院的首要目的。不过,如本章第三节所分析的,在和林城中的营建活动,是促进都城发展的重要举措。建立各种宗教寺院,一方面与万安宫的建设类似,也有通过营建活动"固化"财富的目的;另一方面,如前所述,当时往来于汗廷的斡脱商人多有宗教信仰。本章第一节提到窝阔台鼓励穆斯林商人的经商活动。在和林建立伊斯兰教寺院,能使往来商人,尤其是穆斯林商人的生活更为便利,则商人们也更乐意来到和林经商。对信仰佛教、景教的畏兀儿商人而言,建立相应寺院也有类似作用。

除免除差役、兴建寺院外,诸王、显贵还下令禁止军人、使臣乃至管理驿站、工匠者侵扰寺院。如阔端之子弥里㩵带曾有令旨,"但是过往使臣军人"③ 不得骚扰、取要物件。统管淮河战场的察罕

---

① 《周至重阳宫累朝崇道碑——窝阔台圣旨(1235 年)》,载蔡美彪编著《元代白话碑集录》,第 12 页。

② 释念常:《佛祖历代通载》卷二一,元至正七年释念常募刻本影印本,载北京图书馆古籍出版社编辑组编《北京图书馆古籍珍本丛刊》第 77 册,书目文献出版社 1998 年版,第 420 页。

③ 《周至重阳宫累朝崇道碑——弥里㩵带令旨(1250 年)》,载蔡美彪编著《元代白话碑集录》,第 45 页。

也有命令"不得将寺僧骑坐马匹夺充铺马",亦不许以抓捕不兰奚之名"将僧众摭赖"①。《明公和尚碑》记僧人慧明住持西京大华严寺时提到:"先是,德公长老摄持,院门牢落,庭宇荒凉,官物、人匠、车甲、绣女,充牣寺中。至是,并令起之,移句②他处。"③ "西京忽兰大官人,府尹、总管刘公"原请高僧海云住持大华严寺,而慧明为海云之徒,经海云举荐出任此职。慧明可使原占据寺院的人匠、绣女及武器等物"移句他处",是依靠主管官员忽兰大官人和刘公的支持。

黄金家族成员还向寺院提供所需物资和必要帮助。如皇子阔端曾命选拣"出气力男子壹佰人、不兰奚牛贰拾头""木匠同作头等捌人、瓦匠叁人、铁匠贰人、泥土匠贰人"④及建筑所用竹子等物给草堂禅寺,用于兴建寺院房舍。而后因这些不兰奚和工匠缺少粮食,阔端又向当地军政官员传旨,"休教缺少者"⑤。窝阔台汗皇后孛剌合真曾令平阳路达鲁花赤配合杜丰"雕造道藏经并修盖等事"⑥。

蒙古统治者对金朝故地诸寺院的保护,有利于稳定地方人口,恢复农业生产。除传统佛教寺院的陆续修缮,华北地区的民间信仰也在窝阔台统治时期逐渐得到恢复。山西地区尤为典型。如"乡宁后土庙者,创自金国大定二十五年……至大朝癸巳年,权州赵仲、

---

① 《林州宝严寺碑——碑阴茶罕文告(1244年)》,载蔡美彪编著《元代白话碑集录》,第26页。
② 笔者注:原文如此。
③ 祥迈:《西京大华严寺佛日圆照明公和尚碑铭》,载胡聘之《山右石刻丛编》卷二五,《历代石刻史料汇编》,第11册,第281页。
④ 《户县草堂寺碑——阔端令旨(1245年)》,载蔡美彪编著《元代白话碑集录》,第40页。
⑤ 《户县草堂寺碑——阔端令旨(1247年)》,载蔡美彪编著《元代白话碑集录》,第42页。
⑥ 《济源紫微宫懿旨碑(1240年)》,载蔡美彪编著《元代白话碑集录》,第19页。

刘琛等募民还集……有本县令张渐暨紫川吴善志悯此荒凉，乐摅丹忱，重为修庖，及盖五岳龙神之位"①，可知乡宁县在太宗五年不仅修缮了后土庙，还增设了五岳神位。又如《增修康泽王庙碑》载"金大定辛卯、国初丁酉岁，皆尝鸠输奂之功"②，可知太宗九年当地曾修缮用于祈雨拜祝的康泽王庙。同碑还记述了祭祀活动的情景："每春季月，农功方始，阖境杂还迎休，击羊豕，伐鼓啸钥，节迎享送为乐"，可见此康泽王庙对当地社会生活的重要意义，亦反映出地方经济初步恢复的情况。

窝阔台对教士、寺院的经济优待和大力支持，还促进了更多治国人才、理政方略经由宗教途径进入汗廷。导引耶律楚材拜谒禅僧万松行秀的陈时可也参研佛经，他担任十路课税使，后又领窝阔台汗之命"阅刑名、科差、课税等案，赴阙磨照"③。其任职同他与耶律楚材借由研佛而建立的私交不无关系。另如全真道士冯志亨，在窝阔台统治时期主管燕京国子学。按《海云大禅师碑》记述，在窝阔台即位初受封后，佛僧海云在燕京一带与诸王显贵多有交游。他劝说廉访公（廉惠山海牙）安抚民心、解答忽都护大官人（失吉忽秃忽）蝗灾、出猎等问政，又参与孔氏复爵之事，④ 对窝阔台时期的政事助益颇多。

又如《元史·刘秉忠传》记传主"十七，为邢台节度使府令史……久之，天宁虚照禅师遣徒招致为僧……后游云中，留居南堂寺。世祖在潜邸，海云禅师被召，过云中，闻其博学多材艺，邀与俱行"⑤。刘秉忠曾经担任地方吏员，后因难以施展抱负而隐居学

---

① 张安石：《后土庙重修记》，载《三晋石刻大全·临汾市乡宁县卷》上编《现存石刻》，第 24 页。
② 张著：《增修康泽王庙碑》，载《三晋石刻大全·临汾市尧都区卷》上编《现存石刻》，第 46 页。
③ 《元史》卷二《太宗纪》，第 35 页。
④ 王万庆：《大蒙古国燕京大庆寿寺西堂海云大禅师碑》，载觉真《〈法源寺贞石录〉元碑补录》，《北京文物与考古》第 6 辑，第 255 页。
⑤ 《元史》卷一五七《刘秉忠传》，第 3687—3688 页。

佛。蒙古统治者优待宗教人士的政策，为刘秉忠提供了归隐条件。后来他又通过名僧引荐进入忽必烈幕府。《拂林忠献王神道碑铭》记景教徒爱薛被列边阿答推荐给贵由汗，"召侍左右。直言敢谏，为世祖所器"①。列边阿答为景教的高级教长，爱薛入仕的情况与刘秉忠颇为相似。由此二例可见，忽必烈在潜邸时，就积极利用与宗教人士的交往机会招徕治国人才。这些具有宗教背景的人士与蒙古诸王的交游，正是建立在当时统治者庇护和优待诸种宗教教士的时代背景之下。

三 儒士经济待遇的获得

如前贤已注意到的，蒙古统治者对儒士的优待标准主要参照更早接触到的教士群体。这与以往王朝令儒士"入学校、考科举"的传统做法有很大不同。艾骛德梳理了获得经济优待的各类群体与蒙古统治者发生接触的时间，指出金朝灭亡是儒士被纳入优待群体的契机。② 对于此时无所归从的大批儒士而言，窝阔台需要给他们确定新的社会身份。

艾骛德指出，窝阔台统治时期对儒士实行经济优待政策，可能是大汗接受了耶律楚材将儒、释、道并提的"三教"概念。③ 这一观点能够得到佐证。据赵琦考证，金朝灭亡次年，设立了管理儒、释、道的三教提举司。这一机构主管三类户籍的划分，但在实际情况中，其长官主管儒学事务。④ 这一机构反映出蒙古统治者对儒士的初步理解。之后，耶律楚材又提议选试儒士、裁汰佛道，客观上促

---

① 程钜夫：《程雪楼文集》卷五《拂林忠献王神道碑铭》，载《元代珍本文集汇刊》上册，第 243 页。

② Christopher P. Atwood, "Validation by Holiness or Sovereignty: Religious Toleration as Political Theology in the Mongol World Empire of the Thirteenth Century", *The International History Review*, Vol. 26, No. 2, 2004, p. 249.

③ Christopher P. Atwood, "Validation by Holiness or Sovereignty: Religious Toleration as Political Theology in the Mongol World Empire of the Thirteenth Century", p. 249.

④ 赵琦：《金元之际的儒士与汉文化》，第 173—174 页。

进了窝阔台将儒士划归到宗教人士的类别之中。

耶律楚材将儒士与宗教关联起来，与其个人思想和当时的时代背景有关。王国维评价耶律楚材"虽洞达佛理，而其性格则与儒家近。其毅然以天下生民为己任，古之士大夫学佛者绝未见有此种气象"[①]，耶律楚材兼修佛、儒，更容易在思想上关联二者。且因他修习佛理，有与宗教人士频繁往来的机会，便于利用时机提携儒士。同时，如刘晓所指出的，金元之际"三教合流"的趋势"至为明显"[②]，佛教、道教教士也对儒学事务表现出一定的积极态度。海云和尚、李志常等经常往来于汗廷的宗教首领，也对复兴文教提供了帮助。

在难以实行科举取士的现实情况下，耶律楚材复兴儒学、发展文治，就要首先解决儒士的基本生计问题。他首先建言进行儒士选试。戊戌选试的中选者得到了免役的经济优待。不过，同教士裁汰者不再享受经济优待相比，儒士只有中选才可免役，可知在获得优待的人数上，儒士仍处于劣势。这也是当时河西人高智耀仍向皇子阔端进言免除儒士差役的原因。[③] 在推进戊戌选试的同时，耶律楚材还积极促成孔子后裔赋役的免除。萧启庆较早对此事件进行考察。他根据《褒崇祖庙记》所载，免除孔子赋役一事"权舆于行台严公，维持于中书耶律公，成于丞相山公"，判断此事的最终决定权在"丞相山公"而非耶律楚材处。此事最终实现，也得赖于道士萧元素、海云禅师的支持。[④] 由此事可见，当时佛、道二教对蒙古统治者的影响力，或许也是促使耶律楚材有意将儒士选试、免役等事务与教士关联的原因。

耶律楚材通过设立燕京编修所、平阳经籍所等文化机构，进一

---

① 王国维：《耶律文正公年谱余记》，载氏著《王国维遗书》第 11 册，叶 3a。
② 刘晓：《耶律楚材评传》，第 235 页。
③ 《元史》卷一二五《高智耀传》，第 3072 页。
④ 萧启庆：《大蒙古国时代衍圣公复爵考实》，载氏著《内北国而外中国：蒙元史研究》上册，第 84—85 页。

步任用儒士。这是他维持儒士经济待遇的另一方面举措。赵琦注意到，担任燕京课税所长官的陈时可兼领编修所、司天台，她认为"这些文化机构的维持与运作主要依靠课税所的支持"①。这一判断有合理性。本书第三章第三节已提到十路课税所负责征税事务，这一机构或在经济方面给予编修所、经籍所支持。另外，在窝阔台统治时期，平阳经籍所承担了刊行《道藏》的任务，可见从承担与统治者宗教需求相关的出版事务中，经籍所等机构还可获得部分经费。

此外，耶律楚材还积极推动地方官学的恢复。这有助于更多儒士获得容身之处。《湛然居士文集》中收录多篇疏文、诗歌，反映出耶律楚材对此事的支持态度。如劝告地方重建庙学的《云中重修宣圣庙疏》《太原修夫子庙疏》，据王国维所作耶律公年谱，二疏均作于太宗八年②，即复修孔庙，建立编修所、经籍所的同年。另有《邠州重修宣圣庙疏》及赞扬地方长官兴学之举的《周敬之修夫子庙》等诗作。这些诗作皆以"修夫子（宣圣）庙"为题，反映出当时地方将修习儒业之学与祭祀孔子之庙相联系。与以儒士类比佛、道相似，将地方官学与孔子祭祀联系起来，便于进一步争取已对孔子实行经济优待的蒙古统治者的支持，促进地方文教事业的发展。

由于处理地方行政事务的实际需要，金朝故地的军事长官也多有支持地方文教之举。较早开始重建官学的是东平严氏。严实以养士名重于时，王磐、杜仁杰、张特立等人均在窝阔台统治时期执教东平。元好问也在这一时期两至东平，③并与当地儒士交游。东平府学培养的治国人才，后来多成为忽必烈一朝的肱股之臣。严实辖境内的其他官学房舍也得到修缮和复建。东平较好的经济条件是涵养士人的前提。

---

① 赵琦：《金元之际的儒士与汉文化》，第 61 页。
② 王国维：《耶律文正公年谱》，载氏著《王国维遗书》第 11 册，叶 20b—21a。
③ 李恢垣：《广元遗山年谱》，载姚奠中主编，李正民增订《元好问全集》卷五六，第 551、560—561 页。据年谱，元好问在太宗七年至十年旅居冠氏县，数次来往东平；返回忻州后，又受严忠济邀请，太宗十二年十月再赴东平。

从赵琦对复办官学的地区性梳理来看，当时的山西地区和河北部分地区也开始恢复儒学教育。除前述耶律楚材诗中提到的云内、太原，和周敬之所在的净州[1]等地，山西南部的泽州（晋城）、潞安（长治上党区），及山西中部的交城（交城县）、寿阳县（晋中寿阳县）等地在这一时期也有振兴儒学的举措。河北中部的顺天（保定市）、南部的大名（邯郸大名县）、胙城（今属河南新乡延津县）等地在此时重设学校。[2] 山西、河北地区较早受到大蒙古国的直接控制，这一时期如耶律楚材等汗廷官员扶持儒学的各项措施，会对这些地区产生一定影响。另外，据《元史·张荣传》"乙未，拔邳州"[3]，耶律楚材是在大蒙古国统治邳州不久，就作疏文倡导地方重修庙学的。可知当时在临近南宋的前线地区，地方官学也有所恢复。地方文教事业的发展，为儒士获得经济待遇提供了新机会。

窝阔台统治时期，随着赋役制度的正式确定，对特定群体的经济优待政策也更为规范。部分教士是此时享受经济优待的核心群体。对他们缴纳地税、免除差役的基本政策，沿袭了以往王朝的旧有做法；而强调缴纳商税，则是基于当时多种宗教徒行商、寺院与商贸活动关系密切的现实情况。教士群体获得的经济优待，与获得"答剌罕"封号者享受免除赋役的特权，在这一时期已经体现出明显区别。

除佛、道二教外，这一时期的景教、伊斯兰教也得到蒙古统治者的保护。因这两种宗教与商贸活动联系紧密，当时从事长途贸易的商人在特定情况下，可依靠宗教势力获得交通保障。在都城和林，窝阔台修建了若干座当时主要宗教的寺院。此举不仅服务于和林城的发展，起到固定财富的作用，同时旨在吸引更多具有宗教背景的

---

[1] 陈得芝：《耶律楚材诗文中的西域和漠北历史地理资料》，载氏著《蒙元史研究丛稿》，第 470 页。
[2] 参见赵琦《金元之际的儒士与汉文化》，第 182—189 页。
[3] 《元史》卷一五〇《张荣传》，第 3558 页。

商人来到汗廷。在金朝故地，黄金家族成员、地方长官也有维护寺院权利之举，保护寺院人员、土地和资产，并为寺院事务提供帮助。在这一背景下，地方社会秩序得到初步恢复，民间信仰活动也开始增加。

灭金之后，大批儒士需要安置。在"三教合一"趋势兴盛的时代背景下，耶律楚材引导统治者将儒士类比佛、道教士，使其获得经济优待。一些佛、道首领，也积极参与孔子后裔特权恢复等振兴儒学的活动。戊戌选试给予部分儒士免除差役的经济优待，通过设立文化机构、推动复建地方官学等方式，更多儒士的生计问题得到解决。出于实际需要，地方长官也致力于收留儒士、修建学校，复兴地方文教。这些扶助儒士的举措，仍以经济保障为目的。

小　结

伴随着持续性的军事扩张和行政体系的初建，蒙古统治者面临着如何利用辖境内地方资源的新问题。得益于对地方的直接控制，窝阔台能够将草原赋役制度向已统治地区顺利推行。受到地方传统和战争需要的影响，以阿勒班（哈阑）和忽卜赤儿为主要税种的赋役制度在不同地区产生新的内涵，地区性税目也仍然保留。同时，窝阔台仍然重视游牧政权获取外部资源的传统途径——商贸活动，鼓励斡脱商人从事长途贸易，并支持手工业的发展。这一时期，财富流动的纵向通道被重新打通，地方资源通过赋役制度持续向汗廷集中；跨地区的财富横向环流也已形成，华北地区的银钱被斡脱商人带到西域，置换为高价值的珍宝，进入居住在草原的大汗之手。

窝阔台已经注意到金朝故地深厚的经济潜力。一方面，他任用耶律楚材为首的故旧官吏，利用以往王朝的赋税制度从这一地区征收赋税，并在各地征发兵员，为皇子阔端、阔出的两路攻宋大军提供军备供应；另一方面，遵循蒙古传统，对灭金之战论功行赏，丙申、戊戌年两次分封食邑。通过给予探马赤军将领和行政长官封户，窝阔台意在吸引更多治国人才效力于大蒙古国。同时，对这一地区资源的充分利用，也是他削减拖雷家族经济权利的手段。财赋和兵员流向窝阔台二子阔出、阔端控制的攻宋战场，在丙申分封的封户比例上，拖雷家族也不占绝对优势，他们能够获得的经济收益与拖雷在三峰山之战中的显赫军功难以匹配。

窝阔台定都和林也有同样的意图。在大斡耳朵地区以外另立新都，可切断地方资源向控制该地的拖雷家族汇集。哈剌和林也是窝阔台为本家族选择的兀鲁思新中心。都城营建创造了新的财富积累途径，通过建立汉式宫殿和大肆赏赐商人、农民，窝阔台将汇集到汗廷的财富"固定化"，并为都城吸引更多人口。同时，地方贡献和驿道输送，也为大汗与和林城带来可观财富。积累在和林城的这些财富，被窝阔台用于城市建设和赏赐显贵，维持了都城和国家的发展。还有一部分财富留给继任大汗。这些资源在贵由汗即位，乃至皇储失烈门反对蒙哥称汗时发挥了重要作用。蒙哥即位后任命官员管理和林帑藏、忽必烈"欲劝主上驻跸回鹘"，均反映出他们已注意到和林城积累的丰厚资源。

在窝阔台统治时期，以宗教人士为主的部分群体获得了经济优待。对宗教人士"免役不免税"的基本优待原则，受到了以往王朝相应制度的影响。而商税与地税并列为主要税目，则与当时商贸发达、商人多具有宗教信仰有直接关系。蒙古统治者对宗教的保护政策，也促进了民间信仰的复兴、社会秩序的重建。耶律楚材充分利用"三教合一"潮流兴盛的时代背景，引导窝阔台类比佛道，给予儒士经济优待，解决这一群体最为迫切的生计问题。又通过建立机构、鼓励地方恢复官学进一步扩大扶助儒士的范围。由此，儒士以不同以往的方式接受了大蒙古国的统治。

与军事、行政方面相比，这一时期的经济举措更体现出蒙古统治者对中原制度传统的吸纳。窝阔台在金朝故地采行的赋役制度，在哈剌和林建立的汉式宫殿，都反映出他对定居王朝成熟治理经验的采纳与利用。也正因他足够重视定居地区的经济潜力，由此获得的财赋得以大量进入其家族。不过，在注重华北地区经济资源的同时，窝阔台汗对儒士服务政权的作用还不甚了解，只是类比宗教人士给予他们经济优待。未被大汗重视的这一方面，却被拖雷家族敏锐注意到，如忽必烈即从此时开始获得新的政治助力。

第 五 章

窝阔台汗的家族关系

本章对窝阔台如何选定继承人的相关讨论，将与本书第一章的内容形成对照。由第二章至第四章的讨论可见，被成吉思汗选定为继承人的窝阔台，实现了其父遗志，并逐步建立起大蒙古国的基本制度框架。延续这一线索，本章将讨论窝阔台如何选择继承人、大蒙古国的发展进程出现何种变化。同时，窝阔台如何处理本家族之外的宗亲关系、如何控制拖雷家族，也是讨论这一主题需要关注的方面。在第二至第四章的内容中，已分析窝阔台利用军事、行政和经济手段调整黄金家族内部关系、削弱拖雷家族势力的情况。本章将在这一基础上，全面梳理窝阔台处理家族关系的构想与举措。

第一节　窝阔台对诸子的安排

窝阔台共有七子见于史端：贵由、阔端、阔出、哈剌察儿、合失、合丹和灭里。合丹与灭里为业里讫纳妃子所生，在窝阔台统治时期尚且年幼，事迹不显，对二人的研究主要集中于其后裔。

窝阔台的指定继承人一直是学界关注的议题，阔出、合失是讨论较多的人选。白拉都格其认为"窝阔台最初选择的继承人是第三子阔出"①，后者则见于王晓欣等学者的考订。王晓欣以《乌台笔补·皇太子亲政事状》所记合失"判署教条"事，类比真金亲政，并举出耶律铸曾为合失侍读等史料，证明合失有汗位继承人的身份。② 刘晓补充了《道家金石略》中收录的两条材料，佐证合失具有汗位继承人的资格。作者提出，由于阔出先合失而死，合失之后的汗位继承人应当是失烈门，而非阔出本人。③ 他根据《河南济源紫微宫懿旨碑》中也可合敦大皇后"依旧行东宫事"④ 分析，此时合失已经去世，由孛剌合真主持东宫事务。由此碑知，合失去世应在 1239—1240 年之间，不晚于 1240 年三月。⑤ 此考证修正了前人"合失卒年在 1233—1234 年"的推断。邱轶皓以波斯文史料《贵显世系》佐证合失之母为二皇后昂灰，且补充了《贵显世系》中关于合失为汗位继承人的证据：合失和贵由皆有画像框，且皆被称为"汗"，说明二人均被认为是窝阔台的合法继承人。⑥

对贵由、阔端的研究集中于二人的政绩和军功。韩国学者金浩东对贵由即位的合法性、施政情况及他与拔都的关系等问题提出了新见解。作者认为，新汗的合法性不取决于前任统治者的意愿，而是个人的克里斯玛（Charisma）特质。从贵由即位之初的情况来看，他显然具备这种合法性。通过收回旧牌符、处死法蒂玛、更换察合台兀鲁思君主等措施看，贵由加强中央集权的施政意愿十分明显，作者据此反驳了前人关于贵由时代中央控制力下降的观点。⑦ 该文对贵由政治才干的分析颇具说服力。

---

① 白拉都格其：《贵由汗即位的前前后后》，《元史论丛》第 3 辑，第 48 页。
② 王晓欣：《合失身份及相关问题再考》，《元史论丛》第 10 辑，第 63—65 页。
③ 刘晓：《也谈合失》，第 146 页。
④ 蔡美彪认为，"依旧行东宫事"指孛剌合真皇后行大斡耳朵事。参见蔡美彪《元代白话碑集录》，第 19—20 页。
⑤ 刘晓：《合失卒年小考》，第 50 页。
⑥ 邱轶皓：《合失生母小考》，第 70—72 页。
⑦ Hodong Kim, "A Reappraisal of Güyüg Khan", *Mongols, Turks and Others: Eurasian Nomads and the Sedentary World*, ed. by R. Amitai and M. Biran, pp. 309–338.

周清澍较早厘清《蒙古源流》对阔端的混乱记述，并梳理阔端进军吐蕃到与吐蕃建立关系的历史过程。① 陈得芝辨明了阔端的卒年，认为蒙哥即位前阔端已去世。② 胡小鹏对阔端家族的人物关系、生平事迹进行了系统考订，并指出窝阔台将阔端分封于河西，旨在令其与贵由、亦都护相互支持，加强窝阔台家族的总体实力，从而对抗拖雷家族。③ 这一观点对本书分析窝阔台对诸子的安排有所启发。

关于哈剌察儿的史料记述较少，相关研究主要围绕新见屈家山纪事砖的内容展开。2014年，杨富学、张海娟刊布了凤翔屈家山新见蒙古纪事砖的铭文，并对铭文中窝阔台分封哈剌察儿于凤翔、哈剌察儿子嗣等内容进行分析。④ 2019年，胡小鹏、陈建军进一步考订纪事砖内容，修正、排除了部分失实信息。⑤ 不过，此砖在形制、文辞、史实方面尚有存疑之处，仍需谨慎对待。

由上可见，学界对窝阔台诸子的研究集中在三个主题：一是对阔出、合失继承人身份的讨论；二是贵由和阔端的政绩、军功；三是根据屈家山纪事砖内容梳理出的哈剌察儿事迹。形成这些讨论议题，与相关人物在窝阔台时代的地位有密切关系。本节将以前人研究为基础，进一步辨明窝阔台的指定继承人，分析大汗对贵由、阔端二子的安排，并以传世史料对比纪事砖内容，厘清哈剌察儿的相关活动。

---

① 周清澍：《库腾汗——蒙藏关系最早的沟通者》，载氏著《周清澍文集》上册，第345—364页。
② 陈得芝：《八思巴初会忽必烈年代考》，载氏著《蒙元史研究丛稿》，第315—332页。
③ 胡小鹏：《元代阔端系诸王研究》，第30—36页。
④ 杨富学、张海娟：《凤翔屈家山蒙古纪事砖及相关问题》，第95—102页。
⑤ 胡小鹏、陈建军：《凤翔屈家山发现的蒙元史料及相关问题考述》，第67—77页。

一 汗位继承人的选择

学界较早指出阔出在窝阔台时期备受重视,[①] 从中西史料的记述来看,阔出在窝阔台时代的地位确实十分突出。首先,《史集》明言阔出"生来是个幸运儿。合罕有心让他作自己大位的继承者"[②],说明窝阔台曾有立阔出为储君的考虑。其次,如本书第二章第四节所述,阔出攻宋时的配合将领,主要来自窝阔台灭金时指挥的中路军,作战经验丰富。在他出征前,大汗已派失吉忽秃忽主持燕京行省事务,后又派重臣必阇赤粘合重山设军前行中书省协理军务,对阔出南征提供了充分支持和周密谋划。最后,《经世大典·站赤》收录了整修阔出军中使者专用驿道的圣旨。太宗七年九月,"令忒末儿、赤剌温等往谕西京……及太原至潞州酌中地,……各立一站,马各二十匹。黄河岸,令刘甫立一站,马三十匹。西京、应州,令埚端躬往建立。……上项站马,别用火印烙记,止令阔出太子军前使臣骑坐,其余并不得应付。如有别使欲骑,给者、受者并断按答奚死罪",且"军前来使,若遇不选是何作商贾回回人等,可夺马驰驿"[③]。该圣旨前文提及"阔出太子军前使来,沿路驿站断绝",可知窝阔台此前已建立从阔出作战前线到汗廷的驿道,此时再令专人修复,保证阔出军队情况的及时传达。与同期派往他地征战的皇子贵由、阔端相比,配合阔出征战的举措更为周全。另外,《史集》记阔出之妻合塔合失是弘吉剌部按陈的孙女,[④] 可知他在姻亲关系方面也颇占优势。

前贤已辨明合失曾被窝阔台汗指定为继承人,又知阔出在太宗八年去世,合失则至太宗十一年仍然健在。按照这一时限,或可推

[①] 白拉都格其:《贵由汗即位的前前后后》,《元史论丛》第 3 辑,第 48 页;白寿彝总主编,陈得芝主编:《中国通史》第 8 卷《元时期(修订本)》,第 389 页。
[②] [波斯]拉施特编:《史集》第二卷,余大钧、周建奇译,第 11 页。
[③] 《永乐大典》卷一九四一六《站赤一》,太宗七年九月二十一日圣旨,第 7192 页。
[④] [波斯]拉施特编:《史集》第一卷第一分册,余大钧、周建奇译,第 267 页。

测：窝阔台在阔出死后再立合失，合失死后，大汗便又立阔出之子失烈门。这一继承顺序与察合台选定继承人的情况十分相似。《史集》记载："当察合台所确定的继承人木秃坚死去后，［察合台］想让别勒格失做他的继承人，但是他十三岁时就死去了，并且没有后裔。后来察合台便让木秃坚的儿子哈剌－旭烈兀当了他的继承人。"① 即先在诸子中按照"兄终弟及"的传统做法选择继承人，当诸子中再无合适人选时，再立最初指定者之子为储君。这种选择方式能够在较大程度上体现当政者意志；在没有固定继承制度的情况下，对维持汗位的有序继承也有一定积极作用。

但是，现有研究已经表明，在阔出死前，合失已具有储君身份。王晓欣将耶律楚材诗中所说耶律铸"幼岁侍皇储"，与耶律铸诗文集中"太宗第五皇子尝召隐居"的描述对应起来，判断耶律铸所侍"皇储"即窝阔台第五子合失。② 耶律楚材贺诗自题"乙未，为子铸寿，作是诗以遗之"③，则至少在太宗七年，合失已经被确定为汗位继承人。耶律楚材深谙政道，不会随意使用"太子"之谓，他提到的"皇储"，必然是窝阔台汗的指定继承人。耶律楚材同年另作一诗④提到阔出："右师潜入剑，元子直临襄。"⑤ "元子"即天子、诸侯、贵族之嫡长子，此处应指出于诸皇后的大汗之子⑥。耶律楚材称率军南征的阔出为"元子"而非"皇储"，可见他明确知晓窝阔台

---

① ［波斯］拉施特编：《史集》第二卷，余大钧、周建奇译，第170页。
② 王晓欣：《合失身份及相关问题再考》，《元史论丛》第10辑，第65—66页。
③ 耶律楚材：《湛然居士文集》卷一二《为子铸作诗三十韵》，第270页。
④ 王国维：《耶律文正公年谱》，载氏著《王国维遗书》第11册，叶16b—17a。
⑤ 耶律楚材：《湛然居士文集》卷一四《云汉远寄新诗四十韵因和而谢之》，第305页。
⑥ 《辽史》记"德祖之元子是为太祖天皇帝"（《辽史》卷四五《百官志一》，第707页），苏天爵撰《皇元故昭文馆大学士兼国子祭酒赠河南行省右丞耶律文正公神道碑铭》述"东丹王以太祖元子让位不居"（载氏著《滋溪文稿》卷七，陈高华、孟繁清点校，中华书局1997年版，第102页），都以"元子"指皇帝嫡长子。如耶律楚材也取此意，则他以阔出为窝阔台汗的嫡长子。

所立储君。

更早时候到达汗廷的彭大雅记述了窝阔台诸子，可证早在金亡之际的太宗六年春①，合失已被立为太子："其子曰阔端、曰阔除、曰河西䚟立为伪太子，读汉文书，其师马录事、曰合剌直。"② 此处记合失还有授业之师，与《元史·耶律楚材传》记耶律楚材"召名儒梁陟、王万庆、赵著等，使直释九经，进讲东宫"③ 一事相合。由为合失配备诸师，并讲授汉字、经学等情况，可推知他被立为储君的时间，应早于太宗六年不少。那么，皇储的第一人选应即合失，而阔出似未曾被选定为继承人。

这一推测却难以解释阔出在前述各方面拥有的明显优势。更让人难以理解的是，如果阔出不曾被选为继承人，为何在合失死后，窝阔台不考虑其子海都，而指定阔出之子失烈门为新的储君？《元史·定宗纪》明言"太宗尝有旨以皇孙失烈门为嗣"④，蒙哥夺取汗位时也曾提到此诏，借以反驳反对者的质问。⑤ 从失烈门主持反抗蒙哥即位的活动来看，他在窝阔台家族内部也有较大的号召力。这三方面情况都可证明，失烈门在其祖父生前已经具有储君身份。

史料中没有记载失烈门的年龄，但在贵由即位时，《世界征服者史》记失烈门"仅为一孩童"⑥，可知他年纪不大。而《苏拉赫词典补编》中记载了海都的卒年和年龄，由此可知海都生于1234年⑦。当时其父合失仍然健在，到1240年合失亡故，海都也已五六岁，与失烈门应年纪相仿。窝阔台既然确定失烈门为储君，可知年龄并非

---

① 彭大雅于太宗六年（1234）春到达汗廷，参见张政烺《宋四川安抚制置副使知重庆府彭大雅事辑》，收入许全胜校注《黑鞑事略校注》，第245页。
② 彭大雅著，徐霆疏：《黑鞑事略》，载《王国维遗书》第13册，叶1b。
③ 《元史》卷一四六《耶律楚材传》，第3459页。
④ 《元史》卷二《定宗纪》，第38页。
⑤ 《元史》卷三《宪宗纪》，第44页。
⑥ ［波斯］志费尼：《世界征服者史》上册，何高济译，翁独健校订，第294页。
⑦ 关于海都生年的讨论，参见王晓欣《合失身份及相关问题再考》，《元史论丛》第10辑，第68页注10。

筛选条件。那么大汗为何要避开皇储合失之子，转而选择同在幼年的失烈门呢？

这一选择很可能与失烈门的母亲有关。如前所述，失烈门之母、阔出之妻是按陈孙女，家世显赫；而海都的母亲出自别克邻部①，并非传统姻亲家族，少有倚仗。对于窝阔台而言，选择年幼者为嗣已有不小风险，如果储君再无母族庇护，反叛者就更有可乘之机，无疑会增加汗位在窝阔台家族内继承的困难。故窝阔台选择母亲出自按陈家族的失烈门，可尽量争取弘吉剌部对储君的支持，降低储君年幼带来的未知风险。若这一基于现实情况的推测能够成立，令人费解的关键就回到了失烈门的母亲，即门第极高的按陈孙女为何没有嫁给之前的储君合失，而嫁给了阔出呢？

笔者以为，窝阔台汗在确立合失为继承人之前，很可能对储君人选有过一段时间的考虑。阔出就是被考虑的另一个人选，所以《史集》说"合罕有心让他作自己大位的继承者"。他迎娶按陈孙女时，应当是窝阔台汗最偏向立他为储的时期。宇野伸浩根据失烈门的年龄，推测他出生于13世纪30年代前半期，其父阔出与按陈孙女的"婚期应该比这稍前一些"②，则阔出最可能被立为储君的时间，就在其父即位后不久。后来由于其他因素的影响，窝阔台最终决定立合失为储君。但直到亡故，阔出都深得父汗偏爱。故而合失死后需再立储君，窝阔台便立即考虑到母亲出身尊贵的阔出之子失烈门。那么，究竟是何种因素改变了窝阔台的最初想法，使他最终立合失为汗位继承人呢？

窝阔台汗改变想法，首先是与蒙古对宋作战的军事需要有关。如前所述，太宗六年春金朝灭亡，五月窝阔台就"大会诸王百僚"③，着手攻宋事宜。当年秋天，塔海绀卜率军入蜀，对宋战事迅

---

① [波斯] 拉施特编：《史集》第一卷第一分册，余大钧、周建奇译，第245页。
② [日] 宇野伸浩：《弘吉剌部与成吉思汗系通婚关系的变迁》，孟秋丽译，第3页。
③ 《元史》卷二《太宗纪》，第33页。

速展开。故而迟至该年五月，窝阔台已选出代表本家族率军入蜀和南征的两位皇子，阔出成为被选择的南征统帅。考虑到前述合失已有诸师授业，窝阔台确定攻宋皇子人选的时间应更早些。或者说，当大汗意识到即将开始的对宋作战也需兵分两路之时，立阔出为皇储的想法就已发生动摇。如本书第四章第二节所分析的，在燕京行省设立的同时，窝阔台也逐渐注意到华北地区的经济潜力。在此关键地区即将发生的战争，必须派出最得大汗信赖的皇子统领全局——阔出符合这样的条件。这也是保证战争收益最大程度进入窝阔台家族的做法。

其次，大汗立储的最终决定，也应受到耶律楚材的影响。从即位忽里台开始，耶律楚材就显示出过人的政治谋略，为维护窝阔台的至高权威屡次建言，大汗对他的建议也基本采纳。对于立储之事，窝阔台很可能也曾征求过他的意见。结合耶律铸"幼岁侍皇储"的情况，在被正式确立之前，合失应已习字读书、了解儒家文化。耶律铸伴读合失并非偶然，应是其父已知合失有可能被立为储君，而令耶律铸担任合失伴读。待窝阔台征询之时，耶律楚材自然更支持合失，这样才能实现他对耶律铸"一旦动青天，翱翔腾六翮"[1] 的深切期望。由此诗中昂扬之意，也可体会当时的耶律楚材对合失将来继承大统的信心。而合失死后，《元朝名臣事略》记"后以储嗣问公，公曰：'此非外姓臣所敢知，自有太宗遗诏在，遵而行之，社稷幸甚'"[2]。耶律楚材对立储一事已表现出避而不谈的消极态度了。

最后，从黄金家族选择继承人的习惯来看，合失在母亲方面或比阔出更具优势。现有研究已揭，合失之母为窝阔台汗第二皇后昂灰。则在长后孛剌合真无子的情况下，合失就相当于窝阔台的嫡子。除非阔出与合失同出一母，才能在母系上与后者享有同等地位。从后来脱列哥那皇后拒绝扶立失烈门、执意立贵由为汗的情况看，阔

---

[1] 耶律楚材：《湛然居士文集》卷一二《为子铸作诗三十韵》，第271页。
[2] 苏天爵辑撰：《元朝名臣事略》卷五《中书耶律文正公》，第88页。

出的母亲也不是脱列哥那。他的母亲应是窝阔台某位排序靠后、事迹不显的皇后。

在《紫微宫懿旨碑》、山东徂徕山赐旨刻石中，均出现窝阔台正后孛剌合真，可知她对全真教的积极态度。研究者已指出她支持道教发展，与皇储合失的宗教偏好有密切关系。①而山东徂徕山赐旨刻石中，还出现"昔列门太子"令旨②，亦言遵循维护全真教的祖制，或表明他受到了孛剌合真皇后的影响。根据《史集》所说，在阔出死后，失烈门被祖父窝阔台养在自己的斡耳朵内③。结合"昔列门太子"令旨刻石的情况，可以推测，失烈门应被祖父交给了正后孛剌合真，在后者斡耳朵中被抚养长大。除显赫母系外，这是窝阔台为年幼储君提供的第二道保障。

这里还需辨明合失之子海都的相关情况。《史集》说"海都是在成吉思汗的帐殿（斡耳朵）中抚养大的"④，可知他幼时并不在祖父窝阔台身边。《苏拉赫词典补编》记述道："合失歹先于其父［窝阔台］在呼罗珊死去，留下遗腹子海都。后来，当海都出生后被带到其祖父合罕处时"，窝阔台汗说"让这个小宝贝继承我之后的那个人［的王位］吧"，且"命令他们精心抚育他"⑤。按照同书所给信息推断，海都生于1234年；合失则迟至1239年还向宋德方赐以"披云真人"之号⑥，可知这里所谓"遗腹子"的说法并不成立。海

---

① 周郢：《蒙古汗廷与全真道关系新证——新发现的蒙古国圣旨（懿旨、令旨）摩崖考述》，第139页；刘晓：《合失卒年小考》，第50页。近来，刘晓就合失的储君身份、与全真教的密切关系等议题再做探讨，参见刘晓《"东宫皇太子"合失及相关问题》，《陕西师范大学学报》（哲学社会科学版）待刊。
② 周郢：《蒙古汗廷与全真道关系新证——新发现的蒙古国圣旨（懿旨、令旨）摩崖考述》，第140页。
③ ［波斯］拉施特编：《史集》第二卷，余大钧、周建奇译，第214页。
④ ［波斯］拉施特编：《史集》第二卷，余大钧、周建奇译，第13页。
⑤ 华涛：《贾玛尔·喀尔施和他的〈苏拉赫词典补编〉》（下），《元史及北方民族史研究集刊》第11辑，第92页。
⑥ 刘晓：《合失卒年小考》，第50页。

都出生时其父健在,则窝阔台所说"我之后的那个人",应指其父合失。在刚见到年幼的储君之子时,窝阔台汗作出这样充满希望的"许诺"并不难理解。当时合失正"读汉书",甚至还可能召集隐士、"亲谕汉官"①,在储君之位上颇有作为;窝阔台不会料想到几年之后,合失竟然突然去世。按照他当时的设想,年轻有为的合失将来会顺利继承大统,那么出生不久的海都自然就是下一任继承人。这并非在严格意义上确定海都的储君身份。《补编》也没有再记述海都见到祖父之后的情况,他被何人抚养,成长于何处,文中并未谈及。按照作者两次效力于海都的立场,如果海都确在窝阔台汗身边长大,似不会不特别指出。另外,汇集了大蒙古国时期主要当政者的前述祖徕山赐旨刻石中,窝阔台家族出现的诸王只有合失、失烈门两人,并无海都令旨,或也暗示出海都并未居于当时的权力中心。

要之,窝阔台曾将阔出、合失视作储君人选,最后在二子之间选定了后者。阔出没有储君身份,但其子失烈门因父亲得祖父重视,在合失死后被立为储君。窝阔台的指定继承人只有合失、失烈门二人。

二 贵由与阔端的地位

关于贵由和阔端的最早记载,见于《史集》。拉施特记述成吉思汗讨伐西夏时,阔端和贵由曾向祖父索要赏赐。成吉思汗说一切由拖雷做主,拖雷便给予了两位王子一些衣物。② 这反映出在成吉思汗晚年,拖雷主管大斡耳朵的财物分配。贵由生于太祖元年(1206),至其祖父攻打西夏时,他已经成年。疑他与阔端此时并非无端索赏,而是参与作战后,要求获得相应的战利品。但二人在此役中并非主要将领,故从中军统帅拖雷处得到的财物也就相当有限。这件纪事说明,贵由和阔端在成吉思汗晚年已开始参与作战。

窝阔台即位后,命贵由前往辽东平叛蒲鲜万奴,后来还令他担

---

① 参见王晓欣《合失身份及相关问题再考》,《元史论丛》第10辑,第64—66页。
② [波斯]拉施特编:《史集》第一卷第二分册,余大钧、周建奇译,第317页。

任中路军统帅参与长子西征。窝阔台屡次选择贵由领兵出战，反映出他对贵由军事才能的信任。在窝阔台诸子中，贵由无疑是战功最卓著者，这也为他之后获得汗位奠定了坚实基础。《元史》记太宗十二年末，大汗"诏贵由班师"①，次年春"上疾笃，脉绝，诸药不能疗"②，说明窝阔台在令贵由返回时已重病在身。此时令贵由班师，应是他考虑到身后局势，寄希望于军功显赫的贵由尽快返回、辅佐新君。

《史集》还记述了贵由在窝阔台统治时期的两件事。第一件是记述察合台与窝阔台的关系融洽："合罕就派了自己的一个儿子贵由汗到他身边供职，让他担任'怯薛'之职。"③ 按照前文对贵由征战情况的归纳，如果《史集》记述不虚，贵由在察合台身边的时间应该是窝阔台统治初年，最迟至他奉命征讨蒲鲜万奴之时。第二件是窝阔台命贵由收继拖雷遗孀唆鲁禾帖尼。唆鲁禾帖尼以诸子年幼，需要照料的理由婉拒了这一提议。④ 此事应发生在拖雷死后不久。令贵由收继唆鲁禾帖尼，是由于贵由年序居长，又已有军功，较其余诸子收继地位尊贵的唆鲁禾帖尼更为适宜。同时，唆鲁禾帖尼是景教徒，而贵由为景教徒合答教养长大，双方在宗教信仰上有相似性。这两件事反映出贵由在窝阔台处理家族内部关系时的重要作用。

不过，参考本书第二章第四节的分析可知，贵由参与的辽东之役、长子西征，所涉地区并非窝阔台最为关注之处。这两场战役对窝阔台的关键作用是巩固统治，而并非为本家族获得收益，一定程度上可视为辅助性战争。从这一角度来看，窝阔台对贵由的重视程度不如阔端。

《世界征服者史》提到，窝阔台死后，曾率军攻宋、开府凉州的

---

① 《元史》卷二《太宗纪》，第 37 页。
② 苏天爵辑撰：《元朝名臣事略》卷五《中书耶律文正公》，第 87 页。
③ ［波斯］拉施特编：《史集》第二卷，余大钧、周建奇译，第 176 页。
④ ［波斯］拉施特编：《史集》第二卷，余大钧、周建奇译，第 204 页。

阔端也争取过汗位,"因为他的祖父一度提到他"①。但是诸王以阔端"病体奄奄"为由排除其候选资格。阔端自称曾得成吉思汗青睐,但除前述他与贵由向祖父求赏未果外,并不见他单独与成吉思汗相处的记载。他争取汗位的主要依靠还是自身实力。在窝阔台时代,阔端的军功在诸子中仅次于贵由,确实具备称汗的条件。他率军西进,稳定了陕西、甘肃地区的局势,并与藏传佛教萨迦派建立了联系,为大蒙古国统治藏地准备了条件。以为窝阔台家族占据更大势力范围的标准视之,阔端比贵由的贡献甚至更大。

从母亲地位来看,阔端也更占优势。屠寄认为后来跟随阔端之子蒙哥都居住的乞里吉忽帖尼皇后为阔端生母。②这一推测得到了后来学者的认同。③乞里吉忽帖尼位列三皇后,在地位上高于贵由的生母脱列哥那。故而阔端更易受到窝阔台的重视。如本书第二章第四节所分析,阔端攻宋时的军中将领,多为拖雷灭金西路军中的主力战将。他借攻宋之机,成功建立起自己的势力范围。如胡小鹏指出的,阔端开府凉州,可在地理上与畏兀儿地区、贵由分地叶密立相互支持。④结合窝阔台时期的整体形势来看,叶密立、畏兀儿地区和阔端兀鲁思已经形成一道拱卫都城和林的防线。若阔出没有亡故,这道防线或可连接至黄淮之间,则西至察合台兀鲁思,东到左翼诸王,都将处于窝阔台家族的控制范围之内。

贵由、阔端的活动反映出窝阔台对二子的安排。《史集》记述窝阔台将拖雷属下三个蒙古千户分拨给阔端。根据李治安的研究,这三个蒙古千户,后来成为阔端位下的基本军队。⑤这说明在阔端西征

---

① [波斯]志费尼:《世界征服者史》上册,何高济译,翁独健校订,第294页。
② 屠寄:《蒙兀儿史记》卷一九《后妃传》,中国书店1984年版,第208页。
③ 蔡美彪:《脱列哥那后史事考辨》,《蒙古史研究》第3辑,第15页;刘迎胜引用蔡文观点,亦赞同屠寄推断。参见刘迎胜《元太宗收继元太祖后妃考——以乞里吉忽帖尼皇后与阔里桀担皇后为中心》,第92页。
④ 胡小鹏:《元代阔端系诸王研究》,第31页。
⑤ 李治安:《元代甘肃行省新探》,《元史论丛》第11辑,天津古籍出版社2009年版,第185页。

前,很可能没有隶属自己的蒙古千户。窝阔台汗将这三千人分给阔端,应是已有令其常驻陕甘的长远规划。这与成吉思汗分封诸子时划分军队的做法类似。阔端兀鲁思在大汗统治辖境内的作用,类似成吉思汗时代的察合台,是重要的出镇宗王。而贵由封地在叶密立,可与阔端共同拱卫继任的大汗。这与成吉思汗令年长二子术赤、察合台出镇他处、效忠大汗的安排是相似的。

虽然汗位继承最终并未按照窝阔台的意愿进行,但贵由从一系列军事行动中获得了卓越军功,其军事实力成为他后来即位的主要依凭。阔端也因父汗的规划在黄金家族内地位显要。《世界征服者史》记述贵由即位后,有人状告脱列哥那皇后的宠臣法蒂玛用巫术暗害阔端。阔端派使者告知大汗,若自己身体异样,就请处置法蒂玛。而后阔端病死,贵由立即审讯法蒂玛。① 陈得芝已考证,阔端迟至蒙哥即位时才病逝。② 此处的记述不合史实。不过,这里以谋害阔端作为处置法蒂玛的借口,可见阔端在贵由统治时期的地位。到拖雷家族争夺汗位时,蒙哥也没有夺回阔端位下的蒙古军队,理由是阔端诸子"是他的朋友和支持者"③。阔端经营河西地区十余年,其强大的家族势力才是蒙哥对他维持友善的真正原因。

三 哈剌察儿的活动

传世史料关于哈剌察儿的活动记述不多,但利用零散信息,我们仍可梳理出他的主要事迹。首先,哈剌察儿的生年,可根据窝阔台诸子中已知生年者推算出来。按《元史·宗室世系表》,哈剌察儿为窝阔台第四子。④ 胡小鹏已根据窝阔台长子贵由、第二子阔端和第

---

① [波斯]志费尼:《世界征服者史》上册,何高济译,翁独健校订,第288—289页。
② 陈得芝:《八思巴初会忽必烈年代考》,载氏著《蒙元史研究丛稿》,第323—326页。
③ [波斯]拉施特编:《史集》第二卷,余大钧、周建奇译,第11页。
④ 《元史》卷一〇七《宗室世系表》,第2716页。

五子合失的生年，推算出哈剌察儿出生时间的范围是 1208—1210 年。这一推断的时间上限，是按照长子贵由、阔出及哈剌察儿三子皆为脱列哥那皇后所生确定的。① 但如本节前述，在窝阔台去世后，脱列哥那坚持令贵由即位，而拒绝扶立阔出之子失烈门，可知阔出的生母应另有其人。故哈剌察儿出生时间的上限，应提前到贵由出生十个月后。加上第二子阔端生年（1206）的限制，② 可推定哈剌察儿最早生于 1207 年。

其次，《十驾斋养新录》提到《朝城县令旨碑》中有"合剌查太子令旨，猴儿年三月初七日和林城子寺里写来"。钱大昕已指出此合剌查即窝阔台之子哈剌察儿，并考订猴儿年为太宗八年（丙申年，1236）③。可知此时哈剌察儿应在都城哈剌和林。此处的"和林城子寺里"值得注意。《佛祖历代通载》中记："丁未（1247），贵由皇帝即位，……太子合赖察请师入和林，延居太平兴国禅寺，尊师之礼非常。"④ 此"合剌察"亦即窝阔台之子。其兄贵由即位后，他延请海云法师住持和林城内佛寺，或即前述"和林城子寺里"。这两条史料中哈剌察儿的活动都与寺院有关，可知他喜好佛法。另可说明，在贵由即位后，哈剌察儿仍在和林城内活动。

另外，《深州风土记》所收《元故长官李公碑铭》也涉及哈剌察儿的信息。该碑记述安平长官李秀的事迹："值我朝混一，元帅赵公澄抚绥安平，一见曰真奇才也。于是辟为左监军。领职以来，辟土地、招流亡，安集劳徕，至者如归。安平不数年，民籍四百有奇。

---

① 胡小鹏、陈建军：《凤翔屈家山发现的蒙元史料及相关问题考述》，第 70 页。
② 《蒙古源流》记阔端生于丙寅年（1206），参见乌兰《〈蒙古源流〉研究》，辽宁民族出版社 2000 年版，第 231 页。关于《蒙古源流》中阔端纪事的可信性讨论，参见周清澍《库腾汗——蒙藏关系最早的沟通者》，载氏著《周清澍文集》上册，第 345—364 页。
③ 钱大昕：《十驾斋养新录》卷一五《朝城县令旨碑》，上海书店 1983 年版，第 369—370 页。
④ 释念常：《佛祖历代通载》卷二一，载《北京图书馆古籍珍本丛刊》第 77 册，第 420 页。

属于▨哈剌察儿大王举公为长官。政美人怀，过五十不仕。"《风土记》编纂者认为此"哈剌察儿大王"即窝阔台之子。① 这一判断是合理的。按碑铭所记，李秀生于金承安二年（1197），十四岁遭遇兵乱后逃亡，后至安平县。可推知兵乱发生在元太祖五年（1210），而他五十岁致仕时为定宗元年（1246）。则他管理安平的大部分时间皆在窝阔台及其家族统治期内。能举荐他为长官的"哈剌察儿大王"，很可能即窝阔台之子。"哈剌察儿"之名前，还有"属于……"的阙文，或可推测安平县曾有属于哈剌察儿的投下户。

近年出土的屈家山"纪事砖"提供了不见于传世史料的新信息。"纪事砖"记述窝阔台曾将哈剌察儿分封至凤翔，并派"苔苔统阿""耶吕楚裁"之子辅政。有观点认为，哈剌察儿开府凤翔的时间应在丙申分封之后、窝阔台去世之前，即1236—1241年间。② 从前引史料来看，哈剌察儿在1236年和贵由即位之初都在和林城。类比同时期出镇宗王阔端会见萨迦派僧人之事，③ 如哈剌察儿因丙申分封开府凤翔，似难理解在贵由即位后，他为何不返回自己的王府，也未延请佛僧到自己的兀鲁思。即使诸王封地存在调整的可能，但贵由汗与哈剌察儿为一母所出的亲兄弟，亦无理由夺取或改动胞弟分土。此处"纪事砖"所述，似难与传世史料相互印证。

"纪事砖"内容还有其他疑点。第一，根据《元史·食货志》，贵由在窝阔台时期获封的食邑在大名路，阔端食邑在东平路，后来增加的阔出、合失、合丹和灭里封户在汴梁。④ 窝阔台家族并无在陕

---

① 《深州风土记》卷一一《元故长官李公碑铭》，载国家图书馆善本金石组编《历代石刻史料汇编》第13册，第471页。
② 胡小鹏、陈建军：《凤翔屈家山发现的蒙元史料及相关问题考述》，第72页。
③ 藏文史书《红册》记述了萨思迦·班第达与阔端第一次会面："北方皇子阔端来召时……甲辰年（一二四四年），时六十三岁，伯父偕侄等三人出发，旅途历三载，丙午年（一二四六年）到达北方。皇子适赴贵由皇帝即位盛典，归来后即相见。"参见周清澍《库腾汗——蒙藏关系最早的沟通者》，载氏著《周清澍文集》上册，第359页。
④ 《元史》卷九五《食货志三》，第2414—2416页。

西地区的食邑。且"纪事砖"记哈剌察儿丙申分封得"一万五千户",与贵由、阔端所得封户相比数目较少。如前所述,贵由、阔端此时已有军功,故而获得封赏;但似未见哈剌察儿参加战事的记述,则他缘何得到一万五千户?第二,"纪事砖"言哈剌察儿任命"凤翔路总管府达噜噶齐奥鲁事"。根据本书第三章第三节,诸王确有权力在投下设置官员。比如拔都在平阳设立的"平阳府宣差达鲁花赤"①、察合台派出的"都宣差忔力术那颜"② 等。但是,这些职衔中没有出现"兼奥鲁事"。作为民政官员的达鲁花赤兼管奥鲁,是元朝建立后才有的规定。③ 第三,"纪事碑"记窝阔台派"耶吕楚裁"之子辅政哈剌察儿。前贤已揭,"耶吕楚裁"即重臣必阇赤耶律楚材。不过,其二子耶律铉、耶律铸,均难与辅政之事相应。④ 本节前文已述,耶律铸一直是皇储伴读。而哈剌察儿在窝阔台时代的活动几乎不见于史端,以他的政治地位,似难得到耶律铸这样的重臣之子辅政。

故谨慎起见,本书根据传世史料,认为哈剌察儿一直在和林地区活动。他作为脱列哥那皇后的幼子,可能侍奉母亲到她去世。据蔡美彪先生考订,脱列哥那皇后去世的时间是1247年末。⑤ 当年耶律铸之子耶律希亮出生,脱列哥那皇后以其出生地"和林南四十里之凉楼"⑥ 为希亮赐名秃思忽。可证脱列哥那皇后此时还居住在和

---

① 李志修:《姑射山神居洞续立圣像记》,载《三晋石刻大全·临汾市尧都区卷》上编《现存石刻》,第35页。

② 参见党宝海《察合台史事四题——卒年、驻地、汉民与投下》,第68页。

③ 参见《元典章·管民官兼奥鲁》:"至元九年十二月□日,钦奉圣旨……'今拟各路、府、州、司、县达鲁花赤管民长官,不妨本职,兼诸军奥鲁。'"陈高华、张帆、刘晓、党宝海点校:《元典章》卷一一《吏部五·职制二·职守·管民官兼奥鲁》第1册,第382页。

④ 关于耶律铉非"纪事砖"中辅政者的论证,参见胡小鹏、陈建军《凤翔屈家山发现的蒙元史料及相关问题考述》,第71页。

⑤ 蔡美彪:《脱列哥那后史事考辨》,《蒙古史研究》第3辑,第29页。

⑥ 危素:《危太朴续集》卷二《故翰林学士承旨资善大夫知制诰兼修国史赠推忠辅义守正功臣集贤学士上护军追封涞水郡公谥忠嘉耶律公神道碑》,载《元人文集珍本丛刊》第7册,台北:新文丰出版公司1985年版,第506页。

林地区。这也与前述哈剌察儿延请海云法师进入和林的时间相差不多。进一步说，由哈剌察儿出面延请太平兴国寺住持，说明他在当时都城内地位显要。① 而这一地位与他先后掌权的生母脱列哥那、兄长贵由汗直接相关。

此后哈剌察儿似未再见诸史端。他的儿子脱脱，在蒙哥即位时参与了失烈门的反抗活动。《史集》记蒙哥召开即位大会时，"窝阔台合罕的孙子失烈门、脑忽和合剌察儿的儿子忽秃黑却彼此结盟"②，意图夺取汗位。据《世界征服者史》，贵由汗的儿子脑忽原在叶密立，是接到失烈门书信后才前往和林地区的。③ 结合前文对哈剌察儿事迹的考证，忽秃黑（脱脱）则很可能一直随其父待在和林地区。更早时候，拔都在阿勒豁马黑召集黄金家族成员集会，《世界征服者史》记"蒙哥可汗从哈剌和林地区出发，至于在该地区的失烈门及合罕的其他孙子、后妃"④ 则派代表前去。由此可知当时失烈门的所在地。而与他同在和林的"合罕的其他孙子"，应即包括脱脱在内的、没有分地而留居都城的窝阔台家族成员。

虽然脱脱参与了反对蒙哥即位的行动，但从处置结果看，蒙哥汗对他的态度是比较和缓的。失烈门被流放，脑忽被充军，而脱脱却得到窝阔台家族经营最早的叶密立。⑤ 在《世界征服者史》和《史集》对失烈门之乱过程的描述中，均未提及脱脱。他似乎只是这

---

① 大蒙古国时期地方延请高僧住持寺院，一般皆以当地王公高官名义发出请疏，以示敬重。如本书第二章第二节提到，乙巳年（1245）河东县请瑞峰禅师住持十方栖岩寺，河东县、河中府、宣差万户等机构官员皆具名于疏，按机构由低到高顺序连发三疏延请。
② ［波斯］拉施特编：《史集》第二卷，余大钧、周建奇译，第245页。
③ ［波斯］志费尼：《世界征服者史》下册，何高济译，翁独健校订，第672页。当时脑忽与其母斡兀立海迷失皇后处于一处。贵由汗死后，斡兀立海迷失扶灵回到了封地叶密立。参见［波斯］志费尼《世界征服者史》上册，何高济译，翁独健校订，第309页。
④ ［波斯］志费尼：《世界征服者史》下册，何高济译，翁独健校订，第664页。
⑤ 《元史》卷三《宪宗纪》，第45—46页。

场行动的跟随者。这是蒙哥汗对他宽大处理的直接原因。同时，脱脱之父哈剌察儿不是窝阔台汗的指定继承人，也没有强大的军事实力，故非拖雷家族争夺汗位时的劲敌。蒙哥汗对脱脱也就不必过于警惕。根据《史集》，后来蒙哥汗征蜀时，还令脱脱随军出征①，他也因此留驻六盘山地区。双方这种相对缓和的关系，为脱脱后来继续支持拖雷家族的统治者准备了条件。

《元史·塔塔统阿传》记述了畏兀儿人塔塔统阿的家庭情况，其妻"吾和利氏为皇子哈剌察儿乳母"②，幼子笃绵"旧事皇子哈剌察儿"③。长子"玉笏迷失，少有勇略，……时玉笏迷失守护皇孙脱脱营垒，率其众与浑都海战，败之。……复战，玉笏迷失死之"。结合塔塔统阿夫妇抚育哈剌察儿、笃绵为哈剌察儿家臣等情况，可知玉笏迷失辅佐的"皇孙脱脱"，即哈剌察儿之子。在阿里不哥和忽必烈争夺汗位时，玉笏迷失追击阿里不哥麾下将领浑都海，可推知当时脱脱已支持忽必烈。他的立场很可能受到窝阔台第六子、与他一同参加征蜀之战的宗王合丹的影响。合丹是平定浑都海之乱的主力将领之一，也是忽必烈即位大会上的西道诸王代表。④ 因支持忽必烈的坚定态度，合丹成为世祖朝前期地位重要的诸王之一。则持同样立场的脱脱，也会获得忽必烈的优待。合丹和脱脱的选择，反映出窝阔台家族中的弱势宗王抓住时机谋求更高政治地位的现实考虑。

总之，本书认为，在蒙哥汗即位之前，哈剌察儿及其子脱脱应一直居住在和林地区。或因哈剌察儿为不受大汗宠爱的脱列哥那皇后所生，他在窝阔台统治时期并不受重视，故未见他统率军队、建立战功的相关记载。也因此故，其子脱脱后来转而支持拖雷家族诸王的活动。

---

① ［波斯］拉施特编：《史集》第二卷，余大钧、周建奇译，第266页。
② 《元史》卷一二四《塔塔统阿传》，第3048页。
③ 《元史》卷一二四《塔塔统阿传》，第3049页。
④ 参见《元史》卷四《世祖纪一》，第63、68页。

窝阔台在即位之初，已开始着手对诸子的长远安排。阔出和合失是他最为看重的两子，也是汗位继承人的后备人选。因注意到对金朝故地的经济潜力，窝阔台考虑到大蒙古国下一步的统治重点，最终选择了较早接触儒家文化的合失为储君。同时，想要本家族在中原地区获得更多的战争收益，也需要派出地位较高的皇子主持对宋作战。阔出深受父亲信任，是承担这一任务的最佳人选。攻宋西路军则由三皇后所生的阔端率领。窝阔台将三个蒙古千户拨给阔端，意在令他镇守陕甘，将来与畏兀儿、叶密立地区互相支持。如果阔出在淮河地区征战顺利，东西方向上就能形成一道拱卫都城的坚固防线。贵由屡次被窝阔台派出作战，在平定辽东、长子西征中积累了军功，在维系黄金家族内部关系方面，他也发挥了突出作用。

但是，阔出的突然去世，使窝阔台的计划遭到破坏。几年后合失亡故，窝阔台失去了汗位继承人的全部人选，不得不选择能够获得母族庇护的皇孙失烈门为储。此时失烈门年纪尚小，为了保护这位年幼的储君，窝阔台很可能还令正后孛剌合真加以照看，尽可能地为皇储提供保障。巴菲尔德提出，大蒙古国选定汗位继承人时，要充分考虑候选者母亲的身份及地位高低，正妻之子往往比庶妻之子地位要高。① 从本书的考察来看，情况确实如此。窝阔台从一开始就面临着正妻无子的困境，诸子之中只有合失、阔端为排位靠前的哈敦所生，而阔端又身患疾病。窝阔台选择理想继承人的范围相当有限。合失去世后，在年龄相近的失烈门与海都之间，窝阔台选择了母亲出身于按陈家族的失烈门，再次体现出母亲身份对汗位候选人的重要性。

《史集》曾提到成吉思汗将军队、财富交给拖雷，并对其家族寄予厚望，"他不禁想到，结局将是合罕尊号和帝位归于他们所有"②。这固然是伊利汗国官方为拖雷家族统治正统性所作的辩护；但从现

---

① ［美］巴菲尔德：《危险的边疆：游牧帝国与中国》，袁剑译，第265页。
② ［波斯］拉施特编：《史集》第二卷，余大钧、周建奇译，第197页。

实情况看，成吉思汗在世时，拖雷正妻唆鲁禾帖尼至少已有三子，而窝阔台尚无嫡子，后者在这一方面的劣势，不会不令成吉思汗有所担忧。窝阔台或也意识到拖雷嫡子众多的潜在威胁，他令生母地位不显的贵由收继唆鲁禾帖尼，似有改变蒙哥等人嫡子身份的用意。且从蒙哥即位的情况来看，拖雷诸子之间颇为团结；而贵由即位时阔端已提出异议，到蒙哥争夺汗位时，合丹、灭里又迅速倒戈，后来哈剌察儿之子也转而支持拖雷家族。可见由于缺少条件突出的嫡子，窝阔台诸子各自谋利，家族内部关系松散。这也是窝阔台家族最终失去汗位的重要原因。

第二节 窝阔台与拖雷家族

窝阔台与拖雷家族的矛盾与冲突，与大蒙古国的汗位之争相生相伴，构成这一时期黄金家族内部关系的主要线索。成吉思汗偏爱幼子拖雷，后者又在父汗逝世后代行监国，一直享有军队的指挥权。故在窝阔台即位后，拖雷的政治影响力对大汗行使最高统治权产生了威胁。金亡前夕拖雷去世，其家族势力从此遭到持续压制。直到贵由汗去世，拖雷之子蒙哥得到宗王拔都的支持，镇压了窝阔台家族诸王、家臣的反抗活动，才成功登上汗位。大蒙古国的汗位由此转入拖雷家族承袭。

学界较早关注到大蒙古国汗位继承的不稳定性，并从制度因素、政治传统等宏观角度分析了原因。萧功秦认为，忽里台大会、继承人资格的不确定性和游牧分封结构及家族分产观念，促使汗位继承不断出现危机。[①] 周良霄则指出，成吉思汗将汗位留给窝阔台、军队留给拖雷的做法，是受到原始部落制度中酋长与军事首领分任的观

---

① 萧功秦：《论大蒙古国的汗位继承危机》，《元史及北方民族史研究集刊》第5辑，第58—59页。

念影响。这一做法的结果,就如军事首长必然取代酋长权力一样,具有军事实力的拖雷家族后王也倾覆了窝阔台家族的统治。① 周先生的观点指向了窝阔台家族与拖雷家族长期斗争的根本原因。成吉思汗是否明确将全部军队留给拖雷,似有疑问。但拖雷因长期执掌中军且能征善战,对蒙古军队确有不可小觑的影响力。故在窝阔台即位之初,在统治集团和重要将领中可能出现"酋长与军事首领分任"的观念。这种观念叠加蒙古"幼子守灶"的传统,使拖雷不可避免地成为窝阔台集中汗权的重大阻碍。

关于汗位斗争的具体情况,陆峻岭、何高济较早利用东西方史料梳理了从窝阔台即位到蒙哥夺位的历史过程,指出拖雷与窝阔台之死,是双方矛盾激化的外在表现,二者很可能均死于对方势力的毒杀。② 该文对唆鲁禾帖尼发展势力、扶持蒙哥即位,及蒙哥后来对窝阔台系诸王臣僚的处置着墨颇多;而对脱列哥那和贵由的统治评价不高。白拉都格其指出,贵由在处理家族内部关系时树立了政敌。他废黜了察合台系宗主哈剌旭烈兀,诛杀成吉思汗幼弟斡赤斤,又曾因汗位问题与同父兄弟阔端发生争执,这些家族都成为日后支持拔都、蒙哥一派的主要力量,为拖雷家族从窝阔台系后王手中夺走汗位准备了条件。③ 此二文揭示出窝阔台家族最后失去汗位的政治原因。

而对窝阔台家族统治者的新评价,提供了考察这一问题的新思路。蔡美彪认为,窝阔台遗孀脱列哥那当政时颇有作为。她并未将所有汉臣排斥在汗廷之外,也未迫害镇海、牙老瓦赤等先朝旧臣。耶律楚材在脱列哥那摄政时仍受重用,且其家族与脱列哥那家族一直保持良好关系。④ 金浩东对贵由即位的合法性、施政情况及其与拔

---

① 周良霄:《蒙古选汗仪制与元朝皇位继承问题》,载氏著《知止斋存稿》上册,第60页。
② 陆峻岭、何高济:《从窝阔台到蒙哥的蒙古宫廷斗争》,载何高济、陆峻岭《域外集——元史、中外关系史论丛》,第1—29页。
③ 白拉都格其:《贵由汗即位的前前后后》,《元史论丛》第3辑,第55页。
④ 蔡美彪:《脱列哥那后史事考辨》,《蒙古史研究》第3辑,第18—28页。

都的关系等问题提出了新见解。作者强调贵由有加强中央集权的施政意愿，并通过相关举措努力实现这一目标，[①] 反驳了前人关于贵由时代汗廷控制力下降的观点。

前贤对大蒙古国时期汗位之争的制度背景和文化传统、拖雷家族及其他宗亲的相关活动考察甚详，对脱列哥那皇后和贵由汗维护最高权威的具体举措亦有新见，却对这一历史过程的最重要参与者，也是直接制衡拖雷及其家族行动的窝阔台少有讨论。本节将重点分析窝阔台在位时期压制拖雷家族、调整宗亲关系的举措及实施效果，由此重新审视汗位转移的历史过程。

一 拖雷之死：汗权最大威胁的解除

窝阔台即位后，以灭亡金朝为重要目标。如本书第一章第四节所述，在直接攻汴的计划失败后，窝阔台实行了兵分三路、假道于宋的灭金战略。拖雷受命率领右路军自大散关南下，取道唐、邓，一路向东，在太宗四年（1232）到达钧州附近的三峰山。他抓住天降大雪的有利时机，果断出击，取得对金作战的大捷。此役基本奠定了蒙古灭金的胜局。战后赶来的窝阔台令速不台统管后续战事，与拖雷启程北返。当年九月，拖雷去世。[②]

元代官修史料皆记述拖雷喝下符水、"代兄而死"[③]，以此解释他死亡的直接原因。后世史家结合汗位斗争的情况，认为拖雷"喝符水"的记述暗示其死亡另有隐情。在这一纪事之前，史料中关于拖雷的最后记述，即他率军取得三峰山大捷。取得重大胜利后未及封赏，却遭遇"代兄而死"的结局，这一不合常理的情况或许正暗示出，三

---

① Hodong Kim, "A Reappraisal of Güyüg Khan", *Mongols, Turks and Others: Eurasian Nomads and the Sedentary World*, ed. by R. Amitai and M. Biran, pp. 309–338.
② 《元史》卷二《太宗纪》，第 32 页。
③ 事见《秘史》第 272 节、《元史·睿宗传》及《史集》第二卷。参见乌兰校勘《元朝秘史（校勘本）》，第 385 页；《元史》卷一一五《睿宗传》，第 2887 页；[波斯] 拉施特编《史集》第二卷，余大钧、周建奇译，第 201—202 页。

峰山战役中存在着尚未被注意到的、与拖雷之死有关的历史线索。

这一战役的主要信息保留在《圣武亲征录》和《元史·睿宗传》中。《圣武亲征录》记录了此战相关的具体日期，还提及窝阔台曾在战前遣使拖雷的细节。这一不见于后出史料[①]的记述值得重视。《元史·睿宗传》则详述了拖雷决定开战、窝阔台战后巡视战场等具体情况。考虑到《睿宗传》取材于拖雷之子忽必烈所见"睿宗实录"，[②] 这些记述也有较高可信度。

太宗四年，窝阔台率领中军一路南下，计划渡过黄河后，与借道南宋的拖雷所部会合灭金。《元史·睿宗传》记"太宗时亦渡河，遣亲王口温不花等将万余骑来会"[③]，知中军渡过黄河时，窝阔台向拖雷派出援军。据《圣武亲征录》，窝阔台于正月初六日率军渡过黄河，可知口温不花所率援军应为此时派出。同时，窝阔台获知拖雷已渡汉江，便另派使者传告拖雷："汝等与敌连战日久，可来合战。"[④] 拖雷所部则于"正月十五日至钧州，雪作。上遣大王口温不花、国王答思将兵毕至"，[⑤] 知此时两军合兵。

---

① 余大钧认为，《圣武亲征录》太祖纪事出自"太祖实录"的早期稿本，《元史·太祖纪》则出自"实录"后期稿本。参见余大钧《记载元太祖事迹的蒙、汉、波斯文史料及其相互关系》，《北大史学》第 12 辑，北京大学出版社 2007 年版，第 448 页。与此类似，《亲征录》太宗纪事应也出自"太宗实录"早期稿本，《元史·太宗纪》《睿宗传》相关内容则出自"实录"后期稿本。

② 至元二十三年十二月，"翰林承旨撒里蛮言：'国史院纂修太祖累朝实录，请以畏吾字翻译，俟奏读然后纂定。'从之"。可知为方便元世祖忽必烈审读，"五朝实录"先被译为畏兀体蒙古文。至元二十五年二月，"司徒撒里蛮等进读祖宗实录，帝曰：'太宗事则然，睿宗少有可易者，定宗固日不暇给，宪宗汝独不能忆之耶？犹当询诸知者'"。由"进读"知忽必烈了解实录内容，他认为"睿宗少有可易者"，表明基本认可了"睿宗实录"的内容。参见《元史》卷一四《世祖纪一一》，第 294 页；卷一五《世祖纪一二》，第 308—309 页。

③ 《元史》卷一一五《睿宗传》，第 2887 页。

④ 王国维校注：《圣武亲征录》，载氏著《王国维遗书》第 13 册，叶 82a。贾敬颜校注，陈晓伟整理：《圣武亲征录（新校本）》，第 326 页。

⑤ 王国维校注：《圣武亲征录》，载氏著《王国维遗书》第 13 册，叶 82a—82b。贾敬颜校注，陈晓伟整理：《圣武亲征录（新校本）》，第 326 页。

继而拖雷提出与金军开战。"诸将请俟太宗至破之未晚。拖雷曰:'机不可失,彼脱入城,未易图也。况大敌在前,敢以遗君父乎。'遂奋击于三峰山,大破之。"① 从战事的结果来看,拖雷当时坚持开战的决策完全正确。但是,如果注意到窝阔台曾遣使拖雷言"可来合战"、三峰山之役开战前"诸将请俟太宗至"等记述,拖雷在军事上的此种英明决断,亦成为他在政治上的轻率之举。

窝阔台提出"可来合战",实际上是要求拖雷率军尽快来与自己的中路军会合。因为担任中军统帅的大汗,才是整场战争的总负责人。参考成吉思汗西征时的情况:攻下玉龙杰赤后,察合台、窝阔台带着战利品先回到中军所在地,再由父汗指派之后的征战任务。② 这说明侧翼军的行动应服从中军统帅指令。窝阔台令拖雷率军前来合战,其实是中军统帅对侧翼军将领的军令。若拖雷未率军前往,实有违背军令之过。③

在与口温不花援军会合前,拖雷所部一直被金将合答的十五万大军追击。他曾以"三千骑命札剌等率之为殿",④ 但遭到金兵袭击,伤亡惨重。这一不利局势遇到天降大雪、援兵赶到才发生转机。窝阔台令拖雷率军合战时,提到"汝等与敌连战日久",表明大汗的这一决策,也有减轻拖雷所部征战压力的用意。此时若拖雷选择不战,就可以利用恶劣天气摆脱追兵、尽快向中军行进处汇合,缓解所率军队长期承受的敌军压力和伤亡损失。

而拖雷未取此策,并提出趁此时机开战。这时"诸将请俟太宗至",可知部将中有持异议者。这里的"诸将"疑即窝阔台派出的口温不花与塔思。部将有此劝谏也可证明,窝阔台派出援军意在接

---

① 《元史》卷一一五《睿宗传》,第 2887 页。
② [波斯]拉施特编:《史集》第一卷第二分册,余大钧、周建奇译,第 301—302 页。
③ 从这一角度来看,或不难理解《元史·太宗纪》《睿宗传》皆未提及太宗遣使拖雷一事的原因。
④ 《元史》卷一一五《睿宗传》,第 2886 页。

应，而非令拖雷单独指挥对金作战。拖雷此时也可听从劝谏，选择在原地按兵不动，等待窝阔台率军前来。按《圣武亲征录》所记，拖雷与援军合兵为正月十五日事，十七日窝阔台即至战地，① 可见中路军行动迅速。

但拖雷既未选择与中军会合，也未选择原地等待，而是认为"机不可失"，坚持立即开战。且他提出"况大敌在前，敢以遗君父乎"，颇有为大汗分忧的考虑。从军事角度来说，天降大雪的有利时机确实稍纵即逝；但从政治角度考虑，在与金军主力将领的对战中，侧翼军将领不待中军统帅到场就独自决定开战，则中军统帅的指挥权被置于何处？

《元朝秘史》第271节记窝阔台与兄长察合台商议亲征灭金之事，说："皇帝父亲的见成大位子我坐了。有甚技能。今有金国未平。我欲自去征他。"② 旁译有"怎生技能依着"之语，即"凭借什么能力坐上大位"。窝阔台表示自己继位无所依凭，故要亲征金国以示能力。正因担忧没有战功、难以服众，窝阔台才要亲征灭金；而现在大敌未遗君父，君父又何来大功？对于重视军功的蒙古统治者而言，没有军功又何谈最高权威呢？

待窝阔台率领中军到达时，三峰山之役已经结束。窝阔台"按行战地，顾谓拖雷曰：'微汝，不能致此捷也。'"③ 关键一战的首功在拖雷而不在大汗，已应引起拖雷及亲近部属的足够警惕。而此时"诸侯王进曰：'诚如圣谕，然拖雷之功，著在社稷。'盖又指其定册云尔"，④ 大汗称赞犹嫌不足，还要再提拖雷的推戴之功，反映出"诸侯王"只顾赞扬拖雷功绩，却未及深虑问题所在。这里的"诸侯王"，与之前劝说拖雷按兵等待者的立场不同，可能是拖雷所率军

---

① 王国维校注：《圣武亲征录》，载氏著《王国维遗书》第13册，叶82b。贾敬颜校注，陈晓伟整理：《圣武亲征录（新校本）》，第326页。
② 乌兰校勘：《元朝秘史（校勘本）》，第382页。
③ 《元史》卷一一五《睿宗传》，第2887页。
④ 《元史》卷一一五《睿宗传》，第2887页。

队中的宗室诸王。这一情节使人联想到《史集》中的类似纪事：窝阔台将原属拖雷的三千户分拨给皇子阔端，失吉忽秃忽、宿敦、者台等将领向唆鲁禾帖尼和蒙哥申诉，甚至意欲向大汗当面抗辩。① 诸臣提出当面抗辩，与"拖雷之功，著在社稷"的进言异曲同工，皆为直接冲击大汗权威之举。

诸侯王称赞定册之功后，"拖雷从容对曰：'臣何功之有，此天之威，皇帝之福也'"。② 从这一记述来看，拖雷自己似乎也未解释既不前去合兵、也不原地等待的原因。对比数年后同样声望渐隆的忽必烈，在遭受兄长蒙哥猜忌时，及时亲赴汗廷、执酒以拜，③ 拖雷的这一应答实非明智。

拖雷在三峰山一役中的果敢独行，与他在统治集团内长期积累的优势地位有直接关系。在成吉思汗时期的大规模战事中，拖雷一直跟随父汗执掌中军，他的治军才能也受到成吉思汗的称赞。而灭金之战是成吉思汗死后的首次大规模战役，拖雷很可能还循原有习惯领军。从前述"诸侯王"的表现来看，拖雷治军的特殊地位也仍然得到不少宗王的承认。此时窝阔台即位不久，在灭金之战形势严峻的情况下，不得不对军事才能出众的拖雷多有宽让；拖雷本人又求胜心切，遇到良机自然要全力迎敌。

在本就处于优势地位的条件下，三峰山一役无疑将拖雷的声望推向顶点，对窝阔台的大汗权威形成了直接冲击。而拖雷死后，军事指挥权完全归于窝阔台之手，待汴梁攻下，灭金之战的首功自然也为大汗所得。汗权的最大威胁解除，又获得成吉思汗未竟之业的军功，从客观情况来看，窝阔台成为拖雷之死的最大受益人。且根据本书第二章第四节、第四章第二节及后文的分析，窝阔台对拖雷

---

① ［波斯］拉施特编：《史集》第一卷第二分册，余大钧、周建奇译，第380—381页。
② 《元史》卷一一五《睿宗传》，第2887页。
③ 姚燧：《牧庵集》卷一五《中书左丞姚文献公神道碑》，载查洪德编《姚燧集》，第219页。

家族采取了多方面的压制措施，故很难排除他在拖雷之死一事中的嫌疑。

若拖雷之死与窝阔台确有关联，此事就是他消除直接威胁、打压拖雷家族的第一步；即使没有关联，拖雷之死也为窝阔台后续的打压举措铺平了道路，是窝阔台集中汗权、调整家族关系的基本背景。灭金之战后，还有两个关键问题：一是依照传统对家族宗亲进行战后封赏；二是对参战军队的重新安排。拖雷的亲属及所统军队仍与这两件大事密切相关。如何利用这一时机降低拖雷家族的政治影响力，是窝阔台面临的新挑战。

本书第二章第四节已提到，由于拖雷早亡，他曾率领的攻金西路军后来并未交给其子蒙哥，而是构成了皇子阔端攻宋的主力部队；第四章第二节在分析丙申分封中诸王所得封户时，也提到分给唆鲁禾帖尼的人户看似最多，但如与窝阔台家族所得封户总数比较，仍然占比较低。且在戊戌年加封时，大汗又为朮赤、察合台各增一万户。这样来看，承担灭金战役最为艰险的绕道任务、又取得三峰山大捷的拖雷，并未获得与其战功匹配的战利品分配。

除军队、封户方面的处置办法，窝阔台对拖雷家族还采取了一系列压制措施。本书第二章第四节提到的朵豁勒忽之死，及大汗令奥屯世英就任河中等事件，与前述大汗将三千户分拨阔端，都意在切断亲近拖雷的勋旧将领与其家族的私人联系。而在家族内部，窝阔台利用婚姻关系，进一步控制拖雷妻、子。本章第一节提到，窝阔台曾令长子贵由收继拖雷遗孀唆鲁禾帖尼。收继婚是蒙古的传统习俗，并不为奇，但似少见后人收继前人第一哈敦之事。前文提及，此举有影响拖雷嫡子身份的作用。此外，收继婚还与财产占有紧密相关。此时拖雷已死，若代他掌管家族的正妻被收继，当时在唆鲁禾帖尼名下的各类资源，很可能进入贵由家族。另外，被窝阔台二皇后昂灰抚养的蒙哥，"及睿宗薨，乃命归藩邸"[1]。蒙哥生于太祖

---

[1] 《元史》卷三《宪宗纪》，第43页。

三年（1208）①，到拖雷去世、他回到本家族时，他已长大成人，并纳火鲁剌部女火里差为妃。这说明蒙哥实际上一直受到窝阔台的直接控制。

此外，还有两件纪事应特别注意。第一件是拖雷去世当年，窝阔台"如太祖行宫"②。在其统治时期，窝阔台一共两次拜谒成吉思汗行宫。第二次是在太宗九年，"括左翼诸部女"之事发生后。此事下文还将详细分析，这里提出仅意在说明，窝阔台这两次拜谒太祖行宫，都是在他处理家族要事之后。这一举动反映出他利用父汗余威团结宗亲、安定人心的意图。

第二件事是太宗六年春召开忽里台。《圣武亲征录》记此次忽里台"大会诸王百官，宣布宪章"③，《元史·太宗纪》也详细记述了这时颁布的各项规定。金朝灭亡，本应立刻召开庆祝胜利、论功行赏的忽里台，但这次集会的主要内容却是"宣布宪章"，分配战利品的忽里台，则如本书第四章第三节所述，是新都城和林的万安宫建好后才召开的。"大会诸王、百官"专为颁布新规，且宣布宪章在分配战利品之前，这一情况不能不引人深思。

《元史·太宗纪》保留了这次大会宣布的各项规定，主要内容有：当大汗举办忽里台时，"当会不赴而私宴者，斩"，④且来宴者所带军队的兵士数量、马匹圈养等皆应合规。出入汗廷时，男女按十人一组分开入内；军队则按职务级别为序。在汗廷奏事时，"诸公事非当言而言者，拳其耳；再犯，笞；三犯，杖；四犯，论死。"此外对妇人制作质孙服等也有相应规定。

不难看出，新规在总体上强调秩序和服从。其中特别指出"当赴会而私宴者""非当言而言者"，颇有深意。当赴会而不去，即违

---

① 《元史》卷三《宪宗纪》，第43页。
② 《元史》卷二《太宗纪》，第32页。
③ 王国维校注：《圣武亲征录》，载氏著《王国维遗书》第13册，叶84b。贾敬颜校注，陈晓伟整理：《圣武亲征录（新校本）》，第345页。
④ 《元史》卷二《太宗纪》，第33页。下述所引规定出处同此。

背大汗圣旨、不尊大汗权威；非当言而言，也有忤逆大汗决断的嫌疑。灭金之战大获全胜，窝阔台却不大行封赏，而先立新规整肃朝局，很难说与拖雷之死毫无关联——新规诸条暗示，对大汗心有不满者，或意欲为拖雷之事申告者，皆属违反札撒，都会在将来的战利品分配中遭受损失。

本书第一章提到，成吉思汗未对幼子拖雷另作安排，为继任者留下了幼子强势的隐患。窝阔台对拖雷家族的打压，就是要解决迫在眉睫的汗权威胁。而拖雷去世后，据《史集》所述，窝阔台也常感悲痛，"一喝醉酒，就大哭着说：'兄弟永别使我很痛苦，因此［我］宁愿喝醉，希望把［忧思］之苦暂时忘却'"①。耶律楚材《神道碑》中亦有"上素嗜酒，晚年尤甚"② 的说法。窝阔台日益严重的酗酒恶习，在一定程度上是对政治残酷性的无奈回应。

二 软硬兼施：灵活处理其他宗亲关系

在窝阔台统治时期，除被打压的拖雷家族外，黄金家族其他支系也受到窝阔台的不同对待。白拉都格其已指出，察合台家族和斡赤斤家族因在贵由汗统治时期权利受损，转而支持拖雷家族。另外，尤赤之子拔都因与贵由交恶，也成为拖雷家族的盟友。这些后来的外援者在窝阔台统治时期情况如何？窝阔台又对他们采取了何种措施？

窝阔台一直与兄长察合台交好，且察合台去世晚于窝阔台，③ 故在这一时期，察合台家族尚未成为唆鲁禾帖尼母子可以拉拢的对象。剩余宗亲中，又以尤赤家族和曾经驻守老营的斡赤斤实力较强。这两支势力也是后来拥立拖雷后裔的关键力量。

先来看尤赤家族的情况。尤赤早于成吉思汗去世，所据领地比

---

① ［波斯］拉施特编：《史集》第二卷，余大钧、周建奇译，第 235 页。
② 宋子贞：《中书令耶律公神道碑》，载苏天爵编《国朝文类》卷五七，叶 19b。
③ 察合台去世晚于窝阔台七个月，参见党宝海《察合台史事四题——卒年、驻地、汉民与投下》，第 62 页。

较有限。灭金之后，窝阔台令尤赤之子拔都作为主帅出征，"将钦察草原诸地区以及那边的各国征服并入他的领地"，① 并派出家族内各支宗王支持。经过数年征战，尤赤家族控制的领土范围西至黑海，南至高加索，占据了广袤的北方地区。同时，他们还通过参与征战呼罗珊地区获得经济利益。成吉思汗四子家族共同参与了征伐呼罗珊的军事行动，各家族均可指派代理人获取战利品。但如本书第三章第四节所述，尤赤家族在该地区优势明显：主管呼罗珊事务的蒙古官员是原隶属于拔都的成帖木儿、阔儿吉思等人；在阔儿吉思当政时期，拔都任命的舍里甫丁②仍然担任大必阇赤，并直接参与征税事务。可见尤赤家族向西扩张领土、向南获得经济利益的活动是在窝阔台的支持下进行的。他们的经济权利得到充分支持和保障，也就缺少与当时处在劣势的拖雷家族结盟的强烈动力。

斡赤斤的情况则有所不同。根据蒙古"幼子守灶"习俗，身为成吉思汗幼弟的斡赤斤也具有优势身份。在成吉思汗晚年，他已显现出不服从大汗命令的迹象。③ 在窝阔台统治前期，斡赤斤表现活跃。耶律楚材《神道碑》记石抹咸得不因不满耶律楚材"军、民分治"的建议，"激怒皇叔，俾专使来奏，谓公悉用南朝旧人，'且渠亲属在彼，恐有异志，不宜重用'"。④ 当时可称"皇叔"者，只有成吉思汗诸弟中还在世的别里古台和斡赤斤。而别里古台除参与太宗、宪宗即位忽里台之外，其活动鲜少见于记载。⑤ 这里的"皇叔"应当指斡赤斤。咸得不说"且渠亲属在彼，恐有异志，不宜重用"，

---

① ［波斯］拉施特编：《史集》第二卷，余大钧、周建奇译，第140页。
② ［波斯］志费尼：《世界征服者史》下册，何高济译，翁独健校订，第634页。
③ 按《史集》所述，成吉思汗西征返回后设帐准备宴会，令诸人掷石压实土地，斡赤斤却只掷出树枝；而过后几天大汗率人外出打猎，斡赤斤再次晚到。参见［波斯］拉施特编《史集》第一卷第二分册，余大钧、周建奇译，第316页。
④ 宋子贞：《中书令耶律公神道碑》，载苏天爵编《国朝文类》卷五七，叶13a—13b。
⑤ 白寿彝总主编，陈得芝主编：《中国通史》第8卷《元时期（修订本）》下册，第48页。

即言耶律楚材仍有亲属在金朝任职，可知此事发生于金亡以前。东道诸王在成吉思汗晚年已被分封于兴安岭等地，而斡赤斤至此时仍派出专使过问汗廷及燕京腹地事宜，未免有逾矩之嫌。

《元史》记太宗九年，"六月，左翼诸部讹言括民女，帝怒，因括以赐麾下"。① 左翼诸部即东道诸王所部。如本节第一部分所述，当年窝阔台第二次拜谒太祖行宫，"括诸部女"应为此事前因。《世界征服者史》和《史集》也有相似纪事，② 但发生括女事的部族尚存疑问。检核两种史料的波斯文抄本，可以确定此事发生在"合罕的部族"，即统治者家族内部，与《元史》所谓"左翼诸部"基本吻合。③ 在左翼诸王中，当时势力最强者即斡赤斤，括女事很可能是窝阔台对他干预政事、挑战大汗权威的警示。④ 不过，在窝阔台死后，斡赤斤带兵急赴合罕大帐，可见他争夺汗位的企图并未因这次警告而有所改变。

《史集》记斡赤斤率军赴合罕大帐时，摄政的脱列哥那皇后"把经常在合罕左右的他［斡惕赤斤］的儿子斡台，连同……之孙明里－斡忽勒以及他所有的亲属和家仆，都送还了斡惕赤斤"。⑤ 此"明里－斡忽勒"即窝阔台之子灭里，据《世界征服者史》，脱列哥那当时曾派灭里率军抵挡斡赤斤。⑥ 疑《史集》此处后半部分的叙述有误。但是，这里提到将斡赤斤之子斡台送回其父身边，应有所

---

① 《元史》卷二《太宗纪》，第35页。

② ［波斯］志费尼：《世界征服者史》上册，何高济译，翁独健校订，第270—271页；［波斯］拉施特编：《史集》第二卷，余大钧、周建奇译，第110—111页。

③ 该问题另文探讨。

④ 余大钧先生认为《元朝秘史》中窝阔台所述"四过"之一，即"娶斡赤斤叔父所属百姓中的女子"一事，就是《元史》《史集》所记括女事。参见余大钧译注《蒙古秘史》，第246页。

⑤ ［波斯］拉施特编：《史集》第二卷，余大钧、周建奇译，第212页。

⑥ ［波斯］志费尼：《世界征服者史》上册，何高济译，翁独健校订，第285页。该处灭里之名在原文中作"蒙力（MNKLY）"。波伊勒在注释中提到（第287页注15），《元史》中又以"明里"称灭里，故此处可判断该人即灭里。参见《元史》卷六《世祖纪三》"郑州隶合丹，钧州隶明里"之述（第107页）。

本。波伊勒认为此"斡台"即《元史·宗室世系表》中斡赤斤第七子"斡鲁台大王"。① 前文已述，蒙哥在昂灰皇后处长大成人，直到拖雷死后才被允许返回母亲身边。如果联系此处来看，窝阔台很可能以诸后妃无子嗣等借口，将他认为有潜在威胁的各系孩童留在本斡耳朵内，作为必要时制约敌方的"质子"。由此亦见，窝阔台对叔父斡赤斤早有警惕之心。

除了针对不同支系宗亲的措施，窝阔台还利用围猎活动，强化黄金家族全部成员对大汗命令的服从。《元朝秘史》记窝阔台"四过"的最后一件，即"将天生的野兽，恐走入兄弟之国，筑墙寨围拦住。致有怨言"②。此事应对应《史集》记窝阔台在和林周围的汪吉"用木桩和泥筑一长达二天行程的围墙"，③ 将野兽赶入其中以备围猎。以汪吉为圆心，按一昼夜马行 500—600 里，两天行程约 1000—1200 里，④ 则冬猎围场的东部已包括大斡耳朵地区。且预先"通知了一月途程内的"⑤ 居民把野兽驱赶入长围之中，可知更远处的别里古台、合赤温分地属民也需为冬猎做准备。此即《秘史》所说将"兄弟之国"的猎物据为己有之意。

窝阔台通过冬猎活动，暂时领有行猎区域，并集中更大范围内的可捕猎物，实际上限制了拖雷家族和东道诸王自行冬猎的权利。且围猎顺序是"合罕带着一群近臣先进入猎围……诸王和异密们，然后是普通战士，依次入内打野兽"⑥，可知诸王只能在大汗之后进入猎场捕猎。围猎完成后，还有专人将猎物"在各级宗王、异密和战士间公平地分配"⑦。可见冬猎活动的规则和猎物分配的办法都由

---

① ［波斯］拉施特编：《史集》第二卷，余大钧、周建奇译，第 212 页注 9。
② 乌兰校勘：《元朝秘史（校勘本）》，第 401 页。
③ ［波斯］拉施特编：《史集》第二卷，余大钧、周建奇译，第 71 页。
④ 参见党宝海《蒙元驿站交通研究》，第 240 页。考虑到这一数据反映的是马递公文的速度，围猎所建的猎场半径或比 1000 里再短一些。
⑤ ［波斯］拉施特编：《史集》第二卷，余大钧、周建奇译，第 71 页。
⑥ ［波斯］拉施特编：《史集》第二卷，余大钧、周建奇译，第 71 页。
⑦ ［波斯］拉施特编：《史集》第二卷，余大钧、周建奇译，第 72 页。

大汗决定。故这一活动也是提醒拖雷家族及东道诸王遵守秩序、服从统治的重要时机。

如志费尼所说，成吉思汗极重视行猎，"行猎是军队将官的正当职司，从中得到教益和训练是士兵和军人应尽的义务"①。可见大型围猎活动对蒙古人还有军事训练的意义。窝阔台集合诸王进行冬猎，一方面可以训练黄金家族各支系军队的配合作战，为大型征战提供准备；另一方面，他在冬猎活动中起主导作用，可引导诸王属下军队全部听从大汗调遣。

三 余威仍在：对拖雷家族的持续威慑

窝阔台采取的一系列打压措施，令拖雷家族难以扩张势力。在他死后，颇具政治才干的脱列哥那皇后也未给予拖雷家族发展机会。蔡美彪指出，脱列哥那为另立贵由必须"全力以赴地进行大量的政治活动"，她对斡赤斤妥协退让，与耶律楚材保持友好，② 还争取到察合台的支持，③ 最终成功地实现了拥立贵由的政治目标。面对善于斡旋朝局的脱列哥那，除了遵守札撒，④ 似乎不见唆鲁禾帖尼及其诸子的其他举动。当时贵由亦为同辈之中军功最为显著者，又控制着参与西征的大批军队，连斡赤斤闻其归来都迅速撤兵，拖雷家族亦无法与之抗衡。在脱列哥那和贵由的两重制约之下，唆鲁禾帖尼只能选择继续效忠新汗。

贵由即位后，拖雷家族同样难有伸张之力。金浩东详细分析了贵由在即位忽里台上的决策：在朝政方面，他收回旧牌符，废弃了其母摄政时期的官员任命和诸王特权；任命中央和地方政府高官，使被迫害的朝臣官复原职，处死扰乱朝政的法蒂玛和奥都剌合蛮。

---

① ［波斯］志费尼：《世界征服者史》上册，何高济译，翁独健校订，第29—30页。
② 蔡美彪：《脱列哥那后史事考辨》，《蒙古史研究》第3辑，第27页。
③ ［波斯］志费尼：《世界征服者史》上册，何高济译，翁独健校订，第282页。
④ ［波斯］志费尼：《世界征服者史》上册，何高济译，翁独健校订，第285页。

在恢复政治秩序的同时，在家族内部，贵由汗处死意图谋逆的斡赤斤，改立与自己关系友善的也速蒙哥为察合台家族宗主。这些举措反映出贵由汗欲令东道诸王顺服，和保持对察合台兀鲁思控制的政治考虑。① 由此可见他对大汗权威的高度重视。在贵由此种警惕之下，拖雷家族亦难以轻举妄动。

贵由汗死后，窝阔台家族在叶密立、和林等地仍有可观数目的兵力和物资，对有所图谋的拖雷家族威胁颇大。由波斯文史料记述蒙哥即位前后的若干细节，可以窥见当时的真实局势。

第一，拔都拥立蒙哥的地点是阿剌豁马黑，而非当时摄政者所在的叶密立。贵由死后，斡兀立海迷失皇后将其灵柩带回叶密立安葬。如按惯例推举新汗，宗亲应到摄政者海迷失皇后的所在地集会。但拔都借口脚疾，在距海押立一周行程的阿剌豁马黑停驻下来，② 不再前行。他派出使者提议诸王到此集会，显示出操控新汗推举的意图。阿剌豁马黑可能是尤赤家族势力范围的边缘，③ 再前进就会进入窝阔台家族的势力范围。此时叶密立等地应当还有听命于贵由家族的可观兵力，才使得拔都不得不在本家族势力范围内召开集会。另外，集会后拔都还派出别儿哥、不花·帖木儿带领军队护送蒙哥返回大斡耳朵地区，④ 侧面反映出当时拖雷家族可支配的兵力比较有限。

第二，失烈门在反对蒙哥即位的军事行动中准备充足。在蒙哥

---

① Hodong Kim, "A Reappraisal of Güyüg Khan", *Mongols, Turks and Others: Eurasian Nomads and the Sedentary World*, ed. by R. Amitai and M. Biran, pp. 327 - 328.

② ［波斯］志费尼：《世界征服者史》下册，何高济译，翁独健校订，第664页。

③ 下文提及蒙哥刚即位便派不怜吉鲜率军前往乞儿吉思，并令他与驻守海押立的诸王弘吉兰斡兀立相呼应。波伊勒指出"弘吉兰斡兀立"即尤赤系宗王斡儿答第四子，《史集》之"弘-乞兰"（Qongqiran）。参见［波斯］志费尼《世界征服者史》下册，何高济译，翁独健校订，第713页注109。可知当时海押立已有尤赤系驻军。

④ 波伊勒指出，《世界征服者史》仅记此二人参加忽里台，而没有提到他们伴送蒙哥返回。实际上，无论是否与蒙哥同行，在参加即位忽里台时，别儿哥和不花·帖木儿都必然带有相当数量的军队。参见［波斯］拉施特编《史集》第二卷，余大钧、周建奇译，第239页并注4。

即位大会召开时，鹰夫克薛杰发现了属于失烈门和脑忽的"一支大军"和"无数大车"，而这些车上都装满了武器。① 可见从和林而来的失烈门兵员、装备充裕。蒙哥派人抓捕失烈门时，《史集》提到"在此之前，失烈门将他的奥鲁留在……地方，［自己］率领五百骑士轻装前进"。② 这反映出失烈门是因轻率冒进的决策失误而被捕的，而并非由于他实力不足。后随他被捕的有额勒只带等八位那颜，和"另一群难以——列举的万夫长和军队长官们"，③ 由将领数量亦见失烈门当时拥有的雄厚军力。

第三，蒙哥处理窝阔台家族剩余势力时动用了大量军队。处置失烈门及其随从后，蒙哥派不怜吉鳂那颜统率一支十万人的军队，前往"位于别失八里和哈剌和林之间"的地区，并与驻守在海押立的弘吉兰斡兀立军相呼应；派也客那颜率两万军队前往乞儿吉思和谦谦州边境。④ 不怜吉鳂那颜对"来自叶密立和海押立者"进行分类，将重要的臣僚、宗亲送往蒙哥处，剩余者则"予以处理和处决"。⑤ 可知在叶密立、海押立等地，还有不少支持窝阔台家族的重要人物。而蒙哥派出的两支军队人数众多，又需与尤赤系宗王弘吉兰所率军队相配合，可推知在他控制范围内，仍有支持窝阔台家族的军队。

第四，畏兀儿地区也有支持窝阔台家族的军队。在蒙哥即位前夕，贵由遗孀海迷失的臣僚八剌必阇赤前往畏兀儿亦都护处。亦都护萨仑的与他结盟，并以朝见贵由汗妻、子的名义集合了畏兀儿地区的军队。⑥ 萨仑的对窝阔台家族后王活动的积极响应，可能与其兄

---

① ［波斯］拉施特编：《史集》第二卷，余大钧、周建奇译，第246页。
② ［波斯］拉施特编：《史集》第二卷，余大钧、周建奇译，第247页。
③ ［波斯］拉施特编：《史集》第二卷，余大钧、周建奇译，第250页。
④ ［波斯］志费尼：《世界征服者史》下册，何高济译，翁独健校订，第690页。
⑤ ［波斯］志费尼：《世界征服者史》下册，何高济译，翁独健校订，第691页。
⑥ ［波斯］志费尼：《世界征服者史》上册，何高济译，翁独健校订，第55—56页。

曾娶窝阔台之女有关。① 蒙哥即位后，将参与"谋逆"的萨仑的处死。他特意下令将萨仑的押送到别失八里处死以作警示，反映出对当地局势仍心怀警惕。

根据《元史·宪宗纪》，蒙哥在即位的次年夏天才"驻跸和林"，② 可推知他处置失烈门及和林地区的将领、官员，和叶密立、畏兀儿等地支持窝阔台家族的势力花费了不少时间。由蒙哥即位前后的情况可知，窝阔台及后继统治者对拖雷家族的长期控制是卓有成效的。

窝阔台与拖雷家族的关系，是他统治时期的又一重要议题。如本书开篇提出的，成吉思汗在选择继承人时未妥善安排的幼子势力，成为窝阔台即位后最大的集权阻碍。曾行使国家军政大权、声望颇高的拖雷在金亡前夕去世，解除了窝阔台实行统治的最大威胁。此后，窝阔台通过调整军队指挥权、地区管理权和经济收益等多方面权利分配，持续削弱拖雷家族占有的政治资源。在军事方面，减少拖雷嫡子参加征战的机会、暗害或调离拖雷的亲旧将领，使拖雷家族对军队的影响力下降；在经济方面，增加其他支系的战利品分配份额、营建新都城，使拖雷家族受到经济权利的实际损失，减少他们因占据政治中心而获得的贡赋收益。失去了军权和经济资源的拖雷家族只好转向文教方面，以招揽文士作为积累实力的重点活动。

在家族内部，窝阔台还试图直接控制拖雷的正妻、长子。他也采取灵活态度、适当手段调整与其他家族支系的关系：巩固与察合台的友好关系，允许术赤家族的势力扩张，而对有逾矩行为的斡赤斤则严加警告。这些措施有效控制了黄金家族内部的整体局势，也使拖雷家族难以获得外援支持。对比之下，其后继者贵由汗一味强

---

① 志费尼记窝阔台汗将阿剌真别吉赐婚给亦都护，波伊勒认为此公主可能是大汗之女。参见［波斯］志费尼《世界征服者史》上册，何高济译，翁独健校订，第54页注18。

② 《元史》卷三《宪宗纪》，第45页。

调管控，而少用利益维系宗亲关系；储君失烈门年少无谋，即使重兵在手，也未抢抓时机、一举制敌。这些失误都为拖雷家族最终获得汗位埋下伏笔。

不过，蒙哥夺取汗位的艰难过程，仍可说明窝阔台家族的统治者实现了对政敌的有效控制。并且，值得注意的是，拖雷家族得到尤赤之子拔都的政治支持，并非轻而易举。早在拔都召集宗亲集会时，诸王就首先达成共识："拔都是诸王之长……应由他来决定，要末他自己成为汗，要末推选另一人为汗。"① 确立拔都"诸王之长"的地位，即拖雷家族与他结盟的交换条件。这实际意味着"国家统治者"和"家族宗主"两种权力的分离。蒙哥即位之初只是国家最高统治者，而无家族事务最高决定权。要以此种代价换取拔都的支持，可推知拖雷家族当时政治资源有限的被动处境。

小　结

对于窝阔台而言，如何安排诸子才能更好地维护家族利益和汗位传承，始终是个未得周全的难题。与拖雷相比，窝阔台正妻无子，故他在指定继承人的选择上更要深思熟虑、顾及各方。在对宋作战即将展开的背景下，窝阔台最终选择深得偏爱的阔出担任作战统帅，而获得耶律楚材支持、较早接触儒家文化的合失为储君。同时，窝阔台将三个蒙古千户分拨给阔端，令他率领攻金西路军镇守陕甘、控制河西，与西北方面的畏兀儿地区、贵由分地叶密立相互支持。若阔出在江淮地区作战顺利，就可形成一道拱卫和林的坚固防线。但阔出早亡，几年之后合失亦卒，窝阔台汗不得不再立新储君。他选择母族显赫的失烈门为储，由于失烈门年幼且无军功，窝阔台又令正后孛剌合真为储君提供庇护，并在临终前试图召回军功显赫的

---

① ［波斯］志费尼：《世界征服者史》下册，何高济译，翁独健校订，第665页。

长子贵由辅佐新汗。

与成吉思汗相比，窝阔台选择继承人、安排诸子时面临的现实情况更加复杂。成吉思汗立储时需要解决的关键问题是术赤、察合台的矛盾，而到窝阔台时期，察合台、拖雷仍然在世，叔父斡赤斤也颇有实力，持续性的军事扩张也使黄金家族内各支系的第二代宗王成为征战主力。这时选择储君、维系本家族势力，要妥善处理与家族内三代人的关系。窝阔台安排诸子拱卫储君，即出于对这一复杂形势的考量。

对内安排诸子的同时，另一任务即处理幼子势力的威胁。此时单一的战利品分配，已发展为军队指挥权、地区管理权和经济收益等多方面的权利划分。窝阔台可综合利用这些手段，压制幼子势力。拖雷去世、括左翼诸部女，都对幼子势力造成了严重打击。同时，如本书第二、第四章所述，窝阔台减少了拖雷诸子参加征战的机会，暗害或调离拖雷的亲旧将领，使拖雷家族对蒙古军队的影响力下降；增加其他支系的战利品分配份额，营建新都城，使拖雷家族受到经济权利的实际损失，减少他们因占据政治中心而获得的贡赋收益。

窝阔台利用灵活手段和多样措施，一边规范宗亲效忠大汗，一边仍给予各支系适当发展机会，也使拖雷家族无法自行其是，亦难以争取外援。窝阔台去世后，脱列哥那皇后的政治才能和贵由汗的显赫军功，令拖雷家族只得继续等待时机。即使贵由汗去世后，窝阔台家族在和林、叶密立及周边地区还拥有大量兵力，拖雷家族夺取汗位仍非易事。蒙哥得到拔都的大力支持，也要以黄金家族宗主之位作为交换条件。拖雷家族夺权的艰难历程，正体现出窝阔台对其采取的压制措施的长期成效。

结　　论

　　本书以窝阔台统治时期为断限，探讨了大蒙古国的制度建设和国家发展两方面问题。面对日益广大的统治疆域，窝阔台如何实现对多民族、多文化地区的统一管理？在实现这一目的的过程中，初兴的大蒙古国又出现何种发展方向？这是本书要回答的关键问题。

　　在军事方面，窝阔台以成吉思汗创设的千户制度为基础，扩建探马赤军、整编汉地诸军，将多民族、各地区的军事力量归并到同一军队体系之中。结合不同地区战场作战的实际需要，此时还设置砲手军万户、水军万户等匠军万户，与原有蒙古老千户、整编探马赤军等形成新的作战军团。这些军团统帅也由大汗任命，以确保军队指挥权的统一。同时，窝阔台继承成吉思汗遗志，完成了灭金的军事任务，吸纳金朝故地的丰富资源，支持攻宋的两路作战。整编各类军队、组建地区军团，是窝阔台在军事方面实现统一管理的重要举措。

　　持续性军事行动对兵员、物资的迫切需求，促使窝阔台开始关注行政体系的建设。在中央层级，窝阔台任用了来自多部族、多政权的重臣必阇赤，特别如畏兀儿人镇海和熟悉辽金制度的耶律楚材，为大蒙古国的制度建设带来了游牧和农耕政权两方面的既有经验。以大断事官和重臣必阇赤为核心的行政中枢，通过行省级别长官与地方相联系。窝阔台任命行省级别长官，并为其配备僚属，使这一群体成为处理金朝故地、河中地区和呼罗珊地区的最高行政组织，各地旧有各类机构都需听从行省长官的命令。这样，不同地区的行政制度都被快速整并入行省长官为首的管理体系之内。在行省级别之下，达鲁花赤与不同地区原有制度相结合，实现了大蒙古国对地方的直接管理。任用不同出身背景的中枢臣僚、设置行省级别长官，是窝阔台在行政方面实现统一管理的重要举措。

随着行政体系的建立，以赋役征发为主要内容的经济活动也全面展开。以阿勒班、忽卜赤儿税为核心的蒙古税制，与大蒙古国辖境内各地原有税收名目相结合，统治者借此将各地资源向汗廷集中。由地方到中央的财富通道被重新打通，赋役征发成为与商贸活动并重的财富获得方式。同时，窝阔台利用斡脱商人，将华北地区的财富转化为中亚宝物带到汗廷，跨地区的财富环流形成。通过营建新都城，窝阔台将获得的财富集中于哈剌和林。通过给予免除差役的经济待遇，儒士被纳入大蒙古国的管理体系。赋役制度的全面实行、新都城的营建与使用，是窝阔台在经济方面实现统一管理的重要举措。

与前代少数民族政权相比，大蒙古国的这一管理体制具有两个明显特征。第一是既未选择二元结构的制度框架，也未遵循部族议事的游牧传统。辽朝实行"南北两面官制"，虽然从制度渊源和实际运行来看，其最高行政机构南北枢密院，既不是契丹、中原制度的简单拼合，也不是对契丹、中原事务的简单分治①，但在具体官职的设置或实际任职者方面，二者毕竟仍有区别。后来在中亚地区建立统治的哈剌契丹，也采取汗廷实行辽制（部族传统和中原制度相结合的产物）、地方任用代理人的双重管理体制。② 金朝初期中央沿用游牧民主制，即"勃极烈制"，后来才全面改行三省六部制。可见用游牧制度管理游牧地区、中原制度管理中原地区，甚至中亚制度管理中亚地区，是既有少数民族王朝实行国家管理的基本思路。相比

---

① 杨若薇：《契丹王朝军事政治制度研究》，社会科学文献出版社 2022 年版，第 118、122 页。

② Michal Biran, *The Empire of the Qara Khitai in Eurasian History: Between China and the Islamic World*, pp. 202–203.

而言，大蒙古国的统治者一开始就没有采取"一分为二"或"宗亲议事"的简单处理办法，而是在各民族治国人才的协助下，直接建立起一套适用于所有地区的管理体系，包括组建地区军团、构建"行省长官—达鲁花赤"的行政架构、实行基本税种一致的赋役制度等具体措施。第二是充分吸收更多样的治理经验。辽金两代获得的既有管理经验主要来自中原旧制，但大蒙古国的制度来源，除了已经融合辽金因素的中原旧制外，还有来自畏兀儿人的回鹘传统（商人入仕、长行马税制），中亚政权的统治经验（重用穆斯林商人、地方代理人制度）等。这造就了大蒙古国管理体制的极大包容性，可以更好地适应版图持续扩大的国家发展需要。

管理体制兼具统一性和包容性，是大蒙古国得以在广阔的欧亚大陆上维持统治的重要原因。窝阔台时期确立的这一体制，促使大蒙古国走向比以往游牧政权更快扩张、更大版图的发展道路。在既有认知中，大蒙古国的辽阔疆域是持续军事行动的胜利成果，而从本书的考察来看，窝阔台时代的制度建设，在这一结果的实现过程中，也起到十分重要的作用。

当然，决定大蒙古国发展方向的，不仅是具体的制度建设，还有施政者的政治目标。辽金统治者一直致力于从部族权力中分离出君主的独立统治权，与此一脉相承，大蒙古国的早期统治者成吉思汗和窝阔台，同样把汗权独尊作为首要政治目标。不同于辽金统治者从部族得到支持，成吉思汗主要依靠异姓功臣建国，故其个人权力从未湮没在家族权力之内，汗权独尊一开始就被确立下来。[1] 然而，由于汗位继承制度的不确定性，大汗最高权力的传承也存在着不稳定因素。尽管成吉思汗已安排年长二子术赤、察合台出镇，但遗留了占据"幼子守灶"优势地位的拖雷，给后继者窝阔台行使最高权力造成了阻碍。

为了集中汗权，窝阔台一方面通过祭祀父汗、尊奉原有札撒和

---

[1] 张帆：《论蒙元王朝的"家天下"政治特征》，《北大史学》第8辑，第55页。

军事安排等举动，借树立成吉思汗的至高地位来巩固自身统治；另一方面，采取多种措施制约声望颇高的拖雷及其家族。

窝阔台对拖雷家族的控制，从国家发展的层面来看，也是处理君臣关系的重要举措。成吉思汗未令拖雷出镇，而保留其"守灶子"的特殊地位，使拖雷在事实上没有进入新汗之臣的范畴，他仍然具有观念上的统治合法性。而汗权独尊的内在要求，迫使继位的窝阔台必须去除拖雷拥有、且可传承给其后裔的这种合法性，令拖雷家族尽快回归大汗之臣的行列。在中原王朝传统的君臣关系中，臣僚势力的持续发展能够用于制衡君权，而对游牧政权的统治者窝阔台来说，拖雷势力的继续发展将直接导致汗位易主。也正由此故，窝阔台与拖雷家族的斗争呈现出手段残酷的特征。

三峰山之战后拖雷去世，窝阔台行使汗权的最大威胁解除。之后，他利用军事、经济等一系列举措限制拖雷家族的势力发展。在军事方面，拖雷率领的攻金西路军主力将领被安排到攻蜀战场，由皇子阔端率领。拖雷长子蒙哥则被派往西征战场，同行者多为年轻宗王，所占地区又属术赤后裔所有，蒙哥在此次战争中所得经验和军功都很有限。在经济方面，通过延迟封赏时间、增加其他家族成员封户等手段，窝阔台扩大了其他宗王获得的战利赏赐，拖雷家族在丙申分封中所获人户的占比降低，难以匹配拖雷在灭金之战中的军功。和林建成后，地方资源持续向新都城集中，而不再向拖雷家族控制的大斡耳朵地区汇集。另外，窝阔台对拖雷的亲属和旧臣也有相应举措，同样意在加强对拖雷家族的控制。

进一步说，本文第一章第二节提到窝阔台采纳行跪拜仪的建议，第四章第二节所述实行分封食邑的办法，第五章第二节论及窝阔台召开忽里台颁布新札撒，以及设置长围进行冬猎等情况，都体现出蒙古统治者为了维护汗权独尊而限制宗室权利，推进亲属关系向君臣关系转变的意图。

窝阔台将亲属关系导向君臣关系，是化内为外、化亲为疏，这一趋势继续发展的结果是宗亲远离政权核心,来自游牧传统的贵族参政观念对大蒙古国的影响持续削弱。同时,如前所述,在这一时期,通过军事和行政方面的制度建设,窝阔台大量任用了非蒙古部族出身的治国人才。这一举动则是化外为内,继续发展出家臣政治的整体框架。姚大力、张帆等学者都注意到,蒙古统治使君臣关系出现"主奴关系泛化"的特征,主奴观念由此进入传统君臣关系,并对后继朝代产生深远影响。[1] 这是立足于中原王朝君臣关系的考察。若将视角调换,对于大蒙古国而言,君臣概念作为成熟政权的统治经验,随被吸纳的人员、制度进入,反而使旧有的主奴关系发生变化。重臣必阇赤得到重用、行政官员与军事将领的分化,都体现出具有专业才能的臣僚开始发挥作用;大汗怯薛中的必阇赤出任外职、管理地方,也反映出这一职任从仅为大汗提供文书服务的仆从,发展出管理国家事务的官员权限。

窝阔台为巩固和扩张汗权,持续发展本家族势力。如前所述,攻金西路军的主力将领被分派给阔端,为阔端在战场后方营建驻地提供了稳定支持。窝阔台还将自己曾率领攻金的中路军主力指派给皇子阔出,成为对宋作战的另一支主力。等待平定辽东叛乱的贵由、主持攻宋的阔端都已获得军功,具备获得战利品的条件后,窝阔台才召开分封民户的忽里台,本家族所获封户的比例得以扩大。窝阔台着力营建的和林城,是为本家族选择的兀鲁思新中心。通过城市建设和囤积物资,窝阔台将国家财富汇集到和林城,留给本家族的后继者。同时,他安排诸子各居其位,计划形成由封地叶密立、姻亲亦都护控制的畏兀儿地区、阔端兀鲁思和阔出在江淮的镇戍地组成的东西向防线,以诸子势力拱卫和林。

在这一过程中,窝阔台逐渐发现金朝故地的经济潜力。借由赋役制度和十路课税所等机构,这一地区的经济资源被用于新都城的

---

[1] 姚大力:《论蒙元时期的皇权》,载氏著《蒙元制度与政治文化》,第170—174页;张帆:《论蒙元王朝的"家天下"政治特征》,《北大史学》第8辑,第56页。

建设。同时，这一地区提供了攻宋战争需要的兵员和物资，亦是宗王封户的所在地。窝阔台派皇子阔出主持江淮地区的攻宋战争，意在令本家族将来控制该地，进一步获得南方地区的经济资源。同时，窝阔台较早选择了具有儒学素养、曾招徕士人的皇子合失为储君。从他对最为重视的二子的安排，可见大蒙古国统治者逐渐关注中原乃至南方地区的趋势。这一趋势与辽、金两代早期统治者的选择是相似的。辽太祖命其子耶律倍、耶律德光接受儒家教育，金熙宗、海陵王改行汉制，反映出在政权建立早期，少数民族统治者就充分关注到中原制度文化传统的重要作用。但是，由于阔出、合失先后亡故，窝阔台的原有设想并未实现。并非指定继承人的贵由即位后，也未继承窝阔台对国家发展的总体设想。直到忽必烈建元中统，中原地区在制度文化上的深厚影响力才得到充分发挥。

不过，如本书第二章第二节所指出的，在窝阔台时期行政体系建立的过程中，金朝旧制已同"行省级别长官—达鲁花赤"的新架构迅速结合。对比同时期河中、呼罗珊等地区的情况，大蒙古国对华北地区的直接管理是开展顺利而卓有成效的。这一管理基础为后来忽必烈时期的制度建设准备了条件。如前贤诸家已阐明的，燕京行省是元朝地方行省的直接制度源头之一，也为忽必烈所设中书省接管燕京地区奠定了基础。

当时当地的制度建设也使分地在华北真定的拖雷家族间接获益。拖雷之妻唆鲁禾帖尼借管理分地之名，大批网罗人才。如畏兀儿人孟速思受命管理"分邑岁赋"①，因听闻布鲁海牙廉谨，唆鲁禾帖尼"以名求之于太宗，凡中宫军民匠户之在燕京、中山者，悉命统之，又赐以中山店舍园田、民户二十，授真定路达鲁花赤"②，唐仁祖"睿宗未及用，庄圣皇后擢为札鲁火赤"③，小云石脱忽怜担任真定

---

① 《元史》卷一二四《孟速思传》，第 3059 页。
② 《元史》卷一二五《布鲁海牙传》，第 3070 页。
③ 《元史》卷一三四《唐仁祖传》，第 3253 页。

路断事官①，康里氏哈失伯要"国初款附，为庄圣太后宫牧官"②。汉人如世侯史氏、董氏，皆与拖雷家族保持密切往来。在真定路任职的这些投下官员，日后都成为拖雷家族的肱股之臣。忽必烈后来得到大批儒臣和汉军将领的支持，并非全因其人洞察局势、从善如流。在开府任事前，他已在儒士聚集的文化环境中浸染多年。这与首先注意到华北地区经济潜力并实现对该地的直接管理的窝阔台关系很大。

《元史·太宗纪》评价窝阔台"有宽弘之量，忠恕之心，量时度力，举无过事"③，元初名臣王恽也认为太宗统治时期"政归台阁，朝野欢娱，前后十年，号称廓廓无事"④；波斯史家亦经常赞扬窝阔台对商人和各类远道而来者的慷慨，和对伊斯兰教徒的宽容与保护。后人对窝阔台的仁厚形象和当时社会稳定发展的状况之描述，固然能够反映这一时期的部分特征；但从本书的分析来看，窝阔台的宽和慷慨主要服务于安定辖境和促进商贸之目的，在处理家族关系时，他也展示出强力专断的另外一面。同样地，"号称无事"是后人着眼于窝阔台施政风气给出的评价，亦不能反映他在国家建设方面的突出贡献。窝阔台强势进取的个人特质，和国家建制立法的时代变化，在成吉思汗开疆拓土、忽必烈汗百制肇新的形象映照下，并未得到元臣或史家的充分重视。

爱尔森研究蒙哥汗统治时代时，已注意到蒙哥对窝阔台时期既有制度的继承。作者评价道，蒙哥汗并非"创新者"，他只是采用前人的方式进行统治，再根据现实情况加以调整。⑤ 比如他继承了牙老瓦赤在窝阔台时期制定的赋税制度，并继续任用修订该制的阿儿浑

---

① 《元史》卷一三四《小云石脱忽怜传》，第 3262 页。
② 《元史》卷一三四《斡罗思传》，第 3262 页。
③ 《元史》卷二《太宗纪》，第 37 页。
④ 王恽：《秋涧先生大全文集》卷四四《辨说·杂著》，叶 16a。
⑤ Thomas T. Allsen, *Mongol Imperialism: The Policies of the Grand Qan Möngke in China, Russia, and the Islamic Lands, 1251–1259*, p. 170.

管理呼罗珊；完善驿站制度，加强汗廷对地方的管理等。实际上，爱尔森所强调的某些蒙哥时代的统治特点，如畏兀儿人在汗廷受到重用、大汗重视对已征服地区的日常管理，亦可在本书的论述中找到先例。这说明即使出现汗位斗争的情况，最终获得汗位的胜利者仍要遵循，乃至继续充实窝阔台汗创立的体制框架，才能促进国家的持续发展。

在处理家族关系方面，蒙哥的相关举措也有迹可循。他即位不久就再次实行分封（"壬子分封"），维护黄金家族的共同利益；派出其弟旭烈兀、忽必烈率军出征，力图使更大辖境控制在本家族手中。这与窝阔台的丙申分封，及派出皇子阔出、阔端攻宋的做法有相似之处。而当忽必烈经营漠南、声望渐隆时，因遭到宗亲、臣僚告发，他被蒙哥汗迅速夺去兵权，并受到阿蓝答儿等人审查、钩考。兄弟阋墙的再次发生，说明汗权独尊、中央集权仍然是统治者施政的根本目标，"先君臣后兄弟"的原则并未发生改变。蒙哥汗维持至高权威的政治手段，也与窝阔台一脉相承。

有观点认为，忽必烈利用蒙古军队、中原地区的经济资源和穆斯林商人带来的商贸收入，创建了有别于以往中原王朝的新政权。实际上，来自不同地区/族群的军事、经济资源，早在窝阔台汗的主导下已经发生融合。且如前所述，此时的军事、行政和经济等方面的制度建设都呈现出统一性特征，整体上也不再按照地区分设官制，而是实行同一套管理体制。汉地诸军以千户制度被重新整编，并与蒙古军、探马赤军组成多个地区作战军团。穆斯林商人云集的中亚地区需要按照统一税种（阿勒班税和忽卜赤儿税）缴纳赋役，华北地区也有斡脱商人进行贸易活动，大蒙古国已将宋辽金成熟的赋役制度和游牧政权发展商贸活动的固有传统有机结合起来。在利用华北地区的经济资源之外，继承了金朝官制的地方行政管理也逐步展开。金朝故地提供给大蒙古国的治国经验，远不止经济方面。最值得注意的是，实现了建制立法、汗权独尊的窝阔台汗，在统治前期就已选定能识汉字、由耶律铸伴读的皇子合失为储君，此举已体现出他对大蒙古国发展走向的长远设想。

忽必烈就成长于这样制度混一、人才汇聚的环境中。与他的兄长蒙哥类似,在继承制度建设成果的同时,忽必烈争取东道诸王支持、派诸子分镇各处等处理家族关系的思路,也来源于他成长时期获得的统治经验。故而,所谓忽必烈的"第二次创业",实质是对大蒙古国时期国家建设既有成果的继承和发展。而他比本书关注的元太宗窝阔台更享有盛誉的原因,正在于他实现了窝阔台曾寄希望于皇子合失的政治愿景。如罗新所察,忽必烈对北魏孝文帝、唐太宗事迹的兴趣,反映出他从中华王朝传统中寻找自身历史地位的期待。① 这样的兴趣或期待,也诞生于大蒙古国时期制度混一的"特有土壤",以及历代王朝君主对统一多民族国家层累叠加的历史认同之中。

---

① 罗新:《元朝不是中国的王朝吗?》,载《东方早报·上海书评》编辑部编《殊方未远:古代中国的疆域、民族与认同》,第171—174页。

附　　录

窝阔台家族的女性与姻亲

女性成员和姻亲关系是考察窝阔台家族不可或缺的方面。不过，从下文的考察来看，姻亲关系对大汗及其家族的影响力并不明显，故本书将这部分内容置于附录。

学界对窝阔台汗后妃的探讨已颇为详备。围绕曾经摄政的脱列哥那，蔡美彪、罗依果等学者讨论了其位次问题。蔡美彪认为脱列哥那"六皇后"之称确合史实，[①] 罗依果则据《贵显世系》中脱列哥那位列第二哈敦的记载，认为她或有二皇后的身份。脱列哥那来自篾儿乞部，而《元史》中称"六皇后乃马真氏"，可能是将此人与《贵显世系》中记载的出自乃蛮部之第六哈敦古出古儿混淆。[②] 这一观点似可斟酌。古出古儿哈敦不见于成书年代更早、作为《贵显世系》主要史源的《五世系·蒙古世系》，说明《贵显世系》另有信息来源，且《贵显世系》成书于沙哈鲁时代，此时《元史》早已编纂完成，《元史》编纂者恐难有途径得知古出古儿哈敦的信息。

围绕窝阔台的指定继承人合失，学者们讨论了昂灰、孛剌合真两位皇后的情况。王晓欣认为，《通鉴续编》所载二皇后昂灰为合失

[①] 蔡美彪：《脱列哥那后史事考辨》，《蒙古史研究》第3辑，第14—16页。
[②] ［澳］罗依果：《脱列哥那合敦是窝阔台的"六皇后"吗?》，李文君译，第20—22页。

之母符合情理。因二皇后在诸后中排序靠前，合失在大汗诸子中也获得较高地位。① 刘晓据《河南济源紫微宫懿旨碑》中也可合敦大皇后"依旧行东宫事"分析，此时合失已经去世，由孛剌合真主持东宫事务。他推测孛剌合真很可能为合失生母。② 邱轶皓据《贵显世系》佐证了《通鉴续编》的说法，确认合失的母亲非孛剌合真，而是昂灰（Ārūkhūī）哈敦，即《通鉴续编》中的"二皇后孛灰"。③

近来，刘迎胜据《五世系》和《贵显世系》，考证窝阔台汗收继了成吉思汗的皇后忽兰和木哥。且窝阔台汗之三皇后乞里吉忽帖尼亦为收继所得，作者认为此人即成吉思汗大斡耳朵中的阔里桀担皇后。④

邱轶皓利用波斯文《五世系》和《贵显世系》重新梳理了窝阔台汗后妃的情况。⑤ 该文指出，窝阔台汗后妃出自乃蛮部者众多，窝阔台、察合台家族背后，均存在一个颇具影响力的乃蛮部妻族集团。窝阔台家族与察合台家族关联紧密，与此也有一定关系。这一观点值得进一步考察。

波斯文《五世系·蒙古世系》对研究蒙古时代黄金家族成员身份、世系及婚姻情况，具有重要的史料价值。在"窝阔台合罕诸子世系"图谱中，记录了窝阔台汗诸子的子女情况。在女性成员的名字旁边，一般还注有她们所嫁驸马之名及其出身部族。将《五世系》中的信息和《史集》《元史·诸公主表》及碑传材料等进行比对，能够有效补充对窝阔台家族女性成员和姻亲关系的已有认知。本部分将以《五世系》相关记载为主线索，结合学界已有成果⑥，补充

---

① 王晓欣：《合失身份及相关问题再考》，《元史论丛》第 10 辑，第 62—63 页。
② 刘晓：《合失卒年小考》，第 50 页。
③ 邱轶皓：《合失生母小考》，第 70—72 页。
④ 刘迎胜：《元太宗收继元太祖后妃考——以乞里吉忽帖尼皇后与阔里桀担皇后为中心》，《民族研究》2019 年第 1 期，第 86—96、141 页。
⑤ 邱轶皓：《蒙古帝国的权力结构（13—14 世纪）——汉文、波斯文史料之对读与研究》，第 113—129 页。
⑥ 详见本书"绪论"研究综述"窝阔台汗后妃及姻亲"部分。

梳理窝阔台家族的公主姻亲，以期与前述窝阔台后妃的相关研究，构成对窝阔台家族女性成员、姻亲关系的完整认识。

一 《五世系》所见窝阔台家族公主姻亲

下文将根据《五世系》"窝阔台合罕诸子世系"图谱的排序，结合相关史料，分别梳理窝阔台七子的女性后代婚嫁情况。

1. 贵由系

A《元史》和《史集》所见贵由三女。

①叶里迷失　嫁汪古部君不花，封号赵国大长公主。

按，见《元史·诸公主表》："赵国大长公主叶里迷失，定宗女，适孛要合子赵忠襄王君不花。"① 同书《阿剌兀思剔吉忽里传》："君不花，尚定宗长女叶里迷失公主。"② 周清澍指出，叶里迷失的封号可能是其孙阿鲁秃继任赵王后追谥的。③

②巴巴哈儿　嫁畏兀儿亦都护火赤哈儿的斤。

按，见《元史·诸公主表》高昌公主位："巴巴哈儿公主，定宗女，适巴而述阿而忒的斤曾孙亦都护火赤哈儿的斤"④；同书《巴而朮阿而忒的斤传》："（火州之乱）其后入朝，帝嘉其功，赐以重赏，妻以公主曰巴巴哈儿，定宗之女也。"⑤ 其事又见于《亦都护高昌王世勋碑》。

③某女　嫁斡亦剌部腾吉思驸马，其女为阿鲁浑汗长后忽都鲁哈敦。

按，《史集·部族志》记"贵由汗曾把一个女儿嫁给"⑥ 腾吉思

---

① 《元史》卷一〇九《诸公主表》，第2758页。
② 《元史》卷一一八《阿剌兀思剔吉忽里传》，第2924页。
③ 周清澍：《汪古部与成吉思汗家族世代通婚关系——汪古部事辑之四》，载氏著《周清澍文集》上册，第160页。
④ 《元史》卷一〇九《诸公主表》，第2761页。
⑤ 《元史》卷一二二《巴而朮阿而忒的斤传》，第3001页。
⑥ [波斯]拉施特编：《史集》第一卷第一分册，余大钧、周建奇译，第196页。

驸马。由此之故，在蒙哥即位风波中，腾吉思驸马也受到牵连。二人的女儿忽都鲁哈敦为阿鲁浑汗的长后。

B《五世系》所见贵由之重孙、忽察之孙要束木两女。①

①也灭干　她嫁给了斡亦剌部的兀思·帖木儿，他是出班的兄弟。

按，此"出班"（《五世系》写形为جوبان，Jūbān）应即《史集·部族志》中斡亦剌部脱劣勒赤驸马长子不花帖木儿之子，汉译本译作"术揽"②。

《史集·部族志》苏联集校本"术揽"在正文中的写形为جونن，注文中还提到诸抄本的四种写形：جوتن及حوسن、جوڎ、جون；③ 可见该名波斯文写形的关键差别即在于音节جو之后的第一个字母。集校本正文的写形，与《史集》诸抄本中成书较早的议会图书馆本相同，议会本在第三个字母ن的上方，专门标出代表短元音 a 的标志，④ 故该名应读作 Jūnan。集校本注文中的第一种写形جون，则来自《史集》另一种较早抄本——伊斯坦布尔本，是ج后的第一个字母丢失了识点。按照对《史集》诸种抄本的系统划分，查对与伊斯坦布尔本属于同一系统的塔什干本，该词写形亦丢失识点，作جون。⑤

学界以往认为，《史集》议会图书馆本与伊斯坦布尔本有版本继承关系，据此伊本写形中丢失识点的字母似可修订为ن（n）。不过，近来张晓慧撰文指出，《史集》议会图书馆本与伊斯坦布尔本皆为拉

---

① *Shuʿab-i Panjgāna*, f. 124b. 下文所记《五世系》贵由系公主均出自此页，不再出注。汉译文采用北京大学外国语学院"波斯文《五族谱》整理与研究"项目二次修订稿（未刊）。

② [波斯]拉施特编：《史集》第一卷第一分册，余大钧、周建奇译，第 194 页。

③ Rashīd al-Dīn Fażl Allāh, *Jāmiʿ al-Tavārīkh*, ed. by A. A. Romaskevich et al., Vol. 1, p. 224.

④ Rashīd al-Dīn Fażl Allāh, *Jāmiʿ al-Tavārīkh*, Kitāb-Khāna-yi Majlis-i Shūrā-yi Millī, No. 2294, f. 21b.

⑤ Rashīd al-Dīn Fażl Allāh, *Jāmiʿ al-Tavārīkh*, MS. 1620, f. 23a.

施特在编纂《史集》的过程中誊出，二者具有"同源异流"的文献关系①。也就是说，此处亦无法以议会本的写形推定伊本丢失识点的字母。再考虑到诸本写形各不相同，很可能"术撚"一名在《史集·部族志》定稿之前，就已出现异写形式。则从波斯文字母的写形规则来看，伊本中缺失识点的字母，有可能是字母ب。而如果伊本的正确写形为جوبن（Jūban），与《五世系》之"出班"即可勘同。②

《史集·部族志》记术撚迎娶了阿里不哥的女儿那木罕③。《史集》第二卷记述阿里不哥子女时，提到其女那木罕嫁给了"斡亦剌惕部落的出班驸马"④。此"出班"在《史集》伊斯坦布尔抄本、塔什干抄本中均作جوبان，⑤ 与前述《五世系》对"出班"的写形完全一致，可证明《五世系》中的"出班"，就是斡亦剌部不花帖木儿之子。

故而，也灭干所嫁的"出班的兄弟"，应亦为不花帖木儿之子。下文提到，同出于贵由系的禾忽之女忽秃台公主也嫁给了斡亦剌部不花帖木儿之子。这反映出贵由系与不花帖木儿家族之间存在稳定的姻亲关系。

②佚名　她嫁给了逊都思部的花剌子迷驸马，他是大异密及 abāsāq。

按，据《五族谱》读书班讨论意见，此اباساق（abāsāq）疑应作باياساق（bāyāsāq），即"掌札撒者"⑥。或此人为部族断事官。

---

①　张晓慧：《〈史集〉议会本源流新探》，《清华元史》第5辑，商务印书馆2020年版，第173页。

②　对于蒙古时代的人名，波斯文史料中常出现长短元音混用的情况。一个典型的例子是帖木儿，可作تیمور（Tīmūr），也可作تمور（Timūr）。

③　[波斯] 拉施特编：《史集》第一卷第一分册，余大钧、周建奇译，第194页。

④　[波斯] 拉施特编：《史集》第二卷，余大钧、周建奇译，第366页。

⑤　Rashīd al-Dīn Fażl Allāh, Jāmiʿ al-Tavārīkh, Istanbul: Topkapı-Sarayı Müzesi Kütüphanesi, MS. Revan 1518, f. 213a; Rashīd al-Dīn Fażl Allāh, Jāmiʿ al-Tavārīkh, MS. 1620, f. 183a.

⑥　北京大学外国语学院"波斯文《五族谱》整理与研究"项目124b二次修订稿（未刊），第5页。

C《五世系》所见贵由幼子禾忽之女五人，第四女喃忽里、第五女卜罕忽里无婚配信息。

①亦怜真　她嫁给汪古地区的君主乞不花的儿子囊家台。

按，此即《元史·诸公主表》所载："赵国大长公主亦怜真，适君不花子赵忠烈王囊家台。"① 周清澍提到此事不见于汪古部统治家族碑传资料，"故不知亦怜真是谁的女儿"②。现据《五世系》可以确认，亦怜真公主即贵由汗幼子禾忽之女。

②浑答里　她嫁给出自斡亦剌部的逊忽合。

按，逊忽合的身份不明。

③忽秃台　她嫁给了出自斡亦剌部的不花帖木儿之子伯颜。

按，伯颜之名不见于《史集》。前述也灭干公主所嫁的兀思·帖木儿之名也不见于《史集》，或此二人皆为不花帖木儿庶子。

2. 阔端系

《五世系》未载该系公主信息。

A 藏文史料所见阔端系公主、阔端孙女各一人。

①墨卡顿　嫁帝师八思巴之弟恰那多吉。③

②贝丹　嫁帝师八思巴之侄达玛巴拉。④

按，墨卡顿公主似为阔端之女。据《汉藏史集》，恰那多吉生于太宗十一年（1239），六岁时前往凉州。阔端令其穿蒙古服，"并把公主墨卡顿嫁给他"⑤。这说明恰那多吉应在阔端斡耳朵生活过一段时间。贝丹公主为阔端之子只必帖木儿之女，所嫁的达玛巴拉是恰

---

① 《元史》卷一〇九《诸公主表》，第2759页。
② 周清澍：《汪古部与成吉思汗家族世代通婚关系——汪古部事辑之四》，载氏著《周清澍文集》上册，第162页。
③ 达仓宗巴·班觉桑布：《汉藏史集　贤者喜乐赡部洲明鉴》，陈庆英汉译，西藏人民出版社1986年版，第206页。
④ 达仓宗巴·班觉桑布：《汉藏史集　贤者喜乐赡部洲明鉴》，陈庆英汉译，第208页。
⑤ 达仓宗巴·班觉桑布：《汉藏史集　贤者喜乐赡部洲明鉴》，陈庆英汉译，第206页。

那多吉与夏鲁万户之女玛久坎卓本之子①。从恰那多吉的婚娶情况来看，白兰王也通过与黄金家族、地方显贵的姻亲关系，巩固自己的政治地位。

B 汉文史料所见阔端孙女三人。

①朵而只思蛮　嫁畏兀儿亦都护家族帖睦儿补化。

按，见《元史·诸公主表》："朵而只思蛮公主，太宗之子阔端之女，适高昌王帖睦儿补化。"② 同书《帖木儿补化传》："帖木儿补化，大德中，尚公主曰朵儿只思蛮，阔端太子孙女也。"③ 亦见于《亦都护高昌王世勋碑》。此帖木儿补化是八不叉公主长子。八不叉公主见下文灭里系。

②③班进、补颜忽礼　嫁畏兀儿亦都护家族篯吉。

按，见《亦都护高昌王世勋碑》："篯吉尚公主曰班进，阔端太子孙女也。主薨，又尚其妹，曰补颜忽礼。"④

C《陕西通志》所见汪良臣长子汪惟勤尚公主，疑此公主出自阔端系。

按，嘉靖《陕西通志》卷二九《乡贤》载："汪惟勤，巩昌人。推德宣力定远功臣光禄大夫大司徒，追封梁国公，谥忠宣，尚阿德茶公主。"⑤《汪懋昌墓志》亦记汪懋昌之父汪惟勤为"驸马……赠推德宣恩定远功臣……追封梁国公，谥忠宣"⑥，有"驸马"之称，

---

① 达仓宗巴·班觉桑布：《汉藏史集　贤者喜乐赡部洲明鉴》，陈庆英汉译，第 207—208 页。

② 《元史》卷一〇九《诸公主表》，第 2761 页。点校者已注意到《诸公主表》将朵而只思蛮记为阔端之女的情况。据同书《巴而尤阿而忒的斤传》《亦都护高昌王世勋碑》，点校者认为《蒙兀儿史记》改"之女"为"之女孙"为是。

③ 《元史》卷一二二《巴而尤阿而忒的斤传》，第 3002 页。

④ 黄文弼：《亦都护高昌王世勋碑复原并校记》，《文物》1964 年第 2 期，第 40 页。

⑤ 赵廷瑞纂修：《（嘉靖）陕西通志》卷二九《文献十七·乡贤》，明嘉靖二十一年刊本，叶 33b。

⑥ 吴景山：《元代汪世显家族碑志资料辑录》，《西北民族研究》1999 年第 1 期，第 243 页。

可证他确实曾尚公主。前贤已关注到此方《墓志》，认为其中所记汪懋昌生母、梁国夫人师氏或即阿德荼公主。① 胡小鹏提到的《漳县志》中，在记述当地汪氏成员陵墓时，列有"公主师氏墓"②，说明师氏应有公主身份。不过，师氏与阿德荼之名区别较大，二者能否勘同，尚有疑点。

另外，《墓志》还记汪惟勤之父汪良臣为"驸马、赠推诚保德宣力功臣、仪同三司、陕西等处行中书省平章政事、柱国，封梁国公，谥忠惠"③。《汪惟简圹志》中也提到其父汪良臣"驸马[阙文]陕西等处行中书省平章政事、柱国"④，知汪良臣亦曾迎娶公主。汪忠臣《神道碑》中也有"祖孙一门，三世五公，又许连姻王室"⑤等语。但《元史·汪良臣传》并未提及此事。

巩昌汪氏与诸王阔端关系密切。《汪忠烈公神道碑》记汪德臣"十四遣使太子，视之如己子，数从田猎，矢无虚发，由是益奇之"⑥，知他年少时便随侍阔端。蒙哥汗征蜀时，汪德臣入蜀征战，军备供应则由汪良臣负责。参照嫁入亦都护家族的公主情况，即使汪良臣、汪惟勤父子不是与阔端系自结姻亲，而是由大汗赐婚，后

---

① 胡小鹏：《元代西北历史与民族研究》，甘肃文化出版社1999年版，第164页；赵一兵：《元代巩昌汪氏家族研究》，博士学位论文，南京大学，2008年，第133页。胡文、赵文均提到阿德荼公主之名来自《古今图书集成·氏族典》卷二八二。赵文在注释中已注意到嘉靖《陕西通志》的内容（第133页注2）。核《古今图书集成》相关部分，文中明言"按《陕西通志》"。《古今图书集成》成于清雍正四年，编修时可见嘉靖《陕西通志》和康熙《陕西通志》（康熙五十年刊）。两种通志对汪惟勤有相同记载，可知阿德荼之名最早来源于嘉靖《陕西通志》。

② 韩世英修：《（民国）漳县志》卷三《祭祀志·陵墓》，1934年铅印本，叶34b。

③ 吴景山：《元代汪世显家族碑志资料辑录》，第243页。此处与吴文标点略有不同。

④ 吴景山：《元代汪世显家族碑志资料辑录》，第242页。

⑤ 姚燧：《牧庵集》卷一六《便宜副总帅汪公神道碑》，载查洪德编《姚燧集》，第249页。

⑥ 王鹗：《汪忠烈公神道碑》，载张维纂《陇右金石录》卷五，国家图书馆善本金石组编《历代石刻史料汇编》第13册，第1034—1035页。

者择选公主时也会首先考虑阔端家族。上述《汪懋昌墓志》《汪惟简圹志》没有提及公主的具体身份，或由于她们并非帝系出身。

3. 阔出系

《五世系》未载该系公主信息。

A《元史》所见阔出之女一人。

①安秃　嫁亦乞列思部月列台。

按，据《元史·诸公主表》：“昌国大长公主安秃，太宗子阔出女，适孛秃子昌武定王琐儿哈。”①《元史·孛秃传》：“锁儿哈娶皇子斡赤女安秃公主，生女是为宪宗皇后。”② 阔出女安秃似嫁给孛秃之子锁儿哈。但张士观《驸马昌王世德碑》明言：“忠定（按，锁儿哈）继起，擢为万户，尚宗女不海罕公主。”③ 锁儿哈所娶公主的名字、身份与《元史》截然不同。

《孛秃传》提到安秃公主生女"为宪宗皇后"。但《元史·后妃传》记宪宗皇后忽都台为"弘吉剌氏，特薛禅孙忙哥陈之女也"④，《昌王世德碑》也没有提到宪宗皇后出自本族。而在《史集·部族志》中，则有"蒙哥合罕的长后忽秃黑台哈敦，出自此部落（按，指亦乞剌思部），她是孛秃驸马之子忽勒带驸马的女儿"⑤。同书第二卷"蒙哥合罕纪"记大汗长后"忽秃灰"为"兀鲁带的女儿"⑥。《五世系》"蒙哥合罕后妃"中也记述此人，信息为"忽都台，亦乞列思部孛秃驸马之子月列台之女，他（按，孛秃）是成吉思汗的女婿。这位哈敦是蒙哥罕诸后之为首者"⑦。《五族谱》读书班已引述邵循正考证，指出《史集》之"忽勒带"（兀鲁带）即《元史·孛

---

① 《元史》卷一〇九《诸公主表》，第2758页。校勘记据张士观《驸马昌王世德碑》认为此"昌武定王"应作"昌忠定王"。
② 《元史》卷一一八《孛秃传》，第2922页。
③ 张士观：《驸马昌王世德碑》，载苏天爵编《国朝文类》卷二五，叶12a。
④ 《元史》卷一一四《后妃传》，第2870页。
⑤ ［波斯］拉施特编：《史集》第一卷第一分册，余大钧、周建奇译，第267页。
⑥ ［波斯］拉施特编：《史集》第二卷，余大钧、周建奇译，第232页。
⑦ *Shuʿab-i Panjgāna*, f. 130b.

秃传》之月列台①，亦《五世系》此处之月列台。以人物关系来看，《五世系》此处信息应直接来源于《史集》。而《史集》对皇后忽秃台出身的记载又与《元史·李秃传》相合。

《史集》第二卷还记蒙哥汗与忽秃灰皇后育有一女，"名叫巴牙伦，他把她［嫁］给了王子札忽尔陈，他是她的外祖父兀鲁带的兄弟"。②《五族谱》读书班在讨论"蒙哥合罕诸子世系"时注意到这条史料。核《史集》伊斯坦布尔、塔什干本，对应汉译"王子札忽尔陈"的原文为پسرجاوقورحین فرنک。③ 这里"札忽尔陈"之名应校正为"جاوقورچین"。结合汉文史料，فرنک 应校订为 قرنک（Qurink），即《元史·李秃传》中札忽儿臣之子"忽怜"。这句话应当译作"她被嫁给了札忽儿陈之子忽怜，他（按，忽怜）是她外祖父兀鲁带（按，月列台）的兄弟"④。那么，《史集》这里的记述就与《元史·李秃传》保持一致，即"札忽儿臣有子二人，长月列台……次忽怜"⑤。该传中记忽怜所娶宪宗之女"伯牙鲁罕公主"，《昌王世德碑》作"伯牙伦公主"⑥，即《史集》中嫁给了自己外祖父兄弟的巴牙伦。巴牙伦的外祖父是月列台，可证后者即巴牙伦生母、宪宗皇后忽都台的父亲。那么，"生女为宪宗皇后"的安秃公主，应当是月列台的妻子。按照《元史·李秃传》和《昌王世德碑》，札儿忽臣是锁儿哈之子，故知月列台为锁儿哈之孙，安秃公主实为锁儿哈孙媳。

《李秃传》记月列台"娶皇子赛因主卜女哈答罕公主，生脱别

---

① 邵循正：《剌失德丁〈集史·蒙哥汗纪〉译释（残稿）》，载氏著《邵循正历史论文集》，北京大学出版社1985年版，第8页。
② ［波斯］拉施特编：《史集》第二卷，余大钧、周建奇译，第233页。
③ Rashīd al-Dīn Fażl Allāh, *Jāmi' al-Tavārīkh*, MS. Revan 1518, f. 185b; Rashīd al-Dīn Fażl Allāh, *Jāmi' al-Tavārīkh*, MS. 1620, f. 155a.
④ 北京大学外国语学院"波斯文《五族谱》整理与研究"项目131b二次修订稿（未刊），第5页。
⑤ 《元史》卷一一八《李秃传》，第2922页。
⑥ 张士观：《驸马昌王世德碑》，载苏天爵编《国朝文类》卷二五，叶11a。

台"，疑此"皇子赛因主卜（Sayin Jöb?①）"即阔出，或月列台曾娶阔出两女。《昌王世德碑》只记述了札儿忽臣次子忽怜及其后裔追封情况，故未见与阔出联姻的长子月列台一系信息。《元史·后妃传》或讳言宪宗正后与窝阔台家族的关系，故称她出自弘吉剌部特薛禅家族？

B 汉文碑传材料所见阔出重孙女一人。

①竹忽真　嫁汪古部怀仁郡王火思丹。

按，见刘敏中《赵王先德加封碑》："火思丹，尚宗王卜罗出女竹忽真公主。"② 火思丹为孛要合第三子拙里不花之子，卜罗出即《元史》之孛罗赤，阔出之孙、失烈门之子③。

4. 哈剌察儿系

A《五世系》所见哈剌察儿之女四人④。

①秃剌　她嫁给了察合台兀鲁思的札剌亦儿部的也可也速古儿。

按，此人即察合台大异密木客那颜之子，《史集·部族志》记"人们称他为也可－也速儿"⑤。

②台鲁罕　她嫁给了弘吉剌部的也速不花驸马，他隶属于拔都。

按，据《史集·部族志》，"现今也还有许多出身于他们直系后裔的驸马，供职于合罕处以及窝阔台、察合台和朮赤的领地［兀鲁思］中"⑥。此也速不花即效力拔都之例。由此可知哈剌察儿同时与

---

① sayin 即蒙古语常见形容词"好的"。按《莱辛词典》，"jöb"有"正确的、端正的"之意，"赛因主卜"即称赞人才能俱佳、品行端方，或为阔出的别名或小名？参见 *Mongolian-English Dictionary*, ed. by Ferdinand D. Lessing, Berkeley & Los Angeles: University of California Press, 1960, p. 1072。

② 刘敏中：《中庵先生刘文简公文集》卷四《敕赐驸马赵王先德加封碑铭》，载北京图书馆古籍出版编辑组编《北京图书馆古籍珍本丛刊》第92册，第299页。

③ 周清澍：《汪古部与成吉思汗家族世代通婚关系——汪古部事辑之四》，载氏著《周清澍文集》上册，第165页。

④ *Shuʿab-i Panjgāna*, f. 126a.《五世系》还记哈剌察儿有女"秃哈"，对照《贵显世系》，此人应为抄写者重复抄写其子秃哈所致。哈剌察儿系公主同见于此页，下不出注。

⑤ ［波斯］拉施特编：《史集》第一卷第一分册，余大钧、周建奇译，第159页。

⑥ ［波斯］拉施特编：《史集》第一卷第一分册，余大钧、周建奇译，第264页。

尤赤、察合台两系要臣通婚。

③也速迭儿　因为也可也速古儿的妻子秃剌即这位也速迭儿的姐姐去世，她作为姐姐的继任者嫁给他。

按，见上，此也可也速古儿连娶哈剌察儿两女，可见他在察合台兀鲁思地位重要。

④巴海　她嫁给了弘吉剌部海都之子脱儿赤颜驸马，出自德薛禅（？）家族。

按，关于脱儿赤颜驸马的出身，《五世系》原文为 از اوروغ کی سلجان（az ūrūgh-i Kay Saljān），《五族谱》读书班经讨论后暂时校订为"德薛禅（Day Sājān）"①。此脱儿赤额不见于其他史料。

B《五世系》所见哈剌察儿孙女、脱脱之女二人。

①朵儿只失蛮　她嫁给了弘吉剌部的德家族的也速驸马。

按，此"德家族"（ūrūq Day）或指德薛禅家族②。也速的身份不明。

②蒙哥伦　她嫁给了斡亦剌部的巴儿思不花之子纳亦台。

按，据《史集·部族志》，巴儿思不花即脱劣勒赤驸马与成吉思汗之女扯扯干的第三子③。《史集》只记述了巴儿思不花有失剌卜、别克列迷失二子④，而未载《五世系》此处的纳亦台。这与前述贵由系公主所嫁不花帖木儿之子不见于《史集》的情况相似，此纳亦台或亦为巴儿思不花庶子。

5. 合失系

A《五世系》所见合失孙女、海都之女二人。⑤

---

① 北京大学外国语学院"波斯文《五族谱》整理与研究"项目126a 二次修订稿（未刊），第7页。
② 北京大学外国语学院"波斯文《五族谱》整理与研究"项目126a 二次修订稿（未刊），第5页。
③ ［波斯］拉施特编：《史集》第一卷第一分册，余大钧、周建奇译，第194页。
④ ［波斯］拉施特编：《史集》第一卷第一分册，余大钧、周建奇译，第195页。
⑤ *Shuʿab-i Panjgāna*, f. 126b.

①都鲁察罕　她如同男儿般行事，曾是其父军队和国家的管理者。很长时间内都未出嫁，之后，由于人们的不满，就嫁出去了。

②忽秃真　嫁给了斡鲁忽讷部太子驸马之子，名为脱卜申。这个女婿由于爱上一个女奴，并想带着她逃往合罕处。他把这个秘密对一个马夫讲了，马夫告发了他，海都因此将他抓住并杀了他。

按，《五世系》此处信息与《史集》第二卷相应内容①基本相同，后者应为前者直接信息来源。

B《史集》第二卷记海都还有另外几个女儿②。名字、婚嫁情况未载。

6. 合丹系

A《五世系》所见合丹孙女、睹儿赤之女三人，第二女玉班察无婚配信息。③

①努鲁罕阿合　她嫁给了弘吉剌部的阿里别，他目前在达里湖，来自弘吉剌部。

按，《元史·脱怜传》记："至元七年，斡罗陈万户及其妃囊加真公主请于朝曰：'本藩所受农土，在上都东北三百里答儿海子，实本藩驻夏之地，可建城邑以居。'帝从之。遂名其城为应昌府。"④此"答儿海子"即《五世系》之"达里湖"。由此推知，此阿里别驸马应为纳陈系后裔。

②兀鲁　她嫁给了札剌亦儿部的斡罗思。

按，斡罗思身份不明。

B《五世系》所见合丹重孙女、钦察孙女、忽邻之女怯烈思绵阿合。无婚配信息。

C《五世系》所见合丹孙女、耶耶之女六人；耶耶孙女二人；耶

---

① ［波斯］拉施特编：《史集》第二卷，余大钧、周建奇译，第19、20页。
② ［波斯］拉施特编：《史集》第二卷，余大钧、周建奇译，第20页。
③ *Shuʻab-i Panjgāna*, f. 127a.
④ 《元史》卷一一八《特薛禅传》，第2920页。

耶重孙女一人。

①忽秃罕阿合、亦里都薛阿合、舍剌甫沙、卜颜术、卜鲁罕阿合、完者阿合。无婚配信息。

②耶耶之子兀鲁帖木儿孙女、古儿薛别之女喃忽里。无婚配信息。

③耶耶之子亦失帖木儿二女：不儿罕忽里。无婚配信息。

      秃忽鲁沙 她嫁给了巴剌·火者。

按，巴剌·火者身份不明。

7. 灭里系

A《五世系》所见灭里之女一人、孙女一人。①

①卜鲁罕阿合

按，《五世系》仅记卜鲁罕阿合为灭里之女，未载其婚配情况，疑她即汉文史料中所记嫁畏兀儿亦都护的不鲁罕公主。《元史·诸公主表》记："不鲁罕公主，太宗孙女，适火赤哈儿子高昌王纽林的斤"②，可知不鲁罕公主是窝阔台汗孙女；这与《五世系》所记卜鲁罕阿合的身份一致。此事又见于《亦都护高昌王世勋碑》。③ 卡哈尔·巴拉提、刘迎胜对该碑回鹘文碑文的研究中提到，韩百诗将"不鲁罕"之名还原作 Burqan 或 Buluqan。④《五世系》记卜鲁罕阿合的蒙古文名为 Buluqan Aq-a，该名前半部分与韩百诗的第二种还原形式相同，而"阿合"即蒙古语"姐姐"之意，并不影响名字的含义，故在人名上，《五世系》和汉文史料也可勘同。

②不罕忽里 这个女儿嫁给了逊都思部的札剌亦儿台，他是那个海都的大异密。

---

① *Shuʿab-i Panjgāna*, f. 127b.
② 《元史》卷一〇九《诸公主表》，第 2761 页。
③ 黄文弼：《亦都护高昌王世勋碑复原并校记》，第 40 页。
④ 卡哈尔·巴拉提、刘迎胜：《亦都护高昌王世勋碑回鹘文碑文之校勘与研究》，《元史及北方民族史研究集刊》第 8 辑，南京大学历史系元史研究室 1984 年版，第 105 页。

按，此人为灭里之子秃儿章之女。《五世系》将不罕忽里记作秃儿章之子，但从旁注信息（即婚嫁信息）可知此人是公主。

B《元史》所见灭里之女一人。

①八卜叉公主，嫁畏兀儿部亦都护纽林的斤。

按，据《元史·诸公主表》："（不鲁罕）主薨，继室以其妹八卜叉公主。"① 事亦见于《亦都护高昌王世勋碑》。由前述卜鲁罕阿合可推知八不叉公主身份。

二 窝阔台家族公主姻亲关系的特点

由以上梳理可以看出窝阔台家族公主姻亲关系的一些特点。首先，即使是大汗的直系子嗣，也要根据实际的政治地位匹配姻亲对象。如叶里迷失公主嫁入传统姻亲部族汪古部，且匹配汪古部统治家族的核心成员，与其父贵由为大蒙古国最高统治者有直接关系。而哈剌察儿在窝阔台汗时期未见军功，又非汗位候选人，他的女儿巴海、孙女朵儿只失蛮虽嫁入传统姻亲部族弘吉剌部，婚配对象却非为人熟知、地位显要者。合丹生母地位不显，他嫁入弘吉剌部的孙女也是同样的情况。因汗位由拖雷家族夺得，原本属于帝系的阔出后裔竹忽真出嫁时，已成为宗室公主，故婚配汪古部拙里不花后裔，而未嫁入承袭首领之位的爱不花一系。

引人注意的是，有些窝阔台家族的公主嫁往诸王兀鲁思。从《五世系》提供的信息来看，哈剌察儿的女儿秃剌、台鲁罕分别嫁到察合台兀鲁思、拔都兀鲁思，相当于同诸王兀鲁思通婚；而灭里系的不罕忽里公主嫁给了海都的异密。窝阔台汗之子合丹、灭里较早投靠拖雷家族，两系后裔受到元朝皇帝的统治，故不罕忽里嫁到本为同家族的海都处，反而也算与诸王兀鲁思通婚了。这些嫁给诸王兀鲁思臣僚的公主，自然也出自父、祖身份不显的支系。同时，这一现象也反映出，大蒙古国的权力结构发生了变化：由单一的绝对

---

① 《元史》卷一〇九《诸公主表》，第2761页。

权力所有者（成吉思汗），逐渐变成以一个主要权力中心（大汗），和若干次要权力中心（察合台、拔都兀鲁思）组成的复杂体系。且伴随着主要权力从窝阔台家族转入拖雷家族，以旭烈兀、海都为代表的新次要权力中心产生。多政治中心的形成和发展，自然导致参与权力分配的臣僚数量增加，也就扩大了黄金家族婚配对象的选择范围。

其次，畏兀儿亦都护是窝阔台家族重要的姻亲对象。前述贵由之女巴巴哈儿、阔端的三个孙女，还有灭里的两个女儿，共六位公主先后嫁入亦都护家族。《世界征服者史》中记窝阔台汗将阿剌真别吉赐婚给亦都护，波伊勒认为此公主可能是大汗之女。[①] 这一推断有合理性。窝阔台家族有六位公主被元帝指婚嫁给亦都护，若此前无与亦都护通婚的先例，元帝不会屡次从该家族中择选公主。忽必烈称帝之前，窝阔台家族很可能已有某位身份显要的公主嫁给了亦都护。《世界征服者史》在述阿剌真别吉事之后提到，蒙哥即位时，有些人意图反叛，他们派"海迷失的官吏"[②] 八剌必阇赤去找亦都护。而亦都护及其周边贵族立即响应，并准备了军队。此事被蒙哥汗知晓，亦都护最终被处死。被处死者是萨仑的，由其兄弟、娶阿剌真别吉的怯失迈失[③]处继承亦都护之位。他对贵由系行动的积极配合，反映出他对窝阔台家族的支持态度，或在忠于正统之外，也与双方结成姻亲有一定关系。

阔端系的姻亲关系还明显体现出地缘因素的影响。阔端驻守凉州，是大蒙古国与藏地发生联系的关键人物。在藏地史料的蒙古王统中，阔端的地位十分显要。甚至在晚近成书的《新红史》和《蒙古源流》中，径将阔端记为蒙古大汗。[④] 因阔端首先接见了来自藏

---

① ［波斯］志费尼：《世界征服者史》上册，何高济译，翁独健校订，第54页注18。
② ［波斯］志费尼：《世界征服者史》上册，何高济译，翁独健校订，第58页。
③ ［波斯］志费尼：《世界征服者史》上册，何高济译，翁独健校订，第50页。
④ 班钦索南查巴：《新红史》，黄颢译，西藏人民出版社1985年版，第48页；乌兰：《〈蒙古源流〉研究》，第231—232页。

地的萨迦派僧人，墨卡顿公主、贝丹公主先后嫁入八思巴之弟白兰王家族。前贤考证阔端死于蒙哥汗即位前，① 则他将墨卡顿嫁给八思巴之侄时，窝阔台家族仍占有汗位。驻守巩昌的汪氏家族与阔端关系密切，汪氏成员所娶公主也可能出自阔端系。加之前述嫁给畏兀儿亦都护的诸公主，阔端系由此可得到地方势力的支持，有利于更好地发挥镇戍作用。同时，阔端系公主的姻亲关系，也是黄金家族同畏兀儿、藏地及汉人世侯等多文化人群交往的典型实例。

另外，姻亲关系的缔结还受到是否有适龄公主的客观条件影响。如在阔出之女安秃嫁入亦乞列思部之前，孛秃之子锁儿哈娶"宗女不海罕公主"，锁儿哈之子札忽儿臣"从定宗出讨万奴有功，太宗命亲王安赤台以女也孙真公主妻之"②。疑不海罕公主亦出自东道诸王家族。作为黄金家族的传统婚姻对象，孛秃家族中这两代人所娶者只是宗室公主，很可能是由于大汗家族内当时并无适龄女子可供择选。后来元朝诸帝屡将窝阔台家族公主赐婚给亦都护，也有这方面的原因。在赐婚给亦都护的公主中，还有姐妹先后同嫁一人的情况，如阔端系的班进与补颜忽礼，灭里系的卜鲁罕与八不叉。哈剌察儿系的秃剌和也速迭儿也先后嫁给察合台兀鲁思的大异密也可也速古儿。《亦都护高昌王世勋碑》和《五世系》都提到，亦都护、也速古儿再尚公主，是因为之前所娶公主去世。"公主出嫁早亡，则再选其妹婚配同一姻亲对象"的习惯，可能会加剧黄金家族内适龄公主短缺的问题。

三 传统姻亲部族（家族）的政治作用

与黄金家族其他支系一样，窝阔台家族也十分重视与传统姻亲部族（家族）结成姻亲。《元史·特薛禅传》记："按陈之孙纳合，

---

① 参见陈得芝《八思巴初会忽必烈年代考》，载氏著《蒙元史研究丛稿》，第326页。
② 《元史》卷一一八《孛秃传》，第2922页。

尚太宗唆儿哈罕公主"①，知按陈后代娶窝阔台汗之女；而窝阔台之子阔出又娶按陈孙女合塔合赤为妻。宇野伸浩已对这组联姻进行详细分析，他推断纳合与唆儿哈罕公主应成婚于1237年之后②。这组婚姻强化了传统姻亲部族中地位最高的弘吉剌部按陈系与窝阔台家族的联系。

贵由长女叶里迷失嫁给汪古部首领君不花。《驸马高唐忠献王碑》先记君不花尚叶里迷失公主事，后言他"从宪宗皇帝伐宋，至钓鱼山……"③推测君不花娶公主应在蒙哥即位之前。君不花是汪古部首领孛要合长子，周清澍认为他似乎也"同主汪古部事"④。君不花迎娶叶里迷失公主时，后者的身份是大汗之女，可反向推知君不花当时地位重要。后来贵由幼子禾忽之女亦怜真嫁给君不花之子囊家台，应是叶里迷失与君不花联姻的延续。

还有一些窝阔台系公主嫁入其他传统姻亲家族。如阔出之女安秃嫁入亦乞列思部首领孛秃家族，贵由系公主忽秃台嫁入斡亦剌部首领忽秃合别乞家族，贵由汗某女嫁给斡亦剌部腾吉思驸马，腾吉思与忽秃合别乞家族也有亲缘关系。⑤ 结合后来也灭干、浑答里公主均嫁入斡亦剌部，可知该部与贵由系保持长期通婚关系。

从窝阔台家族后妃的情况来看，传统姻亲部族（家族）也具有重要地位。第一，窝阔台系与传统姻亲家族互相通婚，如前述窝阔台汗与按陈家族互相婚配；第二，窝阔台汗后妃的出身，有时会对其子择选配偶产生影响。《贵显世系》记昂灰出自弘吉剌部；⑥ 而

---

① 《元史》卷一一八《特薛禅传》，第2918页。
② ［日］宇野伸浩：《弘吉剌部与成吉思汗系通婚关系的变迁》，孟秋丽译，第4页。
③ 阎复：《驸马高唐忠献王碑》，载苏天爵编《国朝文类》卷二三，叶22a。
④ 周清澍：《汪古部的领地及其统治制度——汪古部事辑之五》，载氏著《周清澍文集》上册，第177页。
⑤ ［波斯］拉施特编：《史集》第一卷第一分册，余大钧、周建奇译，第196页。
⑥ 邱轶皓：《蒙古帝国的权力结构（13—14世纪）——汉文、波斯文史料之对读与研究》，第119页。

《元史·宪宗纪》载:"太宗在潜邸,养以为子,属昂灰皇后抚育之。既长,为娶火鲁剌部女火里差为妃"①,可知昂灰皇后为蒙哥娶出自同族的女子为妃。

前贤已关注到窝阔台家族姻亲的政治作用。宇野伸浩就阔出娶合塔合赤的情况指出,此举令阔出"作为汗位继承人的条件就圆满了";而合塔合赤生下皇储失烈门,又使按陈系具备了加强势力的最大机会。② 邱轶皓观察到窝阔台汗后妃中出身乃蛮部者较多的情况,认为窝阔台系与察合台系都存在一个深具影响的"乃蛮部妻族集团"③。前文的分析也体现出,某些姻亲关系确能给予窝阔台家族一定的政治支持(如与亦都护家族的通婚)。不过,如果从整体情况看,姻亲关系,特别是传统姻亲部族(家族)对政治局势的影响程度,恐怕仍然比较有限。

宇野氏的观点有两个默认前提:阔出是窝阔台汗的指定继承人;按陈家族之女是储君正妻的标准人选。但在汉文史料中,未见关于立阔出为嗣的记载;且如本书第五章第一节分析,窝阔台另一子合失,在阔出亡故前已有"皇储""太子"之称,故阔出应不具有指定继承人的身份。而按陈家族或弘吉剌部女子的特殊地位,也是在忽必烈即位后才凸显出来的:忽必烈的正后察必、继后南必皆出自按陈家族,太子真金之妻也来自弘吉剌部;在大蒙古国时期,大汗正妻反而未必出自该部族。即使考虑到贵由、蒙哥的即位并非前任大汗指定,已被证明具有储君身份的合失,正妻也出自并不显赫的别克邻部。这说明当时皇子配偶所出部族,不直接影响该皇子是否被选为储君。

邱轶皓提到,与"乃蛮部妻族集团"类似,朮赤、拖雷系诸王

---

① 《元史》卷三《宪宗纪》,第43页。
② [日]宇野伸浩:《弘吉剌部与成吉思汗系通婚关系的变迁》,孟秋丽译,第4、7页。
③ 邱轶皓:《蒙古帝国的权力结构(13—14世纪)——汉文、波斯文史料之对读与研究》,第128页。

多迎娶斡亦剌部后妃①。前文已揭斡亦剌部也迎娶数位贵由系公主，故难说明该部是尤赤－拖雷联盟的坚定支持者。并且，察合台、窝阔台家族中有较多乃蛮部后妃的情况，与黄金家族联姻传统姻亲部族（家族）的性质并不相同。由于乃蛮、克烈部之前同成吉思汗是敌对关系，这两部女子虽可成为黄金家族的后妃，但黄金家族的公主却不会反向嫁入这两个部族。这导致其部族男性成员不能以"驸马"身份参与财富和政治权力分配，也无具有黄金家族血统的下一代维持通婚关系，则对蒙古统治者的影响力就相当有限。具体到窝阔台汗的后妃，除出身乃蛮部的脱列哥那、业里讫纳外，窝阔台汗还收继了篾儿乞部忽兰哈敦、别克邻部木哥哈敦，以及出于吉利吉思的乞里吉忽帖尼哈敦。② 忽兰和木哥哈敦皆由部族首领献给成吉思汗，疑乞里吉忽帖尼哈敦也是成吉思汗在对外扩张的过程中娶得的。综合来看，窝阔台汗的后妃更具有明显的"俘虏"或"战利品"性质，反映出大蒙古国初兴时征服诸部的情况，而尚未形成与传统姻亲部族持续通婚的"定例"。

冯鹤昌在对弘吉剌部外戚的研究中指出，蒙古统治者要通过联姻多部的方式，尽量争取"更广泛的政治助力"③。如果从传统姻亲部族（家族）的立场来看，他们同样愿意与黄金家族各系广泛联姻，以此巩固自己的政治地位。当黄金家族某一分支出现政治危机时，传统姻亲部族（家族）仍然可以依靠与其他诸王的通婚关系，保全自己的政治地位。如曾与阔出结亲的按陈家族，在拖雷家族获得汗位之后，仍然依靠与忽必烈的姻亲关系维持了显赫地位；再如斡亦剌部迎娶贵由汗之女的腾吉思驸马，即使他本人在汗位斗争中受到牵连，但同部其他成员与黄金家族的姻亲关系并未受到影响。也正

---

① 邱轶皓：《蒙古帝国的权力结构（13—14 世纪）——汉文、波斯文史料之对读与研究》，第 128 页。

② 刘迎胜：《元太宗收继元太祖后妃考——以乞里吉忽帖尼皇后与阔里桀担皇后为中心》，第 89、92 页。

③ 冯鹤昌：《蒙元外戚研究——以弘吉剌系外戚为中心》，第 134 页。

出于这一原因，在大部分情况下，传统姻亲部族（家族）并非黄金家族成员获得权力的强大政治助力，而只能为他们挑选配偶提供适宜范围。

不同于中原王朝外戚与皇帝"多对一"的姻亲特征，大蒙古国的传统姻亲部族（家族）与黄金家族呈现出"多对多"的婚姻关系面貌。降低政治风险的另一面，是传统姻亲部族（家族）无法依靠与最高统治者之间单一且紧密的连接掌握绝对优势的政治权力。且由于蒙古实行多妻制，诸哈敦所出的各姻亲部族（家族）之间也形成了相互制约。外戚手中的权力分散，则无法对汗权形成威胁，故传统姻亲部族（家族）反能得到大蒙古国历任统治者的信任与重用。此亦本书将窝阔台家族姻亲的考察置于附录之原因。

窝阔台家族世系简表①

第一代	第二代	第三代	第四代	第五代	第六代
窝阔台	贵由	叶里迷失 巴巴哈儿 某女			
		忽察斡兀立	脱克蔑	要束木	也灭干 佚名
		禾忽	亦怜真 浑答里 忽秃台 喃忽里 卜罕忽里		
	阔端	墨卡顿（？） 只必帖木儿	贝丹		

---

① 此表仅收录本附录提到的相关人物，宋体字表示男性成员，楷体字表示女性成员。

续表

第一代	第二代	第三代	第四代	第五代	第六代
		?	朵而只思蛮 班进 补颜忽礼		
		阿德茶（存疑，世系次第不明）			
		阔出	安秃		
			失烈门	李罗赤	竹忽真
		哈剌察儿	秃剌 台鲁罕 也速迭儿 巴海		
			脱脱	朵儿只失蛮 蒙哥伦	
		合失	海都	忽都鲁察罕 忽秃真 其他诸女	
		合丹	睹儿赤	努鲁罕阿合 玉班察 兀鲁	
			钦察	忽邻	怯烈思绵阿合
			耶耶	忽秃罕阿合 亦里都薛阿合 舍剌肖沙 卜颜术 卜鲁罕阿合 完者阿合	
				兀鲁帖木儿	古儿薛别	喃忽里

续表

第一代	第二代	第三代	第四代	第五代	第六代
			亦失帖木儿	不儿罕忽里 秃忽鲁沙	
		灭里	卜鲁罕阿合 八卜叉		
			秃儿章	不罕忽里	

参考文献

一 史料

(一) 汉文史料

蔡美彪编著:《元代白话碑集录》,中国社会科学出版社2017年版。

陈高华、张帆、刘晓、党宝海点校:《元典章》,中华书局、天津古籍出版社2011年版。

陈垣编:《道家金石略》,陈智超、曾庆瑛校补,文物出版社1988年版。

程钜夫:《程雪楼文集》,据清宣统二年陶氏涉园本刻本影印,收入台北"国立中央"图书馆编印《元代珍本文集汇刊》,台北:"国立中央"图书馆1970年版。

《大元马政记》,《史料四编》本,台北:广文书局1972年版。

方龄贵校注:《通制条格校注》,中华书局2001年版。

国家图书馆善本金石组编:《历代石刻史料汇编》第11—13册,北京图书馆出版社2000年版。

韩世英修:《(民国)漳县志》,1934年铅印本。

郝经:《郝文忠公陵川文集》,据明正德二年李瀚刻本影印,收入北京图书馆古籍出版编辑组编《北京图书馆古籍珍本丛刊》第91册,书目文献出版社1991年版。

胡祗遹:《紫山大全集》,民国河南官书局刻三怡堂丛书本。

贾敬颜校注，陈晓伟整理：《圣武亲征录（新校本）》，中华书局 2020 年版。

觉真：《〈法源寺贞石录〉元碑补录》，《北京文物与考古》第 6 辑，民族出版社 2004 年版。

李庭：《寓庵集》，藕香零拾本，《元人文集珍本丛刊》第 1 册，台北：新文丰出版公司 1985 年版。

李玉明、王雅安主编，陈学锋分册主编：《三晋石刻大全·大同市浑源县卷》上编，三晋出版社 2013 年版。

李玉明、王雅安主编，杜银安分册主编：《三晋石刻大全·临汾市乡宁县卷》上编，三晋出版社 2014 年版。

李玉明、王雅安主编，段新莲分册主编：《三晋石刻大全·临汾市霍州市卷》上编，三晋出版社 2014 年版。

李志常：《长春真人西游记》，王国维校注本，载《王国维遗书》第 13 册，上海古籍书店 1983 年版。

刘敏中：《中庵先生刘文简公文集》，据清抄本影印，载北京图书馆古籍出版编辑组编《北京图书馆古籍珍本丛刊》第 92 册，书目文献出版社 1991 年版。

刘郁：《西使记》，商务印书馆 1936 年版。

刘泽民、李玉明主编，高剑峰分册主编：《三晋石刻大全·临汾市安泽县卷》上编，三晋出版社 2012 年版。

刘泽民、李玉明主编，王天然分册主编：《三晋石刻大全·临汾市尧都区卷》上编，三晋出版社 2011 年版。

刘泽民、李玉明主编，张培莲分册主编：《三晋石刻大全·运城市盐湖区卷》上编，三晋出版社 2010 年版。

罗天益：《卫生宝鉴》，中国中医药出版社 2007 年版。

骆天骧：《大元故宣差都总管万户成都路经略使刘公墓志铭》，载陕西省考古研究院编著《元代刘黑马家族墓发掘报告》，文物出版社 2018 年版。

彭大雅著，徐霆疏：《黑鞑事略》，王国维校注本，《王国维遗书》

第 13 册，上海古籍书店 1983 年版。
释念常：《佛祖历代通载》，元至正七年释念常募刻本影印本，收入北京图书馆古籍出版编辑组编《北京图书馆古籍珍本丛刊》第 77 册，书目文献出版社 1998 年版。
宋濂等：《元史》，中华书局 1976 年版。
孙铎纂修：《（嘉靖）鲁山县志》，明嘉靖刻本。
苏天爵：《滋溪文稿》，陈高华、孟繁清点校本，中华书局 1997 年版。
苏天爵编：《国朝文类》，《四部丛刊》影印上海涵芬楼藏元刊本。
苏天爵辑撰：《元朝名臣事略》，姚景安点校，中华书局 2019 年版。
同恕：《榘庵集》，清文渊阁四库全书补配清文津阁四库全书本。
屠寄：《蒙兀儿史记》，中国书店 1984 年版。
脱脱等：《辽史》，中华书局 1974 年版。
脱脱等：《金史》，中华书局 1975 年版。
王国维校注：《圣武亲征录》，载《王国维遗书》第 13 册，上海古籍书店 1983 年版。
王恽：《秋涧先生大全文集》，《四部丛刊》影印江南图书馆藏明弘治刊本。
危素：《危太朴续集》，收入《元人文集珍本丛刊》第 7 册，台北：新文丰出版公司 1985 年版。
魏了翁：《鹤山先生大全文集》，《四部丛刊》影印乌程刘氏嘉业堂藏宋刊本。
吴景山：《元代汪世显家族碑志资料辑录》，《西北民族研究》1999 年第 1 期。
向南编：《辽代石刻文编》，河北教育出版社 1995 年版。
向南、张国庆、李宇峰辑注：《辽代石刻文续编》，辽宁人民出版社 2010 年版。
解缙编：《永乐大典》，中华书局 1986 年影印本。
徐郎斋纂：《卫辉府志》，乾隆五十三年刻本。

许有壬：《圭塘小稿》，载张凤台辑《三怡堂丛书》第 12 册，中国书店 1990 年版。

杨晨纂：《（光绪）定兴县志》，清光绪十六年刊本。

姚燧：《牧庵集》，载查洪德编《姚燧集》，人民文学出版社 2011 年版。

耶律楚材：《西游录》，向达校注，中华书局 1981 年版。

耶律楚材：《湛然居士文集》，谢方点校，中华书局 1986 年版。

元好问：《遗山先生文集》，姚奠中主编，李正民增订《元好问全集》，山西古籍出版社 1990 年版。

张金吾辑：《金文最》，清光绪二十一年江苏书局重刻本。

赵珙：《蒙鞑备录》，王国维校注本，载《王国维遗书》第 13 册，上海古籍书店 1983 年版。

赵廷瑞纂修：《（嘉靖）陕西通志》，明嘉靖二十一年刊本。

周德清辑：《中原音韵》，影明正统六年讷庵本，中华书局 1978 年版。

阿旺贡噶索南：《萨迦世系史》，陈庆英、高禾福、周润年译注，西藏人民出版社 1989 年版。

班钦索南查巴：《新红史》，黄颢汉译，西藏人民出版社 1985 年版。

蔡巴·贡噶多吉：《红史》，东噶·洛桑赤列校注，陈庆英、周润年译，西藏人民出版社 1988 年版。

达仓宗巴·班觉桑布：《汉藏史集　贤者喜乐赡部洲明鉴》，陈庆英汉译，西藏人民出版社 1986 年版。

［英］道森编：《出使蒙古记》，吕浦译，周良霄注，中国社会科学出版社 1983 年版。

格日乐译注：《黄史》，内蒙古教育出版社 2007 年版。

廓诺·迅鲁伯：《青史》，郭和卿汉译，西藏人民出版社 1985 年版。

［波斯］剌失德丁编：《成吉思汗的继承者》（即《史集》第二卷），波伊勒英译，周良霄译注，天津古籍出版社 1992 年版。

［波斯］拉施特编：《史集》，余大钧、周建奇译，商务印书馆

1983—1986年版。

罗桑丹津：《蒙古黄金史》，色道尔吉译，蒙古学出版社1993年版。

王治来译注：《世界境域志》，上海古籍出版社2010年版。

乌兰：《〈蒙古源流〉研究》，辽宁民族出版社2000年版。

乌兰校勘：《元朝秘史（校勘本）》，中华书局2012年版。

余大钧译注：《蒙古秘史》，河北人民出版社2001年版。

札奇斯钦译：《弓手国族（蒙古）史》，《大陆杂志史学丛书》第二辑第三册《辽金元史研究论集》，台北：大陆杂志社1970年版。

[波斯]志费尼：《世界征服者史》，何高济译，翁独健校订，内蒙古人民出版社1980年版。

朱风、贾敬颜译：《汉译蒙古黄金史纲》，内蒙古人民出版社1985年版。

（二）非汉文史料

Abū 'Umar Minhāj al-Dīn 'Uthmān ibn Sirāj al-Dīn al-Jawzjānī, *Ṭabaqāt-i Nāṣirī* (《纳赛里史话》), ed. by Captain W. Nassau Lees, L. L. D. & Mawlawis Khadim Hosain & 'Abd al-Hai, printed at the College Press, Calcutta, 1864.

'Alā' al-Dīn 'Aṭa Malik Juwaynī, *Tārīkh-i Jahāngushā* (《世界征服者史》), ed. by Ḥabīb Allāh 'Abbāsī & Īraj Mihrakī, Tehrān: Intishārāt-i Zavvār, 1385 (2006–2007).

'Alā' al-Dīn 'Aṭa Malik Juwaynī, *The History of the World-Conqueror*, ed. by Mīrzā Muhammad Qazvinī, tr. by J. A. Boyle, Cambridge: Harvard University Press, 1958, Vol. II.

Grigor Aknerts'i, *History of the Nation of Archers* (《弓手国族史》), tr. by Robert Bedrosian, Long Branch, 2003.

Ḥāfiẓ-i Abrū, *Mu'izz al-Ansāb* (《贵显世系》), ed. by Shodmon Vokhidov, Almaty: Daik-Press, 2006.

Het'um, *History of the Tartars* (*The Flower of Histories of the East*) (《东方史菁华》), compiled by Het'um the Armenian of the Praemonstratensian Order, tr. by Robert Bedrosian, Long Branch, 2004.

Kirakos Gandzakets'i, *History of the Armenians* (《亚美尼亚史》), tr. by Robert Bedrosian, New York, 1986.

Muʿizz al-Ansāb (《贵显世系》), Aligarh: Aligarh Muslim University Library, Ms. 41.

Muʿizz al-Ansāb, Aligarh: Aligarh Muslim University Library, Ms. 42.

Muʿizz al-Ansāb, London: British Library, Or. 467.

Muʿizz al-Ansāb, Paris: Bibliothèque Nationale Persan Ancien Fond, Pers. 67.

Rashīd al-Dīn Fażl Allāh, *Jāmiʿ al-Tavārīkh* (《史集》), Istanbul: Topkapı-Sarayı Müzesi Kütüphanesi, MS. Revan 1518.

Rashīd al-Dīn Fażl Allāh, *Jāmiʿ al-Tavārīkh*, Tashkent: Abu Rayhon Biruni Institute of Oriental Studies of the Academy of Sciences of the Republic of Uzbekistan, MS. 1620.

Rashīd al-Dīn Fażl Allāh, *Jāmiʿ al-Tavārīkh*, Kitāb-Khāna-yi Majlis-i Shūrā-yi Millī, No. 2294.

Rashīd al-Dīn Fażl Allāh, *Jāmiʿ al-Tavārīkh*, ed. by A. A. Romaskevich, L. A. Khetagurov, and ʿA. ʿA. ʿAlīzāda, Moscow: Intishārāt-i Dānish, 1965, Vol. 1.

Rashīd al-Dīn Fażl Allāh, *Jāmiʿ al-Tavārīkh*, ed. by ʿA. ʿA. ʿAlīzāda, Moscow: Intishārāt-i Dānīsh, Shuʿba-yi Adabiyyāt-i Khāvar, 1980, Vol. 2, pt. 1.

Rashīd al-Dīn Fażl Allāh, *Jāmiʿ al-Tavārīkh*, ed. by ʿA. ʿA. ʿAlīzāda, Baku: Farhangistān-i ʿUlūm-i Jumhūr-i Shuravī-yi Sūsīyālistī-yi Āzarbāyjān, 1957, Vol. 3.

Rashiduddin Fazlullah, Jamiʿuʾt-Tawarikh: Compendium of Chronicles (A History of the Mongols), translated and annotated by W. M. Thackston, Harvard University, 1998–1999, 3 Vols.

Saīf ibn Muhammad ibn Yaʾqūb Haravī, *Tārīkhnāma-yi Harāt* (《也里史

志》), ed. by Ghulāmrizā Tabāṭabā'ī Majd, Tehrān: Intishārāt-i Asāṭīr, 1383 (2004).

Shuʿab-i Panjgāna (《五世系》), Istanbul: Topkapı-Sarayı Müzesi Kütüphanesi, MS. Ahmet Ⅲ 2937.

Ṭabaḳāt-i-Nāṣirī (《纳赛里史话》): *A General History of the Muhammadan Dynasties of Asia, including Hindūstān, from A. H. 194 (810 A. D.) to A. H. 658 (1260 A. D.) and the Irruption of the Infidel Mughals into Islām*, tr. & ed. by Major H. G. Raverty, London: Gilbert & Rivington, 1881, 2 Vols.

Tārīkh-i Sīstān (《昔思田史》), ed. by Muhammad Taqī Bahār, Tehrān: Intishārāt-i Ma-īn, 1381 (2002).

The Successors of Genghis Khan, translated from the Persian of Rashīd al-Dīn by John Andrew Boyle, New York and London: Columbia University Press, 1971.

二 著作

（一）中文著作及译著

白寿彝总主编，陈得芝主编：《中国通史》第 8 卷《元时期（修订本）》，上海人民出版社 2006 年版。

蔡美彪：《辽金元史考索》，中华书局 2012 年版。

曹金成：《史事与史源：〈通鉴续编〉中的蒙元王朝》，社会科学文献出版社 2020 年版。

陈春晓：《伊利汗国的中国文明——移民、使者和物质交流》，社会科学文献出版社 2023 年版。

陈得芝：《蒙元史研究丛稿》，人民出版社 2005 年版。

陈得芝：《蒙元史与中华多元文化论集》，上海古籍出版社 2013 年版。

陈高华：《元史研究论稿》，中华书局 1991 年版。

陈高华：《元史研究新论》，上海社会科学院出版社 2005 年版。

程妮娜：《金代政治制度研究》，吉林大学出版社 1999 年版。

党宝海：《蒙元驿站交通研究》，昆仑出版社 2006 年版。

《东方早报·上海书评》编辑部编：《殊方未远：古代中国的疆域、民族与认同》，中华书局 2016 年版。

方龄贵：《元明戏曲中的蒙古语》，汉语大词典出版社 1991 年版。

高树林：《元代赋役制度研究》，河北大学出版社 1997 年版。

耿世民：《回鹘文社会经济文书研究》，中央民族大学出版社 2006 年版。

韩儒林：《穹庐集——元史及西北民族史研究》，上海人民出版社 1982 年版。

韩儒林主编：《元朝史》，人民出版社 1986 年版。

何高济、陆峻岭：《域外集——元史、中外关系史论丛》，中华书局 2013 年版。

黄时鉴：《黄时鉴文集》卷 1《大漠孤烟》，中西书局 2011 年版。

李涵：《宋辽金元史论》，四川人民出版社 2022 年版。

李经纬：《吐鲁番回鹘文社会经济文书研究》，新疆人民出版社 1996 年版。

李治安：《元代政治制度研究》，人民出版社 2003 年版。

李治安：《元代分封制度研究（增订本）》，中华书局 2007 年版。

李治安：《元代行省制度》，中华书局 2011 年版。

林梅村：《大朝春秋：蒙元考古与艺术》，紫禁城出版社 2013 年版。

刘晓：《耶律楚材评传》，南京大学出版社 2001 年版。

刘迎胜：《察合台汗国史研究》，上海古籍出版社 2006 年版。

罗新：《黑毡上的北魏皇帝》，海豚出版社 2014 年版。

马晓林：《马可·波罗与元代中国：文本与礼俗》，中西书局 2018 年版。

瞿大风：《元朝时期的山西地区：政治·军事·经济篇》，辽宁民族出版社 2005 年版。

邱轶皓：《蒙古帝国视野下的元史与东西文化交流》，上海古籍出版社 2019 年版。

陕西省考古研究院编著：《元代刘黑马家族墓发掘报告》，文物出版社 2018 年版。

沈卫荣：《大元史与新清史——以元代和清代西藏和藏传佛教研究为中心》，上海古籍出版社 2019 年版。

史卫民：《元代军事史》，军事科学院主编《中国军事通史》第 14 卷，军事科学出版社 1998 年版。

王一丹：《波斯拉施特〈史集·中国史〉研究与文本翻译》，昆仑出版社 2006 年版。

温海清：《画境中州——金元之际华北行政建置考》，上海古籍出版社 2012 年版。

乌云高娃：《元朝与高丽关系研究》，兰州大学出版社 2012 年版。

萧启庆：《内北国而外中国：蒙元史研究》，中华书局 2007 年版。

杨若薇：《契丹王朝军事政治制度研究》，社会科学文献出版社 2022 年版。

杨志玖：《元代回族史稿》，南开大学出版社 2003 年版。

杨志玖：《陋室存稿》，载《杨志玖文集》第五册，中华书局 2015 年版。

姚大力：《蒙元制度与政治文化》，北京大学出版社 2011 年版。

亦邻真著，乌云毕力格、乌兰编：《般若至宝：亦邻真教授学术论文集》，上海古籍出版社 2019 年版。

余大钧：《一代天骄成吉思汗——传记与研究》，内蒙古人民出版社 2002 年版。

张岱玉：《〈元史·诸王表〉补正及部分诸王研究》，内蒙古人民出版社 2019 年版。

张帆：《元代宰相制度研究》，北京大学出版社 1997 年版。

张云：《元代吐蕃地方行政体制研究》，商务印书馆 2017 年版。

张志强主编：《重新讲述蒙元史》，生活·读书·新知三联书店 2016 年版。

赵琦：《金元之际的儒士与汉文化》，人民出版社2004年版。

周良霄、顾菊英：《元代史》，上海人民出版社1983年版。

周良霄：《皇帝与皇权》，上海古籍出版社1999年版。

周良霄：《知止斋存稿》，上海古籍出版社2022年版。

周清澍：《周清澍文集》，广西师范大学出版社2020年版。

［美］巴菲尔德：《危险的边疆：游牧帝国与中国》，袁剑译，江苏人民出版社2011年版。

［俄］巴托尔德：《蒙古入侵时期的突厥斯坦》，张锡彤、张广达译，上海古籍出版社2017年版。

［法］伯希和：《蒙古与教廷》，冯承钧译，中华书局1994年版。

［苏］C. B. 吉谢列夫等：《古代蒙古城市》，孙危译，商务印书馆2016年版。

［美］丹尼斯·塞诺：《丹尼斯·塞诺内亚研究文选》，北京大学历史系民族史教研室译，社会科学文献出版社2022年版。

［瑞典］多桑：《多桑蒙古史》，冯承钧译，中华书局1962年版。

［日］荒川正晴：《欧亚交通、贸易与唐帝国》，冯培红、王蕾译，甘肃教育出版社2023年版。

［美］梅天穆：《世界历史上的蒙古征服》，马晓林、求芝蓉译，民主与建设出版社2017年版。

［俄］皮库林等：《蒙古西征研究》，陈弘法译，内蒙古人民出版社2014年版。

（二）非中文论著

Allsen, Thomas T., *Mongol Imperialism: The Policies of the Grand Qan Möngke in China, Russia, and the Islamic Lands, 1251 – 1259*, Berkeley and Los Angeles: University of California Press, 1987.

Allsen, Thomas T., *Commodity and Exchange in the Mongol Empire: A Cultural History of Islamic Textiles*, Cambridge: Cambridge University Press, 2002.

Bayarsaikhan, Dashdondog, *The Mongols and the Armenians（1220 –*

1335), Leiden & Boston: Brill, 2011.

Biran, Michal, *Qaidu and the Rise of the Independent Mongol State in Central Asia*, Richmond: Curzon Press, 1997.

Biran, Michal, *The Empire of the Qara Khitai in Eurasian History: Between China and the Islamic World*, New York: Cambridge University Press, 2005.

Brose, Michael C., *Subjects and Masters: Uyghurs in the Mongol Empire*, Bellingham: Western Washington University, 2007.

Ciocîltan, Virgil, *The Mongols and the Black Sea Trade in the Thirteenth and Fourteenth Centuries*, tr. by Samuel Willcocks, Leiden & Boston: Brill, 2012.

Helms, Mary W., *Craft and the Kingly Ideal: Art, Trade, and Power*, Austin: University of Texas Press, 1993.

Jackson, Peter, *The Delhi Sultanate: A Political and Military History*, New York: Cambridge University Press, 1999.

Jahn, Karl, *Rashīd al-Dīn's History of India: Collected Essays with Facsimiles and Indices*, Hague: Mouton & Co., 1965.

Lambton, Ann K. S., *Continuity and Change in Medieval Persia: Aspects of Administrative, Economic and Social History, $11^{th} - 14^{th}$ Century*, Albany: Bibliotheca Persica, 1988.

Nicola, Bruno De, *Women in Mongol Iran: The Khātūns, 1206 – 1335*, Edinburgh: Edinburgh University Press, 2017.

Peacock, A. C. S., *The Great Seljuk Empire*, Edinburgh: Edinburgh University Press, 2015.

Pelliot, Paul, *Notes on Marco Polo*, Paris: Imprimerie Nationale, Librarie Adrien-Maisonneuve, Vol. 1, 1959.

Togan, İsenbike, *Flexibility and Limitation in Steppe Formations: The Kerait Khanate and Ghinggis Khan*, Leiden: Brill, 1998.

赤坂恒明:『ジュチ裔諸政権史の研究』,東京: 風間書房, 2005 年.

志茂碩敏：『モンゴル帝国史研究　正篇　中央ユーラシア遊牧諸政権の国家構造』，東京大学出版会，2013 年．

三　论文
（一）中文论文及译文
1. 期刊论文

白翠琴：《斡亦剌贵族与成吉思汗系联姻考述》，《民族研究》1984 年第 1 期。

白拉都格其：《贵由汗即位的前前后后》，《元史论丛》第 3 辑，中华书局 1986 年版。

白玉冬：《丝路景教与汪古渊流——从呼和浩特白塔回鹘文题记 Text Q 谈起》，《中山大学学报》（社会科学版）2018 年第 2 期。

白玉冬：《12—13 世纪粟特—回鹘商人与草原游牧民的互动》，《民族研究》2020 年第 3 期。

蔡美彪：《河东延祚寺碑译释》，《蒙古史研究》第 2 辑，内蒙古人民出版社 1986 年版，载氏著《八思巴字碑刻文物集释》，中国社会科学出版社 2011 年版。

蔡美彪：《泾州水泉寺碑注释》，《元史论丛》第 3 辑，中华书局 1986 年版。

蔡美彪：《脱列哥那后史事考辨》，《蒙古史研究》第 3 辑，内蒙古大学出版社 1989 年版。

陈高华：《元代佛教寺院赋役的演变》，原载《北京联合大学学报》（人文社会科学版）2013 年第 3 期，载氏著《元代佛教史论》，上海古籍出版社 2021 年版。

陈广恩、陈柳晶：《窝阔台后王忽剌朮事迹考述——以黑水城出土文书为考察重点》，《民族研究》2017 年第 5 期。

陈希：《贵由汗之子禾忽家族史事考略——基于波斯文〈五族谱〉的考察》，《西域研究》2019 年第 3 期。

陈希：《佛教、传说与战争：蒙古人与怯失迷儿》，《国际汉学研究通讯》第 26 期，北京大学出版社 2023 年版。

陈晓伟：《契丹"二税户"问题发覆》，《史林》2023 年第 1 期。

党宝海：《外交使节所述早期蒙金战争》，《清华元史》第 3 辑，商务印书馆 2015 年版。

党宝海：《察合台史事四题——卒年、驻地、汉民与投下》，《西域研究》2019 年第 3 期。

到何之：《关于金末元初的汉人地主武装问题》，《内蒙古大学学报》1978 年第 1 期。

邓小南：《宋代政治史研究的"再出发"》，载氏著《朗润学史丛稿》，中华书局 2010 年版。

丁国范：《镇海族源辨》，《元史及北方民族史研究集刊》第 10 辑，南京大学历史系元史研究室 1986 年版。

付马：《唐元之间丝绸之路上的景教网络及其政治功能——从丘处机与"迭屑头目"的相遇谈起》，《文史》2019 年第 3 期。

高建国：《"额勒只带"史实再辩》，《蒙古史研究》第 11 辑，科学出版社 2013 年版。

何启龙：《考证征伐女真、高丽的札剌亦儿台与也速迭儿——兼论〈蒙古秘史〉1252 年成书之说》，《元史及民族与边疆研究集刊》第 34 辑，上海古籍出版社 2017 年版。

胡多佳：《早期蒙宋关系（1211—1241）》，《元史论丛》第 4 辑，中华书局 1992 年版。

胡小鹏：《元代阔端系诸王研究》，《内蒙古社会科学》1998 年第 3 期。

胡小鹏：《元诸王念不烈考》，《中国史研究》2001 年第 1 期。

胡小鹏：《窝阔台汗己丑年汉军万户萧札剌考辨——兼论金元之际的汉地七万户》，《西北师大学报》（社会科学版）2001 年第 6 期。

胡小鹏、陈建军：《凤翔屈家山发现的蒙元史料及相关问题考述》，《西北师大学报》（社会科学版）2019 年第 6 期。

华涛：《贾玛尔·喀尔施和他的〈苏拉赫词典补编〉》（下），《元史及北方民族史研究集刊》第 11 辑，南京大学历史系元史研究室 1987 年版。

黄文弼：《亦都护高昌王世勋碑复原并校记》，《文物》1964 年第 2 期。

贾敬颜：《探马赤军考》，《元史论丛》第 2 辑，中华书局 1983 年版。

卡哈尔·巴拉提、刘迎胜：《亦都护高昌王世勋碑回鹘文碑文之校勘与研究》，《元史及北方民族史研究集刊》第 8 辑，南京大学历史系元史研究室 1984 年版。

李春园（李春圆）：《元代华北的民户税粮政策再探》，《清华元史》第 3 辑，商务印书馆 2015 年版。

李桂枝、赵秉坤：《五户丝制述略》，《社会科学辑刊》1982 年第 6 期。

李涵：《蒙古前期的断事官、必阇赤、中书省和燕京行省》，原刊于《武汉大学学报》1963 年第 3 期，载氏著《宋辽金元史论》，四川人民出版社 2022 年版。

李治安：《元代及明前期社会变动初探》，《中国史研究》2005 年第 S1 期。

李治安：《两个南北朝与中古以来的历史发展线索》，《文史哲》2009 年第 6 期。

李治安：《元代甘肃行省新探》，《元史论丛》第 11 辑，天津古籍出版社 2009 年版。

李治安：《元代四川行省初探》，《元史论丛》第 13 辑，天津古籍出版社 2010 年版。

李治安：《元太宗朝汉军万户整编新探》，《历史研究》2022 年第 4 期。

刘浦江：《论金代的物力与物力钱》，载氏著《辽金史论》，辽宁大学出版社 1999 年版。

刘晓：《大蒙古国与元朝初年的廉访使》，《元史论丛》第 8 辑，江西教育出版社 2001 年版。

刘晓：《也谈合失》，《中国史研究》2006 年第 2 期。

刘晓：《合失卒年小考》，《中国史研究》2007 年第 2 期。

刘晓：《元镇守建德"怀孟万户府"与镇守徽州"泰州万户府"考——兼及元代的纯只海家族》，《安徽史学》2014 年第 3 期。

刘晓：《元浙东道"沿海万户府"考——兼及"宿州万户府"与"蕲县万户府"》，《清华元史》第 3 辑，商务印书馆 2015 年版。

刘晓：《〈送晋卿丞相书〉年代问题再检讨——兼谈蒙丽交往中必阇赤的地位与影响》，《民族研究》2016 年第 4 期。

刘迎胜：《读〈定宗征拔都〉》，《内蒙古社会科学》（汉文版）1982 年第 4 期。

刘迎胜：《关于马薛里吉思》，《元史论丛》第 8 辑，江西教育出版社 2001 年版。

刘迎胜：《〈元朝秘史〉中两则谚语与相关史料的可靠性问题》，《民族研究》2015 年第 5 期。

刘迎胜：《陈桱〈通鉴续编〉引文与早期蒙古史料系谱》，《清华元史》第 4 辑，商务印书馆 2018 年版。

刘迎胜：《元太宗收继元太祖后妃考——以乞里吉忽帖尼皇后与阔里桀担皇后为中心》，《民族研究》2019 年第 1 期。

罗新：《耶律阿保机之死》，载氏著《黑毡上的北魏皇帝》，海豚出版社 2014 年版。

马晓娟：《成吉思汗时期的哈剌鲁人——以海押立、阿力麻里地区的哈剌鲁人为中心》，《元史论丛》第 14 辑，天津古籍出版社 2013 年版。

马晓林：《金元汪古马氏的景教因素新探——显灵故事与人名还原》，《中山大学学报》（社会科学版）2018 年第 2 期。

邱轶皓：《合失生母小考》，《中国史研究》2012 年第 3 期。

邱轶皓：《〈瓦萨甫史〉"海山合罕的登基"章译注》，《欧亚学刊》新 12 辑，商务印书馆 2023 年版。

求芝蓉：《13 世纪蒙古大中军的雪泥部研究》，《民族研究》2021 年第 5 期。

求芝蓉：《搠力蛮部探马军之变迁：从帝国边军到汗国军阀》，《西域研究》2023 年第 1 期。

屈文军：《元太祖朝的达鲁花赤——附：元太宗定宗朝汉地达鲁花赤设置考》，《历史文献与传统文化》第 22 辑，暨南大学出版社 2017 年版。

屈文军：《也论元代的探马赤军》，《文史》2020 年第 1 期。

瞿大风：《"火失勒"军与探马赤军异同刍议》，《元史论丛》第 8 辑，江西教育出版社 2001 年版。

邵循正：《剌失德丁〈集史·蒙哥汗纪〉译释（残稿）》，载氏著《邵循正历史论文集》，北京大学出版社 1985 年版。

孙勐：《北京出土耶律铸墓志及其世系、家族成员考略》，《中国国家博物馆馆刊》2012 年第 3 期。

唐长孺、李涵：《金元之际汉地七万户》，原刊于《文史》第 11 辑，中华书局 1981 年版，后收入李涵《宋辽金元史论》，四川人民出版社 2022 年版。

王德朋：《金代佛教寺院经济生活探析》，《中国农史》2016 年第 5 期。

王国维：《耶律文正公年谱》，载氏著《王国维遗书》第 11 册，上海古籍书店 1983 年版。

王红梅：《元代蒙古王室与畏兀儿亦都护家族联姻考》，《兰州学刊》2009 年第 6 期。

王颋：《蒙古国汉军万户问题管见》，《元史论丛》第 4 辑，中华书局 1992 年版。

王颋：《大蒙古国探马赤军问题管见》，载南京大学元史研究室编《内陆亚洲历史文化研究——韩儒林先生纪念文集》，南京大学出版社 1996 年版。

王晓欣：《合失身份及相关问题再考》，《元史论丛》第 10 辑，中国广播电视出版社 2005 年版。

王一丹：《〈世界征服者史〉附录〈报达事件始末〉译注》，载李治安主编《庆祝蔡美彪教授九十华诞元史论文集》，中国社会科学出版社 2019 年版。

温海清：《再论蒙古进征大理国之缘起及蒙哥与忽必烈间的争斗问题——以所谓"斡腹"之谋为主线》，《中华文史论丛》2016 年第 1 期。

温旭：《草原地区移动的商业城市——以蒙古贵族斡耳朵的贸易活动为中心》，《浙江学刊》2019 年第 6 期。

翁独健：《斡脱杂考》，《燕京学报》第 29 期，1941 年。

乌兰：《从新现蒙古文残叶看罗桑丹津〈黄金史〉与〈元朝秘史〉之关系》，《西域历史语言研究集刊》第 4 辑，科学出版社 2011 年版。

吴志坚：《大蒙古国时期诸路课税所的职能及其"地方化"问题》，《内蒙古社会科学》（汉文版）2002 年第 1 期。

萧功秦：《论大蒙古国的汗位继承危机》，《元史及北方民族史研究集刊》第 5 辑，南京大学历史系元史研究室 1981 年版。

萧功秦：《论元代皇位继承问题——对一种旧传统在新的历史条件下的蜕变过程的考察》，《元史及北方民族史研究集刊》第 7 辑，南京大学历史系元史研究室 1983 年版。

杨富学、张海娟：《凤翔屈家山蒙古纪事砖及相关问题》，《青海民族研究》2014 年第 4 期。

杨师群：《宋代的酒课》，《中国经济史研究》1991 年第 3 期。

叶新民：《成吉思汗和窝阔台时期的驿传制度》，《内蒙古大学学报》（哲学社会科学版）1981 年第 3 期。

叶新民：《斡赤斤家族与蒙元朝廷的关系》，《内蒙古大学学报》（哲学社会科学版）1988 年第 2 期。

叶奕良：《关于〈元史〉中"质孙服"等的探讨》，载北京大学伊朗文化研究所编《伊朗学在中国》第四辑，中西书局 2021 年版。

游彪：《关于宋代寺院、僧尼的赋役问题》，《中国经济史研究》

1990年第1期。

于月：《蒙元时期燕只吉部帖速家族小考》，《北大史学》第19辑，北京大学出版社2014年版。

余大钧：《〈蒙古秘史〉成书年代考》，《中国史研究》1982年第1期。

余大钧：《记载元太祖事迹的蒙、汉、波斯文史料及其相互关系》，《北大史学》第12辑，北京大学出版社2007年版。

札奇斯钦：《说元史中的"必阇赤"并兼论元初的"中书令"》，载氏著《蒙古史论丛》上册，台北：学海出版社1980年版。

札奇斯钦：《说元史中的"达鲁花赤"》，载氏著《蒙古史论丛》上册，台北：学海出版社1980年版。

张岱玉：《元朝窝阔台系诸王爵邑考》，《元史及民族与边疆研究集刊》第28辑，上海古籍出版社2014年版。

张帆：《元朝的特性：蒙元史若干问题的思考》，载赵汀阳、贺照田主编《学术思想评论》第1辑，辽宁大学出版社1997年版。

张帆：《论金元皇权与贵族政治》，原刊于《学人》第14辑，江苏文艺出版社1998年版，后收入北京师范大学古籍所编《元代文化研究》第1辑，北京师范大学出版社2001年版。

张帆：《论蒙元王朝的"家天下"政治特征》，《北大史学》第8辑，北京大学出版社2001年版。

张国庆：《辽代的寺田及相关问题探究》，《中国农史》2010年第4期。

张金铣：《窝阔台"画境"十道考》，《中国历史地理论丛》2006年第3期。

张晓慧：《拜住西征与蒙古派系斗争》，《元史及民族与边疆研究集刊》第28辑，上海古籍出版社2014年版。

张晓慧：《〈史集〉议会本源流新探》，《清华元史》第5辑，商务印书馆2020年版。

张晓慧：《蒙元时代的四怯薛长承袭》，《历史研究》2023年第2期。

张政烺：《宋四川安抚制置副使知重庆府彭大雅事辑》，载许全胜校注《黑鞑事略校注》，兰州大学出版社 2014 年版。

赵琦：《大蒙古国时期十路征收课税所考》，《蒙古史研究》第 6 辑，内蒙古大学出版社 2000 年版。

赵琦、周清澍：《蒙元时期的粘合家族与开府彰德》，《中华文史论丛》2001 年第 3 辑。

赵文坦：《〈元史·刘黑马传〉"七万户"蠡测》，《历史研究》2000 年第 6 期。

钟焓：《重写以"中央欧亚"为中心的"世界史"——对日本内亚史学界新近动向的剖析》，《文史哲》2019 年第 6 期。

周峰：《金代酒务官初探》，《北方文物》2000 年第 2 期。

周良霄：《元代投下分封制度初探》，原刊于《元史论丛》第 2 辑，中华书局 1983 年版，后收入作者《知止斋存稿》上册，上海古籍出版社 2022 年版。

周良霄：《蒙古选汗仪制与元朝皇位继承问题》，原刊于《元史论丛》第 3 辑，中华书局 1986 年版，后收入氏著《知止斋存稿》上册，上海古籍出版社 2022 年版。

周思成：《大蒙古国汗位之争中的皇孙失烈门——〈史集〉中关于失烈门的波斯文史料的若干考订》，《元代文献与文化研究》第 1 辑，北京师范大学出版社 2012 年版。

周思成：《究竟是 yārghū 还是"钩考"？——阿蓝答儿钩考的制度渊源探微》，《北京师范大学学报》（社会科学版）2021 年第 1 期。

周郢：《蒙古汗廷与全真道关系新证——新发现的蒙古国圣旨（懿旨、令旨）摩崖考述》，《中国史研究》2013 年第 1 期。

［日］爱宕松男：《斡脱钱及其背景——十三世纪蒙古元朝白银的动向》，李治安摘译，《蒙古学信息》1983 年第 2 期。

［日］本田实信：《阿母河等处行尚书省考》，余大钧译，收入［日］内田吟风等著、余大钧译《北方民族史与蒙古史译文集》，云南人民出版社 2003 年版。

［日］村冈伦：《从石刻史料探究探马赤军的历史》，《西域历史语言

研究集刊》第 7 辑，科学出版社 2014 年版。

［美］丹尼斯·塞诺：《大汗的选立》，党宝海译、罗新校，收入北京大学历史系民族史教研室译《丹尼斯·塞诺内亚研究文选》，社会科学文献出版社 2022 年版。

［美］丹尼斯·塞诺：《蒙古人在西方》，孙瑜译、党宝海校，收入北京大学历史系民族史教研室译《丹尼斯·塞诺内亚研究文选》，社会科学文献出版社 2022 年版。

［日］海老泽哲雄：《关于蒙古帝国东方三王家诸问题》，李治安摘译，《蒙古学资料与情报》1987 年第 2 期。

［澳］罗依果：《脱列哥合敦那是窝阔台的"六皇后"吗？》，李文君译，《蒙古学信息》2003 年第 1 期。

［以色列］彭晓燕：《察合台汗国的外交与遣使实践初探》，邱轶皓译，刘迎胜审校，《西域研究》2014 年第 2 期。

［日］杉山正明：《蒙古帝国的原始形象——关于成吉思汗分封家族的研究》，马冀译，宝音陶克陶呼校，《蒙古学资料与情报》1980 年第 4 期。

［日］松井太：《蒙古时代的畏兀儿农民与佛教教团——U5330（USp 77）文书的再研究》，曹金成译，《西域研究》2017 年第 3 期。

［日］松田孝一：《河南淮北蒙古军都万户考》，晓克译，《蒙古学资料与情报》1988 年第 1 期。

［日］松田孝一：《拖雷家族之杭爱山领地》，乌日娜译，《蒙古学信息》1996 年第 1 期。

［日］松田孝一：《关于小薛大王分地的来源》，《元史论丛》第 8 辑，江西教育出版社 2001 年版。

［日］松田孝一：《蒙古帝国东部国境的探马赤军》，晓克译，《蒙古学信息》2002 年第 4 期。

［日］宇野伸浩：《窝阔台汗与穆斯林商人——斡耳朵内的交易与西亚商品》，完泽译，《民族译丛》1990 年第 3 期。

［日］宇野伸浩：《弘吉剌部与成吉思汗系通婚关系的变迁》，孟秋

丽译，《蒙古学信息》1997年第2期。

2. 学位论文

冯鹤昌：《蒙元外戚研究——以弘吉剌系外戚为中心》，博士学位论文，北京大学，2019年。

金宝丽：《蒙古灭金史事研究》，博士学位论文，中央民族大学，2011年。

罗玮：《元代藁城董氏家族研究》，博士学位论文，北京大学，2016年。

马晓林：《元代国家祭祀研究》，博士学位论文，南开大学，2012年。

邱轶皓：《蒙古帝国的权力结构（13—14世纪）——汉文、波斯文史料之对读与研究》，博士学位论文，复旦大学，2011年。

王健丁：《蒙元时期的顺天张氏》，硕士学位论文，北京大学，2017年。

姚大力：《论蒙古游牧国家的政治制度——蒙元政治制度史研究之一》，博士学位论文，南京大学，1986年。

赵一兵：《元代巩昌汪氏家族研究》，博士学位论文，南京大学，2008年。

（二）非中文论文

Atwood, Christopher P., "Validation by Holiness or Sovereignty: Religious Toleration as Political Theology in the Mongol World Empire of the Thirteenth Century", *The International History Review*, Vol. 26, No. 2, 2004.

Atwood, Christopher P., "Pu'a's Boast and Doqolqu's Death: Historiography of a Hidden Scandal in the Mongol Conquest of the Jin", *Journal of Song-Yuan Studies*, Vol. 45, 2015.

Boyle, John Andrew, "The Mongol Commanders in Afghanistan and India According to the *Ṭabāqāt-i Nāṣirī* of Jūzjānī", *Islamic Studies*, Vol. 2, Karachi 1963, in his *The Mongol World Empire 1206 – 1370*, London：

Variorum Reprints, 1977.

Boyle, John Andiew, "Some Additional Notes on the Mongolian Names in the *History of the Nation of the Archers*", *Researches in Altaic Languages*, Budapest 1975, in his *The Mongol World Empire 1206 – 1370*, London: Variorum Reprints, 1977.

Buell, Paul D., "Sino-Khitan Administration in Mongol Bukhara", *Journal of Asian History*, Vol. 13, No. 2, 1979.

Cleaves, Francis Woodman, "The Mongolian Names and Terms in The *History of The Nation of The Archers* by Grigor of Akanc", *Harvard Journal of Asiatic Studies*, Vol. 12, No. 3/4, 1949.

Dai, Matsui, "Taxation Systems as Seen in the Uigur and Mongol Documents from Turfan: An Overview", *Transactions of the International Conference of Eastern Studies*, No. 50, 2005.

Di Cosmo, Nicola, "State Formation and Periodization in Inner Asian History", *Journal of World History*, Vol. 10, No. 1, 1999.

Fletcher, Joseph F., "The Mongols: Ecological and Social Perspective", in J. F. Fletcher, *Studies on Chinese and Islamic Inner Asia*, edited by Beatrice Forbes Manz, Aldershot: Ashgate Publishing Limited Gower House, 1995.

Jackson, Peter, "The Dissolution of the Mongol Empire", *Central Asiatic Journal*, Vol. 22, No. 3/4, 1978.

Jahn, Karl, "A Note on Kashmīr and the Mongols", *Central Asiatic Journal*, Vol. 2, No. 3, 1956.

Kim, Hodong, "A Reappraisal of Güyüg Khan", *Mongols, Turks and Others: Eurasian Nomads and the Sedentary World*, ed. by R. Amitai and M. Biran, Leiden & Bosten: Brill, 2005.

Lambton, Ann K. S., "The Administration of Sanjar's Empire as Illustrated in the '*Atabat Al-Kataba*", *Bulletin of the School of Oriental and African Studies*, Vol. 20, No. 1, 1957.

Laszlovszky, József, Stephen Powand Beatrix F. Romhányi et al., "Contextualizing the Mongol Invasion of Hungary in 1241 – 42: Short-and Long-Term Perspectives", *The Hungarian Historical Review*, Vol. 7, No. 3, 2018.

Pow, Stephen, "The Last Campaign and Death of Jebe Noyan", *Journal of the Royal Asiatic Society*, Vol. 27, 2017.

Schurmann, H. F., "Mongolian Tributary Practices of the Thirteenth Century", *Harvard Journal of Asiatic Studies*, Vol. 19, No. 3/4, 1956.

West, Elizabeth Endicott, "Imperial Governance in Yüan Times", *Harvard Journal of Asiatic Studies*, Vol. 46, No. 2, 1986.

Buell, Paul David, *Tribe, Qan and Ulus in Early Mongol China: Some Prolegomena to Yüan History*, Ph. D. dissertation, University of Washington, 1977.

Clark, Larry Vernon, *Introduction to the Uyghur Civil Documents of East Turkestan (13th – 14th cc.)*, Ph. D. dissertation, Indiana University, 1975.

May, Timothy, *Chormaqan Noyan: The First Mongol Military Governor in the Middle East*, A. M. dissertation, Indiana University, 1996.

愛宕松男:「斡脱錢とその背景——十三世紀モンゴル=元朝における銀の動向」,『東洋史研究』, 32, 1973 年,『東洋史学論集』第五巻取録, 東京: 三一書房, 1989 年.

本田実信:「モンゴルの誓詞」,『モンゴル時代史研究』, 東京大学出版会, 1991 年.

松井太:「モンゴル時代ウイグリスタンの税収制度と徴税システム」,『碑刻等史料の総合的分析によるモンゴル帝国元朝の政治経済システムの基礎的研究』(平成 12—13 年度科学研究費補助金・基盤研究(B)(1)研究成果報告書、編号 12410096)所収, 大阪, 2002 年.

村岡倫:「『元史』食貨志歳賜と地理志から見るコルゲン・ウルス

の変遷」,『龍谷史壇』第 151、152 号,2021 年.

森安孝夫:「シルクロードのウイグル商人——ソグド商人とオルトク商人のあいだ」,『東西ウイグルと中央ユーウシア』,名古屋:名古屋大学出版会,2015 年.

宇野伸浩:「オゴデイ・ハンとムスリム商人:オルドにおける交易と西アジア産の商品」,『東洋学報』,70,1989 年.

四 工具书

北京大学东方语言文学系波斯语教研室编:《波斯语汉语词典》,商务印书馆 1981 年版。

陈得芝:《蒙元史研究导论》,南京大学出版社 2012 年版。

嘎日迪:《中古蒙古语研究》,辽宁民族出版社 2006 年版。

李治安、王晓欣:《元史学概说》,天津教育出版社 1989 年版。

刘晓:《元史研究》,福建人民出版社 2006 年版。

内蒙古大学蒙古学研究院蒙古语文研究所编:《蒙汉词典》,内蒙古大学出版社 1999 年版。

谭其骧主编:《中国历史地图集》第 6、7 册,中国地图出版社 1982 年版。

Aṭlas-i Tārīkh-ī Īrān, ed. by Seyyed Hossein Nasr, Ahmad Mostofi and Abbas Zaryab, Tehran University, 1971.

Clauson, G., *An Etymological Dictionary of Pre-Thirteenth-Century Turkish*, Oxford: Clarendon Press, 1972.

Mongolian-English Dictionary, ed. by Ferdinand D. Lessing, Berkeley & Los Angeles: University of California Press, 1960.

索 引

A

阿儿浑　31，85，129，132，205，209，213—219，227，232，233，238，256，269，282，337

B

拔都　21，31，32，38，92，104，108，109，123，129，139，141，149，153—155，157，159，170，195—197，206，209，211，215—217，243，251—253，294，308，309，312，313，321，322，326，329，330，350，354，355

必阇赤　4，16，17，29，41，43，68，74，83，84，86，87，128，162，163，165—169，172—175，177—180，182，183，186—190，192，193，196—199，205，207—210，212，214—219，257，282，296，308，322，327，331，335，355

C

察合台　6，8，21，24，29，30，37，38，46，50—57，58—64，70—73，78，79，84，88，122—124，128，129，133—136，141，153，191—193，195，204，212—214，216，218，219，235，243，257，258，262，264，269，294，297，303—305，308，313，316，317，319，321，325，326，328，330，333，341，350，351，354—356，359

长子西征　144，151，153，155—159，170，197，203，

211，240，242，303，311

成吉思汗　1，3—8，10，14，22—24，26，30，33，37—39，43—66，69—71，73—83，85—94，96，114，115，123—127，131，134，135，137—147，149，152，154，155，158—161，166，169，171，173—177，181，182，186，188，189，191，193，197，198，206—208，210，214，218，220，225，230，234，235，251—253，257，258，260，261，264，269，270，273—278，293，301，302，304，305，311—313，316，318，320—323，325，328，330，331，333，334，337，341，348，351，355，359

成帖木儿　30，83—85，87，94，127，139，182—184，201，202，204—211，214—219，266，322

绰儿马罕　5，11，13，30，42，43，76，80，87，92—96，114—116，118，125，127，129—145，147，182，186，202，204—208，212，214—216，218，219，232，238

赐户　251—256，258

D

达鲁花赤　4，17，18，43，56，63，111，178—181，184—190，195，196，198，201，204，214，218—220，256，284，308，332，333，336

答亦儿　43，85，88，89，92，116，121—129，134，141，145，182，201，208

断事官　108，109，165，169—171，178—180，183，185，188—190，193—197，200，207，213，214，247，256，336，344

朵豁勒忽　27，151—153，158，319

E

额勒只吉歹　17，89，162，169—171，197

F

分地　21，23，33，46，52，55，70，114，194，207，226，242，253，261—264，268，270，304，309，324，329，336

索　引　389

G

贵由　6，31，32，38，53，66，67，92，111，121，154，157，166，173，197，211，240，245，252，256—259，266，283，293—296，298，300，302—308，311—314，319，321，325—327，329，330，335，336，342，343，345，354，355，357，358

H

哈剌察儿　31，35，87，166，167，191，293，295，305—310，312，350，351，354

哈阑税　223，226，227，229—232，245，278

汗权　3，4，12，16，26，40，42，45，63，76，143，154，158，177，220，237，239，266，313，314，318，319，321，328，333—335，338，360

合失　6，7，28，31，32，36，293—302，306，307，311，329，336，338—341，351，358

和林　22—24，39，44，52，154，222，239，242，259—274，276，282，283，289，291，304，306，308—310，320，324，326—330，332，334，335

河中　18，29，39，60，61，76，78，107—109，151，158，172，178—183，185—189，193，201，202，204，206，208，219，220，222，227，232，233，271，319，331，336

呼罗珊　18，30，31，38，39，44，58，76，87，94，114，116，127，129，132，134，135，139，141，143，144，155，158，159，161，164，173，176，178，179，182，183，186，187，189，202，204—222，229—233，236—238，256，264，266，269，301，322，331，336，338

忽必烈　19，28，34，48，49，57，58，142，157，160，178，191，217，241，242，250，274，286，288，291，292，310，315，318，336—339，355，358，359

忽卜赤儿　19，223，224，227—

229，233，290

忽里台 7，8，29，43，64—66，68—71，75—78，100，145，154，167，211，217，252，265，266，270，271，273，300，312，320，322，325，334，335

J

教士 274—278，280—283，285—287，289，290

金朝故地 1，29，44，97，179，191，202—204，206，220，224，229，237，241，243，246，247，250，251，259，284，288，290，291，311，331，335，338

君臣关系 25，26，73，141，334，335

K

阔出 6，28，31，34，35，111，154，156—159，199，247，250，254，259，290，291，293—302，304，306，307，311，329，335，336，338，348—350，354，356—359，361

阔端 13，31，33，34，36，88，91，103，111，152，154—159，171，199，213，250，257—259，266，283，284，287，290，291，293—296，298，302—308，311—313，318，319，329，334，335，338，345—348，355，356

阔儿吉思 30，87，94，129，139，143，173，182—184，186，204，207—220，232，233，266，269，322

M

蒙哥 29，34，36，38，40，44—47，91，106，144，145，151—153，155—157，159，167，170，174，180，193，194，196，211，216，217，240，250，253，273，277，291，295，298，304，305，309，312，313，318—320，324，326—330，334，337—339，343，348，355，357，358

蒙格秃 43，87，92，116，118，120，121，129，141，144，145

免役 275，280—282，287，291

R

儒士　27—29，180，275，276，286—292，332，337

S

三峰山　9，100，151，158，291，314—319，334

失烈门　6，28，34，35，166，273，274，291，294，297—302，306，309，311，326—329，350，358，361

食邑　21，38，113，189—191，194—197，241，242，246，256，291，307，308，334

术赤　6，8，31，38，46，52—56，58—64，70，78，108，109，138—140，155，156，186，193，205，207，209，216，218—220，236，253，257，258，262，305，319，321，322，326，328—330，333，334，350，351，358，359

速不台　56，76，92，146，147，150，151，154，156，157，314

唆鲁禾帖尼　37，48，49，91，152，194，200，216—218，303，312，313，318，319，321，325，336

T

探马赤　12，96，116，251—253

拖雷　6，8，9，40，43，45，46，48—53，58，59，62，64，66—73，76—79，90—93，96，107，109，142，145，147，149—152，154—159，170，171，174，175，177，242，246，255，257—261，263，264，291，302—304，311—321，324，328—330，333，334，336，359

拖雷家族　4，15，23，31，40，42，44，46，47，49，52，53，91，108，141，151—153，156—158，160，171，173，194，216—218，242，258—261，263，264，270，273，274，291—293，295，305，310—314，319，321，322，324—326，328—330，334，336，337，354，355，359

脱列哥那　28，34，36，37，212—214，218，237，300，301，304—306，308—310，

313，314，323，325，330，340，359

W

万安宫 261，262，264—267，270，271，273，283，320

万户 14，15，33，43，85，86，90，95，97—112，114，116，130—135，140，142，156，159，185，218，246，249，252—254，257，258，319，331，346，348，352

畏兀儿 20，29，37，42，53，55，57，156，173，201，223，224，226—229，231，233—236，263，278，281，283，304，311，327—329，335，342，346，353，355，356

斡赤斤 38，53，64，71，72，173，180，194，257，313，321—326，328，330

斡豁秃儿 116，118，120，121

斡脱 23，24，44，169，174，203，205，222，224，225，234—237，239，240，243，259，281，283，290，332，338

《五世系》 38，81，82，87，89—92，94，119，120，152，165—168，170—172，174—176，208，341—345，348—354，356

X

行省长官 179，183，186，188，198，204，218—220，331，332

Y

牙老瓦赤 4，19，29，30，34，36，76，78，172，180—183，193，204，213，215，223，227，232，267，272，313，337

耶律楚材 4，14，27，28，42，43，57，66—69，73，74，76，78，79，113，114，162，163，166，168，172，174，175，177，180，193，197，203，223，236，242—244，246，247，249，250，253，257，260，262，265，267，272，274，283，285—291，297，300，308，313，321—323，325，329，331，334

叶密立 52—54，57，58，64，

156, 263, 269, 304, 305, 309, 311, 326—330, 335

驿站　1, 24, 25, 77, 78, 182, 212, 226, 227, 229, 230, 232, 233, 240, 255, 282, 283, 296, 338

幼子守灶　3, 64, 264, 270, 313, 322, 333

Z

镇海　17, 29, 34, 36, 162—169, 172—175, 177, 183, 184, 192, 193, 210, 213, 217, 218, 234, 253, 257, 313, 331

志费尼　52, 53, 72, 74, 125, 137, 182, 187, 202, 206, 208—218, 238, 239, 262, 264, 266, 268, 275, 276, 325

后　　记

在本书的绪论里，我曾提出这样的问题："如果我们停住向后考察的脚步，审视大蒙古国的兴起，会看到什么样的历史面貌？"读者行览至此，想必心中已有答案。而在这本由博士学位论文修改而来的书稿即将付梓之际，同样的感触浮现在我的脑海——回溯我的求学历程，是什么构成了这本书稿的研究基石？

求学十年，首先要感谢诸多学力深厚、耐心可亲的老师教诲，使我获得了元史研究的扎实基础。我的大学指导老师王晓欣教授，是我进入元史研究的"引路人"。利用大学学年论文、学术项目等机会，王老师手把手地教给我元史研究的基础知识。我从南开保送北大后，老师也一直关心我的学业。博士答辩时，王老师专程从天津赶来，担任我的答辩主席。我看到他拿出准备好的信纸，上边密密麻麻写满了三页字迹。在老师回顾我的求学经历、对论文进行点评时，仿佛自己回到了本科论文的答辩现场。后来我求职、工作时，又蒙老师颇多指导。多年来与老师相处的点滴，历历在目。

感谢我的硕士、博士导师党宝海教授。党老师学识广博、眼光敏锐，总能在传统史料中发现新问题、提出新观点。我常受益于老师课堂上分析史料时的偶然发问，并逐渐由此窥见解读史料的基本门径。课堂之外，老师也细致批改了我入学以来的数篇论文，小到错字标点，大到讨论议题，老师都耐心指出不足之处。老师曾说，从文章的字句、脚注等细微处可见作者是否用心写作，而面对史料提出何种问题，则最能体现研究者的学术功力。态度和能力，对史学研究者缺一不可。倘若没有老师六年间的悉心指导，我在这两方面，尤其是后一方面所能达到的水平，恐怕远不如今。在博士学位论文的准备、写作和修订过程中，党老师对论文整体方向、论证细节的诸多建议，都让我受益匪浅。

张帆教授同样给予我诸多指导。张老师对汉文史料涉猎之广泛、记忆之准确，令人印象深刻。我在校期间，老师开设了《元史》《元典章》等史料阅读课和姚燧文集读书班。前几节课上，老师总先拿出自己做过的材料进行讲解，指导大家如何比对史料、发现问题。我硕士阶段所写的第一篇札记，就源自这样的细致教导。我也时常请张老师审阅论文。找老师当面请教时，我发现论文里已有事先勾出的字句、批注，老师再根据批注逐条说明。这样的场景实在令我难忘。博士学位论文从开题到出版的各环节，张老师也提出了很多切要的意见。我始终记得老师说，写文章不能只顾自己心意，而应方便读者理解。首尾、背景等基本信息要交代清楚，论述力求简明准确，这样才能搭建出与别人讨论的平台。"以读者为先"的写作意识将是我一直追求的目标。本书出版之际，张老师和党老师又拨冗作序，感谢两位老师一直以来的悉心教导！

王一丹教授是我的博士后导师。硕士入学后，我就开始参加王老师的"波斯文《五族谱》整理与研究"读书班，能在本书中大量使用《五世系》等波斯文材料，也直接受惠于这些年在读书班的所知所见。在站期间，王老师也一直鼓励、帮助我利用多种波斯文文献进行研究。研究之外，我还旁听了王老师的波斯语课程，老师在波斯文阅读课上的诵读、讲授，使人如沐春风，真切感受到波斯语言和历史文化的特有美感。

与"《五族谱》读书班"同时，我还参加了荣新江教授主持的"马可·波罗读书班"，从中获得了宝贵的学术训练。在博士学位论文的写作中，有时需要翻译英文材料，我初写时遇到不确定的词句，就随手在后边括注出原文。后来检查时才发觉，这个习惯是在翻译马可·波罗《寰宇记》的过程中养成的。荣老师的"学术规范与论文写作"是历史系硕、博士的必修课，荣老师对国际学界成果和动向的精准把握，对论文写作事无巨细、风趣可亲的讲解，令我获益良多。

在学期间，还有诸位老师给我提出了宝贵意见。邓小南老师、郭润涛老师、赵冬梅老师、李新峰老师参加了我的博士中期考核和论文开题等环节，在论文的篇章布局、行文论证、文字表述等多方面，给予我细致丰富的意见。值得一提的是，在开题时，围绕我的论文题目，老师们曾讨论良久。邓老师最后说，那不如就先叫"窝阔台汗时代大蒙古国研究"吧。那时我还在纠结，论文的重心到底是人物还是时代，确定这一题目后，研究对象变得鲜明，后续写作也更顺利了。这一题目如今也成为本书的正式书名，借此感谢老师们对我的教导和帮助。

博士学位论文答辩时，各位老师也提出了具体切实的修改意见。刘晓老师集中指出了论文第二章的史料解读错误，补充了耶律楚材、刘秉忠等人物的相关史料，使我受教颇多。罗新老师对论文表述的宏观性意见，白玉冬老师对论文中所用回鹘文史料的检核、订对，都非常有助于我修改论文。当时有些意见限于论文提交时限，未能完全吸纳，在这次修订书稿的过程中，也尽量吸收了老师们的真知灼见。

在论文的写作、修改过程中，我时常回忆起学界前辈们的无私帮助，深感在鼓励后学的学界氛围中获得的滋养。感谢李治安老师、刘迎胜老师对我论文选题、篇章结构提出的宝贵意见，感谢于磊、乔志勇、李春圆、邱轶皓、马晓林老师在文章投稿、查找资料等方面给予的帮助。借由"《五族谱》读书班"的便利条件，我得以时常向乌兰老师请教蒙古语问题，老师将单词的构成、来源、变形仔细告知，并在纸上一一写明，以便我之后参考。在学期间，我还跟随师姐郑叶凡向乌云高娃老师学习蒙古语，感谢老师们在语言学习方面不吝赐教！

我也从一同参加读书班的师兄师姐处获益。他们的最新研究、提供的学术动态，都对我修改论文帮助良多。感谢李鸣飞、陈春晓、于月、求芝蓉、张晓慧、郑叶凡师姐，罗玮、付马、苗润博、周思成、曹金成、冯鹤昌、陈新元、张良师兄。

感谢学友杨雅婷。我对于论文的诸多设想和论证都得到她的倾听、问询，在查找资料、检核日文书目等方面也曾得到她的帮助。感谢担任我博士中期考核和论文答辩秘书的高亚喆、王溥同学。

由于申请到国家社科基金博士论文项目，我的博士论文有机会呈现于学界。博士毕业后，利用学术会议、论文发表等时机，我陆续对各章节进行了修改，并尽量参考和补充新见研究。但受修改时间和学力所限，仍不免有欠缺、遗漏之处，敬请读者指正。

感谢中国社会科学出版社的各位编辑老师，尤其是我的责任编辑李凯凯老师。在修改论文的过程中，李老师耐心、细致地解答出版相关问题，并数次一一落实我文稿中大量琐碎的改订处，为本书的顺利出版提供了极大帮助。

修改论文的这一年，也是我工作、结婚，进入人生新阶段的时期。感谢中国人民大学国学院的各位前辈和同事，帮助我迅速适应新环境；感谢学院对我出版书稿的大力支持。感谢我的父母、丈夫和亲友，对我的工作给予充分理解和支持。

在即将完成后记的此刻，正逢新学期开学。在南开、北大听过老师们数次的元史研究，也将成为我在人大开设的第一门正式课程。从大三开始学习元史，到今天成为专业研究者，十年光阴，就以此书作为见证吧。

谨以此书纪念我人生的历史老师——姥爷付之敬。

陈希
2024 年 9 月于北京